샤머니즘의 윤리사상과 상징

샤머니즘사상연구회 학술총서 2

샤머니즘의 윤리사상과 상징

초판1쇄 발행 | 2014년   6월   30일

엮은이 샤머니즘사상연구회   펴낸이 홍기원

주간 박호원
총괄 홍종화
편집 오경희·조정화·오성현·신나래·정고은·김선아·이효진
관리 박정대·최기엽

펴낸곳 민속원   출판등록 제18-1호
주소 서울 마포구 대흥동 337-25   전화 02) 804-3320, 805-3320, 806-3320(代)   팩스 02) 802-3346
이메일 minsok1@chollian.net   홈페이지 www.minsokwon.com

ISBN   978-89-285-0609-5
SET   978-89-285-0431-2   94380

샤머니즘
사상연구회
학술총서
2

샤머니즘의
윤리사상과 상징

| 양종승 책임편집 |

민속원

샤머니즘사상연구회

샤머니즘은 인류의 종교 및 문화의 모태가 됨은 물론 오늘날도 현대인의 종교문화이자 종교이면서 생활문화의 하나로서 우리 주변에 있다. 그럼에도 우리는 샤머니즘에 대한 오해가 많다. 샤머니즘에 무슨 사상이 있는가. 원시적이다. 과거의 유물이다. 혹세무민하는 것이다 등 곡해나 무지가 많다. 따라서 샤머니즘을 제대로 인식하고 정립시키려 한다면 샤머니즘의 사상이 규명되어야 한다. 샤머니즘이 내포하고 있는 보편적 사상이야 말로 샤머니즘의 가치를 제대로 인식시켜 줄 수 있기 때문이다.

그동안 샤머니즘에 대한 연구는 의례에 대한 관찰을 중심으로 한 텍스트에 관심이 집중되었다. 한국 무속연구에 있어서도 그 자체에 대한 규명보다는 분과학문의 소재주의식 연구가 대다수를 차지하였으며 그러다 보니 샤머니즘의 본질이나 사상에 대한 탐구는 제대로 조명 받지 못했다.

샤머니즘사상연구회는 철학, 윤리학, 교육학, 종교학, 역사학, 민속학, 인류학 등의 학문분야에서 샤머니즘 사상에 관심을 가진 연구자들이 모여 전문적인 사상연구를 목표로 한다. 이를 통해 궁극적으로는 유불도에 버금가는 샤머니즘 사상을 정립하여 한국사상사의 한축을 쌓아 그 위상을 강화하고 샤머니즘의 본질규명에 이바지하고자 한다. 구체적인 학술연구는 신神에 관한 논의(巫俗神學), 무속에서 관찰되는 윤리적, 철학적 문제, 무속의 사상적 구조나 논리 그리고 상징체계 등 이른바 사상 전반을 다루게 된다. 이러한 취지를 가지고 앞으로 샤머니즘사상연구회는 단순한 문화적 접근을 넘어 샤머니즘 그 자체에 대한 깊이 있는 탐구에 진력하며 샤머니즘 연구의 새로운 동력으로 한 축을 담당하고자 한다.

　　본 학술서는 샤머니즘사상연구회 연구위원들의 글을 모아 엮은 것이다. 연구회가 창립되고 이제 세 번째 해를 보내고 있다. 샤머니즘이 민중들의 폭넓은 믿음과 종교행위 속에 있는 민속종교임에도 불구하고 그동안 윤리적 성격과 상징적 의미가 제대로 규명되지 못했다. 본 학술서는 이러한 기존의 한계를 극복하고 샤머니즘학의 새로운 지평을 열고자 윤리사상과 상징체계를 특집으로 다루었다. 윤리사상과 상징적 의미를 연구하는 것은 다음과 같은 발전을 기대할 수 있다. 첫째, 기독학, 신학, 불교학처럼 샤머니즘연구가 학문으로 발전할 수 있는 가능성을 열어준다. 불교학이 불교의례, 불교민속, 불교사상 등 다방면으로 연구되듯이 이 분야도 이제 본격적인 사상적 그리고 상징적 측면에 대한 연구가 요구된다. 그동안 샤머니즘 연구는 의례 위주로 연구되었으며 이는 국문학적, 민속학적, 문화예술적 접근이 주류를 이루었다. 이제 샤머니즘 사상 연구가 본격화 된다면 이 분야의 학문도 불교학이나 기독교학처럼 한층 성장할 수 있는 계기가 될 수 있을 것이다. 둘째, 윤리학, 철학 등 인접학문에도 기여할 수 있다. 윤리학이나 철학에서 한국의 종교윤리사상을 논할 때 불교와 유교 또는 기독교 중심으로 논의 한다. 한국의 샤머니즘은 민족 고유종교의 범주에 속하지만 연구된 자료가 미흡하여 이들 학문에서 제대로 다루어지지 못했다. 만약 현장관찰과 질적연구를 통해 샤머니즘의 사상적 측면에 대한 자료를 활발히 축적한다면 윤리학, 철학과 같은 분야에서 샤머니즘 사상을 다루기가 한결 수월해 질 것으로 기대된다. 셋째, 샤머니즘의 윤리사상과 상징적 의미에 대한 연구는 무엇보다도 기왕 연구영역에서 벗어나 보다 폭넓은 학술 활동의 지평을 넓히고 샤머니즘연구가 '학學'으로 발전되는 데 중요한 역할을 할 수 있다. 따라서 본 학술서는 한국을 비롯한 각국의 샤머니즘에서 드러나는 윤리적 성격을 이해할 수 있는 자리를 마련하였다. 또한 샤머니즘 속에 내재된 상징체계는 샤머니즘 사상을 파악하는 중요한 단서가 된다. 이제 아래에서는 본 학술서에 소개된 논문을 해제해 본다.

김덕묵의 「실천윤리적 측면에서 분석해 본 무속-황해도굿과 무속공동체를 중심으로-」는 황해도굿과 무속공동체를 중심으로 하여 행위주체 간의 관계에서 보여지는 실천윤리를 살펴보았다. 실천윤리란 인간행위의 실천영역에서 제기되는 윤리적 현상으로 무속에도 올바른 도리라고 생각되는 행위방식이 있다. 무속의 실천윤리는 경신敬神에서 비롯된다. 무속의례와 무속공동체의 실천윤리에는 개성존중, 해원, 조화와 평등성, 의례를 봉헌하는 도리, 섬김의 윤리, 근신의 윤리, 호혜성과 같은 윤리성이 도출된다. 이 것은 다신관, 애니미즘, 조상숭배사상, 생명존중사상, 조화와 평등사상, 효사상을 근거로 하고 있다. 무속의 실천윤리는 인간사회 어디에서나 행해지는 일반적인 윤리·도덕이 그대로 투영되는 부분이 있는가 하면 무당의 종교체험, 무속공동체를 통해 전승되는 지식 등이 결부되어 나타나는 무속공동체만의 특성도 있다. 이러한 무속의 윤리는 무속의 본질을 이해하는 데 도움이 된다. 또한 환경윤리와 생명윤리가 요구되고 인간소외, 가족해체, 각종 갈등이 증대되고 있는 현대사회에서 우리는 무속을 통해 지혜를 얻을 수 있다.

박환영의 「몽골 샤머니즘 속의 윤리의식意識 고찰」은 몽골 샤머니즘 속에서 드러나는 윤리의식에 대한 연구이다. 몽골의 샤머니즘은 주어진 자연환경 속에서 인간과 신을 매개로 하여 우주의 질서 속에 순종하도록 권장하는 내용과 욕심과 질투 그리고 증오와 같은 주어진 틀을 벗어나서 자신만의 이득을 챙기는 것을 제약하는 내용을 담고 있다. 문화인류학에서 종교의 기원을 기술하면서 태양이나 달과 같은 자연종교와 정령숭배(animism), 토테미즘(totemism) 그리고 주술(magic)도 함께 다루지기도 하는데 이러한 자연신앙 속에는 권선징악이라든지 친환경적인 요소 그리고 상대방을 배려하는 미덕도 들어 있으며, 자기중심적인 이기적인 사고를 벗어나서 자신의 주변과 더 나아가서는 자연환경과 대우주를 통해서 그 속에서 생활하고 기능하는 미미한 존재인 인간에게 주변의 자연물이나 종교적인 현상을 설명하고 자연에 대한 경외심을 가지게 만든다. 결국 인간은 이러한 믿음을 통하여 자신을 통제하고 사회와 자연환경 속에서 순응하는 법을 배우게 된다. 같은 맥락에서 몽골의 샤머니즘 속에도 윤리의식이 많이 내재되어 있다. 또한 몽골의 샤머니즘은 유목문화를 통하여 오랜 시간동안 경험한 몽골 유목민들의 삶의 지혜와 생활방식을 잘 보여준다. 특히 샤머니즘은 샤먼이라는 중개자를 통하여 신의 소리와 메시지를 전달 받을 수 있으며, 또한 인간들의 일상적인 생활 속에서의 고통과 어려움을 샤먼을 통하여 신에게 청할 수도 있는 유목민들의 유일한 희망이요 소통의 창구였던 것이다. 신의 대리자로서 역할을 수행하는 샤먼에 대한 절대적인 신봉과 신뢰 이면에는 샤먼이 가지고 있는 샤먼으로서의 올바른 자격과 샤먼의 직무를 수행하면서 지켜야 하는 윤리의식이 내재되어 있다. 즉 샤먼은 신에게 선택되어서 소명의식을 가져야만 샤먼이 될 수 있는데 그렇다고 자신이 가진 특별한 능력을 과신하거나 남용하고 또한 오용해서는 안된다. 또한 샤먼은 항상 약자를 보호해야 하고 다른 사람의 어려움을 자신의 일인 것 같이 진정으로 최선을 다해서 해결하려는 진실성과 책임감을 가져야 한다. 따라서 몽골의 샤머니즘 속에는 일상적인 생활공간 속에서 샤먼으로서 인간과 신을 매개로 하여 우주의 질서 속에 순종하고, 개인적인 욕심과 질투 그리고 증오와 같은 샤먼이 가야하는 정도正道에서 벗어나는 마음과 행위를 해서는 안된다는 강한 메시지가 포함되어 있다.

몽골의 샤먼이 가지고 있는 이러한 윤리의식은 샤머니즘을 소재로 하는 몽골의 신화, 몽골의 대표적인 역사문헌자료인 『몽골비사』를 비롯하여 몽골 샤먼의 성무의례와 정화의식 그리고 현대 몽골의 대표적인 현대 소설 속에 많이 내재되어 있을 정도로 몽골의 생활공간 곳곳에서 쉽게 찾아볼 수 있다. 특히 부리야트 몽골 샤먼은 차나르chanar 의례를 행하면서 샤먼으로서 지켜야 하는 윤리적인 내용의 맹세를 하면서 만약에 이러한 서약을 어기게 되면 "아홉 구멍에서 피가 나서 죽으리라. 죽어서 나의 영혼은 네 개의 큰 하늘과 귀신과 합쳐져서 친척들과 다른 사람들에게 해를 끼치고 수천 년 동안 바위를 지키는 귀신이 된다"고 샤먼의 서약을 재차 맹세하게 된다. 또한 몽골의 샤머니즘 속에는 오랜 시간 동안 지속되어 온 자연환경 속에서 환경과 조화를 이루는 친환경적인 생태문화를 추구하면서 전통문화를 존중하고 고수하려는 환경윤리도 부분적으로 수용되어 있다.

조정호의 「한국의 무속사상 – 윤리적 의의를 중심으로」에서는 한국무속에 담지 되어 온 원본사고로서의 무속 사상(thought, 思想)이 무엇인가를 윤리적 의의를 중심으로 제시하였다. 이를 위하여, 먼저 원본사고인 무속사상이 무엇인가를 설명하였고(제1장), 한반도에서 무속사상의 연원을 살펴보았으며(제2장), 이어서 무속사상의 토대(제3장)와 무속사상의 특징(제4장)을 제시하였고, 끝으로 이 같은 무속사상이 현대에 지닐 수 있는 윤리적 의의(제5장)를 탐색하였다. 이 글은 한국문화의 모든 영역에 무속이 연관되어 있으며 무당이 한국문화를 전승해온 현상에 주목하고 있다. 구체적으로, 이글에서는 무당이 한국인에게 고유한 언어, 몸짓, 가락, 도구, 음식과 의상에 깃들어 있는 한국문화를 전수 받고, 이와 더불어 여기에 깃들어 있는 한국인의 정신문화와 사고현상을 무형식적으로 학습해온 경향이 있음에 주목하고 있다. 실제로 신자녀는 신부모 밑에서 무업을 수련하며 무가巫歌, 무무巫舞, 무악巫

樂, 무구巫具, 지화紙花, 상차림, 복식의 전통 기예를 비롯하여 이에 내재된 사상까지도 이어받는다. 그래서 신자녀가 무가巫歌를 배우는 것은 입으로만 부르는 기능적 학습이 아니고, 내면으로부터 조상에 대한 존경심이 신탁神託에 이르는 수준까지 포함한다. 마찬가지로 무무巫舞, 무악巫樂과 무구巫具는 우리 조상의 몸짓, 소리와 도구에 신앙적 정성을 보탠 것이다. 뿐만 아니라, 제물祭物은 한국의 풍토를 대변하고, 굿거리마다 다채롭게 선보이는 의복과 장신구는 우리 조상의 수많은 복식을 망라한다. 이로부터 무당은 한국인 사고思考의 원형, 즉 무속사상을 학습하고 전파해온 면이 있다. 무당은 삶의 위기를 승화시킨 체험을 바탕으로 민간 속에 정착한 실존인이며, 오관五官의 지배를 받지 않는 초월적 윤리의식을 강조하고 있음이 특징적이다. 에클즈. C. Eccles가 의학 및 철학적으로 논증한 바에 의하면 사람의 정신이란 상상을 초월하는 방식으로 문화적 형판에 의해서 조건 지어지는 것이기 때문에, 위와 같은 무속사상에서 도출되는 윤리적 원리는 현대 한국사회의 윤리를 향상시키는 단서를 지니고 있음을 인식할 필요가 있다. 이러한 무속을 국가 및 사회 수준에서 한국인에게 강요하거나 주입하지 않았으나 한국인들은 무 문화의 영향을 받으며 성장하는 가운데 무속사상의 윤리적 특성을 은연중에 답습하는 것이라 볼 수 있다. 이것이 한국인들이 고난을 승화시키는 한이 서린 강한 잠재력이며, 세계 어느 나라에서도 유래를 찾기 힘든 촛불 시위나 붉은악마의 원동력으로 작용하고 있다고 하겠다. 우리의 열악한 산업현장과 수출전선에서 근로자를 신들리게 만드는 것 역시 서구에서 찾을 수 없는 우리만의 고유한 신바람인 것이다. 그래서 이 글에서는 무당에게 있어서 신이 종교적 상징인 동시에 삶을 관장하는 강력한 윤리적 가치관임에 주목하였다. 특히 이 신은 무당이 자기 내적으로 의미를 부여한 상징이기 때문에, 자기 외적으로 제시되는 규범과는 비교가 될 수 없이 실천력이 높은 가치관이다. 그 자체로서 윤리 및 종교적 가치규범이다. 그래서 무당의 신은 마음을 떠나면 의미가 없는 것이기에, 신의 의미와 느낌을 설명하거나 전달하는 것 역시 쉽지 않다. 이처럼 무당의 신에 대한 믿음은 내면화된 사고 현상으로써 일상생활에 영향을 미친다. 무당에게 있어서 신은 가정적·사회적·종교적인 모든 행동에 반영되고, 심지어 생리적인 욕구에도 영향을 미친다. 무당의 행동과 사고의 중심에는 윤리적 기준으로써 신이 자리잡고 있다. 이와 관련하여 무당이 모시는 신들 가운데 그들 자신의 직계 조상뿐만 아니라 우리 선조 가운데 존경받는 인물과 한국의 산수가 포함되어 있는 사실로부터 알 수 있듯이, 무당의 신은 대체로 한국과 연관된 역사·문화적 인물이거나 한국의 구체적인 자연이 인격화된 신들이다. 이것은 인간 속에 모든 것을 집약시킨 한국사상의 윤리적 특징을 나타내는 예로서 주목할 필요가 있다.

박일영의 「샤머니즘에서 본 한국인의 영성靈性과 윤리」는 한국인의 영성과 윤리적 특징을 샤머니즘의 측면에서 살펴보았다. 영성은 인생의 문제들에 대하여 궁극적인 해답을 추구하고자 하는 인간 성품의 발로이다. 즉, 인간 완성을 향한 정신적 가능성을 일컫는다. 초월과 신성에 대한 경험은 특정문화권 내에서 생활하는 사람들의 공통되는 종교성을 결정하기는 하지만, 여러 신앙형태를 통하여 다양하게 표출된다. 한국인의 영성이란 보편적인 종교성이 한국 사람에게 구체적으로 드러나는 모습이다. 한국인 영성의 기본 틀은 샤머니즘적이라고 할 수 있다. 문화, 예술, 종교를 통하여 자연과 혼연일체가 됨으로써 신령神靈과 인간이 융합하여 만사형통하고 소원성취를 함으로써 복福을 받고 '재수'를 누린다는 '굿정신'이 한국인의 마음 바탕에 깔려 있다.

샤머니즘적 영성은 초인간적인 힘에 귀의함으로써 인간사를 개선하고 치유하며, 발전시키고 완성하려는 모습으로 나타난다. 신령과 인간 사이의 소통으로 화禍를 면하고 복福을 받자는 성향이 강하다. 보다 더 오래 살고,

보다 더 부자가 되고, 보다 더 높은 지위에 오르고, 꼭 아들을 두겠다는 모습으로 나타나는 복의 정체는 어떻게 보면 물량주의의 극치라고 할 수 있다. 하지만 복을 누리려면 자기 분수를 지키며 덕을 쌓고 착한 일을 많이 해야 한다고 본다. 이렇게 복에 대한 관념 속에는 사회윤리적 차원으로 승화될 수 있는 요소가 들어있다. 샤머니즘의 윤리의식은 '굿 정신'이라고 할 수 있다. 본래 복 많고 '재수' 있는 상황이던 것이 한恨 많고 재수 없는 상황으로 떨어짐으로 해서 다시 복을 구하게 된다. 이와 같은 화와 복이 대치하는 양극성이 신령-무당-신도의 삼자 간 관계를 통하여 순환성으로 전환되어 풀리고[한풀이] 해결된다. 오늘날 한국 사회는 세계에 유례가 없는 다종교 상황에 놓여있다. 개별 종교들은 상호선교(mutual mission)의 주체로서 자기 전통과 정체를 보존하는 동시에, 자신을 선교의 대상으로 내어놓을 각오를 해야 한다. 그렇게 각자의 성스러움을 더욱 심화함으로써 '세계윤리(Welt-Ethos)'를 통한 세계평화를 실현하는 데에 효과적으로 공헌하게 될 것이다. 샤머니즘의 사회영성(social spirituality)이 지니는 기능과 공헌을 제대로 평가해야 한다. 민중종교의 강한 역동성, 그 내적인 폭발력은 고등종교의 예언적이고 비판적인 윤리의식과 조우할 때에 물신주의(mammonism)가 팽배한 현대사회의 윤리적 문제점을 극복하는 데에 창조적으로 공헌할 것이다.

상기숙의 「『홍루몽紅樓夢』에 나타난 중국 점복의 윤리사상」은 홍루몽에 나타난 점복의 특징과 윤리사상을 살펴보았다. 『홍루몽』에 나타난 점복은 점괘(6조), 신첨(4조), 측자(2조), 부계(2조), 팔자(2조), 오락(2조), 감여(2조), 기타(5조)로 25조이다. 예언은 사주(7조), 혼례(2조), 생일(1조), 성명(1조), 가운(2조), 기타(1조)로 14조이다. 예조는 몽조(7조), 시구(3조), 사물(3조), 식물(6조), 조류(1조), 언어(1조), 음악(1조)으로 22조이다. 택일은 출발(2조), 이사(1조), 혼례(4조), 상례(1조)로 8조이다. 속신은 병(5조), 장수(3조), 배필(3조), 성격(3조), 출가(1조)로 15조이다. 금기는 상례(3조), 정초(4조), 아침(2조), 언어(3조), 휘자(1조)

로 13조이다. 점복의 종류는 점괘, 신첨, 측자, 부계, 팔자, 오락, 감여로 나눈다. 점복의 방법은 신첨을 포함한 점괘가 10여 조로 가장 많으며 내용은 25조로 병점(8조), 실물점(4조), 범인점(3조), 신수점(2조), 사주점(1조), 도박점(1조), 자손점(1조)이다. 병점이 8조로 가장 많이 다루어졌다. 사용된 점구는 수서, 연, 낚시대, 신첨, 점통, 점대, 시초, 정화수, 향, 향안, 동전, 종이, 사반, 부적, 지전 등이다. 점장이들은 태음력을 쓰고 사대성인, 관우신, 원제, 신장, 삼청옥제, 토지신 등을 모시며 점은 주로 집으로 점장이를 청하거나 점집을 찾았다. 또한 불가와 도교의 사원에서 승과 도사에 의한 역점이 빈번히 이루어졌으며 문복자는 향화료, 사례금을 지불했다. 초하룻날을 신성하게 여겨 점치는 날로 잡았다. 민간에서 무당이라든가 점치는 여자를 천시한 반면 스스로 점을 치기도 하고 점사를 매우 신뢰하였다. 점복 및 법술은 점장이[산명적(선생), 팔자적(선생), 측자적(선생), 선생 등]와 그 외 단공, 무파, 도파, 천문생, 승, 도사, 법관, 비구니, 일반인 등에 의해 행해진다.

예언은 사주, 혼례, 생일, 성명, 가운으로 나누었고 사주가 7조로 가장 많다. 예언의 주체는 승, 도사, 진사은 및 책, 노래가사, 시구 등에 의한다. 주요내용은 사주, 인연 등이다. 예조는 몽조, 시구, 사물, 식물, 조류, 언어, 음악으로 나누었고 몽조가 7조로 가장 많다. 주요내용은 병, 죽음, 경사, 재난, 인연 등이다. 택일은 출발, 이사, 혼례, 상례로 나누었고 혼례가 4조로 가장 많다. 길일을 가리는 습속으로 주요내용은 출발, 이사, 혼례, 상례에 관련된 택일이다. 속신은 병, 장수, 배필, 성격, 출가로 나누었고 병이 5조로 가장 많다. 주요내용은 무병장수와 인연, 성격으로 인한 팔자 등이다. 금기는 상례, 정초, 아침, 언어, 휘자로 나누었고 정초가 4조로 가장 많다. 주요내용은 상례, 정초와 아침, 언어의 주력성이다. 『홍루몽』에 나타난 중국 점복의 특징은 민간신앙과 습합된 유불도 요소를 지니며 특히 불교적 성격이 강하다. 중국 전통 민간사회의 윤리사상을 반영한 주요내용은 인생의 길흉화복으로 재액과 귀신을 액막이하여 무병장수하고 복을 누리는 것으로 집약된다. 그리고 이 모든 인연을 포함한 삶의 내용은 각자 타고난 사주팔자에 달려 있다.

문혜진의 「일제식민지기 무속조직의 변화에 따른 윤리관의 변화 – 경성·경기 지역 무속단체를 중심으로 – 」는 일제 당국의 식민정책에 의해 조직된 무속조직의 현황을 살펴보고 그에 따른 윤리관의 변화를 살펴보았다. 일반적으로 일제식민지기 무속은 '탄압' 혹은 '신도神道로의 동화'로 인식되며, 일제의 무속 탄압 방식은 「경찰범처벌규칙」을 통해 직접 단속하거나 조선의 무격을 숭신계 무속단체를 통해 간접적으로 통제하는 방식으로 이루어졌다. 일제식민지기 숭신계 무속단체는 아카마츠와 아키바의 『조선무속朝鮮巫俗의 연구研究』에 따라, 조선의 전통적인 무속조직들이 해체된 후 1920년에 숭신인조합이 조선의 전국적인 숭신계 무속단체를 대표하였으며, 숭신인조합이 쇠퇴한 후 우후죽순 생겼다 사라진 숭신계 무속단체들이 그 교세가 숭신인조합에 미치지 못한 것으로 일축되어 왔다. 즉, 일제식민지기 무속단체는 숭신인조합의 역사와 동일시되어 온 것이다.

하지만 숭신교회의 경우 숭신인조합보다 먼저 창설되어 그 교세가 숭신인조합 못지않은 무속단체였으며, 1920년대 숭신인조합과 공존했던 대다수의 신도계 숭신단체에 대한 성격규명도 제대로 이루어지지 않은 상황이다. 따라서 이 장에서는 일본의 무속정책에 따른 숭신계 무속단체의 시기별 성격의 변화에 대한 연구의 필요성으로 1910년대부터 1930년대까지 숭신계 무속단체의 변화 및 그 성격의 변화양상을 무라야마의 『조선의 유사종교』朝鮮の類似宗教』 및 아카마츠와 아키바의 『조선무속朝鮮巫俗의 연구研究』를 중심으로 고찰하였다. 또한 일제식민지기 전통적인 무속조직에서 숭신단체로의 변화는 윤리관의 변화를 초래하기 마련이다. 이에 따라, 이 장에서는 숭신계 무속단체 중 전통적인 무속조직의 맥을 이은 숭신인조합의 규약과 전통

적인 무속조직 중 경기재인청의 규약을 비교하여 그 윤리관을 변화를 살펴
보았다.

　일제식민지기는 치욕의 역사로 일제식민지기를 경험한 이들의 기억 속
에서 의도적으로 지워지고 있으며, 학계에서도 이에 대한 연구에 무관심한
상황이다. 특히 무속은 일제식민지기에 민중의 힘겨운 삶을 지탱시켜 준 민
중종교로서 일제 식민정권이 피식민지 조선인에게 국가신도를 이식하여 일
본화시키기 위해서 무속을 근절시키기 위해 무속을 탄압하거나 신도로 편
입시키려는 정책을 펼쳤다. 그럼에도 불구하고 일제식민지기 무속에 대한
연구는 거의 부재한 상황이다. 따라서 문혜진의 연구는 일제식민지기 숭신
계 무속단체의 변화와 이에 따른 윤리관의 변화, 그리고 황조신 아마테라스
를 모시는 일본 신도계 숭신단체에 의한 무속의 동화양상을 제시함으로서,
일제식민지기 무속의 역사를 이해하는 데 도움이 될 것이라 생각된다.

　목진호의 「구한말 무속의 윤리적 폐단과 무금巫禁 시행의 의미」는 구한
말을 시대적 배경으로 무계巫系와 무사巫事에 관한 언론의 비판과 국가정책
을 다루었다. 이글에서 밝힌 본격적인 무금 시행은 1894년 갑오농민혁명이
끝난 이듬해, 1895년 3월 10일 내무아문의 제반규례를 훈시하면서부터이다.
훈시의 서두에는 "우리나라의 고유한 독립 기초를 세우며 …(중략)… 어리
석고 무능한 것을 돌아보지 않고 온갖 폐단을 제거하여 선비와 백성의 안녕
과 행복을 꾀한다"라고 하면서 88개 조항이 함께 제시되는데, 이 조항 중에
포함된 제22조와 제44조의 무계와 무사 금지조항의 시행은 1894년의 경무
청과 1907년 이후의 경시청을 통해 전국적으로 가시화되었다. 또한 이글은
그 당시 『독립신문』, 『매일신문』, 『황국신문』 등이 무속의 윤리적 폐단에
관한 사유를 제시했으므로, 그 사유를 네 가지 키워드(keyword)로 밝혔다. 그
윤리적 폐단 사유는 법률적 폐단, 경제적 폐단, 종교적 폐단, 의료적 폐단
등이다. 그러므로, 이 논문의 의의는 구한말 무금 시행에 주목한 점과 언론

에서 제기한 무속의 윤리적 폐단 사유가 당시 국민들에게 무속에 대한 부정적인 인식을 심어줬음을 밝힌 점에서 찾을 수 있다.

김동규의 「한국의 미신담론과 무속의 타자화 과정 - 상이한 세계관들의 경합, 그리고 결과」는 조선시대의 '음사론'과 근대의 '미신론'을 포괄하는 한국의 미신담론에 대한 이해를 목적으로 작성되었다. '음사'와 '미신'이라는 개념은 서로 다른 지성사적 패러다임에서 사용되었으며, 그 개념의 개별적인 의미와 그 개념을 통한 범주화를 가능케 한 세계관이 서로 상이하다. 그럼에도 불구하고 '미신담론'이라는 하나의 범주로 다룰 수 있는 이유는 두 개념 모두 당대의 지배적인 세계관 혹은 감수성(sensibility)이 형성되고 심화되는 과정에서 타자他者로 기능했다는 점에서 찾아볼 수 있다. 이런 맥락에서 미신담론의 형성과 작용과정에서 특정한 믿음과 실천들, 특히 무속을 '미신'으로 타자화시키는 과정에 대한 분석은 타자(alterity)로서 미신이 창조된 과정을 설명하는 것 이외에도, 무속을 미신으로 타자화시킨 지배적인 담론의 유통과정을 명확히 하는 작업이기도 하다. 구체적으로 필자는 음사론 내에서 유교의 '최적화 우주론(optimal universe)'과 무속의 '보호의 우주론(patronal universe)'의 차별화과정을 통해서, '미신론'에서는 근대적 세계관에 근거한 '자연'으로부터 분리된 '초자연적' 영역의 생성 및 유통과정을 분석을 통해서 무속이 미신으로 타자화되는 과정을 설명하고 있다. 타자화의 작용에 대한 분석은 타자화의 주체와 타자화된 대상의 사이의 순환과정을 모두 포괄해야 한다는 점에서 이 글은 타자로서 무속이 창조되는 과정 분석의 예비 작업의 의의를 지니며, 무속에 대한 현대 한국인들의 편견이 특정한 시기의 역사적 산물임을 드러내 보임으로써 무속에 대한 시각 교정의 효과를 갖는다.

양종승의 「샤머니즘 상징의례를 통해 본 한국인의 삶과 죽음」은 한국인의 삶과 죽음을 샤머니즘의 상징의례를 통해서 살펴보았다. 샤머니즘 상징의례에는 삶으로부터 떠나간 죽은 자를 위한 진혼의례와 미래 죽음을 위해 치러지는 산자를 위한 산진혼의례가 있다. 뿐만 아니라 죽음에 다다른 위급한 사람의 삶을 연장키 위한 죽음의례도 있는데, 이는 죽지도 않은 산자를 죽은 것처럼 가장하여 죽음의례를 거행함으로써 삶의 연장을 꽤하는 것이다. 위와 같은 샤머니즘 상징의례에서는 인간 탄생을 비롯한 삶의 활동, 죽음 및 사후세계에 대한 사생관을 주요하게 다룬다. 샤머니즘 죽음의례 속에는 저승관이 설명되고 있으며 이는 오랫동안 한민족 고유의 신앙으로 이어져 왔다. 저승은 사람이 태어나 죽어 가는 곳으로써 누구나가 이승에서 삶을 영위하다 때가 되어 죽어 가는 곳이다. 그리고 저승은 이승의 삶으로부터 죽음으로까지 이루어진 시간적 흐름 속에 존재되는 무형적 공간이다. 즉 저승은 현실로부터 이어져 생성된 이상의 공간이라는 것이다. 이와 같은 구도는 저승의 상황이 이승에서의 과정을 그대로 연속되고 있음을 뜻하는 것이며, 저승의 삶이 이승의 삶과 연계되고 이승의 삶은 또한 전승의 삶으로부터 이어져 왔다고 믿는 신앙구조에 기인하는 것이다. 다시 말하면, 저승이라는 사후의 세계는 이승이라는 현실의 세계가 대비되어 논의되며, 이승은 전승으로부터의 연장선상에서 전개되었음을 뜻하는 것이다. 그러므로 인간의 생은 전승(전세)과 이승(현세) 그리고 저승(내세)의 삼생三生의 연관선상 위에서 풀이되며 이것이 한국인이 오랫동안 유지해온 샤머니즘 사생관이다. 한국인에 있어서의 내세관은 현세적 길복을 추구하는 샤머니즘 본질 속에서 구체적 내용을 가늠할 수 있다. 샤머니즘에서는 죽은 자의 원한 또는 도움으로 인해 산자가 해를 입거나 또는 재복을 얻는다는 믿음이 있다. 이를테면, 사람들은 탈이 나는 그 원인이 죽은 자와 관계가 있다고 믿고 죽은 자의 영혼이 산자를 지배한다고 생각한다. 그렇기 때문에 죽은 자를 잘 위하고 대접하지 않으면 해를 입는다고 믿는다. 이러한 믿음은 산자에게 지배권을 갖는 죽은 자의 영혼들이 불멸하여 영생한다는 것을 전제로 하고 있다.

이건욱의 「시베리아 샤먼 무구의 상징과 의미」는 시베리아 샤먼들의 무구에 나타나는 상징과 의미, 기능을 필자의 경험과 각종 관련 서적을 정리하여 소개하는 글이다. 시베리아에는 다양한 민족들이 살며 그 만큼의 여러 문화가 있지만, 아주 오래전부터 샤머니즘이라는 신앙 체계를 공유해 왔다. 샤머니즘은 그 자체가 자연과 인간의 삶에 대한 거대한 상징체라고 할 수 있다. 이 신앙 체계를 이끌어가는 샤먼들의 무구는 거대한 상징체인 샤머니즘의 핵심 사상을 보여주는 또 다른 작은 상징물들이라고 할 수 있다. 이 글에서는 샤먼의 다양한 무구들 중 북과 무복을 중점적으로 소개한다. 시베리아 샤먼에게 가장 중요한 무구인 북과 무복은 이것을 사용하는 샤먼들의 세계관을 설명해준다. 북은 샤먼이 의례를 하면서 다른 세계로의 여행을 할 때 운송수단이자 네비게이션으로의 역할을 한다. 무복은 샤먼의 세계관도 보여주면서 때로는 악한 정령으로부터의 보호복이자 수호정령들이 깃들어 있는 곳이기도 하다. 북과 무복 외에 필자는 샤먼의 거울, 불, 색깔이 갖는 상징들도 설명하여 시베리아 샤머니즘의 전반적인 상징성들을 소개하였다.

이종숙의 「서울새남굿의 바리공주와 조선후기 정재복식의 상징성 비교」는 서울새남굿에서 등장하는 바리공주와 조선후기 정재복식을 비교하였다. 서울 새남굿 바리공주의 복식은 조선 순조 29년(1829) 정재 여령女伶 복식服飾을 착용한 것으로 간주된다. 즉 궁중 무용수의 복식을 새남굿의 무조신巫祖神 바리공주가 착용하였다. 노랑 몽두리인 황초삼黃綃衫과 홍치마紅裳, 홍색띠紅帶, 한삼汗衫, 화관花冠 등을 착용함으로써 정재에 등장하는 서왕모西王母나 선녀仙女, 진선眞仙과 같은 신위神位로 이해되었을 것이다. 바리공주 복식은 궁중무용 문화의 영향을 받아 오늘에 전승되었음을 나타낸다.

2014년 가을
샤머니즘사상연구회 연구위원 일동

17

2부 샤머니즘의 상징

1부
샤머니즘의 윤리사상

실천윤리적 측면에서 분석해 본 무속
- 황해도굿과 무속공동체를 중심으로 -

김덕묵
한국외국어대학교 강사

1. 머리말

"윤리란 사회 및 공동생활의 질서와 규범을 밝히는 학문이라는 뜻도 되나 우리들의 공동생활의 근저를 이루고 있는 법칙과 도리를 찾아 따르려는 인간 생활의 학擧"[1]_이라고 볼 수 있다. "윤리倫理에서 '윤倫'자는 사람과 사람의 모임인 인간 집단을 가리킨다. 그리고 '리理'는 도리라는 말에서 알 수 있듯이 '결' 또는 '길'을 가리키는 한자이다. 그러므로 '윤리'라는 말의 기본적인 뜻은 '인간 사회의 기본적인 도리'라고 풀이할 수 있을 것이다"[2]_ 동양에서 윤리란 어떤 성문화된 법 못지않게 공동체 생활에서 중요한 규범이 되

1_ 김형석, 『倫理學』(삼중당, 1994), 12쪽.
2_ 이서행, 『한국윤리문화사』(한국학중앙연구원출판부, 2011), 43쪽.

었다. 그래서 사람들은 어려서부터 삼강오륜三綱五倫을 배웠고 이러한 윤리에 바탕을 둔 의례는 윤리적 실천행위로서 강조되었다. 실천윤리란 인간행위의 실천영역에서 제기되는 윤리적 현상으로 삶의 환경이 변함에 따라 새로운 대응이 요구되기도 한다. 무속공동체에도 실천윤리가 있다. 이것은 신과 혹은 인간관계에서 마땅히 해야 할 도리로서 인식되는 행위이다.

그동안 무속에 대한 편견은 적지 않았다. 대표적인 것이 무속의례는 '음사淫祀'이며 무당은 '혹세무민惑世誣民'하는 사람이라고 매도하는 것이었다. 물론 종교인의 세속화는 동서고금에 흔히 볼 수 있는 일이며 무당만의 문제는 아니다. 또한 봉건적인 지배체제 아래에서 천자만이 하늘에 제사를 지낼 수 있고 다른 사람이 지내는 것은 '음사'라고 했던 점이 현대사회에서 의미를 가질 수는 없다. 무속이 '현세구복'이라고 비판하는 사람도 있다. 현세구복성은 모든 종교에서 나타난다. 유독 무속만이 비판받을 이유는 없다. 또한 무속에 내세관이 없고 현세의 행복을 중요하게 여긴다는 점에서 현세구복이라고 하는 사람도 있는데 그렇게 단정할 수 없다. 내세관이 없는 것은 동아시아 사상의 일반적인 특징이다. "공자가 죽음보다도 삶을 더욱 강조했다는 것은 동양 사람들의 생사 여일生死如一의 사상의 연원이 된다고 할 수도 있다. 이 세상에는 삶을 지배하는 이치나 죽음 이후를 지배하는 이치나 이치는 하나이므로 삶의 의미를 잘 모르고 죽는다면 죽음 이후가 잘 보장된다는 생각을 할 수가 없다는 것이다."[3] 무속에서도 현실세계나 신의 세계, 죽음 이후의 세계를 같은 이치로 본다. 서양종교의 입장에서 내세관이 없다는 이유로 현세구복이라고 단정하는 것은 문화적 맥락을 이해하지 못한 소치所致이다. 동아시아 사상에서는 적극적인 삶의 의지를 강조하며 무속도 이러한 맥락과 다르지 않다. 동서양의 문화적 상이점을 이해하지 못하고 서

3_ 이은봉, 『여러 종교에서 보는 죽음관』(가톨릭출판사, 1995), 100쪽.

양의 논리에 포섭된 일방적 관점에서 문화를 해석하거나 재단하는 것은 문화를 읽는 바람직한 태도가 아니다.

　필자가 대학생 때 한국철학사 수업을 들었을 때의 일이다. 한국철학사이니 당연히 서두에서는 무속에 대해서 언급을 할 것이라고 기대를 했는데 강의하시던 선생님은 "무속은 미신으로서 사상적으로 접근할 것이 없습니다. 불교에서부터 시작하도록 하겠습니다."4- 언젠가 굿을 보고 있는데 어떤 사람은 "무당이 춤을 출 때도 방법이 있어요? 아무렇게나 하면 되는 것 아닌가요."라고 한다. 무속에는 윤리가 없다는 일방적인 무속관을 가진 사람들이 있다. 굿춤에 전통적으로 내려오는 한국 무용의 정수가 담겨있고 각지의 굿은 그 지역무용의 골격을 담지하고 있다거나 무속을 움직이는 원리와 논리가 예학론5-을 펼칠 수 있을 만큼 예禮와 윤리에서 벗어날 수 없다는 것을 안다면 우리는 무속을 재인식하게 된다. 무속에서 윤리가 어떻게 창출되고 사람들은 어떻게 그 윤리를 실천하며 무속의 윤리적 특징과 내용은 무엇인가 하는 문제는 무속의 근원적인 성격을 규명하는 것으로써 사상사적으로도 의미가 크다.

　그동안 무속의 윤리가 제대로 규명되지 못한 이유는 무엇일까. 그것을 연구하는 데 겪는 어려움이 있기 때문이다. 무속연구자들은 사상부분에 큰 관심을 보이지 않았다. 윤리학자들은 한국의 윤리사상을 무속에서부터 찾으려고 한다.6- 그러나 그들이 참고할 만한 자료는 흔하지 않았다. 고대의 건국신화에서 무속적 내용을 추출하여 한국 고유사상의 일부로서 무속사상

4_　당시 무속에 심취해 있던 필자는 한국사상사에서 무속이 소외된 것에 대해 안타까운 마음을 가졌다. 미신론에 대한 비판적인 검토는 졸저 『전국의 기도터와 굿당』 경상·제주편에 서술하였다.

5_　예학은 유교의 행동규범과 의례를 연구하고 궁극적으로 실천을 목표로 한다. 예는 종교의례에서 비롯되었으며 무속의례에도 실천윤리가 담겨있고 이러한 측면은 무속적 예학론을 가능하게 한다.

6_　한국윤리는 그 주류적 측면에서 보면 무교의 윤리로 출발하여, 불교의 윤리를 거쳐 유교, 특히 성리학의 윤리를 시행하였던 것으로 요약된다. 이서행, 앞의 책, 291쪽.

을 거론하는 정도였다. 무속지식의 상당부분이 무당의 종교체험에 의해서 생산되고 구술성(orality)을 기초로 전승된다고 할 때 무속이 행해지는 현장은 중요한 텍스트라고 볼 수 있다. 하지만 윤리학적 연구가 문헌중심으로 이루어지다보니 윤리학자들은 현장조사를 하지 못했다.

무속의 사상을 이해하기 위해서는 현장에서 관찰하고 질문하고 사색하며 도道를 터득해 가는 인내의 시간이 필요하다. 유교의 예학을 알기 위해서는 예서禮書를 공부하면 되지만 무속에는 그런 의례서가 없다. 그야말로 굿청, 기도터, 신당에서 무당을 깊이 있게 관찰해야 한다. 책상 위에서 텍스트를 펼쳐놓고 연구하는 데 익숙한 윤리학자들이 이러한 질적연구를 수행하기란 사실상 힘들다. 윤리학계가 무속의 윤리에 관심을 가지면서도 연구를 진척시키지 못하는 것은 이러한 난관이 있기 때문이다. 학제 간의 협력이 필요하다. 필자와 같은 무속연구자가 현장에서 관찰한 경험을 정리하고 그런 것을 토대로 윤리학자들의 철학적 지식과 통찰이 보태어진다면 이 방면의 연구는 한층 진전될 수 있다.

그동안 무속의 윤리에 대한 연구는 많지 않았다. 김인회는 무속에서 보는 윤리적 존재로서의 인간은 자연질서에 순응하고 가족공동체의 보호와 안전을 위한 희생과 헌신을 하는 인간이라고 보고 있다. 또한 김인회는 무속 속에도 사람과 사람, 사람과 신 사이에 지켜져야 할 어떤 종류의 행위규범이나 원칙이 있을 수밖에 없는데 유교적인 예禮와는 다르다고 보았다. 그에 의하면 무속에서 대부분의 행동양식과 질서는 유교적 기준에서는 비례非禮에 해당하는 것이 되며, 그것은 평상시에 지켜지는 기성의 형식적 예의규범 때문에 야기될 수 있었던 인간들 간의 갈등과 장벽을 없애는 기능을 한다고 한다. 숨막히는 기성의 예와 질서, 규범으로부터 탈출하고 그것을 거부하는 무속적 시時·공空 속에서 무속 신자들은 자기네들끼리 묵계되어 있는 예禮를 실천한다고 보았다. 또한 그는 무속적 예의 행위는 음식을 나누어 먹고 함께 신을 놀리고 돈이나 노동으로 부조를 하여 서로 도와주는 등으로 나타나며 누구도 무속적 질서나 예의를 조목조목 따져서 설명해 주는 사람은 없으며 단지 무속의 분위기 속에 함께 참여하는 가운데 감성적 체험을 통해 모방되고 학습되는 것이라고 한다.[7] 김인회의 연구는 무속사상에 대한 연구가 황무지였던 상황에서 일궈낸 것으로 의미가 크다. 또한 그의 주장은 상당부분 타당하다고 본다. 다만 아쉬운 점은 무속과 유교의 차이점에 주안점을 둠으로 써 이 부분은 한 측면만 부각될 수 있다는 것이다. 무속과 유교의 공통점과 차이점이 함께 조명될 필요가 있다.

조흥윤은 내림굿의 예를 들어 신어머니는 입무자에게 가난한 사람을 도와주라, 재물에 욕심을 두지 마라, 헛된 말을 하지 마라, 남의 일을 내 일처럼 돌보아라 등의 말을 하는데서 윤리를 볼 수 있다고 한다. 또한 그는 무巫의 윤리를 "원리의 면에서 이해"하는 것이 필요하다고 한다. "인간의 윤리는 사람들의 사회적 관계를 넘어서서 자연환경과 영적 세계를 포괄한다. 사람이 살아가는 자연환경에 고마움을 느끼고 조상들에게 삶을 감사드리며, 신령에게 떳떳한 자세를 무巫에서는 취한다. 인간사회를 포함하여 이 모든 것과 고루 어우러지는 조화를 회복하려는 태도, 그것이 무巫의 원리이자 윤리가 된다". 또한 그는 단골이 무당과의 관계나 집안에서의 종교행위를 할 때 그들의 윤리에 대한 태도도 조화와 정성이라고 보고 단골은 매사에 영적 세계를 포함하여 조화를 추구하고 정성을 다한다고 보았다.[8] 조화뿐만 아니라 다양한 측면에서 무속의 윤리를 살펴보지 않은 점은 아쉽지만 조흥윤의 관점은 정확히 맥락을 잡은 것이다.

박일영은 무속의 윤리에 대해 구체적으로 거론하지는 않았다. 그러나

7_ 김인회, 『韓國巫俗思想硏究』(집문당, 1988), 186~290쪽.
8_ 조흥윤, 『한국 巫의 세계』(민족사, 1997), 72~79쪽.

그가 "무교적 종교성의 특징"이라고 언급한 '조화성'과 '생명성'은 무속의 윤리적 근거가 된다. 그는 "무교적 종교의식과 종교문화 속에는 신과 인간과 우주 만물이 함께 어울려서 살아가는 조화의 정신이 강하게 들어있다"고 보았으며 "무교⁹⁻ 문화의 특성은 생명을 존중하고 사랑하는 정감이라고 할 수 있다"고 보고 "생명은 선과 동일시된다"고 보았다.¹⁰⁻

윤리학자 최문기는 조홍윤의 논의를 윤리학계에 소개하고 그것에 동의하는 입장을 취하고 있다. 그는 결론에서 무속의 윤리적 원리로서 '조화'의 원리를 제시하고 이 원리가 개인의 원한을 풀어주고 정신을 치유해서 삶의 조화를 회복해 주는 기능을 수행하며, 공동체의 연대와 번영을 촉진할 뿐만 아니라 천지인의 조화를 통해 세계의 평화적 공존과 생태계 보존이라는 사회윤리적 의의까지 지닌 것으로 평가하였다.¹¹⁻

전거한 바와 같이 무속의 윤리에 대한 연구는 많지 않다. 그나마 윤리를 중심으로 하여 살펴본 연구는 조홍윤과 최문기이며, 김인회와 박일영은 윤리를 중심으로 하여 다룬 연구는 아니다. 또한 최문기의 연구는 굿에 대해 일반적인 소개를 하고 윤리학계에 소개하는 입장이었고 조홍윤의 연구는 내림굿을 사례로 들고 있어 다양한 현장자료를 토대로 근거를 제시하는 것은 과제로 남겼다. 무속의 윤리에 대한 연구가 척박한 상황에서 그나마 전거한 연구들이 있어 이 분야의 공백을 채웠다. 그러나 아직 출발점에서 멀리 나가지 못했으며 활발한 연구가 요청된다.

무속의 윤리를 따질 때 우리는 무속의 윤리사상이 무엇이며, 그것은 어

9_ 박일영은 종교학자로서 무속을 '무교'로 지칭하기 때문에 여기에서도 그의 표현을 그대로 따랐다.
10_ 박일영, 「무교적 종교성의 구조와 특징−가톨릭 신앙심과의 관계를 중심으로−」, 『한국무속학』 제2집(한국무속학회, 2000).
11_ 최문기, 「한국 무속신앙의 실천윤리적 조명」, 『전통사상의 실천윤리적 의미』(한국윤리학회 학술대회 자료집, 2009. 6.27).

떻게 형성되고 실천되며 어떻게 정당성을 가지게 되는지를 살펴보아야 한다. 물론 전반적인 과제를 본고에서 일시에 해결할 수는 없다. 앞으로 진전된 연구들이 이어져야 한다. 무속에는 의례서가 없기 때문에 현 단계에서 무속의 실천윤리를 규명하기 위해서는 무당의 종교생활과 수행생활을 통해 본 신과 인간의 관계, 무당 간의 관계, 무당과 단골의 관계에 대한 관찰을 토대로 해야 한다. 이러한 관찰은 행위에 내재되어 있는 종교의 본질적 측면도 고려되어야 한다. 무속의 윤리를 논할 때는 보편성이나 객관적인 준거를 가질 수 있는 규칙이나 원리가 고려되어야 한다. 또한 무속과 유교를 이분법적으로 보려는 시각은 재고될 필요가 있다. 유동식이 말한 바와 같이 종교의 서장을 장식하는 것이 샤머니즘이다.[12] 유교도 샤머니즘에 뿌리가 닿아있다. 이러한 측면을 고려하여 본고는 황해도굿과 무속공동체에서 보여지는 실천윤리를 살펴본다. 이 글에서 황해도굿을 택한 이유는 타 지역의 굿에 비해 오늘날까지 전형이 비교적 잘 남겨져 있어 윤리적 측면을 관찰하는 데 용이하다고 판단되었기 때문이다.

2. 황해도굿에서 드러나는 실천윤리

1) 현장에서 관찰한 황해도굿 소개

황해도굿은 굿의 기능을 중심으로 볼 때 내림굿, 재수굿, 병굿, 천도굿으로 구분할 수 있다. 내림굿은 무당이 되는 입무식이며 재수굿은 일반적인 굿 형태로 재수를 비는 굿이다. 병굿은 병자가 있을 때 치유를 위해 하는

12_ 유동식, 『韓國巫敎의 歷史와 構造』(연세대학교 출판부, 1989), 3쪽.

굿이며 천도굿(진오귀굿)은 망자의 극락왕생을 빌기 위해 하는 굿이다.[13] 본고에서는 재수굿을 중심으로 실천윤리를 살펴본다. 이 굿은 2006년 11월 1일 인천 선학굿당에서 김매물이 행한 굿이다. 이날 굿을 하게 된 이유는 대주가 일이 잘 풀리지 않아 어디 가서 점을 보니 아들에게 굿을 하라고 권하여 하게 되었다. 그의 아들은 3년 전 강원도에서 군 복무 중 폭우로 군막사가 피해를 볼 때 21살의 나이로 죽었다. 굿의 절차나 형식은 재수굿이나 굿의 내용은 천도굿의 의미가 강한 것이다. 이미 망자는 죽은 지 3년이 지났으며 대주가 이전에 다른 곳에서 천도굿을 했기 때문에 이날은 일반 재수굿 형식을 띠면서 망자를 거듭 천도하는 의미가 있다. 무당일행은 주무主巫인 김매물과 조무 김선희, 박○○(당시 39세)이 참석하였다.

(1) 굿거리[14]의 내용과 의미

신청울림과 주당물림 – 굿을 한다고 천지의 신들에게 알리고 굿판에 '주당살'이 없도록 하기 위해 한다.

산천거리 – 산의 비호 아래 사는 인간이기에 근방이든 원방이든 모든 산천에 계신 신들을 대접한다.

초부정·초감흥거리 – 이 거리는 신이 들어오도록 부정을 닦고 모든 신을 모시는 거리이다. 모든 신을 모시는 거리라고 해도 특히 굿을 하게 된 원인이 되는 조상과 여타 조상들의 등장이 두드러진다.

무감1 – 신뿐만 아니라 인간도 신명이 있고 감흥이 있기 때문에 먼저 굿을 의뢰한 대주에게 잠시 굿판에 들어서서 춤을 추도록 한다.

13_ 황해도굿에 대한 설명은 김덕묵, 「황해도굿의 무속지적 연구」(한국학대학원 박사논문, 2009)를 참조할 수 있다.

14_ 굿거리는 그것을 연출하는 무당에 따라 다소 차이가 있다. 본고에서는 당시 김매물 만신이 행한 굿거리의 절차에 맞추어 논의를 진행한다.

칠성거리－이 거리는 상위上位에 있는 칠성님과 제석님 등 천신과 용궁, 불교 관련 신들이 모셔진다. 천신계열의 신에는 도교와 관련된 신도 있다.

군웅거리－군웅거리는 산천에서 피를 흘리며 죽은 군웅을 위로하고 대접하는 거리이다.

성주거리－가택신의 으뜸이신 성주님을 모시고 놀린다.

대감거리－대감은 재물신을 대표하지만 재물대감 외에도 벼슬대감, 텃대감 등 무수한 종류의 대감들이 있다. 이 거리는 대감신을 놀리는 거리이다.

영정거리－초감흥거리 때 따라 들어온 잡신을 물리는 거리이다.

무감2－이날 신을 모신지 3개월밖에 되지 않은 애동무당이 조무로 참석하였는데 그녀는 아직 굿거리에 익숙하지 못해 한 거리를 맡아서 할 수는 없다. 하지만 그녀에게도 신이 있으니 놀리도록 하기 위해 무감을 서게 하였다.

타살감흥거리－돼지를 부위별로 나누어 일부는 익히고 일부는 날고기로 하여 고기를 드시는 모든 신에게 대접한다.

말명거리－말명은 앞서 살다간 무당의 선배들이다. 이들을 놀리는 거리이다.

서낭거리－서낭님을 놀리는 거리이다.

성수거리－경관만신(主巫)의 자기거리이다. 자신의 신명을 모시고 놀린다.

대신거리－대신을 모시고 놀린다.

조상거리－굿을 하는 재가집의 조상을 모시고 놀린다.

마당거리－앞거리에서 대접 받지 못한 잡신을 놀린다.

(2) 굿의 진행과정

당시에 행해진 굿의 기본적인 절차는 위에서 밝힌 바와 같다. 여기에서는 굿을 하게 된 원인이 되는 죽은 아들이 등장하는 굿거리를 중심으로 약

술한다.[15]

초부정 · 초감흥거리(9 : 45~10 : 55, 김매물)

무당은 초감흥 관대를 입고 연풍을 돌고 청배를 한 후 내림을 하고 두 팔을 들고 접신을 한다. 이어서 대주에게 흘림공수(이때 죽은 아들이 와서 대주에게 "아버지 어머니도 섭섭하고 아버지도 섭섭하다……"고 하면서 울기도 하고 넋두리를 한다)를 한다. 다시 두 팔을 들어 접신을 한 후 무당의 몸에 실린 조상이 대주에게 공수를 한다. 과거 5대조상, 벼슬하고 이름났던 할아버지가 와서 "조금 섭섭하다…… 그래도 우리는 받아간다"하면서 윗대조상들 잠시 들러 무당의 입을 빌어 한마디씩 한다. 다시 두 팔을 들어 접신을 한 후 객사한 형님이 잠시 왔다가고, 다시 두 팔을 들어 접신 후 큰아버지, 다시 접신 후 죽은 동생, 다시 접신 후 고모, 다시 접신 후 작은할아버지 형제간, 다시 접신 후 용신(물에 가서)에 죽은 조상 즉, 고종 사촌으로 배를 타고 가다가 사고로 죽은 조상, 다시 접신 후 애기 때 산신벌로 죽은 아이가 오고, 다시 접신 후 이모, 외삼촌, 장인, 대주의 죽은 친구도 왔다.[16] 다시 접신을 한 후 무당은 "조상들 잘 도와준다…… 걱정마라"하면서 공수를 준다. 다시 두 팔을 들어 접신하는 동작을 세 번 반복하고 내림("초감흥에 초부정에 영부정 아~헤……")을 하고 거상, 연풍, 막춤을 추다가 다시 연풍을 돌고(이때 장구는 점차 빨라짐) 막춤을 춘 후 대신발을 들고 장구 앞에 앉아서 두 팔로 대신발을 받쳐 들고 절을 세 번 한다. 이어서 연풍을 돌고 굿상을 보고 전처럼 대신발을 받쳐 들고 절을 세 번 한 후 양푼을 들고 내림("아~ 헤……")을 한 후 뚝대를 들고 놀리고 내려놓는다. 이어서 삼지창과 대신칼을 들고 놀리고 그대로 칼을 든

15_ 이 굿거리에 대한 구체적인 내용은 김덕묵(2009)에서 참조할 수 있다. 본고에서는 그 중 일부를 요약하였음을 밝혀둔다.
16_ 이때 무당의 몸에 실려 나타난 재가집 조상들은 객사를 하거나 불우하게 죽은 조상이 많았다.

채 내림공수("초부정 초감흥에 영부정 아니시냐…… 네 만군웅을 막아보겠노라 쉬")를 한다. 칼을 내려놓고 오방기를 들고 놀리다가 대주에게 뽑게 한다. 녹색기가 나오니 다시 뽑게 한다. 두 차례 더 뽑았으나 좋지 않은 기旗가 나오자 굿상에 절을 하게 한 후 다시 뽑게 하니 흰색기가 나왔다. 이어서 연풍을 돌고 오방기를 내려놓고 대신칼과 장군칼을 들고 놀리고 난 후 삼베를 들고 두 발 정도 자른 후 손은 소창과 함께 들고 다른 한 손은 소당기를 들고 놀리다가 대주에게 복을 주는 시늉을 몇 차례 한 후 대감이 실리어 특유의 익살스런 재담을 한다. 이어서 서울식으로 대감타령("어떤 대감이 내 대감이냐……")을 하고 "대감님 잘 놀고 난다"하면서 관대를 벗고 쾌자만 입은 채로 망자옷을 들고 연풍을 돈 후 망자옷을 대주 몸에 대고 간단히 공수를 준다. 이윽고 조상옷이 들어있는 바구니 속의 옷을 하나씩 들고 놀린 후 내려놓고 소창묶음을 들고 "네 조상들 도와준다 걱정마라……"하면서 공수를 하고 내림("초감흥에 초부정에 잘 놀고난다 아 헤……")을 하고 날만세("잘 놀고 나요……")를 한다.

군웅거리(12 : 45~1 : 20, 김선희)[17]
무당은 굿청에서 군웅복을 입고 군웅거리를 하는 공간으로 가서 장고 앞에 서서 청배를 하고 망자를 몸에 실어 넋두리를 한다. 이어서 돼지 내장을 먹고 군웅을 놀린 후 사슬을 세우는 순으로 굿거리를 마친다.

타살감흥거리(3 : 00~4 : 40, 김선희)
무당은 청배를 하고 각종 칼, 대감, 망자와 조상을 놀리고 사슬을 세우

17_ 원래 군웅거리가 뒤로 가는데 군웅거리에서 돼지를 잡은 후 각을 떠서 절반을 삶아서 타살감흥거리를 하기에는 시간이 부족함으로 먼저 군웅거리를 했다.

는 절차로 굿거리를 진행한다.

조상거리(7 : 50~9 : 03, 김매물)

무당은 노란색 몽두리를 입고 소청과 방울을 들고 청배를 하고 조상을
놀린다.

2) 황해도굿을 통해 본 실천윤리[18]

(1) 극적 구조로 본 윤리성 : 개성존중과 해원을 통한 조화와 평등성 추구

제의는 일종의 드라마로서 위기와 갈등을 극복하고자 하는 기제로 해석
할 수 있다. 의례를 통해 갈등을 해소하고자 한다는 점에서 무속도 다를 것
이 없다. 잠비아 은뎀부족에서 현지조사를 수행했던 터너는 은뎀부족의 의
례를 분석하면서 그는 인간의 사회, 문화적 삶 자체를 사회극으로 보고 그
삶의 내용을 이야기로 보아, 사회 구성원들의 삶을 연극으로 포착해내는 문
화 해석 방법을 제시하였다.[19] 터너는 리미널리티liminality란 개념을 사용하
여 원시적인 사회에서부터 최근의 사회에까지 즉 원시사회의 제의에서 봉
건사회의 카니발 혹은 페스티벌, 현대사회의 공연문화에 이르기까지 리미
널리티를 획득하는 방법이 존재한다고 보았다.[20] 터너가 말하는 리미널리
티란 반 겐넵이 통과의례가 일상 사회생활로부터 분리(separation), 전이
(limen), 재통합(reaggregation)이라는 3단계의 과정을 거친다고 본 것에서 '전
이단계'를 말한다. 반구조성과 같은 리미널리티적 특성 혹은 리미널리티가

18_ 굿을 통해 다양한 실천윤리를 추출할 수 있으나 여기에서는 논의를 세 가지 측면으로 한정하여 검토
한다.

19_ 빅터 터너, 이기우 · 김익두 역, 『제의에서 연극으로』(현대미학사, 1996), 245~246쪽.

20_ 위의 책, 210쪽.

고대의 제의는 물론 현대의 공연문화에까지 내재한다고 본 것이다. 제의를 위기와 갈등의 극복수단으로 본 터너는 결국 리미널리티가 제의나 사회극에 내재하여 위기극복의 기제가 된다고 본 것이다.[21] 터너가 말하는 리미널리티는 무속의례에도 일정부분 통용될 수 있다.

무당들의 영적 체험을 통해 드러나는 우주에 대한 무속적 인식은 우주를 다양한 존재가 공존하고 있는 것으로 이해한다. 각 존재자[22]들은 서로 대립되기도 하고 갈등을 일으키기도 한다. 무속에서는 이러한 다양한 존재자의 공존을 '다신적 신관'으로 수렴한다. 다양한 존재의 공존은 갈등을 내포하고 있으며 이 갈등은 굿이라는 틀 속에서 용해되며 화해를 하게 된다. 굿이라는 틀은 등장신격의 신놀이를 통해서 해결되는 구조이다. 등장신격은 굿을 통해 갈등을 해소하고 조화와 평등을 얻게 된다. 따라서 우리는 '다신적 신관', '신놀이', '조화와 평등'의 지향이라는 세 가지의 특성 속에서 굿을 살펴볼 수 있다. 이러한 특징이 굿을 드라마로서 분석할 수 있는 내재적 원리이다. 이것을 순차적으로 나열하면 다음과 같다.

다양한 존재의 공존 → 갈등 → 무속의례 → 조화와 평등

이 점은 전거한 굿을 통해서 드러난다. 아들은 3년 전 군대에서 사고로 사망한다. 아버지는 마음이 편하지 않다. 부부의 이혼, 아들의 사망, 아들에

21_ 제의적 수단으로는(마법, 조상 대대로의 천벌, 신의 불만과 같은) 여러 가지 사회적 갈등의 숨겨진 원인에 대한 예언, 질병을 예방하기 위한 희생, 치료제의 등이 있다. 이러한 수단들은 문화적 · 도덕적 공동체의 여러 가치, 공통의 관심사, 도덕적 질서 등을 공표하는 주요 제의의 공연/수행을 위한 용이한 방법을 찾도록 해주고 각 지역집단의 분리를 극복하게 해준다. 이 사회극은 경쟁하는 당파와의 화해 속에서 혹은 서로의 차이를 인정하는 상호 동의 속에서 끝난다. 위의 책, 15~16쪽.

22_ 우주 안의 존재들은 존재자로서 인격화(personification)될 수 있으며 굿에서는 등장신격으로 표현될 수 있다.

대한 미안함 등 현실적 불안정성은 곧, 조화의 깨어짐이며 이 갈등의 요인은 산자와 죽은자의 갈등, 신과의 갈등, 천지의 갈등, 우주의 갈등으로까지 해석된다. 이러한 제 존재의 갈등은 무속의례를 통해 조화와 평등의 관계로 전환된다. 아버지로부터 의뢰를 받은 무당은 굿을 통해 아들을 해원시켜주며 그와 동시에 산자와 죽은자, 아버지와 아들, 신들의 세계, 천지, 우주는 안정의 단계에 들어간다. 굿의 구조와 세계관은 한국인의 삶에 그대로 투영되어 있다. 한국의 문화는 푸는 문화이다. 한을 풀고, 갈등을 풀고, 맺힌 고를 푸는 것을 통해 문제를 해결해 나간다. 굿은 신과 인간의 문제를 푸는 일정한 장치이다. 이것을 통해 문제를 풀고 쌍방 간의 '조화'를 추구한다. '조화와 평등'은 굿이 행해지는 동기와 지향점이며 굿이 지향하는 윤리성이다.

(2) 놀이의 실현에서 보이는 윤리성 : 신과 조상에게 놀이(의례)를 봉헌하는 자손된 도리의 실천

놀이는 굿이 생성되고 구성되는 원리이며 굿은 신에게 놀이의 시공간을 제공하는 장치이다. 굿의 구조는 다양한 신격의 노는 과정이 반복되어 굿거리의 시공간을 시계열적으로 배열하고 있으며, 그것을 여러 개의 군群(거리)으로 묶음에 따라 하나의 굿이 형성된다. 이러한 구조가 언제부터 형성되었는지는 알 수 없지만 우리는 굿거리를 통상 열두거리로 이해하며 이 틀 속에서 등장신격은 신놀이를 한다. 신놀이의 과정은 알림-갈등-화해-놀음의 순서로 이어진다. 신놀이는 굿의 내용과 구조를 설명하는 하나의 논리로서 만물은 곧, 놀고 싶은 욕망을 가진 것으로 놀려주어야 한다는 사고를 근거로 하며 굿은 이러한 신놀이를 위한 장치이다. 만물의 원초적 놀이본능과 그러한 성질을 중시여기는 무속적 인식이 신놀이를 가능케 하며 그것은 무속의 놀이개념을 함축하고 있다.[23]

그렇다면 놀고 싶은 만물의 욕망을 실현시킬 수 있는 놀이판 즉, 굿을

대접하는 것은 누구인가. 자손은 조상을 위해 굿을 하고 그 굿은 만물의 놀이공간이 된다. 따라서 무속적 사고에서 볼 때 굿은 조상에게 올리는 의례이며 도리이다. 조상에게 의례를 다하는 것이야 말로 조상을 모시는 실천윤리이기 때문이다. 무당들은 단골들에게 굿을 하라고 한다. 속인들은 그것을 보고 무당이 돈을 벌기 위한 욕심에서 비롯되었다고 할 수 있다. 물론 어느 종교에서든 종교의례를 하면 사제에게 경제적인 혜택이 돌아간다. 그렇다고 하여 사제가 종교의례를 권유하면 그것이 인간의 욕심 때문이라고만 단정할 수는 없다. 의사가 환자를 진찰한 후 처방조치를 권유하듯이 종교적 입장에 있는 사제들은 그들의 논리에서 처방조치를 권유한다. 요약하면 신놀이는 무속적인 치유방식이며 이것을 대접하는 것은 자손된 도리를 실현하는 것으로서 윤리성을 가진다. 따라서 무당들은 자신의 신명을 대접하기 위해 주기적으로 '신사맞이'[24]를 하며 재가집도 정성이 있는 사람들은 주기적으로 굿을 한다. 이러한 실천에 내재된 윤리성이란 조상을 위한 禮를 다하는 것이다.

(3) 재물의 분배에서 드러나는 윤리성 : 고른 분배를 통한 조화와 평등성 추구

전거한 김매물의 굿에서 무당은 대주와 악사 등 참석자들에게 음식을 나누어주었다. 일부는 경관만신이 가지고 가서 자택의 신당과 걸립에 올리고 다녀왔다고 인사를 한다. 그리고 오늘 굿을 한 재가집이 잘되게 해달라고 빈다. 무속에서는 모든 존재를 신격화할 수 있다. 모든 존재가 욕망을 가지고 있다는 관념은 곧 모두에게 평등하고 타당한 분배가 이루어져야 한

23_ 김덕묵, 「무속의례에서 놀이의 생성-굿의 구성원리로 본 신놀이-」, 『샤머니즘의 사상』(민속원, 2013), 243~244쪽.
24_ 황해도에서는 '신사맞이'라고 하고 서울에서는 '진적'이라고 한다. 오늘날 황해도굿을 하는 무당들의 경우 경제적으로 여유가 있는 무당들은 매년 1~2회 하는 사람도 있으나 대개는 격년에 한 번씩 한다.

다는 논리로 이어진다. 이러한 분배의 논리는 제물의 분배에서 잘 드러난다. 무당은 신당에 계신 신들을 위해 돼지 뒷다리 등의 제물을 가지고 가며 단골은 자택의 가신家神을 위해서 돼지고기, 대감시루 등을 가지고 간다. 자택에 있는 신들도 욕망이 있으며 그들을 위해 제물을 싸가지고 가는 것은 당연한 예의이다. 잔치집에 다녀오면서 집에 있는 가족을 위해 음식을 가져오는 것이 도리이듯이. 또한 굿에 참석한 다양한 사람들에게도 그 위치에 맞게 제물을 나누어 준다. 무속의례에서 분배는 절대적인 평등은 아니다. 의례의 주체인 재가집은 모든 제물의 우선권을 가지며 경관만신은 재가집 다음으로 우선권을 가진다. 그럼에도 불구하고 굿에 참석한 사람들의 위치나 역할에 맞게 각자 만족할 수 있는 평등한 분배를 지향한다. 의례를 행하고 제물이 생기면 모두에게 나누어주고자 하는 것은 모두가 그것을 원한다는 욕망을 이해하고 그것을 중시여기기 때문이다. 이러한 분배의 논리에는 각자의 욕망을 해소시킴으로서 누구에게도 불만을 사지 않으려는 즉, 조화와 평등을 추구하는 무속의 윤리관이 들어있다.[25]

3. 무속공동체의 관계 속에서 드러나는 실천윤리[26]

1) 신을 섬기는 윤리

무속의 윤리는 '경신敬神'에서부터 비롯된다. 윗사람을 모시듯 신을 섬기고 공경하는 것이다. 이러한 실천윤리는 무당들의 행위에서 드러난다.

25_ 김덕묵, 「무속의례의 물적 토대와 재화의 분배」, 『비교민속학』 제38집(비교민속학회, 2009), 309~311쪽.
26_ 여기에서는 그동안 필자가 관찰한 김매물 등 황해도 만신들의 무속공동체를 중심으로 살펴본다.

(1) 무당의 행위에서 보이는 신과 조상을 받들고 위하는 섬김의 윤리

무당이 신을 모시는 행위를 관찰해보면 조상님을 사당에 모시고 수시로 예를 다하는 사대부의 행위를 연상할 수 있다. 김매물 만신의 하루 일과는 아침에 일어나서 신당에서 옥수를 갈고 인사를 하는 것으로 시작되며 저녁에도 옥수를 갈고 인사를 하는 것으로 마무리된다. 어디를 갈 때도 먼저 신당에 고하고 돌아와서도 신당에 고한다. 『예기』 곡례에는 나갈 때는 부모에게 행선지를 고하고 돌아와서는 뵙고 돌아왔다出必告反必面고 하라는 구절이 있다. 무당이 신을 모시는 것도 지극히 부모나 윗사람을 공경하는 것과 다르지 않다. 누군가 맛있는 음식을 가져와도 먼저 신당에 올렸다가 먹는다. 무엇을 먹거나 어디를 다녀오거나 무엇을 할 때 먼저 부모님께 고하고 드리는 것이 효라고 가르치는 공자의 말씀처럼 무당들은 지극히 부모님을 공경하듯이 신을 모신다. 또한 그렇게 하라고 제자들에게 가르친다.

무당들은 절기마다 신에게 음식을 올리고 치성을 드리며 형편이 되는 사람들은 봄에는 잎맞이·꽃맞이로, 가을에는 단풍맞이·신곡맞이로, 새해에는 새해맞이로 신에게 굿을 올리기도 한다. 또한 자신의 신명에게 신사맞이를 올릴 때 자신의 본향산과 도당산을 찾아다니며 인사를 한다.[27] 김매물 만신도 절기마다 치성을 드리며 격년에 한 번 신사맞이를 드리며 이때는 북한에 갈 수 없으니 황해도에서 월남하여 피난생활을 했던 덕적도에 가서 인사를 드린다. 예禮가 신을 모시는 종교행위에서 나왔다는 말을 우리는 굳이 책자를 찾아보지 않아도 무당의 행위에서 알 수 있다. 무당이 신을 모시는 윤리는 사람들이 윗사람을 공경하는 것과 같은 이치이며 유교의 윤리와 다르지 않다. 만약 이러한 윤리에 어긋나게 되면 신벌을 받게 되거나 복을 얻

27_ 김덕묵, 『전국의 기도터와 굿당』 경상·제주지역편(한국민속기록보존소, 2004), 90쪽의 김보살이나 303쪽의 김미자 만신의 사례를 참조할 수 있다.

지 못한다고 무당들은 생각한다.

(2) 기도나 굿을 할 때의 몸과 마음을 정결히 하는 근신의 윤리

예로부터 우리 민족은 중요한 일을 앞두고 있을 때 근신한다. 특히 제祭를 지내거나 기도나 굿을 할 때 관련된 사람들은 매사 행동을 조심했다. 보는 부정, 듣는 부정, 말하는 부정, 먹는 부정을 피한다. 이러한 점은 무당에게만 해당하는 것이 아니다. 기도를 하는 사람이면 누구나 염두에 두어야 하고 동제를 지내는 제관들도 숙지하는 것이다. 황해도 무당들도 굿이나 기도를 할 때 목욕재계를 하고 비린 음식을 피하며 근신한다. 제물을 구입할 때도 가격 때문에 홍정을 하거나 말을 많이 하지 않으며, 신에게 드릴 음식을 만들 때도 입을 다물고 경건하게 한다.[28]_ 이것은 신을 공경하는 태도이며 무속의 실천윤리이다.

(3) 단골의 행위에서 보이는 신과 조상을 받들고 위하는 섬김의 윤리

무당이 신을 모실 때처럼 단골들도 자신의 가신家神을 모신다. 물론 오늘날에는 가신신앙이 많이 쇠퇴해서 흔히 볼 수 있는 행위는 아니지만 과거에는 맛있는 음식이 들어와도 먼저 성주 앞에 올려놓았다가 먹었으며 추수를 해도 먼저 성주단지에 햇곡을 넣었다. 절기에 따라 음식을 올리고 정월에는 새해맞이, 가을에는 신곡맞이로 고사를 드리거나 굿을 하기도 하였다. 이러한 이치 역시 무당이 신을 섬기는 것과 동일하다. 이러한 실천윤리가 무속의 성격이기 때문이다. 경신敬神은 무당뿐만 아니라 단골에게도 섬김의 윤리를 실천하는 근거이다.

28_ 위의 책, 332~333쪽.

2) 인간관계에서의 윤리

(1) 무당 사이의 윤리성 : 위계에 따른 윤리

황해도 무속에는 과거 신어머니와 신딸 간의 도제식 교육에서부터 내려온 전통으로 보이나 무당들은 신어머니에 대한 예절을 중시한다. 신어머니가 굿청에 들어서서 청배를 할 때는 신딸이 옆에 서서 방울을 들어준다.[29] 신어머니가 청배를 하는데 앉아서 구경만 하면 예의가 없는 것으로 여겨진다. 신어머니가 굿거리를 마치면 신딸들이 나란히 서서 절을 올린다. 신어머니가 신딸보다 나이가 많아도 신딸은 절을 해야 한다. 신의 세계에서는 세속의 나이보다 신의 관계를 중시한다. 무당 사이에서는 이렇게 엄중한 예절이 강조된다. 신어머니가 굿을 하면 신딸들이 가서 도와주고 신딸이 굿을 하면 신어머니가 도와주며 상부상조하는 것을 미덕으로 안다.

(2) 무당과 단골 사이의 윤리성 : 호혜성

신은 무당과 단골 사이의 매개가 된다. 단골은 돈을 바칠 때도 무당의 신당에 올리고 음식을 가지고 가도 신당에 바친다. 황해도 만신의 신당을 찾아가는 단골들은 동자신을 위해 사탕, 장군신을 위해서 술을 사가기도 한다. 그래서 황해도 만신들의 신당에는 동자 앞에 사탕, 장군신 앞에 술병이 놓여있다. 신에게 드리는 것이 무당을 위하는 것이지만 종교행위로서 받드는 것은 신이다. 무당과 단골 사이에서 바람직한 윤리적 덕목德目은 무엇일까. 무당은 단골을 위해 빌어주고 단골이 처한 어려움을 찾아내어 풀어주기 위해 성의를 다하는 것이다. 단골은 무당을 믿고 따르며 양자가 서로 신뢰하는 관계라면 이상적이다. 그러나 막상 무당과 단골의 관계를 보면 천태만

29_ 신어머니가 아니라고 해도 자신보다 어른이 굿을 하면 이렇게 하는 것을 예의로 안다.

상이다.[30]

무당은 단골을 위해 노력하고 단골은 무당에게 의지한다. 무당을 '수양 엄마'[31]로 삼고 지내는 단골도 있다. 단골은 무당의 신당에 명다리를 올려 놓고 절기마다 찾아가서 치성을 드린다. 황해도굿을 하는 어느 무당에게는 그녀가 젊었을 때부터 단골관계를 유지하며 지내온 단골들이 있다. 이런 경우 서로 신뢰가 두터우며 평생 동안 관계가 지속된다. 만약 무당이 작고하면 그의 신명을 물려받은 새무당과 인연을 이어가기도 한다. 이와 같이 무당의 신줄과 단골집의 인연이 지속되는 경우에 무당과 단골의 관계는 종교 공동체로서 결속력을 가진다.

4. 무속의 실천윤리 속에 내재된 사상의 형성과 성격

1) 무속에서 실천윤리의 형성

현상의 심층에 있는 근원적인 인식을 이해할 때 우리는 무속이 지향하는 참된 윤리의 세계를 알 수 있다. 그렇다면 그 근원적인 인식이란 무엇인가. 존재에 대한 무속적 해석이며 신관과 세계관에 닿아있다. 무속의 근원적인 인식을 찾아내기 위해 우리는 무가나 무속의례를 주목할 수 있다. 이 것들은 무속적 사유가 표현되는 실천의 장이다. 물론 무가나 무속의례는 행

30_ 물론 무당과 단골의 관계를 경제적 측면이나 이해관계로 설명할 수도 있다. 돈을 받고 점을 보아준다는 측면에서 상거래의 관계에서도 말할 수 있는데 일회성을 넘어 양자의 관계가 지속될 때 사제와 신도의 관계로 발전하며 단골은 무당에게 정서적으로 의지한다. 이러한 유대관계 속에서 서로 간에는 윤리성이 설정되며 그것은 호혜성을 바탕으로 한다.
31_ 경기도에서는 '시용엄마'라고도 하는데 '수양'의 와음으로 보인다. 단골들이 무당을 양어머니로 삼고 의지하는 것이다.

위자들이 구성하고 전승시키는 유동적인 현상이며 행위자들의 영적 세계와도 관련이 있다. 따라서 우리는 무속공동체에서 행해지는 종교적인 제 현상의 구성은 누대를 통해 전승되어 내려오는 전승지식과 현재 무당들이 겪는 영적인 종교체험이 섞여서 나타나는 결과라고 볼 수 있다. 물론 무속공동체를 통해 전승되는 지식도 선대 조상들이 겪은 생활사와 숱한 무당들의 경험적인 종교지식이 응축된 것이라고 볼 수 있다.

무당들의 영적인 체험이 반복되고 축적되면서 그 일반성들이 원형질을 이루며 일정한 양식으로 전승32_될 때 사람들은 그러한 유형을 '무속적'이라고 규정한다. 이러한 '무속적'이라고 하는 정신적 요소는 내적 필연성에서 기인하는 '신놀이'라는 원초성을 토대로 놀이화된 의례를 구성한다. 태초에 가까울수록 신놀이는 원초성에서 크게 벗어나지 않았을 것이다. 문화가 발달하며 신놀이도 한층 외연을 넓혀갔을 것이다. 당대의 놀이문화나 예술, 기타 종교적 의례들이 수렴되고 축적되면서 오늘날에 이르렀을 것이다. 이것을 다시 거꾸로 추적하면 우리는 그 속에 있는 원형질을 만날 수 있다. 물론 그것은 무당의 영적 체험에서 이루어지는 것이고 현재의 시점에서도 주변의 무당들을 통해 찾을 수 있다.

이것은 1차적으로 무당과 신의 소통에서 기인한다. 이것은 우주만물 상호 간의 소통으로도 볼 수 있는데 꿈(선몽), 환영, 환청, 징표(몸으로 표적, 일 등을 통해서 표적), 말문 터짐, 글문 내림 등을 수단으로 한다.33_ 이러한 영적 체험은 우주만물에 대한 무당의 인식을 가능하게 하며 존재하는 우주만물의 속성을 깨닫게 한다. 이를 통해 무속의 존재론이 구축된다. 무속에서 윤리란 바로 이러한 사유 속에서 만사에 대응하는 규범이다. 이러한 규범은

32_ 신을 모신지 얼마 되지 않은 애동무당은 자신의 영적 체험을 신어머니에게 고하고 자문을 구하면 신어머니는 자신의 경험이나 알고 있는 지식을 토대로 애동무당에게 가르쳐준다.
33_ 김덕묵, 앞의 책(2009), 223~227쪽.

무속에서 실천윤리의 형성

고정불변된 것은 아니며 시대에 따라 변화성을 띤다. 그것은 당대의 시대상을 포함하기 때문이다.[34]

2) 무속의 실천윤리가 가지는 성격

무속에서 보는 우주만물의 속성은 무엇인가. 만물은 영을 가진 존재이며 만물 상호 간에는 영적 소통이 가능하다. 또한 만물은 그 나름의 존재근거와 특성, 원초적인 본능을 가지고 있다. 이러한 만물에 대한 인식은 만물의 다양성과 다가치성, 개성과 욕망을 인정하게 하며 조화와 평등을 통해 만물 상호 간의 충돌을 조절하고자 하는 무속적 해결방식을 낳는다.[35] 이러한 사유는 다신관多神觀과 애니미즘에 바탕을 두고 있으며 김인회가 주장한 바와 같이 '합자연적 존재로서의 인간관'을 낳는다. 또한 이것은 조화와 평

34_ 헤겔은 "윤리적 삶이란 현재적 세계와 자기의식의 본성에서 나타나는 자유의 개념이다. (이러한 의미에서) 윤리적 삶은 현재적 세계 혹은 사회 질서에서 형성되는 객관적 측면과 개인의 자기의식 속에 있는 주관적 측면의 상호보완적 관계이다"라고 한다. G. W. F. Hegel, Translated by A. V. Miller, *Philosophy of Right*, Oxford University Press, 1992. 도성달, 『윤리학, 그 주제와 논점』(한국학중앙연구원 출판부, 2011), 22쪽에서 재인용. 이러한 맥락에서 보면 무속의 실천윤리는 현재적 세계 혹은 사회 질서에서 형성되는 객관적 측면과 무당의 의식 속에 있는 주관적 측면의 작용이라고 볼 수 있다.

35_ 무속의례는 이러한 인식의 해결방식이자 표현양식이라고 볼 수 있다.

등사상과 생명존중사상으로 이어진다.

무속의 윤리에는 조상숭배사상도 드러나는데 이것은 어디에서 기인하는 것일까. 혈연의식과 관련이 있다. 나의 몸에는 조상의 피가 흐르고 조상에 의해 나의 길흉화복도 영향을 받을 수 있다는 생각은 조상숭배사상으로 이어진다. 이것은 곧 김인회가 제기한 바와 같은 '관계내적 존재로서의 인간관'을 낳는다. 그러나 이것은 가족공동체 속에서만 의미를 갖는 것이 아니라 가족주의를 넘어 모든 인간에 대한 '관계'로 이어진다. 인간의 족보를 거슬러 올라가면 가족, 친족, 민족을 넘어 인류가 결국 같은 핏줄로 이어졌다고 볼 수 있기 때문이다. 조상숭배사상은 영靈의 존재를 믿는 애니미즘과 무관하지 않다. 영의 존재는 사후에도 영향을 미칠 수 있다는 생각으로 이어지며 조상숭배사상을 낳는다. 결국 조상숭배사상은 생명의 근원에 대한 효사상으로 이어지며 신을 섬기는 섬김의 윤리에 많은 영향을 미친다. 이러한 전반적인 사상이 무속의례와 무속공동체에서 실천윤리로 표현된다.

무속의 조상숭배는 유교에 큰 영향을 미친다. 유교에서 강조되는 예禮, 조상숭배, 효사상은 무속의 토대에서 비롯되었다. 이 점은 우리가 굳이 역사적 고찰을 하지 않아도 무속의례와 유교의례만 자세히 들여다보아도 어렵지 않게 발견할 수 있다. '예禮'라는 한자에서 보이듯이 신에게 음식을 바치는 의례행위에서부터 유래한다는 점은 제물을 차려놓고 종교행위를 하는 무속의 영향을 짐작할 수 있다. "조상의 신령·영혼숭배가, 또 부조父祖 일반에 대한 '효'와 가까운 거리에 있는 것임은 물론이다. 이러한 효 관념이야말로 무교 풍토에서부터 있었던 것으로 볼 수 있다."[36]_ 무속과 유교는 윤리적으로 공통분모가 적지 않다. 이것은 유교와 무속이 혼합되었다는 측면으로만 볼 수는 없다. 근본적으로 무속이 가지고 있는 만물에 대한 도리나 조

36_ 이서행, 앞의 책, 293쪽.

상숭배, 효사상은 애니미즘에서부터 비롯된 무속 본래의 성격으로 보아야 한다. 유교 형성에 무속이 영향을 미쳤다는 주장은 일본인 학자 가지노부유끼에 의해서도 제기되었다.

> 원유原儒의 본질은 샤먼이다. 샤먼(天上의 신이나 혼 등의 신령한 것과 땅 위의 사람과의 관계를 잇는 능력을 가진 기도사)은 동서고금을 가릴 것 없이 어느 곳에나 존재하는 것이며, 아무런 진기할 것이 없다. 세계 샤먼의 거의 대부분이 말할 것도 없이 기도하는 것만을 임무로 삼고 있으며, 속신적俗信的인 수준에 머물러 있다. 그러나 유교는 원유의 샤머니즘을 기반으로 효孝라는 독자적인 개념을 만들어 냈다. 그리고 이 효를 기초로 가족이론을 구성한 것이다. 이와 같이 샤머니즘을 기초로 정치이론까지를(다시 뒤에 우주론, 형이상학도) 지니고 있는 이론은 아마 세계에서 유교뿐일 것이다.[37]

유교가 체계화 되는데 있어서 공자는 절대적인 인물이다. 그런 공자의 경우만 보더라도 무속에서부터 영향을 받았음을 알 수 있다. 김용옥은 공자의 부계와 모계가 무속과 관련이 있다고 본다. 그는 사마천의 『사기史記』에 기록된 공자위아희희孔子爲兒嬉戲 상진조두常陳俎豆 설예용設禮容(공자는 어려서 소꿉장난하기를 좋아했는데 제기를 진설하고 예에 맞는 복장을 입고 놀았다)부분을 근거로 공자가 무당집안의 분위기 속에서 자랐음을 추론한다. 이러한 집안 분위기에서 공자가 음악을 접하였고 의례의 달인이 되었을 것으로 본다.[38] "공자가 말하는 '인'이 모두 상황에 따라, 사람에 따라 변주되는 것도 바로 공자

37_ 加地伸行, 김태준 역, 『유교란 무엇인가』(지영사, 1999), 61쪽.
38_ 김용옥, 『도올논어』 1(통나무, 2000), 73쪽.

48   1부 샤머니즘의 윤리사상

가 이러한 째즈의 명인이라는 사실로부터 이해되어야 하는 것이다. 공자는 탁월한 상황적인 감성의 달인이었다. 그리고 『논어』가 말하는 예禮의 핵심이 관혼상제 중에서도 바로 신종추원愼終追遠 하는 상례喪禮로부터 출발하고 있다는 사실은 너무도 명백해서 재언再言을 요구하지 않는다."[39]

유교의례를 보면 여러 측면에서 무속적 요소가 보인다. 유학자들은 무속에서 특정부분을 발전시킨 것이다. 가지노부유끼는 샤머니즘의 초혼의례와 조령신앙이 효孝(생명론)와 인仁으로 이어지며 유교윤리가 발전되었다고 본다.[40] 무속의 조상숭배 사상이 유교의 예禮사상에 영향을 미쳤다. 공자는 신을 공경하되 멀리하라敬而遠之고 하였다. '경신敬神'에 대해서는 부정하지 않았다. 그것은 윤리의 기초가 되기 때문이다. 그럼에도 '원지遠之'라고 한 것은 어떻게 해석해야 하는가. 그것에 대한 의존이 도를 넘어서는 것을 경계한 것이다. 논어에는 '과유불급過猶不及'이라는 말이 나온다. 이것은 중도中道를 지키는 것을 강조한 것이다. 주자는 집주에서 이 부분을 설명하면서 도이중용위지道以中庸爲至(도는 중용으로서 지극함을 삼는다)라고 하였다. 종교의 명암을 잘 알고 있는 공자였기에 중도를 지킬 것을 강조한 것이다. 그럼에도 경신敬神을 중요하게 보았고 그것에서 한층 발전된 예禮사상을 이끌어냈다.

유교에서 일반 사족들은 조상에게만 제를 지내며 그것은 효사상을 공고히 한다. 만약 이 범위를 넘어서 다른 신들에게 제를 지내게 되면 유교이데올로기에 의해 '음사'로 취급된다. 따라서 배타적인 유학자나 선비들은 무속을 비난했다. 무속의 경신에서부터 발전된 유교의 예사상이 이제 다신多神을 섬기는 무속을 비판하는 것이다. 유교의 예사상은 치인治人의 논리를 통해 정치 및 사회질서의 규범이 된다. 인간의 행위에 있어 인의예지신仁義

39_ 김용옥, 앞의 책, 71~76쪽.
40_ 加地伸行, 김태준 역, 앞의 책, 85쪽.

禮智信이 강조되고 그것은 삼강오륜을 통해 구체적인 행동양식으로 제시된다.[41] 효는 백행의 근본이며, 수신제가치국평천하修身齊家治國平天下에서 보듯이 수신과 가정윤리가 강조된다. 유교는 무속의 경신에서 예禮사상을 발전시키고 그것을 치인治人의 논리로 승화시켜 정치 및 사회윤리로서의 틀을 만들었다. 따라서 유교의 윤리를 이해하기 위해서는 근원적으로 무속을 이해하고 있어야 한다. 유교 속에 무속성이 내재되어 있기 때문이다.[42]

그렇다면 무속과 유교의 윤리적 차이점은 무엇인가. 양자는 선을 강조한다. 무속의 신들도 도덕적 삶을 강조하고 유교에서도 도덕을 중시한다. 그럼에도 굿과 제례를 통해 양자의 차이점을 알 수 있다. 굿에서 신을 대접하는 방식은 놀이의 형태를 띤다. 신놀이의 과정은 알림-갈등-화해-놀음으로 이어지며 이것은 놀이이면서 싸움이기도 하다. 신은 욕망을 분출하고 인간은 전적으로 그의 말을 따르지는 않는다. 들어줄 수 있는 것은 들어주고 달랠 수 있는 것은 달래고 설득하기도 한다. 따라서 놀이적 싸움이 되는 것이다. 무당이 평소에 신을 모시고 소통을 할 때도 마찬가지로 고告하고 말씀을 듣기도 하지만 달래고 설득하기도 한다. 제례에서는 정성을 다해 음식을 차려놓고 축문을 통해 고告하고 절차를 마치면 보내드리고 음복을 하는 것으로 끝이 난다. 굿에서는 춤추고 웃고 욕망이 분출되는 놀이판이라면, 제례는 시종일관 엄숙함이 강조된다. 이것은 유교와 무속의 차이점으로 드러난다. 양자는 상호보완 관계 속에서 한국문화를 구성하고 있다. 어느 한 쪽이 윤리적으로 우월하다거나 어디가 비윤리라는 판단은

41_ 이서행, 앞의 책, 296쪽.

42_ 유교 속에 내재된 무속성이나 양자의 관계에 대해 입증할 만한 심층적인 연구가 앞으로 지속되어야 한다. 이것에 대해서는 별도의 논문을 통해 다루어보겠다. 물론 유교는 샤머니즘을 기반으로 하여 정치이론으로까지 발전하였다는 점은 가지노부유끼에 의해 이미 논의되었다. 필자는 가지노부유끼의 글을 읽기 이전부터 무속에서 유교가 발전되었다고 생각해 왔다. 그것은 무속의례와 유교의례 그리고 논어를 접하면서 느낄 수 있었기 때문이다.

바람직하지 못하다. 각자 역할이 있고 그것은 한국인의 윤리적 삶을 지탱하는 활력소이다.

불교에는 계율이 있고 신도들이 그것을 지키도록 권장한다. 불교는 윤회에 의한 내세관을 가지고 있고 선한 행위를 해야 좋은 곳에 갈 수 있다고 본다. 즉, 불교는 공덕을 쌓아야 내세에 좋은 곳으로 갈 수 있고 욕망을 버려야 고통에서 벗어나 자유로워 질 수 있다고 본다.[43] 무속은 뚜렷한 내세관을 가지고 있지 않으며[44] 욕망을 애써 피하려 하지 않는다. 욕망을 인정하고 그것을 신놀이의 형식을 통해서 풀어준다. 욕망의 측면에서 본다면 무속은 그것을 거부하려고 하거나 윤리규범을 통해서 억제하기 보다는 그것을 인정하는 가운데에서 합리적인 해결방식 즉, 다자간의 관계망 속에서 조절을 통해 조화를 추구한다. 반면 불교와 유교는 선한 행위와 개인의 수행이나 수신, 그리고 계율이나 규범을 통해서 욕망을 누르고자 한다. 따라서 주자는 의례서를 집필하여 인간의 일생의례에 대한 구체적인 전범을 제시하려고 하였으며 율곡은 격몽요결을 통해 인간이 일상생활에서 마땅히 행해야 할 행위양식을 제시하려고 하였다. 이들뿐만 아니라 많은 유학자들은 실천적인 윤리상을 제시하려고 노력하였으며 도덕선생을 자처했다. 이데올로기에 의해 지나치게 욕망이 억제되면 사회적인 관계망 속에서 개인의 개성과 자유가 제한될 수 있다.

이상以上에서 무속의 실천윤리적 성격을 살펴보았다. 무속의 윤리는 발생론적 입장에서 볼 때 무당의 영적인 체험과 전승지식이 시대상을 반영하

43_ 불교는 고(苦 : 고뇌·고통)의 멸진(滅盡), 즉 열반의 성취를 목표로 형성된 종교이고 사상이다 …(중략)… 불교에서는 악의 제거로서의 고의 멸진을 위해 일정한 방법을 생각하게 되고, 그 방법으로 제시되는 것이 곧 오계, 십계 등 수많은 '계율'이다. 이서행, 앞의 책, 294쪽.

44_ 무속에서도 저승에 대한 관념이 있으나 이것은 이승에 대한 대비개념일 뿐 구체적인 내세관을 가지고 있지는 않다.

여 무속공동체나 무속의례에서 윤리적인 관행이나 규범으로 나타난다. 이러한 윤리의 근거는 경신敬神에 있고 이 경신에서부터 조상숭배, 효사상으로 이어진다. 무속은 욕망을 인정하고 의례를 통해 욕망을 푸는 방식을 취한다면 유교는 개인의 수신과 윤리규범을 통해 해결하려고 한다. 불교는 욕망을 버릴 것을 강조한다. 무속에서 유교의 예禮가 발전되었다는 것은 무속이 예禮를 중요하게 품고 있다는 것을 반증하는 것이며 여기에서 우리는 무속의 윤리성을 찾을 수 있다. 무속에서 드러나는 실천윤리와 성격을 도표로 제시해 본다.

〈표 1〉 무속에서 드러나는 실천윤리와 성격

황해도굿에서 드러나는 실천윤리	극적 구조로 본 무속의례의 윤리성	개성존중과 해원을 통한 조화와 평등성을 추구
	놀이의 실현에서 보이는 윤리성	신과 조상에게 놀이(의례)를 봉헌하는 자손된 도리의 실천
	재물의 분배에서 나타나는 윤리성	고른 분배를 통한 조화와 평등성 추구
무속공동체의 관계 속에서 드러나는 실천윤리	신을 섬기는 무당의 행위에서 보이는 윤리성	신과 조상을 받들고 위하는 섬김의 윤리
	기도나 굿을 할 때의 몸가짐과 마음가짐에서 보이는 윤리성	몸과 마음을 정결히 하는 근신의 윤리
	신을 섬기는 단골의 행위에서 드러나는 윤리성	신과 조상을 받들고 위하는 섬김의 윤리
	무당 사이의 윤리성	위계에 따른 윤리
	무당과 단골 사이의 윤리성	신이 매개가 되어 영매인 무당은 단골에게 신의 이름으로 윤리성을 강조하고 단골은 신을 위해 무당의 말을 따르고 의지한다. 양자의 관계에서 보이는 윤리는 '호혜성'을 기반으로 함
무속의 실천윤리에서 보이는 사상과 성격	무속의례와 무속공동체에서 개성존중, 해원, 조화와 평등성, 의례를 봉헌하는 도리, 섬김의 윤리, 근신의 윤리, 호혜성과 같은 윤리성이 도출. 이것은 경신(敬神)에서 비롯되며 다신관, 애니미즘, 생명존중사상, 조화와 평등사상, 조상숭배사상, 효사상을 근거로 함. 무속이 욕망을 인정하고 의례를 통해 욕망을 푸는 방식을 취한다면 유교는 수신과 윤리규범을 통해 해결하려고 하며, 불교는 욕망을 버릴 것을 강조.	

5. 맺음말

무속에서 실천윤리란 무속공동체에서 올바른 도리라고 생각되는 행위방식이다. 이것에서 벗어나면 '신법을 모른다'는 등의 비판을 받는다. 무당이 정성을 다하여 단골을 위해 의례를 행하고 만물의 해원과 조화와 평등의 가치를 실현하고 신과 조상에게 섬김의 윤리를 다하는 것이야 말로 무속의 실천윤리에 부합된다고 할 수 있다. 이러한 윤리는 경신敬神에 근거한다. 그동안 무속의 윤리사상에 대한 연구는 활성화되지 못했다. 조흥윤은 무속의 윤리를 '조화'라는 원리에서 이해하고자 하였고 그것은 적절한 시각이다. 하지만 '조화'라는 결론 못지않게, 왜 그렇게 되는지에 대한 입증할 만한 자료들이 체계적으로 제시되어야 한다. 또한 조화 외에도 무속의 실천윤리에서 드러나는 다양한 사상적 측면을 고려해야 한다. 이러한 고민 속에서 본고는 무속의례와 무속공동체에서 드러나는 실천윤리의 양상을 살펴보고 그 심층에 다원주의, 조화와 평등, 조상숭배, 생명존중, 효와 같은 사상이 내재되어 있음을 알아보았다. 무속의 실천윤리는 인간사회 어디에서나 행해지는 일반적인 윤리·도덕이 그대로 투영되는 부분이 있는가 하면 무당의 종교체험, 무속공동체를 통해 전승되는 지식 등이 결부되어 나타나는 무속공동체만의 특성도 있다. 이러한 무속의 윤리를 통해서 우리는 무속의 본질과 성격을 추적할 수 있다.

필자는 무속과 유교를 이분법적으로 보는 것에 반대한다. 또한 무속의 경신에서 유교의 예禮사상이 발전되었다. 유교의 조상숭배는 지극히 무속적인 혈연의식을 바탕에 깔고 있다. 무속의 종교공동체 내에는 유교의 예禮에서 볼 수 있는 실천윤리가 존재하고 있으며 무당들은 단골에게 효를 강조한다. 유학자들은 굿을 '음사'라고 했지만 무속의 입장에서 볼 때 굿은 신과 조상에게 바치는 예禮의 실천이다. 무속의 윤리를 논할 때 유교와 이분법적 사고에서 보려한다면 무속의 윤리를 규명하는 데 제약이 될 수 있다.[45] 물론 무속과 유교는 차이점도 있다. 무속에서는 인간의 감정과 욕망을 인정하고 그것을 풀어내는 방식을 통해 조절하려고 한다면 유교는 그것을 드러내는 것을 피한다. 그렇게 하니 형식주의적 측면이 강하다. 한국사회에서 무속의 순기능은 무엇보다 감정을 억제하고 형식에 얽매이는 유교적 억압을 벗어던지고 굿이라는 장치에서 욕망을 분출할 수 있었다는 점이다. 산자나 죽은자는 굿을 통해 한풀이를 할 수 있었고 그것은 유교가 할 수 없는 '치유'를 담당할 수 있었다. 무속과 유교는 자기 역할을 하면서 사회의 안정에 기여하였다. 도덕적 교화에 힘쓰는 유학자 못지않게 그 사회의 구성원들을 달래고 위로했던 무당의 역할도 도덕과 선善의 관점에서 볼 수 있다. 도덕적 의무감이 선의지가 되어 행동하는 유학자의 교화가 결국 인간을 형식에 얽매이게 한다면, 반면 도덕적 의무감이나 선한 동기를 전면에 내세우지 않는다고 해도 무당의 행위로 말미암아 많은 사람들이 위안을 얻는다면 이런 경우 어디가 선한 것인가. 앞으로 무속에 대한 사상적 접근은 학제 간의 연구도 필요하며 무속 자체뿐만 아니라 타 종교와의 비교도 요구된다. 다양성 인정(개성존중), 조화와 평등, 친환경, 생태주의, 생명존중, 조상숭배와 효사상 등을 함유한 무속의 윤리사상은 현대사회에 던져주는 시사점도 적지 않다. 특히 환경윤리와 생명윤리가 요구되고 인간소외, 가족해체, 각종 갈등이 증대되고 있는 현대사회에서 우리는 무속을 통해 지혜를 얻을 수 있다.

45_ 그동안 유교와 무속을 구분해서 보려는 시각이 우세하였다. 이와는 달리 무속과 유교의 공통점에도 주목해야 한다. 그렇게 해야 양자의 상관관계가 다양한 측면에서 드러날 수 있다.

몽골 샤머니즘 속의 윤리의식意識 고찰

박환영

중앙대학교 교수

1. 서론

몽골의 샤머니즘[1]은 주어진 자연환경 속에서 인간과 신을 매개로 하여 우주의 질서 속에 순종하도록 권장하는 내용과 욕심과 질투 그리고 증오와 같은 주어진 틀을 벗어나서 자신만의 이득을 챙기는 것을 제약하는 내용을 담고 있다. 문화인류학에서 종교의 기원을 기술하면서 태양이나 달과 같은 자연종교와 정령숭배(animism), 토테미즘totemism 그리고 주술(magic)도 함께 다루어기도 하는데[2] 이러한 자연신앙 속에는 권선징악이라든지 친환경적

---

*   이 글은 2013년 중앙아시아학회의 학술지인 『中央아시아硏究』 제 18권 제 1호에 게재된 필자의 논문을 수정 보완한 것이다.

1_ 국내의 관련 학술서적에는 영문 Shamanism과 Shaman을 샤머니즘과 샤마니즘 그리고 샤먼과 샤만이 혼용되어서 사용되는 경우가 많은데 본 논문에서 샤머니즘과 샤먼으로 통일해서 표기하고자 한다.

2_ 노길명 외, 『문화인류학의 이해』(일신사, 1998), 240~243쪽.

인 요소 그리고 상대방을 배려하는 미덕도 들어 있으며, 자기중심적인 이기적인 사고를 벗어나서 자신의 주변과 더 나아가서는 자연환경과 대우주를 통해서 그 속에서 생활하고 기능하는 미미한 존재인 인간에게 주변의 자연물이나 종교적인 현상을 설명하고 자연에 대한 경외심을 가지게 만든다. 결국 인간은 이러한 믿음을 통하여 자신을 통제하고 사회와 자연환경 속에서 순응하는 법을 배우게 된다. 같은 맥락에서 몽골의 샤머니즘 속에도 윤리의식이 많이 내재되어 있다.

한편 샤먼이 가지고 있는 소명의식의 정도에 따라서 시베리아의 축치족(Chukchee)은 샤먼의 부류를 대샤먼(Great), 중샤먼(Middling) 그리고 속임수 샤먼(Mocking)으로 나눈다.[3] 따라서 샤먼은 신과 인간을 매개하는 존재로서 신의 뜻을 인간에게 제대로 전달해야 하는 의무를 가지고 있다. 특히 몽골의 샤머니즘에서 볼 수 있는 바와 같이 약하고 고통에 시달리는 인간을 구제하기 위하여 영적인 세계에서 신을 찾아서 천상과 지상 그리고 지하의 세계를 여행하면서 직면해야 하는 어려움은 물론이고 끊임없는 시련과 고통을 감수해야만 한다. 이러한 측면에서 본 논문에서는 몽골 샤머니즘 속에 들어있는 윤리의식을 고찰하기 위하여 몽골의 유목문화 속에서 나타나는 다양한 샤머니즘의 윤리의식을 살펴보고자 한다.

2. 몽골 샤머니즘 속에 내재 되어 있는 윤리의식의 내용

몽골의 샤머니즘은 풍부한 몽골의 유목문화를 간직하고 있는 인류 문화

3_ 챠플리카. M. A, 이필영 역, 『시베리아의 샤마니즘』(탐구당, 1994), 38쪽.

유산의 보고寶庫이다. 자연에 순응하고 자연의 질서를 존중하는 유목민의 생활방식은 물론이고, 신神과 인간을 매개하는 샤먼의 소명의식 속에는 올바른 샤먼의 길이 무엇인지를 보여주는 내용도 많이 들어 있다. 몽골의 샤먼이 가지고 있는 이러한 윤리의식을 살펴보기 위하여 몽골의 신화, 몽골의 대표적인 역사문헌자료인 『몽골비사』, 샤먼의 성무의례와 정화의식 속에 내재되어 있는 샤먼의 서약과 맹세 그리고 샤머니즘을 소재로 하는 몽골의 대표적인 현대 소설에 나타나는 샤먼의 윤리의식 등에 대하여 고찰하고자 한다.

1) 몽골의 신화 속에 반영된 샤먼의 윤리의식

샤먼은 신神의 선택을 받아서 인간과 신을 이어주는 역할을 하게 된다. 따라서 자신의 의지와는 상관없이 다른 사람을 시기하거나 증오하는 마음을 가져서는 안된다. 이러한 능력을 문화인류학에서는 마력(witchcraft)이라고 부르는데 이것은 에반스 - 프리차드Evans-Prichard[4]-가 연구한 중앙아프리카의 아잔데Azande족의 사례에서 잘 보여지듯이 아잔데인들은 사람이 타인에게 해를 끼칠 수 있는 초자연적인 능력을 가지고 태어난다고 믿는다. 마력은 개인의 의도와 관계없이 보이지 않는 방식으로, 일상생활 전 분야에 걸쳐 작용한다. 곡물의 잎이 말라붙거나 숲에 사냥감이 없을 때, 그리고 부인이 남편의 말을 듣지 않거나 이웃 사이에 좋은 관계가 유지되지 못할 때, 아잔데인들은 평소 자신에게 좋지 않은 감정을 가지고 있던 누군가의 마력 때문에 이런 일이 일어났다고 생각한다.[5]- 샤먼과 관련한 이러한 마력이 몽골의

4_ Evans-Pritchard, E. E, *Witchcraft, Oracles, and Magic Among the Azande*, Oxford : Clarendon Press, 1976.

5_ 김형준, 「문화현상으로서의 종교」, 『처음 만나는 문화인류학』(일조각, 2003), 234~235쪽.

신화에도 일부 들어있다. 예를 들어서,

　　하늘의 1천 보르항이 처음 사람을 창조할 때, 솔개로 하여금 아드
추트구르(악마)가 접근하지 못하게 지키도록 했다 …(중략)… 그러나
사람들 자식들이 활로 솔개를 쏘려고 하였으므로 그는 편히 있을 수가
없었다 …(중략)… 그러자 보르항이 대답했다 "일이 그렇다면 사람들
에게 마력을 주어라!" …(중략)… 그때 마침 먼 곳에서 길을 잃고 헤매
던 어린 소녀 옆에 있는 나무에 앉게 되었다. 그리고 솔개는 그 소녀에
게 마력을 주었다 …(중략)… 몽롱하던 순간이 지나고 소녀가 다시 정
신을 차렸을 때는 모든 것이 이전과 같아졌다. 소녀가 집으로 돌아오자
마자 오빠의 질책이 쏟아졌다 …(중략)… 이런 저런 말을 들어보지도
않고 오빠가 심하게 꾸짖자, 소녀에게 오빠를 증오하는 마음이 생겨났
다. 그리고 밉다고 생각하는 순간, 오빠는 곧바로 실신하여 쓰러지더
니, 오줌이 막히는 병에 걸렸다. 어린 소녀가 오빠에게 말했다 "내가
오빠를 낫게 하겠다". 오빠를 하얀 펠트에 눕혀 집안으로 데리고 간 다
음, 끝이 두 갈래인 지주 위에 배를 깔고 엎드리게 하자, 소녀의 오빠는
그 즉시 병이 나았다 …(중략)… 그녀가 바로 쑈쑈록(인명)이라는 몽골
최초의 오드강(여샤먼)이다.　　　　　　　체렌소드놈, 2001, 187~188.

　　이상의 내용은 오드강(여샤먼)이 자신의 오빠가 꾸중을 하자 순간적으로
증오하는 마음이 생겨나서 이러한 마력으로 인하여 오빠가 중병에 걸리게
되는데, 결국 마음을 가라앉히고 오빠를 지극정성으로 간호해서 오빠의 병
을 낫게 한다는 내용이다. 흔히 샤머니즘은 주술(magic)과 많이 연관되어 있
는데 주술은 초자연적인 존재나 그의 힘을 동원하여 자신의 목적을 달성하
려는 행위를 말한다. 그러나 그 목적은 질병의 치유나 출산, 풍년, 풍어豊漁

등과 같이 직접적이고 실질적이며 한정적이며, 주술은 그 목적이 어떠한가에 따라 보통 긍정적인 주술(white magic)과 부정적인 주술(black magic)으로 구분한다. 반면에 마력(witchcraft)은 타인에게 해를 끼치려는 마음이나 생각만으로 또는 이러한 생각 없이도 작용할 수 있는 것이라는 점에서 보통 개인의 노력이라는 측면이 포함되며 원하는 결과를 얻기 위해 특정한 물건을 이용하거나 특정한 행동을 취하는 주술과 확연하게 구분되어진다.

다음에 살펴볼 몽골 신화의 내용은 최초의 샤먼인 다얀 데르흐에 대한 이야기이다. 즉 개인의 욕망과 이익을 위하여 도리에 어긋나는 행동을 하게 되면 초월적인 능력을 가진 샤먼이라도 예외가 없이 엄벌을 받게 된다는 내용이다. 다얀 데르흐와 관련한 몽골의 신화를 구체적으로 기술해 보면 다음과 같다.

> 아주 오래전, 이 고장에 아홉명의 하르 붜가 있었다. 그들의 선생이 성인을 만나기 위해 라싸를 향해 떠나게 되었다. 그런데 사람들이 그 샤먼을 사원안으로 들여보내는 대신, 라마승의 재고財庫에 가두어 버렸다. 어느 날 두 고승이 샤먼을 데려다 승복을 입히고 교의를 가르친 뒤, 그를 다시 고향으로 보냈다. 그러나 샤먼은 승복을 입는 것이 부끄러웠으므로, 전에 입던 옷으로 갈아입고 고향으로 돌아갔다. 샤먼은 고향 땅에 돌아와 오란 두쉬산에 있는 칭기스 집을 방문했다. 칭기스가 큰부인에게 말했다. "나가서 이 사람의 말의 발목을 묶어 놓으시오". 부인이 나가서 말이 있는 곳으로 갔을 때, 말의 콧구멍에서 뱀이 나타나는 바람에 발목을 묶지 못했다. 샤먼이 자신이 해 보겠노라고 밖으로 나아가는 체하다 그 부인을 데리고 도망쳐 버렸다. 칭기스가 곧바로 추격하여 붙잡아 긴 칼로 내리치자, 샤먼은 석상石像으로 변해 버렸다. 이것이 지금의 다얀 데레흐의 석상이다.

최초의 붜(샤먼)는 다얀 데레흐이다. 그는 시라무렌黃河 상류의 나브친 봄바라이에 자리잡고 살았다. 하늘과 대지의 모든 선과 악의 주재자들이 그에게 도움을 주었고, 그는 마음으로 힘과 능력을 얻었다. 어느날, 그가 달라이 라마와 내기를 하게 되었다 …(중략)… 달라이 라마가먼저 다얀 데레흐에게 말했다. "당신의 힘을 시험해 보고 알았소, 당신,몽골로 가시오. 그곳에 당신 같은 사람이 필요하오" 샤먼은 주저하지않고 필요한 물건을 챙겨 길을 떠났다 …(중략)… 다얀데레흐가 몽골땅에 도착할 즈음, 칭기스의 한 딸과 헨티 왕이 결혼식을 올리고 있었다. 칸은 유명한 붜(샤먼)이 왔다는 소문을 듣고, 그를 궁전으로 초대했다 …(중략)… 그는 차와 음식만 맛보고 가겠다고 했다. 하지만 칭기스칸은 그를 막았다. 그리하여 샤먼은 아무도 몰래 말을 불러 그곳을 떠나야만 했다. 궁전을 빠져 나오던 샤먼은 입구에서 새색시와 마주쳤다…(중략)… 샤먼은 그녀를 붙잡아 안장 위에 태우고 재빨리 달렸다. 칸의 공주도 그렇게 싫어하는 기색은 아니었다 …(중략)… 즉시 칸의 귀에 들어갔고, 이윽고 칸은 그의 뒤를 쫓아갔다 …(중략)… 그가 몇 개의 산을 넘어 알타이의 오르모고이트봉 부근을 지날 즈음, 칭기스칸이그를 따라 잡았다. 칭기스칸이 그에게 다가가자 그는 석상으로 변하고,공주는 데레흐산의 동굴로 도망가 숨어 있다가 역시 바위로 변했다 …(중략)… 칭기스칸이 돌이 된 샤먼을 죽이려고 몇 번이나 머리를 내려쳤지만, 긴 칼의 날이 무뎌져 뜻을 이루지 못했다. 그리하여 이번에는줄에 매달아 죽이기 위해 머리를 줄로 묶었다. 그러자 샤먼이 줄을 끊고 애원했다. "나를 죽이지 마시오. 내가 영원토록 당신에게 도움을 주겠소". 칭기스칸은 샤먼을 용서했다. 그리하여 다얀 데레흐는 단지 자기쁨만 아니라 아르방 돔치 독신(포악한 10명의 치료사)과 함께 몽골을 보호하면 살겠다고 맹세했다. 이처럼 다얀 데레흐로부터 최초로 샤먼이 비롯된 것이다. 오늘날 돌이된 다얀 데레흐는 차강 노르 부근에 있다. 각지의 샤먼들은 최초의 샤먼인 다얀데레흐에게 와서, 경배를 올리고 크게 숭배하고 있다 (후략)…   체렌소드놈, 2001, 190~191

몽골의 신화는 오랜 시간동안 몽골 유목민들의 의식세계를 고스란히 간직해 오면서 전승되어 왔다. 이러한 의식세계 속에는 몽골 샤머니즘과 관련해서 샤먼이 가져야 하는 윤리의식도 부분적으로 들어있다. 즉 샤먼은 자신의 의지와는 상관없이 다른 사람에게 나쁜 영향을 줄 수 있다는 마력에 대한 내용에서부터 지금도 몽골의 샤먼들로부터 숭배의 대상이 되고 있는 몽골 최초의 샤먼인 다얀 데르흐에 대한 내용의 신화가 두드러진다.[6] 특히 한순간의 잘못된 행동으로 인하여 죽어서도 몽골을 보호하면서 살겠다고 맹세한 다얀 데르흐는 몽골의 샤먼이 가야하는 올바른 길을 인도해주는 좋은 사례가 될 수 있다.

6_ 마력(witchcraft)은 상대방에게 나쁜 마음이나 감정을 가지고 있는 것으로도 상대방에게 해를 가할 수 있는 능력이다. 따라서 샤먼은 일상적인 생활환경 속에서 흔히 생겨날 수 있는 다른 사람을 향한 일시적인 증오심과 싫어하는 감정을 가져서는 안된다. 왜냐하면 샤먼이 마력을 가지고 있을 경우 이러한 단순한 생각만으로도 다른 사람에게 나쁜 영향을 줄 수 있기 때문이다. 필자가 2012년 행하였던 몽골의 현지조사에서 수집할 수 있었던 샤머니즘 관련 자료 중에는 홉스골(Huvsgul)에서 온 사람들에게 잘 대하여 주어라는 몽골인들의 이야기도 들어있다. 그 이유는 사회주의 기간 동안 당시 몽골의 많은 샤먼이 탄압을 피하여 외부로부터 접근하기가 힘든 홉스골로 숨어들어가서 오늘날 그 지역 사람들 중에는 과거 샤먼의 후손인 경우가 많기 때문이라고 한다. 즉 샤먼이 마력을 가지고 있을 경우 일반인들에게 영향을 줄 수 있다는 가능성이 몽골인들의 생활문화 속에서도 드러나 있는 셈이다. 따라서 마력이 가지는 위험성으로 인하여 샤먼은 다른 사람에게 결코 나쁜 감정을 품어서는 안되기 때문에 항상 절제된 마음자세와 생활방식을 추구해야 하며 이러한 관점에서 몽골의 신화 속에 내재되어 있는 마력의 내용도 샤먼이 가져야 하는 윤리의식의 한 부분으로 다룰 수 있다.

2) 역사문헌자료인 『몽골비사』 속 샤먼의 윤리의식

몽골의 대표적인 역사문헌자료인 『몽골비사』는 단지 역사적인 문헌 이상의 가치를 가진다. 즉 13세기 몽골과 중앙아시아의 생활문화를 잘 보여주는 몽골 민족의 대서사시이기도 하다. 따라서 『몽골비사』속에도 샤머니즘과 관련된 내용이 많이 들어있는데, 그 중에서 샤먼의 윤리의식과 관련된 내용은 다음과 같다.

> 콩코탄의 뭉릭 아버지의 아들은 일곱이었다. 일곱의 가운데는 쿠쿠추 텝 텡게리였다. 그들 일곱 콩코탄들이 카사르에게 뭇매질을 했다 …(중략)… 텝 텡게리가 칭기스 카안에게, "영생의 하늘의 명령이 칸을 계시하여 이릅니다. 한번은 테무진이 나라를 잡도록 하라고 합니다. 한번은 카사르를 얘기합니다. 카사르를 급습하지 않으면 어찌될지 모릅니다" 하고 얘기하니 칭기스 카한이 그 밤으로 카사르를 잡으러 갔다 …(중략)… 칭기스 카한은 카사르의 소매를 묶고 그의 모자와 허리띠를 뺏고 심문을 하고 있었다. 어머니가 나타나자 놀라 두려워했다 …(중략)… 어머니를 가라앉히고 나서 칭기스 카한이, "어머니를 화나게 해서 두렵고 두려웠다. 부끄럽고 부끄러웠다"고 하고는 …(중략)… 어머니에게 안 알리고 몰래 카사르의 백성을 뺏고 1천 4백의 백성만 남겨주었다 (후략)…   244장

> 그 뒤에 아홉 언어의 사람들이 텝 텡게리에게로 모여 칭기스 카한의 마구간으로부터도 여럿이 텝 텡게리에게로 모이게 되었다. 테무게 막내의 속민들 가운데도 텝 텡거리에게로 간 사람들이 있었다 …(중략)… [테무게] 막내는 자기의 사자 소코르를 때리고 걸려서 돌려보내자

다음날 자신이 직접 텝 텡게리에게 갔다 …(중략)… 일곱명의 콩코탄 형제가 테무게 막내를 여기 저기서 에워싸고는 …(중략)… 콩코탄 칠형제는 , 잘못했으면 무릎 꿇고 빌라고 하며 텝 텡게리의 뒤에서 무릎을 꿇게 했다 …(중략)… [테무게] 막내가 다음날 새벽 칭기스 카한이 일어나기 전에, 침상 안에 있을 때 들어가 울며 …(중략)… "콩코탄 칠형제 놈들이 여기저기서 에워싸고 강제로 빌게 하고 텝 텡게리의 뒤에서 무릎을 꿇었습니다" 하고 말하고 나서 울었다 …(중략)… 칭기스 카한이 [테무게] 막내에게, "텝 텡게리가 이제 온다. 할 수 있는 방 [테무게] 법 중에서 어떻게 해야 할지는 네가 알아서 해라!"고 했다 …(중략)…막내가 텝 텡게리를 끌고 나가자, 문 기둥 사이에 앞서 대기시킨 세 명의 장사들이 텝 텡게리를 붙잡아 끌고 나가 그의 등허리뼈를 분질러 왼편의 수레 끝에 버렸다 …(중략)… 칭기스 카한이 수레들의 끝에서 텝 텡게리를 등허리뼈를 분질러 버린 것을 보고 뒤에서 잿빛 텐트 하나를 가져오게 하여 텝텡게리 위에 치게 하고, "탈것을 들여오게 하라! 이동하자!"하고 거기서 떠났다   245장

   … 칭기스 카한은 "텝 텡게리가 내 아우에게 손발을 댔기 때문에, 내 아우들과의 사이를 근거 없이 이간했기 때문에, 하늘이 아니 사랑하여, 제 목숨이 몸과 함께 떠나게 되었다"고 했다. 또한 칭기스 카한은 "제 아들들의 성품을 탓하지 않고, 감히 대등하다고 생각하여, [그 화가] 텝 텡게리의 머리에 이르렀다. 너희들의 그러한 성품을 알아보았다면 자모카, 알탄, 코차르 등과 같은 사연이 있는 자들을 만들었을 것이다" 하고 뭉릭 아버지를 꾸짖었다. 그리고 나서 다시, "아침에 약속한 것을 저녁에 깨뜨린다면, 저녁에 약속한 것을 아침에 깨뜨린다면, 부끄러운 일이라고 얘기될 것이다" (후략)…   246장

이상은 몽골제국의 대샤먼이라는 지위를 이용하여 과욕을 부리고 칭기스 카한의 권위에 도전하는 텝 텡게리에 대한 이야기이다. 즉 샤먼이라는 개인적인 능력을 이용하여 왕실을 이간질시키려고 시도한 텝 텡게리가 결국에는 참혹하게 피살된다는 내용이다.[7] 샤먼은 인간과 신을 이어주는 능력을 가지고 있는 특별한 존재이지만 이러한 능력을 제대로 사용하지 않고 자신의 이득을 챙기는 수단으로 악용한다면 그 결과는 텝 텡게리와 같이 비참한 최후를 맞이하게 된다는 메시지를 전달하고 있다고 볼 수 있다.[8]

한편 『몽골비사』 272장에는 우구데이 카한이 키타드의 원정에서 입과 혀가 마비되는 큰 병을 얻게 되는데 몽골의 샤먼이 무꾸리를 해서 키타드 사람들이 약탈당하고 키타드의 땅이 파괴된 것에 대한 댓가로 우구데이 카한의 친척을 대신 희생해야 한다는 신의 뜻을 전달하는 내용이 나온다. 결국 우구데이 카한의 친동생이었던 툴루이가 자청해서 저주의 물을 마시고 우구데이 카한을 대신하여 목숨을 잃게된다.[9] 어떻게 보면 왕의 친척을 희생해야 한다는 신의 뜻을 제대로 전달한다는 것은 샤먼에게도 큰 위험이 따르는 엄청난 사건일 수 있다. 샤먼이 가진 소명의식이 약하다면 거짓으로 혹은 신의 뜻을 현실에 맞게 재구성해서 전달할 수도 있다. 그러나 당시의 샤먼은 비록 우구데이 카한을 대신해서 툴루이가 희생을 해야한다는 사실

7_ 이러한 『몽골비사』의 내용을 테무진과 샤먼집단 사이의 권력관계로 해석하기도 한다. 박원길, 『북방민족의 샤마니즘과 제사습속』(국립민속박물관, 1998), 300~311쪽 참조.

8_ 특히 텝 텡게리는 신과 인간을 매개하는 샤먼의 능력을 오용하고 자신의 개인적인 권력과 이익을 위하여 거짓으로 신(神)의 목소리를 전달하면서 칭기스 카한과 카사르를 서로 이간질 시키려는 시도를 하며 그로 인하여 결국에는 엄중한 처벌을 받게 된다. 따라서 텝 텡게리와 관련된 기술은 샤먼이 가질 수 있는 지위와 신분을 이용하여 정치에 개입하는 것을 경계하는 내용으로 볼 수 있기 때문에 샤먼이 가져야 하는 윤리의식으로 포함해서 다룰 수 있다.

9_ 몽골의 샤머니즘에는 이렇게 희생양을 통하여 병자를 구원하는 내용이 자주 등장한다. 예를 들어서, 부리야트 샤먼의 아브갈다이(Avgaldai) 의례에 보면 검푸른 색 염소를 죽여서 아브갈다이가 염소의 영혼을 지옥의 왕이 거주하는 문 앞에 배달하는 역할을 하게 맡기며 그렇게 해서 아픈 사람을 낫게 한다. 즉 염소의 영혼을 대신 올려 보내서 아픈 사람의 영혼을 되돌려 받는 의례이다. 장장식, 『몽골유목민의 삶과 민속』(민속원, 2007), 156~160쪽.

에 직면하면서도 또한 우구데이 카한의 분노를 가져와서 생명에 위협을 당할 수도 있음에도 불구하고 우구데이 카한에게 신의 뜻을 그대로 전달함으로써 몽골 샤먼의 책임을 다하고 있다.

3) 샤먼의 의례에 보여지는 윤리의식

몽골의 샤먼이 행하는 다양한 샤먼의례에도 샤먼이 가져야 하는 윤리의식이 담겨져 있는 경우가 많다. 특히 부리야트 샤먼의 성무의례인 차나르 chanar 의례에는 샤먼이 가져야 하는 윤리사상이 잘 반영되어 있다. 특히 부리야트 샤먼이 행하는 서약과 맹세의 내용 속에 이러한 윤리의식을 엿 볼 수 있다. 예를 들어서,

시방(十王)의 하늘 아래에서 맹세를 합니다.
하나, 남의 물건을 탐내지 않는다.
둘, 남의 재산이나 물건을 허비하지 않는다.
셋, 부자 앞에서 아부하지 않는다.
넷, 가난한 사람을 업신 여기지 않는다.
다섯, 다른 무당을 질투하지 않는다.
여섯, 남의 일에 방해하지 않는다.
일곱, 두 사람 사이에 이간질하지 않는다.
여덟, 남의 고통을 이용해서 나쁜 짓을 하지 않는다.
아홉, 무속신앙과 불교 사이를 이간질하지 않는다.
열, 거짓말 하지 않고 거짓점을 치지 않으며, 도둑질 하지 않는다.
열하나, 하느님 이름으로 맹세하지 않는다.
열둘, 죽은 사람의 장례식에 가지 않고, 술을 마시지 않으며, 바람

피우지 않고 나쁜 일을 하지 않으며 낙타 고기나 발굽 갈린 짐승의 고기를 먹지 않는다.

열셋, 부모님과 나이 든 사람을 공경하고 겸손하게 행동하며, 스승의 지시를 따른다   장장식, 2007, 156

이상의 내용은 샤먼이 지켜야 하는 열 세가지의 항목을 기술하고 있다. 만약에 위의 명세를 소홀하게 여기거나 지키지 않으면 "아홉 구멍에서 피가 나서 죽으리라. 죽어서 나의 영혼은 네 개의 큰 하늘과 귀신과 합쳐져서 친척들과 다른 사람들에게 해를 끼치고 수천 년 동안 바위를 지키는 귀신이 된다"[10]고 할 정도로 샤먼이 반드시 엄수해야 하는 내용이다. 부리야트 샤먼이 지켜야하는 이러한 열세 가지의 항목이 모두 샤먼의 윤리의식을 반영해주고 있지는 않지만 대부분의 내용은 샤먼의 윤리의식과 밀접한 관련성이 있어 보인다.

또한 부리야트 몽골족의 샤먼이 되기 위한 다양한 의례 중에서 마지막 단계인 샤먼의 정화의식과 관련해서 다음과 같은 내용이 들어있다. 이것은 차나르 의례에서 행하는 서약의 내용과 유사하게 개인적인 욕심을 버리고 대승적인 입장에서 샤먼의 역할에 충실 하라는 메시지를 담고 있는데 구체적인 내용은 다음과 같다.

"만일 가난한 사람이 샤먼인 너를 부른다면, 네 수고의 보답으로 조금만을 요구하고 주는 대로 받아라. 항상 가난한 사람을 소중히 생각하고 도와주어라. 그리고 신들에게 가난한 사람들을 악령의 힘으로부터 보호해 달라고 기원하여라. 만일 너를 부자가 부른다면 수소를 타고

10_ 장장식, 위의 책, 156쪽.

가거라. 그리고 네 수고의 보답으로 많은 것을 요구하지 말아라. 만일 에 너를 가난한 사람과 부자가 동시에 부른다면, 먼저 가난한 사람에게 가도록 하라"라고 한다. 샤만 후보자는 이러한 교훈을 샤만을 쫓아서 뒤따라 부르며, 그것을 굳게 지킬 것을 서약하는 것이다.

차플리카, 1994, 61~62[11]-

또한 부리야트 샤먼의 차나르 굿의 뒷전풀이에 탈을 쓰고 노는 굿거리 인 아브갈다이Avgaldai거리와 관련해서 다음과 같은 전설이 전승되고 있는데 이 속에서도 바르지 못한 행동을 한 박수인 아브갈다이에 대한 내용이 중심 적인 주제를 이루고 있다. 예를 들어서,

아브갈다이와 그의 부인 헤테르헤엥Heterheeng은 무당 이었는데, 어느날 부인이 신도 집에 굿을 하러 갔다. 그녀는 굿을 하러 가면서 남편에게 어린 아들을 잘 돌보라고 부탁했다. 대단한 끽연가였던 아브 갈다이는 마침 담배가 떨어지자 잠자고 있는 아들을 그대로 두고 멀리 떨어진 옆집으로 갔다. 그런 사이에 잠을 자던 아들이 깨어나 집을 나 가 버렸다. 아브갈다이는 아들을 부르면서 뒤따라갔으나, 아들은 갑자 기 불어온 회오리바람에 휩쓸려 물에 빠져 죽고 말았다. 집에 돌아와 그 사실을 안 헤테르헤엥은 칼을 들고 남편을 쫓아가 느릅나무 아래에 서 아브갈다이의 목을 잘라 죽였다. 그리고 머리를 나무에 걸어 두고 "모든 사람들의 일을 맡아라"라고 했다. 그래서 아브갈다이의 영혼은 옹고드가 되었고, 그의 혼은 아직도 느릅나무를 오르내리고 있다.

11_ 부리야트 샤먼의 성무의례에서도 유사한 내용으로 샤먼이 행하는 서약에 대한 내용이 포함되어 있다. 엘리아데 마르치아, 이윤기 역, 『샤마니즘 : 고대적 접신술』(까치, 2001), 123~124쪽.

장장식, 2002, 54~55.

아브갈다이와 관련된 이야기는 조금씩 변형되면서 전승되기도 하는데 장장식(2002 : 55~56)은 부리야트족 바자르 박수가 들려준 아브갈다이 관련 이야기를 기술하는데 여기에는 아내에게 죽임을 당한 아브갈다이가 "무당이 할 수 있는 모든 것들을 다할 수 있게끔 신이 되겠다"고 맹세하는 내용이 들어 있다. 즉 샤먼으로서의 소명의식 중에서 자신의 가족과 자식을 잘 돌보지 못한 것은 부리야트 샤먼의 성무의식인 차나르 의식에서 샤먼으로서 맹세하는 내용 중에서 열두 번째 항목인 "나쁜 일을 하지 않는다"는 내용과 상반되는 행동으로 볼 수 있다. 결국 아브갈다이거리는 차나르 의식의 마지막 부분에 포함되어 있어서 이러한 샤먼의 윤리의식과 관련한 맹세와 서약을 다시 한번 확인하고 각인시켜주는 기능을 하는 것으로 볼 수 있다. 다시 말해서 샤먼으로서 살아가기 위해서는 반드시 지켜야하는 항목이 있는데 이러한 항목을 어기면 단호한 엄벌이 기다리고 있음을 부리야트 샤먼은 아브갈다이거리를 통하여 올바른 샤먼의 길을 가야한다는 마음가짐을 재차 다지게 되는 것이다.

한편 부리야트에는 아브갈다이와 관련한 또 다른 설화도 전승되고 있는데, 올바르지 못한 추한 행동으로 인하여 부인으로부터 머리가 베어지는 끔찍한 죽음을 당하여 강물 속에 버려지지만 우여곡절 끝에 영으로 추대되는 내용이다.[12] 예를 들어서,

---

[12] 아브갈다이를 Avgaldai로 그리고 그의 부인인 헤테르헤엥을 Heterheeng으로 표기할 수 있다. 예를 들어서, 장장식, 『몽골민속기행』(자우, 2002), 54~58쪽. 반면에 같은 인명(人名)을 Abagaldai와 Heterhen으로 표기도 한다. 예를 들어서, 험프리 케롤라인 · 우르궁게 오논, 『샤머니즘 이야기』 2(제이엠비인터내셔널, 2010), 474~475쪽. 따라서 본 논문에서는 원문에 실려 있는 표기대로 그대로 인용하고자 한다.

그는 매우 잘생긴 유명한 전사戰士였는데 조선朝鮮(Korea)의 왕의
딸인 Heterhen과 결혼했다. 그러나 Abagaldai가 자기 부인의 자매와
불륜관계를 갖기 시작했는데 그 자매는 바로 Abagaldai의 보호자격인
후견인의 부인이었다. 너무 슬프고 속상한 나머지 Heterhen이
Abagaldai의 머리를 베어 그 머리를 Angara강 속에 던져버렸다고 한
다. 강江의 영(spirit)이 대단히 노하여 Heterhen의 15명의 식구에게 질
병을 일으켰다. 그래서 사람들은 Abagaldai의 머리를, 그것을 하나의
영으로 추대할 수밖에 없었다. 그 머리는 살아나 Heterhen에게로 날아
가 그녀에게 담배와 술을 구걸했다. 그녀는 Abagaldai 영이 식구들에
붙어있는 악령들을 몰아내 주는 조건으로 담배와 술을 주었다.

Dioszei, 1967, 190.[13]

이상의 내용은 아브갈다이가 반윤리적인 행위로 인하여 아내에게 목숨
을 잃는데 가족들에게 해를 끼치는 악령을 쫓아내 주는 역할을 수행하는 조
건으로 아내에게 받아들여져서 담배와 술을 제공받게 된다는 내용이다. 다
시 말해서 윤리의식에 어긋나는 행위는 가혹한 처벌과 불행한 결과를 초래
한다는 강력한 메시지가 반영되어 있는 것이다.

4) 현대 몽골의 문학작품에 반영된 샤먼의 윤리의식

몽골의 문학작품 속에서 샤머니즘이 간혹 등장하기도 한다. 그런데 최
근에 국내에도 번역된 샤머니즘을 소재로 한 최초의 현대 몽골 소설인 『샤
먼의 전설』[14]에는 몽골 샤머니즘과 관련하여 다양한 내용이 들어있다. 하

13_ 험프리·오논, 위의 책, 474~475쪽에서 재인용함.

그대 무당과 조무인 텡기스를 중심으로 펼쳐지는 몽골 샤머니즘의 이야기 속에는 샤먼이 가져야 하는 윤리의식에 대한 내용도 제법 많이 드러나 있다. 예를 들어서,

ㅇ진짜 무당은 다른 사람들보다 더 잘살지 못해요. 그는 돈을 벌려고 하지 않는 거예요   37쪽

ㅇ"이런 무당이 많아진 것은 오늘날의 일만은 아니라네. 우리 아버님 시대 이전에는 신령이 없는 무당, 그리고 신령을 나쁘게 이용하는 무당들이 있었지. 예전에는 사람들에게 나쁜 짓을 한 무당을 산 채로 매장하는 풍속이 있었어. 이처럼 옛 무당들 가운데도 나쁜 짓을 하는 무당이 있었다는 말이지. 세간에 '근본이 나쁜 사람이 무당이 된다'고 말하는 것은 못된 무당이 더 해를 끼친다는 것을 우회적으로 표현한 말이 아니겠나 ⋯."   145쪽

ㅇ처음 신령이 보일 때 이 세상의 삶에는 탐하며 살 것이 없다는 것을, 진리가 공이라는 것을 깨우치려 했던 무당을 진정한 무당이라 하네   210쪽

ㅇ난 어떤 일에든 탐욕스러운 마음 없이 살아가고 시련을 당하는 자의 고통을 줄여주는 방법이 있다면 그것을 찾고, 사람들을 이끌어주며 살겠다고 맹세한 가장 기본적인 뜻을 가진 무당이라네   246쪽

ㅇ신령들은 무언가 원하는 것이 많고, 제물을 올리지 않으면 불만을 품는다든가, 신령들은 강한 독주를 이기지 못한 채 취해 주정을 한다든가, 죽게 함으로써 위협을 가한다고 말하는 것은 웃기는 헛소리들이죠. 무속은 지성의 에너지라고 할 수 있습니다. 제의에 대한 대가를

14_ 게 아료르잔, 이안나 역, 『샤먼의 전설』(자음과 모음, 2012).

바라지 않고 마음을 중시하는 법이 있습니다   270쪽

 ○소나무 정령들이 하그대 무당에게 "잠시 왔소? 아주 왔소?"하고 귀찮게 묻자, 무당은 잠시 와서 지금 곧 돌아가야 하며, 급한 용무가 있어 가고 있다고 말했다. 그들은 이름과 어느 집안 사람인지 가계를 물었을 때 무당들의 관습대로 이름과 가계를 거짓으로 말했다. 그렇지 않으면 어둠 속의 신령들이 뒤에서 따라와 해코지를 한다고 한다

                                                       297쪽

 ○신들도 역시 선악에 관련되어 대립하고 대항한다. 서쪽으로는 선한 신들, 동쪽으로는 악한 편의 신들이 서로 대치해 있었다 …(중략)… 하그대 무당은 서쪽 신들을 향해 지상계에서 지내는 것에 대해 이야기 했다. 자신은 누구의 아들이며 이름은 누구라는 것, 어떤 사람이 그 혼을 악귀에게 잃었기 때문에 혼을 찾기 위해 그 뒤를 쫓아 명계에 간 일, 그리고 그곳 신령들에게 가까스로 간청하고 거래를 해서 그 혼을 데리고 온 내력, 이제 그 혼을 몸으로 다시 들여보내 가엾은 사람을 살리려고 하는데, 시신이 부정 탄 탓에 그것을 깨끗이 정화하기 위해 가고 있다는 것 등을 설명했다. 그리고 도움을 청했다. 이곳에서는 가계를 감추지 않고 사실대로 말했기 때문에, 천신들도 하그대 무당의 몇 대 선조 가운데 누가 신령이 되었고 누가 천계 어느 층에 올라갔는지, 어느 누가 지상계와 관련을 갖는지 등을 세세히 헤아려 말해주었다.

                                                   300~301쪽

 이상은 몽골에서 무속을 주제로 하는 최초의 소설인 『샤먼의 전설』속에 기술되어 있는 샤먼의 윤리의식과 관련한 내용이다. 부리야트 샤먼이 가지는 이러한 윤리의식은 몽골 샤머니즘을 이해하는데 중요한 자료가 된다. 비록 소설이라는 틀 속에서 재구성된 내용이기는 하지만 몽골의 전통적인 유

목문화와 샤머니즘에 대한 생생한 묘사와 꼼꼼한 분석을 잘 보여주고 있는 『샤먼의 전설』속에서 샤먼의 윤리의식도 제법 많이 강조되고 있다.[15]

특히 이 소설의 창작배경이기도 한 경제적인 개발로 인한 자연 생태계의 파괴와 더불어서 부리야트의 전통문화가 경제개발로 인하여 위협을 받게되는 상황에서 부리야트 샤먼은 자연질서를 회복하고 자연과 인간이 공존하는 세계질서를 지키기 위하여 선봉에 서서 제의를 드리고 끈질기게 저항을 해서 대규모 송유관 건설사업을 무산시킨다. 결국 어떻게 살아가는 것이 올바른 샤먼의 길인지를 잘 보여주는 대목이기도 하다. 즉 약하고 힘없는 민중들의 고통과 어려움을 덜어주기 위해서 노력해야 하는 것은 물론이며 부리야트인들의 생업터전이며 조상대대로 내려온 신성한 땅이 대규모 경제개발이라는 현대인들의 이기적인 욕심에 의해서 마구 파헤쳐 지고 우주와 소통하는 자연생태계의 힘을 상실하게 될 위기에 처하게 되자 개인적인 경제적 이득보다는 대다수 민중들을 위하여 노력하는 샤먼의 윤리의식이 이 소설에 깊숙하게 내재되어 있음을 알 수 있다.

3. 몽골 샤머니즘이 가지는 윤리의식의 민속학적 의미와 가치

우리들의 일상적인 생활공간 주변에서 흔히 볼 수 있는 우연적인 현상

15_ 소설이라는 문학작품도 결국 민중들의 생활문화를 바탕으로 만들어진다. 따라서 샤머니즘을 주요한 소재로 하는 『샤먼의 전설』속에는 몽골 샤머니즘이 가지고 있는 다양한 내용이 들어 있으며, 대다수 민중들의 지속적인 삶과 생활을 만들어 갈 수 있도록 지역의 생태환경을 보존하고 특히 전통문화를 지키려는 샤먼의 적극적인 자세는 막대한 부(富)와 자본주의식 경제개발에 관심을 두기보다는 대다수 민중들의 삶과 생활에 함께 동참하고 귀 기울여주면서 민중들의 애환을 달래주는 샤먼의 역할과 기능를 잘 보여주고 있으며 그 속에는 또한 샤먼의 윤리의식도 부분적으로 포함되어 있다.

의 원인과 결과에 대한 적절한 이유를 설명하기 위해 가장 많이 거론되는 대상은 신이나 영혼, 조상, 귀신 등과 같은 초자연적인 존재나 힘이다. 또한 사람들은 이러한 초자연적 존재나 힘이 일상적인 생활공간 곳곳에서 일반인들의 삶과 행위에 일정한 영향을 줄 수 있다고 믿는데, 이러한 초자연적 존재나 힘의 존재를 인정하고 이들과 인간과의 유기적인 관계를 상정하는 믿음 체계를 보통 종교라고 일컫는다. 좀 더 포괄적인 방식으로 종교를 정의한다면 초자연적인 존재와 세계 그리고 이러한 영역에 대한 상징과 의미 체계 그리고 이러한 믿음에 대한 인간의 인식 등이 포함될 수 있다. 따라서 종교는 초자연적이고 초월적인 상상의 영역에 대한 인간의 믿음에 기초하고 있다는 점은 인정된다.[16]

이러한 종교론적인 입장에서 접근한다면 원시종교에 속하는 것으로 세계에 널리 분포되어 있는 것의 하나가 샤머니즘이다. 샤머니즘은 고대사회로 부터 인류가 가졌던 종교로 알려져 있으며 오늘날에도 많은 민족이 샤머니즘을 신봉하고 있다. 분포지역은 아프리카로부터 유라시아대륙 그리고 남아메리카에 이르기까지 폭넓게 분포되어 있는데 그중에서 가장 대표적인 것이 시베리아, 북아시아 그리고 중앙아시아 지역의 샤머니즘이며 몽골도 오늘날 샤머니즘의 대표적인 지역이라고 할 수 있다. 일반적으로 샤머니즘은 샤먼이 엑스타시ecstasy와 같은 망아황홀경에 들어가서 전이(trance)의 상태에서 신령神靈, 정령精靈, 사령死靈 등 초자연적 존재와 접촉을 통하여 인간과 신을 매개할 수 있는 능력을 가진 매개자로 탈바꿈 하면서 신의 말을 전하거나 예언을 하거나 병을 치료하는 종교로 설명하는데, 샤먼을 크게 두 가지 유형으로 분류하기도 한다. 즉 샤먼이 망아황홀경에 들어가기 위하여 종을 울리거나 북을 치거나 주문을 외우고 춤을 추는 동안에 북미의 에스키

16_ 김형준, 앞의 책, 233쪽.

모 샤먼에서 볼 수 있는 바와 같이 샤먼의 영혼이 신체를 떠나 천상天上, 지상地上, 지하地下의 삼계三界를 날기도 하는 탈혼형脫魂型과 중앙아시아, 아메리카 인디언, 한국 등과 같이 전이의 상태에서 신령이나 사령 등이 샤먼의 몸에 들어오는 빙의형憑依型 혹은 빙령형憑靈型으로 나누어진다.[17]

한편 샤머니즘에 대한 기존의 연구는 주로 이러한 샤먼의 두 유형과 계통에 대한 연구와 샤먼이 행하는 다양한 의례에 대한 연구, 무가와 무속신화에 대한 연구 그리고 샤머니즘과 관련된 상징과 기호(예를 들어서, 색깔상징, 동물상징, 무복, 무구(巫具) 등)이 대부분이었다. 따라서 샤머니즘의 기저基底에 녹아있는 윤리의식에 대한 연구는 상대적으로 적은 편이며,[18] 특히 몽골 샤머니즘의 윤리의식에 대한 연구는 거의 미미한 실정이다. 샤먼이 신에게 선택되어서 온전한 샤먼이 되기까지는 소명의식, 무병, 성무의례, 신어머니와 신아버지, 다양한 샤먼의례, 옹고드[19] 등 정말로 수많은 요소가 포함된 일련의 과정을 거쳐야 한다. 그런데 이러한 과정의 기저에는 샤먼이 가져야할 윤리의식이 숨어있는 경우가 많다. 즉 샤먼이 되어서 올바른 샤먼의 길을 간다는 것은 신이 선택한 소명의식을 올바르게 받아들이는 길이기도 하며, 샤먼으로서 한 사회에 기여하는 길이기도 하며, 향후 신아버지나 신어머니로서의 자격을 갖추는 일이기도 한 것이다.

하나의 체계를 가지고 있는 종교라는 영역 속에서 샤머니즘은 초자연적인 존재와 인간 사이의 관계를 이어주는 샤먼의 역할이 필수적이다. 다시 말해서 샤먼이 제대로 신의 뜻을 전달할 수 있는지 혹은 인간의 고통과 어려움을 제대로 인식하고 이해할 수 있는지에 따라서 신과 인간의 중간에서

17_ 이광규, 『문화인류학의 이해』(서울대출판부, 1990), 140~141쪽.
18_ 한국의 무속에 반영된 윤리의식에 대한 연구는 부분적으로 진행된 바 있다. 예를 들어서, 이부영, 『한국의 샤머니즘과 분석심리학』(한길사, 2012), 641~666쪽.
19_ 몽골의 샤먼이 모시는 신령을 나타내는 신체(神體).

제대로 매개자의 역할을 수행할 수 있다. 거짓과 과장 그리고 개인의 사리사욕에 빠져서 신의 뜻을 올바로 전달하지 못하거나 인간이 가지는 어려움을 과소평가하거나 제대로 파악하지 못한다면 진정한 매개자로서의 역할을 할 수가 없는 것이다. 또한 샤먼은 신을 대신하거나 인간을 대신해서 초자연적인 존재를 만나고 달래고 위로하고 때로는 위협을 가하기도 한다. 부리야트 몽골의 아브갈다이Avgaldai거리에서 보여지는 것과 같이 인간의 병을 치유할 목적으로 염소의 영혼을 인간의 영혼과 대체하기 위하여 염소를 죽여서 염소의 영혼을 지상계에서 지옥의 문 까지 데려가기도 한다. 또한 샤머니즘을 소재로 하는 몽골의 현대소설인『샤먼의 전설』속의 하그대 샤먼과 같이 악귀에게 빼앗긴 인간의 영혼을 찾아서 지하계와 천상계로 종횡무진 여행하는 내용이 들어있다. 같은 맥락에서 한국의 무당도 의례를 행하면서 바리데기[20]와 같이 저승세계인 지하계로의 여행이야기를 무가로 부르기도 한다. 결국 샤먼은 인간이 갈 수 없는 그리고 볼 수 없는 초자연적인 세계와 소통하면서 인간과 신을 연결해준다. 그 만큼 샤머니즘 속에서 샤먼이 반드시 지녀야만 하는 윤리의식은 중요하게 다루어질 수밖에 없는 것이며 특히 몽골 샤머니즘 속에서도 두드러지는 요소이기도 하다.

4. 결론

몽골의 샤머니즘은 유목문화를 통하여 오랜 시간동안 경험한 몽골 유목민들의 삶의 지혜와 생활방식을 잘 보여준다. 특히 샤머니즘은 샤먼이라는 중개자를 통하여 신의 소리와 메시지를 전달 받을 수 있으며, 또한 인간들

20_ 서대석, 『한국무가의 연구』(문학사상사, 1997), 199~254쪽.

의 일상적인 생활 속에서의 고통과 어려움을 샤먼을 통하여 신에게 청할 수도 있는 유목민들의 유일한 희망이요 소통의 창구였던 것이다. 신의 대리자로서 역할을 수행하는 샤먼에 대한 절대적인 신봉과 신뢰 이면에는 샤먼이가지고 있는 샤먼으로서의 올바른 자격과 샤먼의 직무를 수행하면서 지켜야 하는 윤리의식이 내재되어 있다. 즉 샤먼은 신에게 선택되어서 소명의식을 가져야만 샤먼이 될 수 있는데 그렇다고 자신이 가진 특별한 능력을 과신하거나 남용하고 또한 오용해서는 안된다. 또한 샤먼은 항상 약자를 보호해야 하고 다른 사람의 어려움을 자신의 일인 것 같이 진정으로 최선을 다해서 해결하려는 진실성과 책임감을 가져야 한다. 따라서 몽골의 샤머니즘속에는 일상적인 생활공간 속에서 샤먼으로서 인간과 신을 매개로 하여 우주의 질서 속에 순종하고, 개인적인 욕심과 질투 그리고 증오와 같은 샤먼이 가야하는 정도正道에서 벗어나는 마음과 행위를 해서는 안된다는 강한메시지가 포함되어 있다.

몽골의 샤먼이 가지고 있는 이러한 윤리의식은 샤머니즘을 소재로 하는몽골의 신화, 몽골의 대표적인 역사문헌자료인『몽골비사』를 비롯하여 몽골 샤먼의 성무의례와 정화의식 그리고 현대 몽골의 대표적인 현대 소설 속에 많이 내재되어 있을 정도로 몽골의 생활공간 곳곳에서 쉽게 찾아볼 수있다. 특히 부리야트 몽골 샤먼은 차나르 의례를 행하면서 샤먼으로서 지켜야 하는 윤리적인 내용의 맹세를 하면서 만약에 이러한 서약을 어기게 되면 "아홉 구멍에서 피가 나서 죽으리라. 죽어서 나의 영혼은 네 개의 큰 하늘과 귀신과 합쳐져서 친척들과 다른 사람들에게 해를 끼치고 수천 년 동안바위를 지키는 귀신이 된다"고 샤먼의 서약을 재차 맹세하게 된다. 또한 몽골의 샤머니즘 속에는 오랜 시간 동안 지속되어 온 자연환경 속에서 환경과조화를 이루는 친환경적인 생태문화를 추구하면서 전통문화를 존중하고 고수하려는 환경윤리도 부분적으로 수용되어 있다.

한국의 무속사상*
- 윤리적 의의를 중심으로 -

조정호
한국체육대학교 교수

1. 원본사고인 무속사상

부모를 여윈 누구나 그러하듯이, 나도 돌아가신 아버지가 그립다. 그래서 아버지의 가식 없는 눈빛과 잔잔한 미소가 그리울 때, 사진 속의 아버지를 바라보곤 한다. 아버지 사진은 내 곁에 있고, 컴퓨터 모니터의 화면에도 있다. 퇴근하여 집에 들어설 때, 나는 버릇처럼 아버지 방에 먼저 들른다. 그래야 마음이 편하다… 아버지 묘 앞에서 유품을 태우던 날, 즐겨 입으시던 스웨터, 두루마기, 한복 각 한 벌 그리고 마고자 단추를 남몰래 빼냈다. 당시 어머니는 유품을 모두 태워드려야 한다고 말씀하셨으나, 그렇게 하도록 내버려 둘 수가 없었다. 아버지의

---

* 본고는 『전통문화연구』(2003년 12월)에 게재된 필자의 논문을 수정 보완한 글임

체취를 잃고 싶지 않았기 때문이다… 학위논문을 쓰며 무속을 현지조
사 다닐 때, 나는 무당의 물품과 행동이 신기하고 낯설었다. 무당이 신
神을 상징하여 신당과 굿청에 걸어 놓은 다양한 환¹-이 신기하였고, 굿
을 하며 무당이 무복巫服을 잔뜩 걸어두고 강신降神한 신에 따라서 옷을
갈아입는 것이 낯설었다. 무당들이 환과 무복을 통하여 세상을 바라보
고 만사를 해석하는 행위가 비이성적이라고 생각했다. 그렇지만 요즘
사진과 유품으로써 아버지를 간직하는 나 자신을 발견하며, 무속에는
사고思考 현상의 원형이 내재해 있음을 이해하게 되었다.

위와 같이 연구자는 예전에 무속 실태 자료를 수집하며 다닐 때 눈여겨
보지 않았던 사고思考 현상을, 아버지가 돌아가신 후 이해하게 되었다. 무속
에 한국문화와 사고의 원형이 담지 되어 있음을 느끼게 된 것이다. 비록 무
당들이 무업巫業에서 다루는 내용과 행동이 단조롭고 질박할지라도, 이 단순
함은 미완에서 비롯된 미숙이 아니라 연륜 속에서 사족을 떼어낸 정제이고,
질박함은 허례와 가식을 벗겨낸 본질의 소박함일지도 모른다는 생각을 하
게 되었다.

실로, 무당들은 한국인에게 고유한 언어, 몸짓, 가락, 도구, 음식과 의상
에 깃들어 있는 우리문화의 원형을 전수 받고, 또한 여기에 깃들어 있는 한
국인의 정신문화와 사고현상을 무형식적으로 학습해온 경향이 있다. 구체
적으로, 신자녀는 신부모 밑에서 무업을 수련하며 무가巫歌, 무무巫舞, 무악巫
樂, 무구巫具, 지화紙花, 상차림, 복식의 전통 기예를 비롯하여 이에 내재된
사상까지도 이어받는다. 그래서 신자녀가 무가巫歌를 배우는 것은 입으로만
부르는 기능적 학습이 아니고, 내면으로부터 조상에 대한 존경심이 신탁神託

1_ 환(巫畵)은 다른 말로 맞이, 화분, 탱화라고도 한다.

에 이르는 수준까지 포함한다. 마찬가지로 무무巫舞, 무악巫樂과 무구巫具는 우리 조상의 몸짓, 소리와 도구에 신앙적 정성을 보탠 것이다. 뿐만 아니라, 제물祭物은 한국의 풍토를 대변하고, 굿거리마다 다채롭게 선보이는 의복과 장신구는 우리 조상의 수많은 복식을 망라한다. 이로부터 무당들은 한국인 사고思考의 원형, 즉 무속사상을 학습하고 전파해온 것이다. 무속의 이러한 특징을 김태곤은 원본사고原本思考라는 용어로써 설명하였는데,[2] 이를 융 C.G. Jung의 분석심리학적 개념으로 설명하면 무속사상은 한국인 사고의 원형[3]이라고 볼 수 있다.

따라서 이 글에서는 한국무속에 담지 되어 온 원본사고로서의 무속사상 (thought, 思想)이 무엇인가를 윤리적 의의를 중심으로 살펴보았다. 이를 위하여, 먼저 무속사상의 연원을 살펴보고(제2장), 이어서 무속사상의 토대(제3장)와 무속사상의 특징(제4장)을 제시하였으며, 끝으로 이러한 무속사상이 현대에 지닐 수 있는 윤리적 의의(제5장)를 탐색하였다.

2. 무속사상의 연원

한 사회가 지닌 고유 사상의 밑바탕이 무엇이고? 이것은 어떻게 현재에 이르고 있는가?

위와 같은 의문은 역사가 짧고 혈연적 유대가 비교적 약한 다인종 사회

2_ 김태곤, 『巫俗과 靈의 세계』(서울 : 한울, 1993).
3_ 原型(archetypes)은 根源的 心像(primordial images)이라고도 하며, 이것은 프로이트의 '古態的 잔재'를 말하고, 생리적 충동으로서 감각에 지각되는 본능과는 다르게 환상 속에서 상징적 이미지로 존재가 노출되는 것이며, 像(이미지)이자 情動이기에 神聖力(또는 정신적 에너지)를 가진 것이다[Jung, C. G., 「無意識에의 接近」, 李哲・李符永 譯, Jung, C. G. ed., *Man and His Symbols*, London : Aldus Books, 1964, 李符永 外譯, 『人間과 無意識의 象徵』(서울 : 集文堂, 1993), 68~69쪽, 97~98쪽].

에서는 중요성을 지니지 못할 수 있다. 그런 사회에서는 대인관계를 비롯한 인간의 삶이 주로 경제적 생물학적 요인에 의해 좌우되고 있다고 볼 수 있기 때문이다. 그렇지만 한국과 같이 장구한 역사와 전통문화를 공유해 온 사회에서는, 개인과 집단이 움직이는 복잡한 원리를 파악하기 위해서 위와 같은 의문이 검토되지 않을 수 없다.

그래서 한국인의 사상적 원천을 탐구한 문헌이 국내에 적지 않지만, 이들 연구들은 대체로 유교·불교·도교와 같은 고등종교에 집중되어 왔으며, 이들 종교가 한반도에 유입된 삼국시대 이전부터 한국에 있어 온 고유한 사상에 대한 탐색은 소홀하였다. 이런 관점에서 볼 때, 신라 최치원崔致遠의 행적은 시사하는 바가 크다. 왜냐하면 그는 당나라를 유학하여 유·불·도에 정통함을 국내외적으로 널리 인정받았을지라도, 우리 민족 자생의 사상에 큰 관심을 가졌기 때문이다. 그는 신라를 동방에 위치한 군자의 나라로 강조하며 동방사상東方思想과 군자국君子國에 대한 남다른 애착과 관심을 보이며 우리 자신의 밑뿌리를 확인하고자 하였다.[4] 그는 난랑비서鸞郎碑序에서

우리 나라에 현묘玄妙한 도道가 있으니 이를 풍류風流라 이른다. 그 기원은 선사仙史에 자세히 실려 있다. 실로 이는 삼교三敎를 포함하여 중생을 교화한다. 그리하여 그들(화랑)이 집에 들어가서는 효도하고 밖에 나아가서는 나라에 충성하는 것은 노사구魯司寇(孔子)의 주지主旨이며, 또 모든 일을 억지로 하지 않고 묵묵히 실행하는 것은 주주사周柱史(老子)의 가르침이며, 악한 일을 하지 않고 착한 일만을 행함은 축건태자쯛乾太子(釋迦)의 교화이다.[5]

4_ 崔英成 譯, 『譯註 崔致遠全集』 1 - 四山碑銘(서울 : 亞細亞文化社, 1998), 45~46쪽.

라고 하여, 우리 민족에게 고유한 도道가 선仙이라 불렸다는 기록을 남겼다. 이에 따르면, 우리 민족에게 고유한 선仙(현묘지도, 풍류)을 기록한 『선사仙史』라는 문헌이 있었으며, 선仙은 유·불·도 삼교와 구분되지만, 유·불·도와 조화로운 관계에 있었음을 알 수 있다. 이처럼 우리 민족에게 고유한 선仙의 기원은, 삼국사기 평양복도조平壤復都條에서 단군왕검을 '선인왕검仙人王儉'으로 기록하고 있음을 고려할 때,[6] 단군신화까지 거슬러 올라가게 된다.

한국인의 시원인 단군신화에서는 단군이 죽지 않고 숨어서 선仙이 되었다는 것을 일러줌으로써, 살아서 홍익인간 하는 사람다운 삶을 실현한 사람의 인격은 선仙이 되어 우리와 함께 영원히 산다는 것을 말해주고 있다.[7] 즉, 단군신화의 의미론적인 해석에 따르면,

> 환웅桓雄은 백악산 아사달에 있는 신단수神壇樹로 내려 온다… 백악산은 우주산이고, 신단수는 우주목이다. 우주산과 우주목은 천신天神이 오르내리는 신성한 장소이다. 백두산은 아직도 한국인에 있어 신성한 산이고, 삼한三韓의 '소도제단蘇塗祭壇'과 현대의 '서낭당'은 신단이 마련된 우주목이다. 이 뿐만이 아니다. 단군신화에 의하면, 사람다운 사람으로 가화假化한 환웅과 사람다운 사람으로 변신한 곰녀 사이에서 출생한 단군檀君은 논리상 '사람다운 사람'의 정수이다. 단군은 1,908세라는 엄청난 세수를 누리고도… 백악산의 산 사람으로 살아간다. 산山 그리고 사람人은 바로 '선仙'이다. 즉 인격신人格神이 되어 '산에서 살아간

5_ 三國史記 卷第四 新羅 本紀 眞興王 三十七年條; 國有玄妙之道 曰風流. 設教之源 備詳仙史. 實乃包含三敎 接化群生. 且如入則孝於家 出則忠於國 魯司寇之旨也. 虛無爲之事 行不言之敎 周柱史之宗也. 諸惡莫作諸善奉行 竺乾太子之化也.

6_ 三國史記 卷第十七 高句麗 本紀 東川王 二十一年條; 平壤者本仙人王儉之宅也.

7_ 李啓鶴, 「檀君神話의 敎育學的 考察」, 『社會構造와 社會思想』, 仁谷 黃性模 博士 華甲紀念論文集 (서울 : 尋雪堂, 1985), 125~150쪽.

다'는 말이다. 이 말인 즉 한국인에 있어, 산은 천신天神이 강림하는 신
성한 장소일 뿐만 아니라 인격신인 신선神仙이 깃드는 장소이다. 이것
이 한국인의 산신사상山神思想이고, 이 산신사상에서 산악숭배사상山岳
崇拜思想과 '산에는 신神이 깃든다'는 산신령사상山神靈思想, 그리고 신선
은 죽지 않고 산에 숨어서 '영원히 살아간다'는 한국인의 신선사상神仙
思想을 읽어 낼 수가 있다.[8]

이처럼 인격을 실현한 조상이 산으로 숨어 들어가 선仙이 된다는 것이
한국인들의 오랜 신념이고 신앙이었다. 그래서 선가仙家의 시원이며 한민족
의 시조라고 볼 수 있는 단군은 환인桓因과 환웅桓雄과 같은 절대적 존재인
천신天神과는 달리, 보통 인간들과 함께 살면서 천신과 인간 사이에 있는 존
재였다. 단군은 긴 삶을 누리고도 하늘로 올라가거나 저승으로 갔다고 말이
전해지는 것이 아니라, 아사달阿斯達에 숨어 들어가 끝까지 산山 사람(仙, 人),
즉 선仙으로 살아갔다는 말이 전해져 내려 왔을 뿐이다. 이런 관점에서, 선
仙은 천상의 신神과 하계의 인간들을 중계하는 무당巫과 밀접하게 관련되어
있으며, 최치원이 말한 '선사仙史'란 단군 이래 무당의 역사이고, 선가仙家란
무당 집단이라고 볼 수 있다.
　이와 관련하여, 무당이 산山과 깊은 관련을 맺고 살아가는 사실에 주목
할 필요가 있다. 산을 제외한 채 무당의 신내림(降神)과 입무入巫를 설명하기
가 힘들고, 무당이 기도를 드리러 갈 때, 그들은 바다나 들이 아니라 산으로
들어가는 것이 보통이다. 활동지역이 주로 바닷가인 무당들에게조차도 산
은 그들의 굿 의식에서 중요한 위치를 차지하고 있다. 뿐만 아니라, 지역에

8_　李啓鶴, 「韓國人의 傳統家庭教育思想에 관한 考察」, 제1회 환태평양한국학국제학술대회(성남 : 한국
정신문화연구원, 1992).

상관없이 굿 의식은 산에 올라 신神의 강림을 받는 것으로부터 시작하고, 굿당이나 집에서 굿을 할 때도 이러한 절차를 상징적으로 한다. 이처럼 산을 중시하는 굿의 절차와 내용, 즉 '굿 문서'란 것은 무당이 임의로 창작하는 것이 아니라 예로부터 이어받아 온 것이기에, 산은 선가仙家에게 있어서 신성하고도 중요한 장소라고 보지 않을 수 없다. 실로 글자의 형성 측면에서 보더라도, 선仙이란 한자는 산山과 사람人이 결합된 말로서 '산에 사는 사람'을 의미하고, 무巫란 한자는 천계天界인 하늘과 하계下界인 땅을 중계하는 사람을 형상화한 문자이며, 또한 우주목(神木)이 산山에 있다는 점에 주목할 필요가 있다.

위에서 알 수 있듯이, 한국인의 산신사상과 선비사상은 바로 우리 민족에게 고유한 선仙에서 유래하였다. 이러한 사상을 중심으로 하여 결사집단으로 발전한 신라의 화랑도花郞徒는 불교적인 영향을 강하게 받으면서 용화향도龍華香徒로, 고려시대에는 기불집단祈佛集團(향도)으로, 조선시대에는 기신집단祈神集團(매향향도)으로, 동계洞契와 두레 및 화랭이(巫覡) 집단으로 전승되어, '형식'은 변했지만 '내용'은 무적巫的인 요소를 남기고 있는 것으로 보인다.[9] 이런 관점에서 보면, 신라시대에 나타난 3명의 여왕은 영험한 무당일 가능성이 짙으며, 인재를 등용하기 위한 최초의 화랑집단인 원화源花 역시 영험한 여성 무당집단일 가능성이 짙다.[10]

그러하기에 최남선崔南善은 불함문화론不咸文化論에서 단군은 탱글이고 탱글은 우리말의 단골로서 무당인 바 단군은 무당이라 하였고,[11] 서정범 역시

9_ 위의 논문.
10_ 李啓鶴, 「國際化·開放化에 즈음한 傳統文化의 이해와 계승」(한국지역사회교육경기협의회 주최 제1회 지역사회심포지움, 1994); 鄭英姬, 「花郞道에 관한 敎育學的 考察」(韓國精神文化研究院 韓國學大學院 碩士學位論文, 1992).
11_ 崔南善, 「不咸文化論」, 『六堂崔南善全集』 第2卷(서울 : 玄岩社, 1974), 59쪽.

무당은 임금이고 제사장이며 스승이라 보았으며,[12] 15세기에 쓰였던 우리 말에서 스승(師)은 무당(巫)이라고 하였다.[13] 마찬가지로 정호완은 단군이 스승이고, 함경도 방언에서는 스승이 무당을 뜻하는 말로 쓰인다고 하였다.[14]

이들의 주장은 모두 선가仙家의 전통과 내용이 한민족 속에서 단절되지 않고 이어져 왔음을 말해주고 있다. 한국에서 무당만큼 연원이 깊은 종교인은 없으며, 무당은 대중 속에서 오랫동안 이어져 내려왔기에, 이들에게는 토착이나 토속 혹은 고유나 민간이라는 수식어가 따라다닌다. 심지어 선가仙家에 대한 국가적 관심도 면면히 있었다. 국난의 시기에 국조이며 선가仙家의 원조인 단군을 내세움으로써 한국인이 대동단결을 도모했다는 것은 널리 알려진 역사적 사실이고, 다른 한편으로 지역사회 차원에서 무당이 주관하는 여러 유형의 굿을 통하여 민간이 결속을 다져 온 유습은 오늘날까지도 전해지고 있다.

이 글에서는 위와 같은 한국 고유문화의 중심적 구성원들을, 즉 고대로부터 현대의 무당에 이르기까지를 선가仙家라고 보았다. 비록 선仙이란 한자가 중국에서 들어온 도교신앙道教信仰과 관련이 있지만, 한국 고유사상의 본질과 내용은 중국도교 수입 이전의 한국 무문화가 중심이었다.[15] 한국도교사상 역시 중국사상과는 무관하게 이미 우리 민족신앙 내지 고유사상 속에 자체적으로 형성되어 있었고,[16] 이 같은 우리 민족 고유한 풍류도를 발전시

12_   서정범, 『우리사랑 이승에서 저승으로』(서울 : 한나라, 1993), 115쪽.

13_   서정범, 『나비소녀의 사랑이야기』(서울 : 한나라, 1996), 265~266쪽.

14_   정호완, 『우리 말로 본 단군신화』(서울 : 명문당, 1994), 8쪽, 19쪽.

15_   최치원의 '난랑비서'에 따르면, 선가(仙家)는 우리 고유의 '풍류도'이다. 선가(仙家)는 중국의 도가(道家), 노장철학(老莊哲學), 관상가(觀相家)와 구별되며, 단전호흡인 선도수련을 하는 단가(丹家)와도 구분되는 것이다. 그럼에도 불구하고, 선가(仙家)를 중국의 도가(道家)로 보는 주장이 있는데, 이는 중국 도교가 고구려 때(624년) 들어오면서 도교를 선도(仙道)라고 부르면서 생긴 혼동이며, 이런 상황에서 우리 고유의 선도(仙道)를 국선도(國仙道)라고 부르게 된 것 같다.

16_   宋恒龍, 「道教信仰의 展開樣相과 生活世界」, 韓國精神文化研究院 哲學宗教研究室 編, 『韓國思想史大系』2(城南 : 韓國精神文化研究院, 1991), 367쪽.

킨 사람들이 선가仙家이다.[17]

3. 무속사상의 토대

1) 한국문화

무속사상은 한국문화에 뿌리를 두고 있다. 무당들은 제각기 생장하여 다른 시기와 장소에서 상이한 원인으로 개별적으로 무당이 되었을지라도, 신앙 형태에 여러 공통점을 지니고 있다. 다시 말해서, 무당들은 무업을 하는 지역과 굿의 맥이 동일하지 않고 상호간 교류가 없을지라도, 이들의 신앙 형태와 사고 패턴이 대동소이한 사실은 무속이 한국문화에 터하고 있음을 나타낸다.

구체적으로 강신무를 중심으로 설명하자면, 무당들은 삶의 위기가 제고된 신병神病이라는 상황에서 신神을 맞았음이 동일하고, 이 신神을 신당이라는 공간에 모시고 있음이 공통적이다. 또한 이들이 맞이하였다는 신이란 자기의 조상 내지 한국인이면 누구나 다 알 수 있는 한국의 역사적 인물이거나, 한국의 풍토를 대변하는 지리와 연관되어 있거나, 혹은 무당이 대대로 전승하는 무가에 담겨 있는 내용인 점이 동일하다.

게다가 이들은 신神에게 매일 정성(기도)을 드리고, 주기적으로 진적을 하며, 삶의 마디에서는 굿을 하고, 수시로 산기도를 다니는 것이 같다. 이들 모두는 날마다 신당에 옥수를 갈아 놓고, 대체로 하루를 신당에서 시작하고

17_ 이계학, 「단군신화의 곰녀 이야기」, 한국정신문화연구원 편, 『인격확립의 초월성』(화성 : 청계출판사, 2001), 79쪽.

마친다. 그리고 음력 초하루와 보름을 중요한 날로 생각하는 것이 공통적이다. 뿐만 아니라 매년 정월 대보름 무렵에 굿을 자주 하고, 봄이 되면 꽃맞이 의식을 하고 햇곡식이 수확되는 가을에 굿을 많이 한다. 음력 3월 3일, 7월 7일, 그리고 9월 9일을 중요한 날로 생각하고 의식을 행하는 것도 유사하다. 삶이 변화되는 시기, 즉 자녀가 혼인을 앞두거나 자신이 삶의 마디에 이르면 굿을 하고, 이사할 때도 굿을 하고, 상喪을 당하거나 몸이 아파도 굿을 하면서 자기정화를 일상화하고 있음이 공통적이다. 물론 경제적 사정이 여의치 못할 경우에는 굿보다 규모가 작은 치성을 하는 경우가 있는데, 이 것 역시 다름이 없다. 그리고 이렇게 다양한 굿이나 치성을 앞두면 목욕재계를 하며 자기를 정화하는 것이 같다. 무당들의 이러한 공통점들은 무당집 단 속에서 장기간 수련을 받은 무당들과 무업수련이 없는 '무불통신'인 무당들 사이에 차이가 없다. 그래서 고등종교의 성직자가 집단적으로 종교조직 속에서 수도를 하고 있는 반면에, 무당들은 세속에서 민간과 더불어 살며 한국문화 속에서 수도를 해 왔다고 볼 수 있다. 그 결과 고등종교와 같은 통일적인 신앙대상과 상징물은 없지만, 자신에게 강림했다는 신을 소박하게 그린 환이나 부채, 혹은 신의 이름을 쓴 종이나 신을 상징하는 물건에 무당들은 신앙성을 부여하고 있다. 그래서 무속에서 말하는 신神이란 한국문화 속에서의 삶의 이력을 반영한다. 그렇기에 고등종교를 믿는 종교인들이 신의 상징을 통일적으로 지니고 있는 것과 다르게, 무속 계에서는 한국문화를 대변하는 신의 상징이 다양하다.

이와 같이 교류가 없고 집단적인 교육을 받은 경험이 없는 무당들이 공통된 신앙형태를 지니고 있는 사실은 넓은 의미에서 무당의 신앙성이 무문화를 바탕으로 하는 한국문화의 교육적 과정에서 비롯된 결과로밖에 달리 해석될 길이 없다. 이것은 무당들이 한국의 민간 속에서 무업을 면면히 이어온 사실과 무당들의 굿 공연이나 의식에 지금도 많은 일반인, 심지어 신세대가 자발적으로 동참하는 사실로부터 짐작해 볼 수 있다.

따라서 무속사상은 그 뿌리가 한국문화에 있고, 신병을 극복하는 과정에서 그 사고思考 현상이 제고된 것이며, 강신 이후 자기정화를 꾸준히 하는 가운데 확립되는 것으로 보인다. 무당이기 때문에 고통을 받았지만 무당이기 때문에 살 수 있었다는 무당의 고백은 무속사상이 한국문화와 불가분의 관계에 있음을 나타낸다.

2) 무속

무속이 음사로 오래도록 탄압 받아 오면서도 한국 사회에서 오늘날까지도 이어질 수밖에 없었던 한국문화의 구조와 그 구조 속에서 무속의 기능이 무엇이었는가에 대한 의문을 지니지 않을 수 없다. 왜냐하면 현대에 이어지는 한국전통문화의 축은 조선의 성리학性理學에 있었음을 부인할 수 없고, 성리학은 조선 이래로 우리 조상의 가정, 촌락, 사회, 국가를 움직이는 원리를 제시해 왔으며, 이러한 성리학의 입장에서 무속은 음탕한 짓거리로 여겨졌기 때문이다. 그럼에도 불구하고 무속이 한국 민간 속에서 면면히 이어져 온 것은 흥미로운 일이 아닐 수 없다. 무당은 수 백 년에 걸친 정치적 억압 속에서 그 명맥이 지속되었다. 이것은 무당의 교활함이나 한국 민간의 우매함을 나타내는 것이라기보다는, 무속이 우리 사회에 꼭 필요했던 이유가 있지 않았는가 하는 의문을 불러일으킨다.

연구자가 보건대, 예禮를 강조하는 성리학은 한국인의 삶 가운데 관혼상제冠婚喪祭를 잘 관장해 왔으나, 그 밖의 개인적 삶의 위기를 풀어주는 다양한 제도와 장치를 지니고 있지 못했다. 민간은 삶의 마디를 넘어서는 많은 의례를 갖고 있지만, 신체장애, 질병, 이별, 기근, 자연재앙, 재난과 같은 삶의 위기를 넘어서는 통과 의식儀式이 부족한 상태에서 무속이 이어질 수밖에 없었던 것 같다. 천지자연과 조상을 숭배하는 문화 속에서, 무속의 명맥이 유지되기가 수월했던 것으로 보인다. 특히 신내린 무당은 신병神病이라는 절명絶命의 고난을 극복하고 이를 지역사회적으로 인정받은 사람들이었기 때문에, 삶의 고난에 관련된 토속 의식의 주관자 겸 상담가로서 자리 잡아 올 수 있었던 것으로 생각된다. 이런 관점에서 본다면, 무당은 한국 사회가 만들어낸 상담가요 심리치료자라고 볼 수 있다.

우리 사회에서 무속은 여타의 고등 종교 내지 철학이 상대적으로 소홀히 지나친 한국인 삶의 한 영역을 관장하며, 여러 고등 종교 내지 철학과 공존해 온 것이다. 우리의 할머니와 어머니가 삶이 힘드실 때 때때로 의지해 온 무속은 민간의 정신적 안식처였다. 그러기에, 많은 국내외 학자들이 무속의 '신들림'이나 '신바람'을 한국인의 중요한 정서 가운데 한 가지로 주목했을 것이고, 한국 무속이 현대 한국인의 사고방식에 영향을 미치고 있다고 평가했을 것이다.

3) 무당

연구자가 1996년부터 무당과 그 관계인에 대하여 참여관찰과 심층면담을 하며 수집한 자료를 분석해 본 바에 의하면,[18] 무당을 만들어내기 위하여 인위적으로 노력한 흔적이 발견되지 않는다. 무당인 부모가 무당 자식을 낳기 위해서 공을 드렸다던가, 무당 직업을 물려주기 위해 자손을 무당으로 만들고자 애쓴 흔적이 없다. 오히려 자식이나 자손에게 강신降神(신내림)이 닥쳤을 때, 가족 가운데 어느 누구도 처음에는 달가워하지 않았고, 유명한 강신무 집안에서조차 무당이 되는 것을 격려하지 않았음이 일반적이다. 단

18_ 조정호, 「降神巫의 成巫過程에 관한 敎育學的 硏究」(한국정신문화연구원 박사학위논문, 2000).

지 입무入巫 후에 무당으로서의 삶을 가족으로부터 이해 받았는지 여부에서만 차이가 난다. 그래서 신내린 무당은 출생 후 보통 사람으로 한국에서 살다가 신병이 고조되어 무당이 되었음이 동일하다. 그도 그럴 것이 무당이 천대받는 사회에서 자식이 무당이 되기를 원하는 부모는 아마도 없었을 것이다. 요즘도 내림굿 의식에서는 무당으로 입무 하는 자의 가족이 슬픔에 젖어 있는 것을 쉽게 관찰할 수 있다. 그러나 강신무에게는 초년의 삶에서 다음과 같은 공통점이 발견된다. 첫째, 한국에서 태어나서 성장했다는 점이고, 둘째, 종교를 믿거나 신앙이 깊은 가정에서 성장했다는 점이며, 셋째, 입무入巫 이전에 무속을 직·간접적으로 경험했다는 점이고, 넷째, 강신降神 직전에 신병神病이라는 삶의 위기를 겪었다는 점이다.

연구자가 보건대, 감수성이 예민한 시기에 굿을 관찰한 경험은 무속에 대한 큰 잠재적 학습이 된 것으로 이해된다. 왜냐하면 가족이 연루된 무속 의식의 관찰은 무속신巫俗神에 대한 관념을 형성했을 것으로 짐작되기 때문이다. 더욱이 이러한 관찰로부터 굿 의식의 일반적인 패턴을 은연중에 배우는 학습이 진행될 수 있고, 또한 특정 굿에 대한 관찰경험은 무속의식의 절차와 무무巫舞[19]-에 대한 일반적인 학습이 될 수 있기 때문이다. 이런 관점에서 볼 때, 종교적 가정배경과 무문화巫文化의 체험이, 무당이 되고자 하는 의도가 없었던 한국인에게 무당으로 입무하는 계기를 조성한 것으로 볼 수 있다. 연구자가 강신무의 자료를 수집하여 검토하면서, 무당에게는 무당이었던 조상의 부리가 있거나 입무 이전에 무속의식을 직·간접적으로 접촉한 공통점이 있음을 발견하였다.

따라서 무당은 한국문화 속에서 성장하며 한국 무속을 학습한 사람이

19_ 굿거리를 어느 시점에서 관찰할지라도, 무무(巫舞)를 보면 무당이 신과 어떤 상태에 있는지 판별이 가능하다. 그만큼 무무는 보편적 특징이 있다.

며, 개인적 삶의 이력으로부터 무속 신에 대한 의식이 남다르게 형성된 사람이라고 보지 않을 수 없다. 신부모와 신선생이 없는 무불통신인 무당이 굿을 비롯하여 무업을 능숙하게 해내는 것도, 따지고 보면 한국문화에 터한 문화학습의 결과로 해석된다. 마찬가지로 성장 시 불교가 가정의 종교 배경인 무당이 굿거리 가운데 불사거리가 뛰어나고, 입무 전에 기독교를 믿었던 무당이 예수님을 신령님으로 모시는 현상 역시 이러한 관점에서 해석될 수 있다.

4) 신

무당은 자신에게 강림한 신神을 '몸주'라고 부른다. 신이 자신에게 실린다는 말이다. 또한 무당은 스스로 신의 제자라고도 한다. 강림한 신이 자신의 스승이요 주체라는 말이다. 무당이 이렇게 늘어놓는 말을 간추려 보면, 신이란 바로 주체성을 확립한 무당의 인격을 대변한다. 다시 말해서, 무당은 내면화된 신을 중심으로 세상과 관계하는 것이라 하겠다.

이와 관련하여 이동식李東植은 무의식의 심적心的 요소가 상징적으로 표현된 것이 신이라고 보았다.[20] 폰프란츠에 의하면, 예로부터 인간 내면에 존재하는 중심이 상정되었다. 희랍인은 이것을 다이몬(daimon)이라 불렀고, 이집트인은 바-魂(Ba-soul)으로 표현하였으며, 로마인은 특질(genius)로서 숭배했고, 원시 사회에서는 수호신으로 생각되었다.[21] 이처럼 철학이나 종교학 분야에서 쓰이는 용어를 빌려오지 않더라도, 사람에게는 누구에게나 정신적 중심이 있다. 이 중심은 부모 내지 은사처럼 마음이 쏠리는 친밀한 인

20_ 李東植, 『韓國人의 主體性과 道』(서울 : 一志社, 1977), 9쪽.

21_ Von Franz, M. L., 「個性化 過程」, 李哲·李符永 譯, Jung, C. G. ed., 앞의 책, 165~166쪽.

물인 경우가 있고, 대중의 우상이나 카리스마적인 인물이 이상적 지향으로 자리 잡은 경우도 있는 것으로 보인다. 무당에게 강림한 신神도 이와 다를 바가 없다. 보통 사람과 무당의 차이는 그 내적 중심에 종교성을 부여하는 여부와 이것을 인식하는 정도에서나 찾을 수 있다. 보통 사람과 다르게 무당에게 종교성이 있는 것은, 그 내적 중심이 세속적 잔재를 정제한 상징이라는 점에서 찾을 수 있다. 즉, 무당의 신神은 이미 오랜 삶 속에서 정제된 역사적 인물 내지 자기 조상이거나 인간이 정제할 수 없는 천지자연이기 때문에, 종교적 상징이 되기에 유리했을 것으로 짐작된다.

이렇게 본다면, 무당에게 있어서 신이란 종교적 상징인 동시에 삶을 관장하는 강력한 윤리적 가치관이다. 특히 이 신은 무당이 자기 내적으로 스스로 의미를 부여한 상징이기 때문에, 자기 외적으로 제시되는 규범과는 비교가 될 수 없이 실천력이 높은 가치관이다. 그 자체로서 윤리 및 종교적 가치규범이다. 그래서 무당에게는 종교적 상징을 납득시키기 위한 설교와 교단 따위는 애당초 필요가 없다. 반면에 무당의 신은 마음을 떠나면 의미가 없는 것이기에, 신의 의미와 느낌을 설명하거나 전달하는 것이 쉽지 않다. 이처럼 무당의 신에 대한 믿음은 내면화된 사고 현상으로써 일상생활에 영향을 미친다. 무당에게 있어서 신은 가정적 · 사회적 · 종교적인 모든 행동에 반영되고, 심지어 자신의 생리적인 욕구에도 영향을 미친다. 무당의 행동과 사고의 중심에는 판단기준으로써 신이 항상 자리잡고 있는 것이다. 그러기에 무당은 신이 하지 말라는 것은, 즉 마음이 내키지 않는 일을 어떠한 상황에서도 하지 않으려고 애쓰고, 반대로 어떠한 역경 속에서도 신의 가르침을 따르는 단순함이 있다. 그렇지만 이러한 멘토mentor를 지니는 것은 삶을 적극적으로 살아가는 원천이 되고 뚜렷한 가치관을 지니는 근거가 되기에, 주체성을 뚜렷하게 확립하는 기반이 된다. 또한 이처럼 확고한 내적 믿음은 논리적 사고를 넘어서는 신앙의 바탕이 된다. 이것은 무당에게 강림한 신神을 살펴보면 명확하게 알 수 있다.

무당들에게 있어서 신神은 비록 호칭이 동일할지라도 무당마다 그 성격이 확연히 다르며, 시간의 경과에 따라서도 그 성격과 권능이 변하고 있음이 발견된다. 이것은 무당 각자가 마주친 삶의 고비를 이끌어 준 내적 신념과 체험에 기초한 신神의 차이로 이해된다. 무당은 자기정화를 통하여 신을 자신에게 동화시키는 동시에 자신을 신에게 조절시킨다. 무당이 강신 이전과는 다르게 종교적 삶을 살아가고 문제를 새롭게 이해하고 해석하는 사실은 무당의 세계관이 바뀐 결과로밖에 달리 해석될 길이 없다. 융이 말한 바와 같이, 본래 종교적 상징이 삶에 의미를 부여하는 것이기에,[22] 신神을 내면화한 무당은 삶을 해석하는 새로운 자아관, 인간관, 가족관, 사회관, 생사관, 가치관 즉 새로운 윤리관을 지니게 된 것이다.

이것을 달리 말하면, 신神에게 역동성을 부여하는 주체가 무당이다. 그러기에 신神은 무당을 통해서만 모습을 드러내고 의미를 부여 받는다. 이런 관점에서 보면, 신神을 불합리한 몽상으로 볼 것이 아니라, 지금 · 여기에 뿌리박은 자기기만이 없는 주체성을 상징한다고 볼 수 있다. 불교적으로 말하면, 이 주체성은 고난을 통하여 체념에서 비롯되었지만, 다름아닌 내가 나의 주인공이란 마음의 상태이며 내가 우주에 있어서 가장 존귀한 존재라는 자각이다.[23] 이러한 자각이 그리핀D. R. Griffin이 말한 '감각의 직접적인 흐름에서 시간적, 공간적으로 멀리 떨어진 사물과 사건에 관하여 생각하는 심적 경험'[24]의 바탕이라 볼 수 있다. 그러므로 이러한 자각이 무당이 내리

22_ Jung, C. G., 앞의 논문, 90쪽.

23_ 李東植, 앞의 책, 9쪽.

24_ Griffin, D. R., *The Question of Animal Awareness*, New York : Rockefellow University Press, 1976, p. 5를 Eccles, J. C., *Evolution of the Brain - Creation of the Self*, Routledge, 1989, 박찬웅 역, 『뇌의 진화 - 자아의 창조』(서울 : 민음사, 1998), 251쪽에서 재인용.

는 공수의 근원이고 점복占卜에서의 통찰력이나 직관력의 바탕이 되는 것 같다.

그래서 그런지 강신무는 점복占卜과 굿의 사례금을 받아 세속적 생활을 영위함은 분명하지만, 이들이 일반인과 대면하는 점복占卜과 공수는 금전적 대가에 상응하는 행동이라기보다는 억제할 수 없는 마음의 발산으로 보인다. 관찰한 바에 의하면, 무당이 고객이나 기주[25]에게 뿐만 아니라 아무에게나 대가없는 점복과 공수를 내려주고 복을 구해주는 것을 흔히 목격할 수 있다. 실지로 연구자도 강신무를 관찰하고 면담하면서 원치 않는 무료 점복과 공수를 수시로 받았다. 그래서 무당의 공수는 탈아脫我 상태에서 무의식적 인상을 표출하는 것이라 하겠다. 무당이 장소에 구애받지 않고 누구에게나 공수를 내리고 점복을 하는 사실을 보면, 무당에게 강림한 신神이 신당에 갇혀 있지 않고, 무당과 동떨어진 곳에 있지 않다는 것을 알 수 있다.

그렇기 때문에 무당이 섬기는 신神에는 인격성이 있다. 조상신은 물론이거니와 천지 자연물이 상징화된 신神에게도 산 사람과 똑 같은 인격성이 있다. 무속 신은 고등종교에서 말하는 유일신처럼 인간과 동떨어진 절대자가 아니고, 절대적 이성의 상징도 아니며, 사람의 정성에 감복하는 다정다감한 신이다. 더욱이 무당이 모시는 신들 가운데 그들 자신의 직계 조상뿐만 아니라 우리 선조 가운데 존경받는 인물과 한국의 산수가 포함되어 있는 사실로부터 알 수 있듯이, 무당의 신은 대체로 한국인과 연관된 역사·문화적 인물이거나 한국의 구체적인 자연이 인격화된 신들이다. 이것은 '인간 속에 모든 것을 집약시킨 것이 한국사상의 특징'[26]이라고 한 유승국柳承國의 지적과 연관이 있다.

25_ 祈主는 굿하는 집 여자 주인을 의미하며, 남자 주인은 大主라고 말한다. 한편 굿하는 집은 제가집 또는 당주라고 한다.

26_ 柳承國, 『韓國思想과 現代』(서울 : 東方學術研究院, 1988), 330쪽.

4. 무속사상의 특징

1) 실존적 특징

실존철학에서는 모든 새로운 삶은 위기와 더불어 시작되고 인간은 오직 위기를 통해서만 새로운 삶에 도달할 수 있다고 본다.[27] 삶의 위기가 사람에게 보편적이며, 실존하는 데 있어서 매우 중요한 의의가 있다는 것이다. 이에 따르면, 신병이라는 위기를 통하여 거듭 태어난 무당은 한국에 있어 온 실존인의 구체적인 예이고, 성무과정은 한국문화에 담겨 있는 실존과정이라고 하겠다.

이와 관련하여, 연구자가 강신무의 삶을 조사해 본 바에 의하면, 제보자들이 무당으로서 새롭게 살게 된 원인은 삶의 위기였음이 동일하다. 이들에게 신이 내린 것은 타인의 강요 내지 본인의 자의적인 의도에 의한 것이 아니라, 삶의 위기에 직면하여 스스로 내적인 결단을 내린 사고의 결과였다.

그래서 만약 이들에게 위기가 없었다면, 구세적이며 종교적인 새로운 삶은 열리지 않았을 것으로 보인다. 또한 자신의 삶이 신에 의해 늘어났다는 생각을 하지 않았을 것 같고, 그 늘어난 삶을 타인을 보살피고 돕는 데 바쳐야 한다는 사명감을 지니기 힘들었을 것으로 짐작된다. 무당 제보자들 가운데 견딜 수 있는 고난을 원인으로 사회와 가족으로부터 냉대 당하는 무당이 되기를 자원한 경우가 없고, 무속계에서는 무당이 신병을 겪으며 마지 못해 신내림을 받는다는 것이 일반화된 상식이다.

위와 같은 무당은 한국에 자생해 온 실존인이라고 하겠다. 왜냐하면 실

27_ Bollow, O. F., *Existenzphilosophie und Pädagogik*, Stuttgart, 1959, 李奎浩 譯, 『實存哲學과 敎育學』 (서울 : 培英社, 1967), 33~34쪽.

존주의철학에서 말하는 실존은 대체로 개인이 위기에 직면하여 결단을 내리고 각성을 하는 내적인 문제에 초점이 집중되어 있지만, 강신降神이란 그러한 내적인 문제와 더불어 사회문화적인 차별을 극복해내야 하는 외적인 어려움도 있기 때문이다. 그럼에도 불구하고 무당이 예로부터 오늘날까지 한국에 이어져 온 사실은, 강신이 한국문화에 터한 실존현상이라는 것을 나타낸다. 더욱이 무당은 이를 지역사회적으로 인정받은 우리 사회의 구성원이기에, 삶의 고난에 관련된 의례의 주관자 겸 상담자로 지금까지 자리 잡아올 수 있었던 것으로 생각된다. 우리 사회에서 걱정 없는 사람이 무당을 찾는 경우는 고작 궁합이나 택일을 묻는 정도에 불과하기에, 무당은 영혼의 의사(physicians of the soul)[28] 혹은 상처받은 치료자(wounded healer)[29]라 할 수 있겠고, 이들의 굿 의식은 맺힌 것을 풀어 주는 장치로 볼 수 있다.[30] 우리 민간은 생애의 종단적 마디를 넘어서는 많은 사회문화적 혹은 조직 차원의 의례를 갖고 있지만, 유독 고난의 절박함과 유형이 다양한 삶의 고비, 즉 신체장애, 질병, 상喪, 이혼, 중퇴, 실직, 경제적 곤경, 기근, 사고, 자연재앙과 같은 위기를 이끌어 주는 의례는 상례와 이에 이어지는 제사와 같이 종류와 수가 한정되어 있다. 이처럼 민간의 삶에서 죽음을 제외한 위기를 넘어서는 통과의례 내지 강화의례[31]가 개인의 자발적인 과업으로 방치된 상태가 우

28_ Fromm, E., *Psychoanalysis and Religion*, New Haven : Yale University Press, 1971; 박근원 역, 『정신분석과 종교』(서울 : 전망사, 1979), 79~116쪽.

29_ Kim, Young Ae, op. cit., p. 212.

30_ 김열규, 「굿과 신명」, 金秀男(사진), 黃縷詩·金烈圭·李輔亨(글), 『평안도 다리굿-극락으로 갈 다리를 놓아주는 굿』, 한국의굿 ⑤(서울 : 悅話堂, 1985), 111쪽.

31_ 채플(Chapple)과 쿤(Coon)은 『인류학의 기본원리』(1942)에서 인류학적 관점에 입각하여 반 헤넵 (Van Gennep)의 통과의례 도식을 개인 및 집단의 분기점이 되는 사건에 따라서 구분하였다. 그래서 이들은 개인과 관련된 의식은 통과의례(rites of passage)라 했으나, 집단과 관련된 의식은 강화의례(rites of intensification)라고 구분하였다[Kimball, S. T, 「반 헤넵의 '通過儀禮'論」, Van Gennep, A., *The Rites of Passage*, Vizedom, M. B. & Caffee, G. L. trans., the University of Chicago Press, 1960, 徐永大 譯, 『通過儀禮』(仁川 : 仁荷大學校 出版部, 1986), 263~264쪽].

리의 경신敬神하는 무문화와 융합하며, 개인적·지역사회적 무업[32]의 명맥을 지속시킨 것으로 해석된다. 그래서 무속의례는 종교의례이면서도 카타르시스적 성격을 아울러 갖고 있으며,[33] 인간의 불행을 행복으로 바꾸는 의식이라 볼 수 있다.[34]

이러한 관점에서, 한국의 무당이 삶의 위기를 승화시킨 체험을 바탕으로 민간 속에 정착한 실존인이라고 본다면, 서구의 실존철학자는 삶의 위기를 극복한 체험을 논리적으로 정리하여 실존주의를 전파한 사람이라 하겠다. 예컨대 유신론적 실존철학자인 키에르케고르S. Kierkegaard는 방탕과 우울 속에서 죽음과 신神의 문제에 직면하여 실존을 철학적으로 구명해냈고,[35] 야스퍼스K. Jaspers 역시 좌절을 체험하며 초월에 도달하는 실존철학을 체계화시켰다.[36] 이들에 따르면, 인간의 실존이란 서구의 신학에서 말하는 신神을 믿음으로써 자유의지를 확립할 때 가능하다. 마찬가지로 무신론적 실존철학에서도 인간에게는 초월적 존재에 대한 주관적인 지향이 있다고 본다.

2) 초월적 특징

무당의 성무과정과 그 과정에서의 내적 변화는 순탄한 것이 아니라 강신을 계기로 새로운 단계로 비약하는 특징이 있다. 마찬가지로 사람됨의 과정이 질적 변화를 겪으며 새로운 발달과업에 직면하게 된다고 보는 것이 보

32_ 占卜과 지노귀는 개인적 수준의 무속에 해당되지만, 대동굿·풍어제·위령제는 지역사회 차원의 무속이다.

33_ 金仁會, 『韓國巫俗思想硏究』(서울 : 集文堂, 1993), 112쪽.

34_ 金泰坤, 앞의 책, 119쪽.

35_ 金興浩, 『실존들의 모습』(서울 : 도서출판 풍만, 1984), 28쪽.

36_ 위의 책, 106쪽.

통이다. 피아제J. Piaget는 인지발달 이론을 통하여 지적 발달에 있어서 비약적인 단계들이 있음을 밝혔고, 이를 바탕으로 콜버그L. Kohlberg가 도덕성 발달의 단계를 세분화한 것은 학계에서는 일반화된 상식이다. 또한 에릭슨E. H. Erikson이 심리-사회적인 준거에 따라서 삶의 주기를 더욱 세분하여 자아정체성(identity)의 발달단계를 설명한 것도 널리 알려진 사실이다. 이들 이론이 공통적으로 제시하는 관점에서 보면, 무당은 강신을 계기로 동화가 아니라 조절작용을 통하여 새로운 단계로 도약한 것이다. 마찬가지로 인격교육의 이론모형에 따르면, 지적知的 발달은 객관화의 향성을, 정적情的 발달은 애타화愛他化 내지는 이타화利他化의 향성을, 의적意的 발달은 자율화의 향성을, 인격 전체의 발달은 미분화에서 분화, 분화에서 다시 통합하는 향성을 가지고 발달해 가는 것인데,[37] 무당들은 강신을 전환점으로 자기중심성을 탈피하여 새로운 세계관을 형성하여 그들 나름대로 지정의知情意가 통합된 인격을 확립해 나가는 것이라고 볼 수 있다. 이 변화는 엘리아데가 진정한 의미에서의 인간이 되기 위해서는 종교적이며 문화적인 보다 높은 삶으로 중생重生해야 한다고 말한 것을 그대로 나타낼 뿐만 아니라, 사람됨의 과정에 있어서 초월적인 변화가 어떠한지를 보여준다. 더욱이 에클스가 말한 것처럼 인간을 신체와 뇌를 가진 물질적 존재인 동시에 영혼을 지닌 영적 존재로 본다면,[38] 무당이 되는 과정은 지각으로 분석되기 힘든 내적 변화의 단서를 제공하는 중요한 자원이라 할 수 있다.

반면에 근대 과학에 따르면, 무당의 내적 변화는 학문적 소재가 되기 힘들다. 이 관점에서는 지각이 상수(독립변수)로 기능하지 않는 초월적 변화를 설명하는 사고의 틀이 애당초 없기 때문이다. 이런 관점으로는 행동주의적

37_ 李啓鶴, 앞의 책(1991), 228쪽.
38_ Eccles, J. C., 앞의 책, 350쪽.

접근과 신경생물학적 접근이 제시될 수 있고, 정신분석학적 접근은 무의식을 상정하고 있지만 이러한 관점들과 유사한 면이 있다. 왜냐하면 행동주의적 접근은 관찰이 가능한 행동과 자극의 반응에 초점이 있고, 신경생물학적 접근은 신체의 오관五官이 뇌와 연결된 신경계통의 변화를 규명하는 데 주력해 왔으며, 정신분석학적 접근은 성적 충동에 기원하는 무의식적 동기를 강조하기 때문이다.

이들 근대 과학은 실증적인 자연과학의 패턴을 모델로 삼아 일반적으로 적용될 수 있는 기술적이고 기계론적인 개념을 만들어 내었다.[39] 그러나 사람이 지각에 의해서 시종 사고하는 것으로 본다면, 동물과 판이하게 다른 윤리의식을 형성하는 과정을 설명하기가 힘들다. 특히 오관五官으로 지각되는 자기중심적인 인욕人欲을 초월한 인격발달의 최종 상태를 설명할 수 없다. 왜냐하면 객관적 세계의 진리를 발견하기 위해서는 인식주체, 즉 인간의 의식을 객관의 외계로부터 엄격히 분리해야만 하기 때문이다.[40]

지각과 발달의 관계에서 본다면, 사람은 여타의 포유동물에 비하여 감지感知 기능이 저조한 오관五官(耳, 目, 口, 鼻, 觸)을 지니고 있지만, 고등정신을 지니고 있음은 일반적 사실이다. 특히 윤리의식은 인간만이 지니고 있음은 주지의 사실이다. 그래서 사람다운 윤리의식이 형성되는 과정을 지각에 의존하여 생리학적·생물학적·물리적으로 분석하는 접근에는 보완해야 할 부분이 있음을 짐작할 수 있다. 따라서 인간 사고思考 현상, 즉 사상思想을 객관적인 지각으로 환원시키려는 접근을 우려하는 주장이 꾸준히 있었다. 일찍이 딜타이W. Dilthey는 1894년 『베를린 아카데미 회보』에 「기술·분석 심리학의 이념」을 게재하여, 자연주의적 심리학에 대한 최초의 비판을 했

39_   Barbu, Z., *Problems of Historical Psychology*, Grove press, 1960, 林喆規 譯, 『歷史心理學』(서울 : 創作과 批評社, 1983), 9쪽.
40_   金仁會·丁淳睦, 『敎育이란 무엇인가-韓國敎育原理의 探索』(서울 : 實學社, 1976), 98쪽.

다.[41] 그는 과학적인 외적 경험과 순수정신적인 내적 경험이 근본적·본질적으로 상이하다고 주장하며,[42] 현상학적 심리학의 필요성을 제기하였다. 이렇게 대두된 현상학적 심리학은 주관적 경험을 강조하기 때문에, 인간이 외부 자극과 무의식적 본능에 의해 조정 당하는 것으로 보지 않는다.[43] 특히 현상학적 심리학을 발전시킨 후설E. Husserl은 정신과 자연물체 사이에 신체와 영혼이 자리를 잡고 있다고 보았다.[44] 이러한 현상학적 심리학이 심리학의 한 영역으로 명백히 자리를 잡은 것은 근대과학적 접근에 대한 반론이 심리학계에서 동의 받은 결과이다.

이와는 다른 측면에서 딜타이를 계승한 슈프랑거는 인간의 존재구조를 세 가지 층으로 나누어 신체적(생물학적)·심의적(심리학적)인 것과 구별되는 초개인적 정신 작용이 있다고 보았다.[45] 그는 인간이 신적神的인 것에서 유래하는 절대적·초월적·영원적인 것을 규범의 형식으로 의식적·능동적으로 자기 안에 받아들이지 않는다면 인간은 자기를 확대하고 심화시킬 수 없다고 보았다.[46]

근래에는 자연과학을 선도하던 석학들이 근대과학적 접근의 한계를 자인하고, 인간발달의 초월성에 주목하였다. 이러한 동향으로 신과학(New Science)이 대두되어 자연과학적 세계관의 탈피를 모색하였다. 신과학을 이끈 학자로는 프리고진I. Prigogine[47]과 에클스, 그리고 전일론(holism)[48]을 체

41_ Husserl, E., *Phänomenologische Psychologie*, vorlesungen sommersemester 1925, Martinus Nijhoff, 1968, 申午鉉 譯, 『현상학적 심리학 강의 – 후설의 현상학적 심리학』(서울 : 民音社, 1992), 65쪽.

42_ 위의 책, 70쪽.

43_ Atkinson, R. L., Atkinson, R. C., and Hilgard, E. R., *Introduction to Psychology*, 1983, 李勳求 譯, 『現代心理學槪論』(서울 : 正民社, 1987), 23쪽.

44_ Husserl, E., 앞의 책, 16쪽.

45_ 韓基彦, 『教育原理 – 教育哲學槪說』(서울 : 博英社, 1982), 317쪽.

46_ 위의 책, 321쪽.

47_ Prigogine, I. & Stengers, I., *Order out of Chaos*, 신국조 역, 『혼돈으로부터의 질서 – 인간과 자연의 새로운 대화』(서울 : 고려원미디어, 1993).

계화시킨 베이트슨G. Bateson이 제시될 수 있다. 특히 이 동향의 선도에 있는 것으로 알려진 카프라F. Capra는 자신의 생활과 작업이 초개인적(transpersonal) 대상과 사회적 대상을 향한 의식의 확장에 의해서 강력한 영향을 받았다고 하였다.[49] 그런데 그가 말한 초개인적 대상을 향한 의식의 확장이라는 것은 다름 아닌 동양의 신비적 전통과 영성에 대한 관심을 말하는 것이고, 사회적 대상을 향한 의식의 확장이라는 것은 생물학적 존재가 아닌 윤리적 존재로서의 인간에 대한 관심을 의미한다.

이러한 신과학은 매슬로우A. H. Maslow의 지도 아래 인본주의심리학자들이 인간에 내재한 잠재력을 인정하는 단계로 발전했으며, 수많은 정신요법과 신체작업(bodywork)학파를 출현하게 하였다.[50] 이들을 집단적으로 인간잠재력운동(human potential movement)이라고 부르며, 이 운동의 결과로 1968년에 매슬로우와 여러 학자들이 초개인적 심리학(transpersonal psychology)파를 창설하기에 이르렀다.[51] 이처럼 사회과학에서 확고한 위치를 차지하고 있는 인본주의심리학은 신비스러운 경험과 관련을 맺어 왔다.[52] 또한 위와 같은 연구성과가 결집되어, 한때 거짓이나 망상으로 간주되었던 신기한 경험이나 능력이 이제는 초심리학(parapsychology) 분야에 속하게 되었으며 초감각적인 인식과 같은 체험을 연구할 수 있는 기반이 마련되었다.[53]

다른 한편으로, 프롬은 아카데믹한 학문은 자연과학적 방법 및 계량, 계

48_ 전일론(holism)은 전체론으로도 번역되며, 신과학 분야에서 전일적(holistic)이라는 표현으로 자주 사용된다. 이는 부분의 질서정연한 집단화로 만들어 내는 자연의 성향으로 독립된 부분에는 존재하지 않거나 거기서는 우러나지 않는 성질을 가진 복합적인 전체를 가리킨다(Bateson, G. & Bateson, M. C., *Angels Fear*, 홍동선 역, 『마음과 물질의 대화』(서울 : 고려원미디어, 1993), 282쪽].

49_ Capra, F., *Uncommon Wisdom*, New York : Simon and Schuster, Inc., 1988, 洪東善 譯, 『탁월한 智慧－비범한 인물들과의 대화』(서울 : 汎洋社 出版部, 1989), 13쪽.

50_ 위의 책, 120쪽.

51_ 위의 책, 121쪽.

52_ Atkinson, R. L., Atkinson, R. C., and Hilgard, E. R., 앞의 책, 24쪽.

53_ Hawkins, D. R., *Power Vs Force*, 이종수 역, 『의식혁명』(서울 : 한문화, 1997), 241쪽.

수의 실험적인 방법을 배워 온갖 문제를 다루었으나 영혼의 문제만은 제외하였다고 비판하며,[54] 영혼의 의사(physicians of the soul)로서의 정신분석가를 제시하였다.[55] 이런 관점에서 글래서W. Glasser가 창안한 심리치료요법인 현실요법(reality therapy)을 인간으로 하여금 자기 자신의 욕구를 바탕으로 세계를 지각하고 내적 세계를 창조하여 보다 나은 삶을 창조해 나가는 능동적인 존재로 이끄는 것으로 해석한다면,[56] 이것은 초월적 윤리의식 발달과 관련이 있다고 볼 수 있다. 이밖에도 정신과 의사인 호킨스는 1965년부터 1994년까지 약 20년에 걸친 연구와 수천 명의 피험자를 대상으로 한 실험결과를 근거로 인간에게 표면의식의 힘보다 강한 눈에 보이지 않는 잠재력[57]이 있음을 주장하였다. 그는 이 잠재력의 최고 수준을 진아眞我(Self)와 의식意識과 신성神性이 하나로 동일시된 깨달음의 단계라고 하였는 바,[58] 이것 역시 지각을 초월한 윤리의식 상태를 말한 것이다.

위의 연구들은 근대과학이 설명하지 못하는 인간 사고思考 현상을 구명하고자 하는 탐색이라는 점에서 공통적이다. 이러한 탐색은 의식과 자아의식이 생성되는 신비로운 과정에 대하여 물리과학적인 설명이 불가능하고,[59] 인간 정신에는 근대과학의 안목에서 유추될 수 없는 영역이 있음을 나타낸다. 서양철학에서도 이러한 문제가 꾸준히 탐색되었다. 고대 희랍에서 플라톤Plato은 인간의 본질이 지각과 구별되는 내면에 있는 것으로 보았고, 이러한 추론은 그 이후로도 지속적으로 제기되었다. 기독교철학을 체계화시키

54_ Fromm, E., 앞의 책, 12쪽.

55_ 위의 책, 79~116쪽.

56_ 李啓鶴, 「현실요법의 道德敎育的 考察」, 한국정신문화연구원 편, 『정신문화연구』 통권 제38호(성남 : 한국정신문화연구원, 1990), 203쪽.

57_ Hawkins, D. R., 앞의 책, 125쪽.

58_ 위의 책, 88쪽.

59_ Eccles, J. C., 앞의 책, 12쪽.

는 데 공헌한 교부철학자인 아우구스티누스A. Augustinus는 자신의 체험을 바탕으로 인간과 신을 마찬가지로 해석하였다. 즉, 그는 자신의 욕정, 육욕肉慾, 향기의 매력, 귀의 즐거움, 색채의 여왕, 육체의 문門을 통렬히 반성한 다음에, 자신의 안에 계시며 어디에나 계시는 주님을 느끼게 되었다고 고백하였다.[60] 이와 같이 지각을 경계하며 각성을 중시하는 사유가 표현방식과 내용만 달리 하며 이어졌다. 이처럼 서구에서 지각의 속박을 벗어나는 초월성에 대한 지속적인 관심이 있었음에도 불구하고, 윤리의식의 초월성에 관한 탐구 전통은 아마도 서양보다는 동양이 앞서는 것 같다.

그러한 대표적인 예로서, 성리학性理學의 중심 인물인 주자朱子는 "관官은 주관主管한다는 뜻이고 귀는 듣는 것을 주관하고 눈은 보는 것을 주관하지만 생각할 수 없기에 외물에 가리워지게 되며 마음이 계思를 주관한다"[61]고 하였다. 또한 "욕망欲望은 입·코·귀·눈 그리고 사지가 바라는 것을 말하며, 이것이 사람들에게 없을 수 없는 것이라고 하지만, 많아서 절제하지 못한다면 그의 본심을 잃지 않을 사람은 없을 것이다"[62]라고 하였다. 그리고 "감각하는 것이 외물에 이끌려서 자신을 돌이킬 수 없으면 천리天理가 없어지게 된다"[63]고 하였다. 이처럼 감각적 욕망欲望을 경계하는 유가儒家의 말씀은 주자朱子의 문구 이외에도 도처에서 확인이 가능하다. 예컨대『논어論語』의 시잠視箴·청잠聽箴·언잠言箴·동잠動箴,『맹자孟子』의 과욕寡欲과 구방심求放心,『대학大學』의 격물치지格物致知,『심경心經』의 신독愼獨·한사존성閑邪存誠·알인욕遏人欲은 지각에 의한 욕망欲望의 절제와 관계가 있다.

이러한 관점에서 보면, 맹자孟子가 "마음을 기르는 데는 욕망欲望을 줄이

60_ Augustinus, A., 김병호 역,『고백록』(서울 : 집문당, 1991).

61_ 程敏政,『心經附註』, 石堂傳統文化研究院 譯,『國譯心經』(부산 : 東亞大學校出判部, 1987), 124쪽.

62_ 위의 책, 134쪽.

63_ 위의 책, 90쪽.

는 것보다 더 좋은 방법이 없다"[64]고 하신 말씀의 윤리적 의미가 새롭게 다가온다. 또한 맹자孟子의 이 말씀은 순자荀子가 '마음은 오관五官을 다스리는 천군天君이기에 형체의 임금이고 신명神明의 주체가 되는 것'[65]이라고 하신 말씀과 무관하다고 생각되지 않는다. 퇴계退溪와 율곡栗谷에 있어서도 이와 같은 주장이 있다. 퇴계의 가르침을 감성적 인격이 이성적 인격으로 그 격이 올라가는, 즉 물격物格이 인격人格이 되는 길로서 해석한 견해가 있다.[66] 또한 율곡栗谷의 『격몽요결擊夢要訣』을 비롯하여 유가儒家의 수신서에 기술된 구룡九容과 구사九思는 근대심리학의 입장에서 도저히 납득하기 힘든 내용이 많은데, 이를 오관五官에 연결된 인욕人欲의 절제[67]와 관련시키면 이해의 틈이 넓어진다.

위에서 살펴본 유가儒家의 가르침은 사람됨의 근본이 외물이 유발하는 물욕物欲에 흔들리지 않도록 수양할 것을 강조하고, 지각에 동요되지 않는 마음의 함양을 강조하고 있는 것이다. 이 점은 도가道家에 있어서도 마찬가지인 것 같다. 노자老子의 『도덕경道德經』 1장一章에 나오는 "상무욕이관기묘常無欲以觀其妙 상유욕이관기요常有欲以觀其徼"를 "늘 무욕無欲함[道]으로써 세상의 오묘한 이치를 깨닫고 늘 유욕有欲함으로써 현상세계를 보게 된다."고 해석한다면, 이 때의 도道는 지각의 속박을 초월한 무욕無欲이라고 볼 수 있다. 이렇게 본다면 『도덕경道德經』은 초월적 윤리의식에 관한 가르침을 담고 있는 경전이라고 볼 수 있다. 이러한 해석의 근거는 52장五十二章에서 "그 구멍, 즉 이목구비耳目口鼻를 통한 욕망을 막고, 그 정욕이라는 문을 닫으면 몸

64_ 孟子, 卷四, 養心 莫善於寡慾.

65_ 程敏政, 앞의 책, 124쪽.

66_ 孫仁銖, 『韓國敎育文化의 理解』(서울 : 培英社, 1988), 22쪽.

67_ 한국인의 전통적인 父性 역시 五感의 절제와 관련이 있고, 반면에 母性은 마음의 열림과 관계된 것으로 보인다.

이 다하기까지 고단하지 않은데, 그 구멍을 열어 욕망을 충족시키는 일을 계속하면 몸이 다하기까지 구원받지 못한다."[68]고 쓴 문구에서 확인된다. 이 말씀을 통하여 오관과 감각기능에 종속하는 지각과는 판이하게 다른 마음의 지각, 요컨대 심각心覺이라는 도道를 상정해 볼 수 있다. 그래서 그런지 노자老子는 『도덕경道德經』 14장十四章에서 도道의 특성을 오관五官과 분리시켜 "시지불견視之不見 청지불문聽之不聞 박지부득搏之不得(보아도 보이지 않고 들어도 들리지 않고 잡으려 하나 잡을 수 없는)"이라고 설명했다. 또한, 노자老子에 대한 주석서로 볼 수 있는 『장자莊子』 역시 이 같은 방식의 해석이 가능하다. 즉, 내칠편內七篇 가운데 소요유편逍遙游篇은 지각의 속박으로부터 해방된 절대자유의 세계를 말하고, 양생주편養生主篇은 진정으로 길러야 할 삶의 주체는 지각을 초월한 인격에 달려 있음을 말하는 것으로 볼 수 있다. 그래서 내칠편內七篇의 종결인 대종사편大宗師篇에서 자기라는 아집을 잊고至人無己, 이룩한 공로에 대하여 집착을 않고神人無功, 그에 따른 명예에 대한 집착을 잊음을聖人無名 말씀한 것 같다. 그러기에 "지금 나의 마음은 나의 육신을 잊었다"[69]고 말씀하신 것으로 보인다.

이상의 논의에 따르면, 무속과 동양의 고등종교는 모두 오관五官의 지배를 받지 않는 초월적 윤리의식의 형성을 강조하였음이 동일하다. 비록 그 지향하는 바가 확연히 다르지만, 동양의 고등종교들은 한국문화 속에서 전승되어 온 무속과 공유하는 면이 있다. 다만 이들 간에 차이가 있다면, 무당은 죽음에 버금 가는 신병이라는 위기 속에서 자기도 모르는 사이에 돈오적으로 지각의 속박을 탈피하여 초월적으로 윤리의식을 형성한 반면에, 동양고등종교의 고전에서는 수양함을 통하여 지각을 경계하고 초월적 윤리의식

68_ 老子, 『道德經』, 盧台俊 譯解(서울 : 弘新文化社, 1994), 176面 : 塞其兌閉其門 終身不勤 開其兌濟其事 終身不救.

69_ 莊子, 송찬우 역, 『莊子禪解』(서울 : 도서출판 세계사, 1991), 54쪽.

을 함양할 것을 강조하였다고 볼 수 있다.

5. 무속사상의 윤리적 의의

이상에서 인간 사고의 현상은 지각만으로 온전하게 설명될 수 없으며 '고전적·신비주의적인 내면성'[70]을 비교적 잘 간직하고 있는 무속사상을 통하여 설명되는 실존적, 초월적 영역이 있음을 살펴보았다. 오늘날 적지 않은 서구 학자들이 무속사상에 관심을 보이는 것은 이러한 점을 나타내며, 그 한 가지 예로서 단군의 홍익인간 정신에 대한 관심이 서구에서 고조되는 것이 제시될 수 있다.[71]

이를 고려하면, 무속은 고등종교 관점에서 홀시할 영역이 아니라 한국 문화가 세계문화에 기여하는 방향을 모색할 수 있는 중요한 자원이다. 서양이 우리에게 관심을 기울이는 것은 독립된 개체로서 사는 법을 배우기 위한 것이 아니라 더불어 사는 윤리의식을 배우기 위한 것이기 때문이다.

이와 관련하여, 프롬E. Fromm은 현대인을 한 껍질 벗긴다면 개인화된 원시종교 형태의 몇 가지 점이 드러남을 이미 지적하였다.[72] 그에 따르면, 한국에 산재하고 있는 여러 사상과 종교의 기저에는 무속이 있다. 한국무속은 기층문화 내지 민간신앙으로 우리의 문화적·언어적·종교적·예술적 삶

70_ Cox, H., *The Seduction of the Spirit*, 馬慶一 譯, 『民衆의 宗教』(서울 : 展望社, 1980), 5~6쪽.
71_ 단군의 홍익인간 정신을 바탕으로 저술됐다는 〈닐 도널드 월시〉의 『신과 나눈 이야기』는 미국 뉴욕 타임스에 114주 연속 베스트셀러에 올랐고 20여 개 언어로 번역되었다. 그는 이 책이 다름아닌 한국의 홍익정신의 해설서라고 단적으로 말했는데, 현재 그를 연구하는 스터디그룹이 전세계적으로 270여 개나 있다 (「홍익인간은 동서양 아우르는 인류사상」, 『한국일보』, 1999. 8. 25, 30판, 16면).
72_ Fromm, E., *Psychoanalysis and Religion*, New Haven : Yale University Press, 1971, 朴根遠 譯, 『精神分析과 宗教』(서울 : 展望社, 1979), 40쪽.

에 지대한 영향을 미쳐 왔다. 그래서 이부영은 한국무속을 통하여 한국인의 정신을 분석하였고,[73] 김영애는 한국무속이 한국인의 영성에 존재해 오고 있으며 무속이 한국문화의 핵심적 정신이라고 보았다.[74] 그리고 이계학은 이능화의 『조선무속고朝鮮巫俗考』, 신채호의 『조선상고사朝鮮上古史』, 최남선의 「불함문화론不咸文化論」이 함축하는 한국무속의 교육적 의의를 종합적으로 밝혔다.[75] 심지어 콕스H. Cox는 현대 한국사회에서 고등종교를 믿는 사람들에게 무속적 심성이 있음을 논하였다.[76] 콕스에 의하면, 한국무속의 신들림은 현대 한국인의 원초적 신앙심이다. 그는 예수 그리스도께서 "새 포도주는 새 부대에 담아야 한다."하신 그 유명한 말씀을 뒤집어 '매우 오래된 원초적 영성의 술(한국무교), 즉 옛 포도주를 그들(한국인들)이 짜 만들려 시도하는 새 부대(한국기독교)에 넣는 것'[77]이라는 비유로서 한국기독교를 무교적이라고 해석하였고, 또한 한국인들이 기독교의 신을 부르는 하나님이란 말은 기독교의 신이기도 하지만 기독교 전래 이전부터 한국무교가 섬기는 최고 신을 가리키는 말이라고 보았다.[78] 함병춘 역시 한국인의 세계관·가족생활주기·사회·사회적 삶이 모두 한국무속과 관련이 있다고 보았다.[79]

73_ 이부영, 「입무과정의 몇 가지 특징에 대한 분석심리학적고찰」, 한국문화인류학회 편, 『한국문화인류학』 2호, 1969; 이부영·이철규·장환일, 「토속신앙과 관련된 정신장애 三例의 분석」, 한국문화인류학회 편, 『한국문화인류학』 3호, 1970; 이부영, 「한국적 인간관계에 나타난 무속적 요소」, 한국문화인류학회 편, 『한국문화인류학』 11호, 1979.

74_ Kim, Young Ae, "Han : from brokenness to wholeness", *A Dissertation Presented to the Faculty of the School of Theology at Claremont*, 1991, p.141.

75_ 李啓鶴, 「韓國人의 傳統家庭敎育思想에 관한 考察」, 한국정신문화연구원·한국학술진흥재단·하와이대학 공동주최 제1회 환태평양한국학국제학술대회, 1992; 李啓鶴, 앞의 논문(1994).

76_ Cox, H. *Fire from Heaven – The Rise of Pentecostal Spirituality and the Reshaping of Religion in the Twenty-first Century*, Massachusetts : Addison-Wesley Publishing Co., Inc., 1995; 유지황 역, 『영성·음악·여성 – 21세기 종교와 성령운동』(서울 : 동연, 1998).

77_ 위의 책, 338쪽.

78_ 위의 책, 317~318쪽.

79_ Hahm, Pyong-Choon, "Shamanism and the korean world-view, family life-cycle, society and social life", Guisso, R. W. I. and Yu, Chai-Shin. eds., *Shamanism : The Spirit World of Korea*, Berkeley : Asian

그는 한국인의 결혼과 출산, 친족과 혈연적 유대, 인간성, 감정과 행위규범, 자살, 정직, 자아의 연속성, 죽음을 비롯하여, 심지어 한국인의 정치, 충성, 민주주의와 공산주의까지도 한국무속을 통하여 설명하였다. 또한 서구문화의 기본적인 가정들 가운데 많은 것들은 한국무속의 세계관에 있는 대응물을 포함하고 있지 않다고 보았다.[80] 이들의 주장은 한국무속이 한국문화의 원형이라는 의견에서 한 걸음 더 나아가, 현대 한국인의 윤리의식에 무속의 요소가 있다는 평가라고 하겠다.

실제로 현대 한국인의 삶을 살펴보면 한국무속의 요소를 확인할 수 있다. 한국인은 평상시에는 무속에 무관심하지만, 삶의 마디나 고비에 마주치면 토속신을 거론하는 경우가 많다. 동서양의 고등종교를 독실히 믿는 사람들도 제 자손의 출생에 마주쳐선 삶신神 할머니와 태몽을 거론하고, 새 집을 지어 상량식을 하거나 이사할 때는 토지신과 성주신에 예를 갖춰야 마음이 편하다. 묏자리를 정할 때는 조상신이 자신이나 후손에게 미칠 길흉을 고려하는 경향이 있다. 또한 연령과 계층에 상관없이, 귀신을 쫓고 복을 가져온다는 부적이나 상징물을 소중하게 간직하는 경우가 많다. 그리고 때마다 성묘 및 제사와 차례를 지내 조상신을 추모한다. 심지어 공적인 측면에서 첨단과학의 산물인 인공위성을 발사하는 역사적 순간이나 공공(교육연구)기관에 불운이 연이으면, 주일마다 섬기는 유일신을 망각한 채 고사상을 차려놓고 여러 신령님께 정성껏 치성을 드리는 것이 한국인에게서 지우기 힘든 무속적 심성이요 무속적 윤리의식이다. 망자를 천도한다는 지노귀와 위령제에서 무당이 거침없이 하는 신탁神託(공수)에 대하여 무속을 잘 모르는 한국인이 항의하거나 불쾌함을 나타내기보다는 이를 수용하고 심지어 오열

Humanities Press, 1988, pp.60~97.
80_ Ibid., p. 60.

로써 반응하는 모습을 보면, 한국인에게 무속적 의식이 공통적이라는 것을 부인하기 힘들다.

물론 이러한 현대 한국인의 모습이 전적으로 무속적 특징만을 나타내는 것은 아니다. 여기에는 무속 이외에 유교, 불교, 도교의 정서도 서려 있다. 그렇지만 한국인에게 있어서 이러한 고등종교 내지 철학 역시 무속과 무관한 것은 없다. 한국에서 무속과 고등종교의 관계는 '레비-스트로쓰C. Lévi-Strauss가 종교와 주술을 일란성 쌍생아로 생각한 것과 또한 루쏘J. Rousseau나 라깡J. Lacan이 주술을 종교의 닮은 타자로 표현한 것'[81]_과 유사한 관계가 있다. 그렇기에 한국인은 표면적으로는 무속을 미신으로 치부해 버리는 경우가 많지만, 절박한 상황에 마주쳐선 경신敬神하는 앞뒤가 맞지 않는 윤리의식을 지니고 있다. 비록 경제적 효율성과 합리성을 중시하는 입장에서 여러 신을 모시는 무당이란 직업지위를 천시하는 경우가 있지만, 한국무속에 대한 한국인의 인식은 강약과 의식 여부의 차이만 있는 것 같다. 즉, 한국인과 신은 미분화(chaos) 상태에 있다고 볼 수 있다.[82]_ 이를 융의 무의식 개념으로 설명해 본다면, 한국인에게는 무속신의 원형이 내재해 있다고 하겠다. 합리적 이성과 개인주의가 존중되는 서구와 다르게 우리 사회에서 다양한 종교가 쉽게 포교될 수 있는 한 가지 이유는 한국인의 이러한 윤리의식에서 찾을 수 있겠다.

이러한 무속적 특징을 어느 누구도 한국인에게 강요하거나 주입하지 않았으나 무문화의 영향을 받으며 성장하는 가운데 지니게 된 것이라 할 수 있다. 한국인은 국가 및 사회 수준에서 무속을 가르치려는 관심과 의도가 없었음에도 불구하고 형식적인 가르침 없이 은연중에 무속적 윤리의식을

81_ 金炳孝, 『構造主義의 思惟體系와 思想-레비-스트로쓰, 라깡, 푸꼬, 알뛰쎄르에 관한 硏究』(『현대프랑스철학총서』 3, 서울 : 도서출판 인간사랑, 1994), 164쪽.

82_ 尙基淑, 尙基淑, 「巫占의 實態」, 民俗學會 編, 『巫俗信仰』(서울 : 敎文社, 1989), 188쪽.

한국문화 속에서 지니게 된 것이다. 이것이 한국인이 고난을 승화시키는 강한 잠재력이며, 세계 어느 나라에서도 유래를 찾기 힘든 촛불시위나 붉은악마의 원동력으로 작용하고 있다고 하겠다. 우리의 열악한 산업현장에서 근로자를 신들리게 만드는 것 역시 서구에서 찾을 수 없고 제시할 수 없는 우리만의 고유한 신바람인 것이다.[83]

이것은 사람의 사고가 문화마다 고유하다는 여러 학문 분야의 연구결과로부터 이론적으로 유추가 가능하다. 문화심리학에서는 인간 의식의 과정이 전 세계의 여러 문화권에서 동일하지 않다는 기본전제를 하고, 각 사회에서 사람들은 독특한 세계관을 갖고 있으며 이러한 세계관은 사고하는 방식 등의 인지적 기능에 결정적인 영향을 미친다고 본다.[84] 또한 문화인류학에서는 문화의 내용이 정서적인 것이고 이 정서가 인간의 사고와 행동을 강하게 지배한다는 것이 기본 가정처럼 되어 왔다.[85] 마찬가지로 교육학 분야에서도 한 문화권에는 그 문화권에 속한 사람들에게 보편적으로 부과되는 문화학습의 내용이 있고, 이 공통된 문화학습의 내용은 그 문화권에 속한 사람들의 인간됨, 또는 정서라는 마음의 결을 크게 결정한다고 본다.[86] 이 밖에도 국내의 철학, 문화인류학, 민속학이나 사회학 분야에서도 사람의 심성이 각각의 문화에서 차이가 나는 것을 구명하고자 하는 노력이 있었다. 그렇지만 이를 밝히기에 충분한 실태자료를 축적하고 있지 못하다. 그래서 한국문화에 주목하는 인간 내면 관련 연구는 대체로 현재까지도 철학적 담론의 상태에 머무르고 있는 실정이다. 그 결과 한국인의 윤리의식을 설명 ·

83_ 이면우, 『W이론을 만들자』(서울 : 지식산업사, 1997).

84_ Shweder, R. A., *Thinking through Cultures : Expeditions in Cultural Psychology*, Harvard University Press, 1991; 金義哲 · 朴榮信 譯, 『문화와 사고』(서울 : 교육과학사, 1997), 5쪽, 10쪽.

85_ 李烘雨, 『敎育의 目的과 觀點』(서울 : 敎育科學社, 1992), 189쪽.

86_ 위의 책.

분석·교육하는 데 있어서, 지금도 서구에서 도출된 학문적 결실을 대체로 여과 없이 수용하여 응용에 전념할 수밖에 없는 상태에 있다.

그렇지만 이상의 논의를 고려하면, 현대 한국사회의 윤리적 병폐를 "선진국에서는 이런데 우리는 그렇지 못하다."라는 방식으로 비하할 필요가 없다. 그 대신에 우리에게 고유한 무속사상을 연구하여 한국인에게 고유한 윤리적 사고의 특징과 패턴을 세부적으로 밝혀낼 필요가 있다. 에클스가 말한 것처럼, 사람의 정신이란 상상을 초월하는 방식으로 문화적 형판에 의해서 조건 지어지는 것이기에,[87] 무속사상에서 도출되는 윤리적 단서와 원리는 현대 한국사회의 윤리를 향상시키는 의의를 지니고 있다.

87_ Eccles, J. C., 앞의 책, 321쪽.

샤머니즘에서 본 한국인의 영성靈性과 윤리

박일영
가톨릭대학교 교수

1. 종교성과 영성

영성靈性(spirituality)내지 종교성宗敎性(religiosity)은 인생의 제반諸般 문제에 대하여 궁극적窮極的인 해답을 추구하고자 하는 인간 성품性品(human quality) 의 발로라고 규정할 수 있다. 말을 바꾸면, 인간 완성을 향한 정신적 가능성 이라고 할 수도 있겠다. 그렇지만 "영성 혹은 종교성은 바로 이것이다"라고 한마디로 명쾌하게 말할 수 있을 만큼 고정불변의 정체된 모습으로 나타나 는 것이 아니다. 초월超越과 신성神性에 대한 경험은 특정문화권 안에서 생 활하는 사람들의 공통되는 종교성을 결정하지만, 또 한편 이 종교심은 겉으 로는 여러 모양의 신앙형태를 통하여 다양하게 표출되고 있다.

오늘날 종교학자들은 종교와 종교성의 문제를 논하면서 현대인은 "종교 없는 종교성"을 지닌 존재들이라고 하기도 한다. 한국인의 영성 내지 종교성도 예외가 아니다. 한국 종교사 전체를 통하여 다양한 종교적 성향이나 내용들이 복합적으로 수용되고 변용(acculturation) 하면서 상호작용을 거듭하여 오늘의 모습으로 이루어져 온 것이다.

인간은 누구나 어떤 형태로든지 종교적이라고 한다. 스스로 종교가 있다고 하던, 없다고 하던 간에 겉에 나타난 모습이나 눈에 보이는 태도만을 기준으로 종교적인가 아닌가는 판별할 수 없는 셈이다. 그러므로 누군가가 '종교적'인가 아닌가는 그 사람이 어느 종파에 속하는지, 어느 교단의 신도인지에 따라서 구별되는 것은 아니다. 루돌프 오토Rudolf Otto를 위시하여 많은 종교학자들이 말하는 바대로, 인간이면 누구나 다 어떤 커다란 성스러움 [독. das Heilige, numinosum]에 대하여 매혹(fascinosum)과 전율(tremendum)을 느끼는 법이다. 이러한 마음가짐(독. Gesinnung)은 인위적으로 후천적으로 배워서 되는 것이 아니라 인간의 마음에 태어나면서부터 각인되는 심성이라고 말할 수 있다.

이러한 종교적인 영성은 인간생활의 정신적인 바탕을 이룬다. 이런 의미에서는 종교 일반 내지 특정한 종교성이라는 사실은 인위적으로 만들어낸 문화 현상이 아니라, 인간이 원초적으로 가지고 있는 종교심의 발로라고할 수 있다. 그러한 맥락에서라면 굳이 한국인의 영성과 외국인의 영성을 구별할 이유가 없겠다. 그렇다면 한국인의 종교성을 말하고자 하는 논지는, 보편적인 종교성이 한국 사람에게는 어떻게 드러나고 있는가를 살피는 셈이다. 한국인은 한국인으로서 타고난 성향이 있어서 이러한 마음의 틀을 가지고 개별 종교들을 수용하고 실천하게 된다.

2. 샤머니즘의 영성

한국인의 종교적 마음씨가 갖추고 있는 기본 틀은 샤머니즘shamanism이다. 인간은 문화, 예술, 종교를 통하여 자연과 혼연일체가 됨으로써 결과적으로 신령神靈과 인간이 융합하여 만사형통하고 소원성취를 함으로써 복을 받고 '재수'를 누린다는 사상이 샤머니즘적인 종교성의 밑바탕에 깔려 있다. 한국의 샤머니즘 신앙은 외래종교와의 교섭관계 속에서 융합하는 특징을 나타내 보인다. 그리하여 불교, 유교, 도교 등의 외래종교들로부터 형식이나 신화神話를 모방하여 샤머니즘을 체계화시켜 나아갔다.

한편으로 한국에 들어온 불교나 유교도 샤머니즘적인 종교성을 자기들의 신앙체계 안에 받아들였다. 불교 사찰 안에 산신각을 짓게 된 이유는 샤머니즘 신앙을 수용했기 때문이라고 한다. 유교 제사에서 떡을 중시하는 태도는 샤머니즘 의례를 가미했기 때문이다. 최근에는 샤머니즘과 그리스도교의 관계가 자주 논의의 대상이 되고 있다. 그리스도교 측에서는 한편으로 샤머니즘을 미개한 신앙 형태로 단정하고 타파해야 할 대상으로 간주한다. 또 다른 한편에서는 한국의 고유한 종교문화의 모태母胎(matrix)로 존중하고 간직해야한다고 주장한다.

샤머니즘의 세계 내에서도 사정은 엇비슷하다. 한 쪽에서는 그리스도인들에 대하여 심한 적대감과 피해의식을 드러내 보이면서도, 다른 한 편에서는 그리스도교적인 요소들을 샤머니즘 안에 받아들인다. 예수를 한恨 많은 원신怨神으로 받드는 태도 같은 것을 대표적인 예로 들 수 있다. 샤머니즘 신앙이 때로는 외래 고등종교와 습합하고, 때로는 멸시를 당하면서도, 한국 종교사의 전체 구도 속에서 볼 때 상호 보완적인 기능을 담당해온 것으로 보인다. 시대의 흐름을 타고 엘리트를 중심으로 부침을 거듭하여 온 외래종교에 맞서서 그 명운을 꾸준히 이어온 샤머니즘을 위시한 민간신앙 안에서 바로 한국인 종교성의 진술한 모습이 가장 선명하게 발견된다.

한국인의 종교성을 드러내는 주요 신앙 내용은 점복占卜에서도 그 일단을 볼 수 있다. 물론 샤머니즘 의례를 거행하는 중이거나 그 준비 단계에서도 점복이 이루어지지만, 샤머니즘과는 상관없이 독립적으로 시행되는 경우도 많다. 민간에서는 다양한 점법들이 사용되고 있다. 자연현상이라든가 인생사 전반에 관한 일들이 해몽, 택일, 풍수 등에 의해 점쳐진다. 그리하여 점복의 종류도 다양하다. 자연현상을 관찰하는 점, 특정 인물이 지닌 특징이나 꿈 등에 의한 점 그리고 인체나 기물器物에 신령이 직접 길흉화복吉凶禍福을 알려주는 신점神占이 있으며, 그 밖에도 줄다리기 등의 승부를 겨루어 소속 집단의 길흉이나 농사의 풍흉을 점치는 승부점勝負占이라든가, 얼굴 생김새나 손 모양 등을 보아 해당 인물의 길흉화복, 수명의 장단, 귀천 여하를 점치는 관상점觀相占이 있다.

마지막으로 작괘점作卦占은 음양오행陰陽五行이나 주역周易을 근거로 수리數理 통계적으로 길흉을 판단하는 점법이다. 우리나라에 가장 널리 유포되어 있는 작괘 점서는 '토정비결土亭秘訣'이다. 한동안 일간지에 발표되고 있는 '베스트셀러, 소설 분야' 1위에 상당 기간 계속하여 '소설 토정비결'이 차지하고 있었다는 사실은 이러한 종류의 점술에 대한 민간의 관심이 오늘날 얼마나 광범위한가를 보여주는 한 단면이다.

천지운도天地運度가 일생을 좌지우지한다는 점복은 대체로 개인의 운명론과 결부되어 있다. 반면에 천지의 기운이 세계와 역사의 흥망성쇠를 결정짓는다는 풍수참위설風水讖緯說은 해당 범위를 넓혀서 씨족집단이나 국가의 명운을 다룬다. 풍수참위의 기본적인 사상도 역시 점복이나 마찬가지로 불안한 미래의 운명을 미리 알아보고 그 원인을 제거함으로써 인생문제의 해결책을 찾으려는 노력이다.

풍수지리설風水地理說은 음양론과 오행설을 기반으로 한다. 여기서 천지는 그 중에서도 특히 땅은 단순히 무생물로서의 물질이 아니라, 살아있는 기[生氣]를 가지고 있는 존재로 인식된다. 그래서 이처럼 "바람[風]에 따라 흩어지기도 하고 물[水]처럼 흐르거나 고이기도 하는 천지의 생기를" 사람이 어떻게 응용하는가에 따라 흉한 일을 피하고 행운을 얻게 된다. 살아있는 사람뿐만 아니라 죽은 사람과 땅의 관계도 중요시한다. 죽은 사람은 땅 속에 묻혀있기 때문에 산 사람보다 오히려 땅의 기운을 더 직접적으로 받아들인다고 본다. 이렇게 죽은 사람이 얻은 생기는 살아있는 후손에게 전해진다고 한다. 그러므로 후손들이 번창하기 위해서는 생기가 모이는 명당자리에 조상의 묘를 정해야 한다는 것이다. 지덕地德과 생기가 충만한 곳을 선별하여 그 힘을 빌림으로써 자자손손 홍성하려는 신앙심의 발로이다.

3. 샤머니즘에 나타난 한국인의 영성

샤머니즘을 통하여 가장 잘 드러나는 한국인의 종교심성은 인간의 일상사를 넘어서는 초인간적인 힘에 귀의함으로써 인간사를 개선하고 치유하며, 발전시키고 완성하자는 제반 기능이 신격화되어 기복양재祈福禳災하려는 모습으로 나타난다. 그것은 인간의 능력과 한계를 넘어서는 문제에 대하여 해답 추구를 더욱 적극적이고 현실적으로 하고자 하는 모습이다. 그렇게 하기 위하여서 비구원非救援의 상황과 정면 대결하기 보다는 삶의 마디마디에 박힌 모순점을 풀어내려는 방법을 동원하게 된다.

우선, 샤머니즘의 종교성을 투사하는 신앙대상을 살펴보면, 초인간적 힘이 형상화形象化된 신앙대상의 모습이 다양하게 나타난다. 이와 같은 대상들을 공동체의 차원에서 받들어 모신다. 개인 본위가 아니라 최소한 가족 단위로 신봉된다. 종교의례를 통하여 공동체가 결속되며, 거기에서 생겨난 연대성을 통하여 소속감을 공유하는 구성원들 사이에 발생하는 사회적인 불안과 갈등을 해소한다. 현실에서 경험하는 가난, 고통, 위험 따위 비구원의 상황이 일종의 '집단치유'의 과정을 거쳐서 구원으로의 도정으로 옮아간다.

그러면서 특정 종교는 다원적인 한국의 종교현상을 토대로 형성된 복합체로 이해하는 포괄적인 종교 경향을 보인다. 그것이 기본적으로는 한민족의 종교심성에서 종교 간에 모순과 갈등을 느끼기 보다는, 여러 종교를 심적인 저항을 별로 느끼지 않으면서 두루 섭렵 내지 전전함으로써, 다다익선의 상호보완과 상승효과를 기대하는 심리로 나타난다.

종교의 궁극적인 관심은 현실적이고 구체적인 형태로 드러난다. 역사의 완성이라는 의미에서 종말론적 구원이라든가, 내세에 대한 적극적인 관심은 드물게 나타나는 반면에 무병장수, 국태민안, 경제안정 등이 바로 종교성이 지향하는 주요 목표가 된다. 종교의 인식은 신을 중심으로 하지 않고 인간 중심이다. 신들은 대부분 인간이 죽어서 되는 존재이며, 신들의 세계도 인간 세상과 다를 바 없이 복잡하게 얽혀 돌아가는, 그러니까 인간세계의 그림자 같은 것으로 파악한다[人陽神陰]. 그리하여 신령과 인간의 통교通交 (communication)를 통하여 신들을 움직여서[感應 내지는 感化시켜서] 지금 여기서 화禍를 면하고 '복福'을 받자[轉禍爲福]는 성향이 강하다. 즉 초인간적인 힘에 의해 결정되는 인간의 운명을 의례를 통하여 인위적으로 조절할 수 있다는 믿음이 바탕을 이루고 있다.

한국은 인류 구원의 시발지이며 중심지이고, 한국인은 선민이라는 자기중심적인 종교성향도 강하다. 특히 한말 이후 격동기에 등장하기 시작한 각종 신흥 종교들에서 이러한 경향이 명백히 드러난다. 민족존망의 위기에 처해서 허탈감과 무력감에 빠져 있는 많은 사람들에게 민족정기의 보존과 자긍심의 계발이 한국인의 강한 종교성향을 토대로 이루어진 측면이라고 해석할 수도 있다.

반면에 초월성과 정신성 그리고 자기부정을 매개로 하는 사회윤리성社會倫理性은 미약하다. 주술에 의존하는 귀신신앙이라든가 운명론적인 체념, 사회윤리의식이 결여된 요행주의나 역사의식의 부족 따위는 한국인의 종교성향이 극복해야 할 부정적인 한계로 지적된다.

다종교 사회인 오늘의 한국 사회에서 특정 외래종교의 가치 체계만으로 고유 신앙을 미신시한다거나, 특정 계층의 논리를 내세워 효율성과 현대화의 장애요소로 간주하여 타파의 대상으로만 여겨온 적이 있다. 그와 같은 태도는 참다운 종교문화의 창출이나 한 사회의 균형 있는 발전에도 전혀 도움이 되지 못했음이 역사를 통해 증명되었다.

오늘날 이질 문화 간의 교류가 더욱 빈번해지고 있는 현실 속에서 독선적인 진리보유권의 주장은 인류사에 가장 잔인하고 처참했던 분쟁이나 전쟁의 대다수가 종교를 빌미로 했었음을 재삼 확인시켜줄 뿐이다. 개별 민족 특유의 종교심성을 바라보고 받아들이는 종교들의, 특히 한국 기성종교들의 각성과 개방성이 더없이 요구되는 시점에 우리는 서 있다.

4. 복의 윤리

무엇이 진정한 복福인가? 국어대사전에 보면, 복이라는 낱말의 뜻을 "큰 행운과 오붓한 행복, 또는 그로 인하여 얻는 기쁨과 즐거움"이라고 풀이해 놓고 있다. 우선, 복이라는 것이 이렇게 행운幸運과 관련된다고 풀이해 놓은 것을 보면, 복이란 인간 혼자만의 힘으로 만들거나 얻는 것이 아니라 인간의 능력을 초월하여 세상을 "움직여가는運" 어떤 존재 내지는 원리에 의하여 주어지고 있음을 뜻한다고 보인다. 덧붙여서, 크고 오붓하다는 묘사는 필요한 것이 빠진다거나 아쉬움이 없이 골고루 갖추어져 있음을 나타낸다고 보겠다.

그러나 구체적으로 "큰 행운"이 무엇이며 "오붓한 행복"은 무엇을 가리키는가 하는 점은 사람마다, 시대 시대마다 아주 다르거나 적어도 그 강조점이 상이하다고 할 수 있다. 다만 복과 관련하여 변하지 않는 공통되는 면이 있다면, 그것은 복이란 것이 인간이 세상을 살아가면서 겪게 되는 즐겁거나 괴로운 다양한 면모를 긍정적으로 또 부정적으로 표현해 준다는 점이다. 항간에서는 배우자를 잘 만나는 것도 복(처복, 남편복)이요, 이가 튼튼하고 눈이 밝은 것도 복이라고 말한다.

복의 개념은 사실상 그 범위가 일정하지도 않고, 그 내용마저도 불분명하다. 그렇지만 복의 범위나 내용이 분명하든지 그렇지 않든지 간에 한국 사람들은 언제나 어디서나 복을 빌면서 살아오고 있다. 우리나라 사람들은 누구든지 간에 복을 비는 가운데 태어나서, 복을 비는 마음으로 자라나고, 복을 비는 여러 가지 수단들 속에 파묻혀 살다가, 복을 비는 마음속에 죽어 간다고 해도 과언이 아니다. 이처럼 복 그 자체나 복을 비는 마음은 한국인의 삶을 움직여가는 추동력이라고 할 수 있다.

복이라는 말의 쓰임새도 매우 다양하다. 먼저, "복이 있다, 복이 찾아온다, 복이 달아난다"라고 말하는가 하면, "복을 받는다, 복을 누린다, 복을 타고 난다"라는 표현도 있다. 또 "복스럽게 생겼다, 복스럽게 먹는다, 복이 많게 보인다"처럼 쓰이기도 한다. 한 편, 신년 정초에 하는 첫 인사말로 "새해 복 많이 받으십시오"가 대표적으로 쓰이는 경우를 보더라도 우리나라 사람들의 생활 속에서 복이 가지는 비중을 잘 알 수 있다.

복이라는 글자가 들어간 한자의 숙어도 헤아릴 수 없이 많다. 전통적으로 흔히 쓰이는 용어들만 몇 개 들어 보더라도 다음과 같다. 복락福樂, 복상福相, 복운福運, 기복祈福, 초복招福, 축복祝福, 음복飮福, 수복壽福, 복덕福德, 화복禍福 등이 있다. 근세 이후 서양 문물을 받아들이면서부터는 서구적 개념의 번역어로서 복음福音, 복지福祉 같은 용어들도 추가되었다.

1970년대 이후에는 산업화에 따른 토지개발 붐을 타고 복덕방福德房을 들락거리며 땅 투기를 일삼는 팔자 좋은(?) 여자들을 지칭하여 복부인福婦人이라고 부르는 신조어가 생겨나기도 하였다. 자금 동원력이 그 정도에 못 이르는 일반 서민들은 각종 복권福券이라도 열심히 사서 "복이 넝쿨째 구르기"를 기대하는 풍경도 언제부터인가 낯설지 않게 되었다.

일상생활 속에 들어있는 복과 관련된 내용들도 허다하다. 의식주를 중심으로 보면, 먼저 의생활과 관련하여서는 갓난아기를 싸주는 강보에서부터 온갖 의복과 침구류에 가장 많이 새기는 글자가 바로 '복'자이다. 특히 장신구에 있어서는 복을 상징하는 글자나 상징물이 많이 쓰인다. 식생활에서는 음식을 장만할 때나 식기류를 장식할 때에 모두 복과 관련된 상징물이 널리 쓰인다. 전통적으로는 복자를 새긴 다식판茶食板이 많이 남아 있고, 오늘날에도 '복떡'을 만들기 위하여 '복'자를 새긴 떡살이 광범위하게 사용되고 있다.

정월 대보름에는 김쌈을 먹고, 복날에는 들깻잎으로 쌈을 해서 먹는 풍습이 있는데, 그것을 모두 '복쌈'이라고 부른다. 정월 초하룻날 새벽에 쌀을 이는 조리를 사면 한 해의 복을 받을 수 있다고 믿는데, 그것을 복조리福笊籬라고 한다. 제사를 마치고나서 제관들이 제사에 사용한 술이나 음식을 나누어 먹는 것을 음복飮福한다고 한다.

주생활에서 살펴보자면 먼저, 각종 가구류에 복을 상징하는 문양들이 자주 새겨진다. 집터나 묘지를 고를 때에도 지덕이 좋은 복지福地를 찾기 위하여 풍수지리설을 따른다. 이사를 하게 되면 방위를 따지고 택일을 하는 것도 역시 복이 있는 집을 찾으려는 마음씨의 발로이다. 전통 민가의 대문에 붙어있는 '소문만복래笑門萬福來'라는 방榜도 우리가 흔히 만나게 되는 복을 비는 표상이다.

이렇게 우리나라 사람이라면 너나 할 것 없이 빌고 있는 것이 복이다. 한국 사람이 그렇게 받으려고 애쓰는 복은 그럼 구체적으로 어떤 내용인가? 한국인의 삶을 들여다보면 그것은 전통적으로 오래 살고, 돈 많이 벌고, 귀하게 되고, 아들을 낳는 것이라고 요약할 수 있다.

우선, 이 세상에서 오래 산다는 것이 복의 첫째 조건이다. '개똥밭에 굴러도 이승이 낫다'라는 민간의 속담이 이러한 현세지상주의를 극명하게 보여준다. 그러다보니 생명 저편의 죽음은 삶을 덮치는 난폭자이다. 죽음뿐만 아니라, 시간마저도 목숨을 야금야금 깎아 먹는 '생명의 좀도둑'이기에 화살처럼 빠르게 흘러간다고 느끼는 것이 '무정세월'이다. 그러니 허송세월을 할 수는 없다는 강박감에 쫓기며 한국인들은 오늘도 '빨리 빨리'를 외치며 바쁘게 살아간다.

다음으로, 돈을 많이 벌어 부자가 되는 것이 한국인들이 생각하는 복의 두 번째 조건이다. 모두가 끼니를 이어가기 어려울 정도로 빈한했던 시절, 한스러운 가난으로부터 벗어나서 여유롭게 이 세상을 살아보고픈 소망의 발로라고 할 수 있다. 고래로 '돈만 있으면 귀신도 부릴 수 있다'느니, '돈이 있으면 개도 멍첨지'라는 속담은 이러한 심정을 잘 대변해 준다. 무슨 수를 쓰든 가난에서 벗어나겠다는 태도는 그 다음 단계에서 할 수 있는 대로 많은 재물을 차지하겠다는 기세로 뻗어 나간다.

아무 것도 가지지 못한 적빈赤貧에 시달리다 이제 형편이 좀 펴게 되면, 빈한했던 시절에 대한 반작용의 심리로 모든 것을 다 가지고 싶어 하는 탐욕이 생겨난다. 아니 현실에서 안 되면 공상으로라도—소설 속에서, 텔레비전 드라마 속에서—모든 것을 두루 다 갖추어 놓고 살고 싶어진다. 이러한 인생관을 일종의 '망라주의' 내지 '구비주의'라고 이름 붙일 수 있겠다. 많으면 많을수록 좋다는 '다다익선多多益善'이란 말은 이러한 맥락에서 우리가 흔하게 듣는 말이다.

이러한 무차별 망라주의網羅主義 내지 구비주의具備主義는 물질세계에 국한되지 않고 신앙의 세계에까지 이르러, 종교적 차원으로 번져가기도 한다. 삼교합일三教合—이니 백교회통百教會通이니 하는 종교혼합주의의 양상도 부분적으로 그와 같은 심정의 발로로 보이거니와, 거국적인 종교행사시에 여러 종교의 성직자들이 돌아가면서 기도나 축원을 하는 경우도 그러한 심성의 반영이라고 보인다. 그럴 권세나 위력이 없는 민중은 자기 스스로 알아서 아무런 마음의 갈등도 없이 —마치 종합비타민 복용하듯— 한 사람이 여러 종교를 동시에 신행信行하는 일이 다반사로 일어난다. 그런 종교관이 우리나라에서 종교인구 조사를 할 때, 항상 총인구수보다 종교 인구수가 더 많이 나오는 이유의 한 가지가 된다.

복에 관한 조건들 가운데에서 세 번째는 귀하게 되고자 하는 마음이다. 아무나 다다를 수 없어서 높고, 어디에나 있는 것이 아니라 드물기에 소중하게 받들어야만 하는 것이 바로 귀한 것이다. 그러므로 귀하게 되기가 쉽지는 않지만, 남다른 노력을 하여 학식을 쌓고 덕을 닦으면 남의 공경을 받는 귀하신 몸이 될 수 있다. 그것이 구체적으로는 입신양명할 수 있는 높은 직위로 표상된다. 이러한 가치기준은 출세지상주의 인생관을 정형화해 놓았다. 그러한 가치관이 한 편으로 '공부해서 출세하겠다'는 한국 사회의 왜곡된 향학열, 교육열로 나타나기도 한다.

오래 살고, 부자가 되고, 귀하게 되는데 이어 아들 낳기를 빎으로써 복은 이제 다음 세대로까지 이어진다. 조상 제사와 족보 제도로 표상되는 부계 중심의 사회구조는 우리 사회에서 아들을 선호하는 중요한 이유가 된다. 그래서 아들을 낳아 다음 세대에까지 나의 가문에서 복을 이어간다는 것은 우리 사회에서 복을 완성하는 최종 조건이다.

이렇게 아들을 바라는 간절한 소망이 민간신앙의 형태로까지 나타난다. 민간에서는 돌부처의 코를 떼어 가루를 내어 먹으면 아들을 낳을 수 있다는 속신俗信이 있어서, 오늘날까지 전국 어디에서나 코가 제대로 남아있는 석불이 드물다. 현대 의학의 발달 덕분에 최근까지 태아 성감별로 이루어지는 여아 낙태의 결과 남녀 아동의 성비율이 심각하게 불균형을 이룬 것도 이와 무관하지 않다.

그러면 어떻게 복을 누리게 되는 것인가? 우리는 '복을 (하늘에) 빈다'고 표현한다. 복을 인간에게 내려 주는 것이 하늘의 뜻에 달려 있기는 하나, 하늘이 인간에게 복을 내려주는 데에는 인간의 역할도 한 몫을 하고 있다고 본 것이다. 즉 인간 행실의 인과응보因果應報에 따라 복을 받기도 하고, 반대로 화禍를 입기도 한다. 그리고 사람들은 복을 곡식처럼 복의 밭[福田]에다 '심고, 기르고, 아낀다.' 복은 이렇듯 복을 심고, 기르고, 아끼는 사람의 행실과 성품에 무관하지 않다고 보는 것이다.

그러면 복을 누리리라고 기대되는 사람의 행실과 성품은 어떤 것인가? "고진감래苦盡甘來" 또는 "고생 끝에 낙이 있다"라는 경구라든가, "지성至誠이면 감천感天"이라는 표현들은 모두 '찰나주의'라든지 퇴폐, 향락에 물들기를 경계하고 금욕적이고 자기절제적인 덕목을 지킬 것을 강조하고 있다. 이렇게 훗날 얻게 될 복락福樂을 위해서 지금 요구되는 것은 극진한 정성精誠이요, 삼가고 근신勤慎함이요, 검소하고 부지런하게, 어진 마음으로 덕을 쌓고 착한 일을 하는 것이다.

보다 더 오래 살고, 보다 더 부자가 되고, 보다 더 높은 지위에 오르고, 꼭 아들을 두겠다는 모습으로 한국 사회에 나타나는 복의 정체는 어떻게 보면 물량주의物量主義의 극치라고 할 수 있다. 그렇기는 하지만 그러한 복을 누리게 되는 원인이 단순히 운명론적으로 정해진 팔자소관이 아니라, 자기 분수를 지키고 절제하는 자세로 덕을 쌓고 착한 일을 많이 한 결과라고 보는 데에서 한국인의 복에 대한 관념 속에는 도덕적, 사회윤리적 차원으로 승화될 수 있는 요소가 다분히 들어있다.

이렇게 복에 대한 공동체적 차원이나 사회윤리적 차원을 간과하고, 그저 건강하여 오래 살고, 어찌 되었건 재산을 많이 모아 나 혼자 즐겁게 사는 것이 막연히 복이라고 여길 때, 자칫하면 향락 위주의 배금주의拜金主義(mammonism)로 흐를 수 있다. 또 오래 살고, 재산을 모으고, 귀하게 되고, 아들을 두는 것이 모두 나와 내 가족, 내 가문이라는 범주에 국한되기에 집안이라는 울타리를 벗어나지 못하는 개인주의 내지 확대된 개인주의로서의 가족 중심주의의 한계를 드러낸다.

그렇게 되면 공동체의식이나 사회의식이 상대적으로 허약한 이기주의의 팽배가 우려된다. 반면에 복 사상이 가지는 긍정적인 가치로는 생명 존중, 현실중시, 강한 성취동기, 가족애 등이 있다. 그것은 자연과의 조화를 중시하고 평화를 사랑하는 한국인의 근본 심성에도 영향을 주었을 것이다. 또한 근대화 과정에서는 한국 사회가 단기간에 이룩한 고도성장의 이면에 이러한 현세적 복을 성취하겠다는 동기가 강하게 작용했다고 보인다.

그러면 근본적으로 종교적인 의미에서 복은 인간의 완성에, 종교적으로 표현하자면 '구원'에 어떠한 의미를 가지는가? 인간은 스스로와 다른 사람의 완성을 위하여 복된 삶을 추구해야 한다. 그러나 인간이 생래적으로 지닌 유한하고 모순된 성품 때문에 '복이 달아난' 고통스럽고 부조리한 결핍의 상황 속에서 살아가야 한다. 이런 때에 어떻게 사는 것이 복을 되돌려받는 삶이 될 것인가? 그것은 우선적으로는 복이 없는 상황, 즉 결핍의 상황인 병들고, 궁핍하고, 비천하고, 고독하고 소외된 환경을 최선을 다하여 개선하는데 투신하는 것이 될 터이다.

특히나 다른 사람들을 위하여 이러한 결핍상황의 개선에 투신하는 것이 영성적이고 정신적 생활을 실천하는 이들에게 요구된다. 이러한 결핍을 극복하는 과정 속에서 복은 되돌아오고, 인간은 완성을 향하여 나아가기 때문이다. 그것은 또 신으로부터 인간을 향하여 다가오는 구원의 표지이기도 하다. 그러나 복이 없는 상태를 극복하려는 의지가 결핍과 고통에 대한 근본적인 거부와 부정을 의미하지는 않는다. 왜냐하면 더 깊이 들여다 볼 때, 고통 자체가 인간이 본래부터 지니고 태어나서 피할 수 없는 부족함을 나타내는 것만은 아니기 때문이다.

'복이 빠진 상태인 고통'은 오히려 인간이면 누구나 피할 길 없는 죽음이라는 상황에 대한 미리 맛봄이고, 그래서 인간 존재에게 발생하는 의미심장한 사건이다. 이러한 상황 속에서 인간은 자신의 인간성을 궁극적으로 이해하게 된다. 이렇게 되면 고통이나 복이 없음은 인간이 어쩔 수 없이 당해야 하는 부족함에 대한 단순한 표현이 아니라, 죽음에서 한계에 부딪히는 인간성의 시험장소가 된다. 즉 죽음에 이르는 존재라는 인간의 운명 속에서 피할 길 없는 부족함을 헛된 집착인 수명장수라든지 부귀공명으로 억눌러서 뭉개버리는가, 아니면 절망스러운 존재의 물음 앞에서 유일한 희망으로 다가오는 궁극적 존재에 대한 암시를 받아들이는가의 기로에 서게 된다.

이렇게 마침내 죽음이라는 상황에서 드러나는 인간 존재의 한계는 결코 부정적이기만 하지는 않다. 이러한 한계를 무시하고 인간 존재가 이 세상에서 완전한 복을 누릴 수 있다고 여기고 기획하는 행복의 추구는 지극히 위험한 발상이며, 결국은 이룰 수 없는, "대지의 저주받은 이들"[1]의 구상이 되고 만다. "왜냐하면 유한하고 일회적인 것은 그것이 항상 소유될 수 없기에 중요하고 달콤하며, 무한히 현실적으로 나에게 소유될 수 있는 시간은 모든 순간의 내용을 절대적인 무관심으로 떨어뜨리기 때문이다."[2]

1_ 알제리의 독립운동가 프란츠 파농(Frantz Fanon, 1925~1961)의 동일 명칭 저서 *Les Damnés de la Terre*, 1961; 남경태 옮김, 『대지의 저주받은 사람들』(그린비, 2005).

2_ 요한 밥티스트 메츠(Johann Baptist Metz 1928~), 독일의 가톨릭 신학자.

5. 굿 정신의 윤리의식

샤머니즘이 추구하는 윤리의식은 한 마디로 '굿 정신'이라고 말할 수 있다. 오늘날에도 여전히 한국인의 삶에 밀접한 연관을 맺고 있는 샤머니즘 신앙은 한국인의 실존적 체험을 반영한다. 즉 삶과 죽음, 기쁨과 슬픔 그리고 좌절과 희망이 그 속에 용해되어 있는 것이다. 그리하여 굿이나 치성과 같은 샤머니즘의 의례에서 나타나는 역동적이고 우주적인 종교성은 한국 종교문화의 기본토양을 여실히 드러내 보여준다. 이와 같은 영성 내지 종교성 안에서 인간은 대자연의 여러 요소들과 우주적인 친교를 이룸으로써 사회적인 윤리를 실천하고 조화를 이루게 된다.

1) 샤머니즘 신앙의 체계 – 공동체적 종교성

공인되는 경전이 없고 창시자가 분명하지 않은 종교에서는 종교적인 기능을 행사하는 자가 결정적인 위치를 차지한다. 그런 의미에서 한국 샤머니즘의 정신을 알아보는 데에는 무당에 대한 연구가 우선시된다. 무당의 유형은 흔히 강신무와 세습무로 나누인다.

무당이 되는 과정에 있어서 강신무는 직접적인 신령 체험에 의하며 세습무는 집안 대대로 이어지는 가계 세습에 의한다. 하지만 실제에 있어서 이와 같은 신통神統과 가통家統의 경계는 모호하다. 현장 조사를 해보면, 강신무의 경우에 가계 세습의 흔적이 나타나는가 하면, 세습무의 경우에는 신병과 유사한 현상이 드러나기도 한다.

샤머니즘 신도들의 공동체를 '단골판'이라고 부른다. 북부의 강신무 계열에서는 특정 무당의 카리스마를 중심으로 하는 인물 위주 공동체가 형성된다. 남부 세습무 계열에서는 대체로 마을 단위 지역 공동체가 이루어진다.

샤머니즘의 신봉자들은 그들이 신령들을 어떻게 대우하는가에 따라서 행운을 얻기도 하고 불행을 당하기도 한다고 생각한다. 그리하여 그 자체로 선하거나 악한 신령이 있는 것이 아니라, 그때그때의 기분에 좌우된다는 것이다. 심지어는 저승사자마저도 잘 달래서 기분을 맞추어주면 고인이 어려움 없이 극락세계에 도달할 수 있으며, 그럴 때에 비로소 남아있는 유족들도 사령死靈의 시달림을 받지 않고 편안히 살 수 있다는 것이다.

한국의 샤머니즘에는 수많은 신령들이 존재한다. 신령들에 대한 이야기인 신화는 국내에서 생겨나기도 하고, 외국에서 유입되기도 하다가 언젠가는 슬며시 사라지기도 한다. 이러한 신령들은 살아있는 인격체로서 이 세상에 남아있는 사람들과 실존적인 경험을 나누는 것으로 여겨진다.

샤머니즘의 신령들은 무신도巫神圖로 그려져서 구체적인 모습을 띠고 나타난다. 무신巫神들의 만신전萬神殿에서 예외적으로 지고신인 하느님과 잡귀잡신은 구체적인 형상으로 잘 나타나지 않는다. 그리하여 무신도로도 그려지지 않는다.

조흥윤은 한국 무巫 전통에서 신격이 형성되는 일곱 가지의 가능성을 제시한 바 있다. 이러한 가능성들은 하나의 공통성을 가진다. 그것은 바로 샤머니즘 공동체 내지는 샤머니즘 사회의 공감(sympathy) 내지는 감정이입(empathy)이라는 것이다. 그래서 신령들은 공동체의 공감을 잃게 되면 굿판을 떠나게 된다. 샤머니즘의 세계관에 따르면, 이 세상에 현재 살고 있는 사람 이외의 모든 사물 안에는 신적인 힘이 들어있다. 이러한 힘의 위계질서상 하느님이 최상위에 위치하여 우주 만물을 다스린다. 그러나 한국 샤머니즘에서 하느님은 자신의 능력을 하위 신령들에게 양도하며, 인간사에는 하위 신령들이 구체적으로 직접 관여한다.

한국 샤머니즘에 있어서 신앙의 내용과 체계는 이상에 언급한 세 주역들 사이의 관계에서 자리를 잡는다. 무꾸리[占卜]를 통하여 신령과 인간 사이에 처음으로 접촉이 이루어지며, 그 결과에 따라서 어떠한 신앙행위를 하여야 할지가 정해진다. 집에서 혼자 비손/비나리를 할 것인가, 부적을 써 붙이거나 몸에 지니든가, 아니면 본격적으로 치성을 드리거나 굿을 하게 된다.

굿은 특히 한국 샤머니즘의 대표적인 의례로서 포괄적 성격을 띠고 있다. 순수한 한국어 개념인 굿은 알타이어족의 다른 언어들과 비교하여 그 뜻을 유추해낼 수 있다. 람스테드는 퉁구스어의 쿠투, 몽골어의 쿠툭, 터어키어의 쿳이 모두 행운이나 행복을 가리키는 말이라는 것을 찾아내었다.[3] 반면에 이능화李能和는 한국어의 굿이 흉하고 험한 일을 뜻하는 용어로 마치 비오는 날을 "궂은 날"이라고 한다거나 상사喪事가 났을 경우 "궂은 일"이라 하는 것과 같다고 보았다.[4] 언뜻 상반되어 보이는 이상의 두 가지 해석을 종합하면, 굿이란 "흉하고 험한 일을 물리치고 복과 행운을 청하는 것"이라 하겠다.

비손, 부적, 치성이 재앙에 대한 미봉책이거나 최종적인 해결방안의 효력 강화 수단이라면, 굿은 신령과 기주祈主 사이에 중개자 역할을 하는 사제자인 무당을 통하여 "흉하고 험한 일[兇險之事]"을 최종적으로 거두어 버리고 새로이 조화를 이룩하는 일이라 할 수 있다. 그래서 굿에서는 수많은 신령들이 불려오고[請神], 노래와 춤과 온갖 제수로 달래어지고 나서[娛神], 다시 전송되는 절차[送神]를 밟는다.[5]

한마디로 정리하자면, 본래[태초에] 구원[재쉬의 상황이던 것이 현재 비구원의 상황[한, 살, 탈, 액]으로 떨어짐으로 해서 다시 구원의 상황을 추구하게

3_ G. J. Ramstedt, *Korean Etymology*, Helsinki, 1949, p.132.

4_ 이능화, 「朝鮮巫俗考」, 『啓明』 제19호(1927), 44쪽.

5_ 박일영, 「무속의 대동잔치」, 『종교신학연구』 제3호(서강대학교, 1990), 11~27쪽.

된다. 이와 같은 구원과 비구원의 양극성이 신령-무당-신도의 삼각관계를 통하여 순환성으로 전환되어 풀어지는 것[한풀이]이다.

2) 한풀이와 한맞이 - 삶의 성사성

비구원의 상황 즉 고통[恨]은 극복될 수 있다는 것이 샤머니즘 신봉자들의 경험이다. 고난과 고통이 극복된 새로운 삶이 일종의 상징 언어로서 의례에 나타난다. 굿의 치유 효과에 착안한 정신과 의사 이부영은 무당굿이 일정한 해피엔딩happy ending의 유형을 갖추고 있다고 본다. 신령들이 처음에는 인간들의 게으름과 무관심을 탓하다가도 결국에는 축복을 하고 불운으로부터의 보호를 약속한다는 것이다.

> 1) 신령의 위협과 비난 : "신령을 잘 못 모셨으니 지금 이 불행은
>   당연하다."
> 2) 기주가 용서를 청함 : "몰라서 그랬으니 보호해 달라."
> 3) 신령의 조건부 용서 : "이번에만 특별히 용서해 준다."
> 4) 신령의 훈시와 축복 : "걱정마라. 앞으로는 잘 될 것이다."

이러한 단계를 거쳐서 신령들과 인간 사이에 또는 인간들 상호간에 새로이 정립된 관계가 형성된다. 그것은 특히 미래에 대한 낙관적인 조망이라는 심리적인 기제를 통하여서 이루어진다. 이렇게 볼 때에 굿의 핵심은 갈등과 고통의 가능성으로 가득 찬 세계 안에서 '재수'를 확보하는 것이라고 말할 수 있다.

한국 샤머니즘의 신앙체계 내에서 재수財數라는 개념은 '재물의 획득과 장수의 확보'라는 표피적인 의미를 넘어서서 생존·안전·보호·평화 등을

포괄하는 의미로 이해되어야 한다. 여기서 말하는 재수 개념은 마치 유대교나 그리스도교에서 샬롬shalom이 갖는 의미와 같다. 다시 말하면, 초인간적인 존재로부터 오는 총체적이고 총괄적인 구원이라는 뜻으로 이해될 수 있다.

샤머니즘의 신앙 내에는 죄의식이나 윤리의식을 별로 찾아볼 수 없다는 주장이 있어 왔다. 그러나 죄에 대한 이야기를 명료하고 체계적으로 하지 않는다고 하여, 샤머니즘을 비윤리적이고 저급한 종교라고 보는 것은 편협한 시각이다. 그러한 시각을 종교사 속에서 들여다보면, 민중종교를 억누르고 그 자리에 지배자의 이데올로기를 강제하려는 의도에서 나타나곤 하였다. 지배자들은 서민 대중의 생활 깊숙이 자리 잡고 있는 민중종교사상을 "미신迷信"으로 매도하는 대신, 자신들의 신념체계를 강요함으로써 존재기반을 강화해 왔다.

실제 샤머니즘 의례에 참여하여 보면, 그 속에도 건전한 윤리가 살아 있음을 확인할 수 있다. 일례로 전국적인 분포를 보이는 대표적인 서사무가敍事巫歌인 '바리공주' 이야기를 분석해 보면 부모에 대한 효심, 나라에 대한 충성, 불쌍한 이를 도와주기, 자신을 희생하기 등 고도의 윤리적 요소가 곳곳에 들어 있다(조형경 : 1996, 여러 곳).

샤머니즘은 그러한 윤리적 요소들을 내포하면서도 윤리의 차원을 넘어선다. 무당은 신령과 인간을 이어주는 매개자 역할을 하면서, 인간관계만으로 해명되지 못했던 물음들을 해명해 주고 가슴깊이 맺힌 한을 풀어준다. 이해되지 않았던 불행들로 인해 고통 받던 사람들이 한-풀이를 통해 치유되는 과정을 거치고 나면 적극적으로 한을 수용할 수 있는 '한-맞이'가 가능해진다. 따라서 샤머니즘의 신앙은 한-풀이의 장으로 끝나는 것이 아니라, 한-풀이의 과정을 거친 다음 고통으로 가득하고 한 많은 이 세상의 의미를 깊이 있게 체험하면서 적극적으로 살아가게 하는 한-맞이의 자세도 갖추게 해준다.

3) 의례공동체의 연대감 - 종교의 현장성

민중종교의 신앙체계 안에서는 자연계와 인간 사회의 질서가 서로 교차하면서, 자연의 요소들과 인간이 우주적인 친교를 이룸으로써 사회 안에 조화(harmony)가 확보된다고 한다. 샤머니즘 의례인 굿이 진행되는 동안에 구경꾼까지 포함한 모든 참석자들은 가족적인 분위기에서 풍성한 대접을 받게 된다.

의례 중간 중간에 제공되는 식사시간이나 제의적인 대동음복의 경우에 화기애애한 분위기가 이루어지곤 한다. 굿당은 일상생활을 영위하는 장소와 비교하여 그 크기나 모양에서 별 구별 없이 친근한 장소이다. 굿의 내용은 '재앙을 쫓고 복을 부름'으로써 한恨을 풀고 원願을 들어주는데 적합하다.

스리랑카의 민중불교 전문가이자 가톨릭 사제인 알로이시우스 피에리스 Aloysius Pieris는 이와 같은 민중종교의 종교성을 우주적인 종교성(cosmic religiosity)이라고 칭한다. 이렇게 우주적인 종교성에서 계발된 소속감은 공동체 구성원의 연대적인 삶의 추진력으로 작용한다. 그것은 즉 함께 나누는 생활, 함께 하는 식사, 삶의 갈등과 모순에 대한 공동해소 노력 그리고 불운이나 재앙에 대한 공동 대처로서 말이다.

샤머니즘 의례에서 사용되는 언어는 그 의례를 청한 단골이나 의례를 진행하는 무당이 겪은 실존적인 경험에 대한 집단 전승이요, 의사소통이라고 할 수 있다. 한국종교사의 흐름 속에서 보더라도 지배자들은 사회 비판적인 기능이 다분한 피지배자들의 제의를 금지하지 않았을 뿐만 아니라, 어떤 의미에서는 장려하고 즐기기까지 하였다는 것을 알 수 있다. 예를 들어 강릉 단오제에는 원래 탈춤이 없었다고 한다. 그러한 사실을 관가에서 애석하게 여기어 관노官奴들을 시켜서 연희하게 한 탈춤이 바로 관노가면극이라는 것이다.

이것은 민중종교의 제의가 단지 양반의 오락 거리였기 보다는 지배자와 피지배자간의 중요한 언로言路의 구실을 했다는 의미가 된다. 민중제의에서 드러난 이러한 이야기들은 절실한 삶의 현장에서 발생한 이야기들이고 생존을 위한 노력의 결과물이다. 그래서 이러한 이야기들은 단지 입으로만 전해지는 것이 아니라, 온 몸으로 증언되는 언어이다.

이와 같은 언표言表는 '시대의 징표(sign of the time)'를 깨닫도록 해준다. 고난 받는 이들이 경험한 집단적인 전승의 이야기라든가 그러한 고난의 극복과 관련한 민중의 감수성이 샤머니즘 제의에서 감지된다. 고난에 대한 경험이 주로 비극적인 분위기의 '공수'에서 잘 드러나고, 그러한 고난의 극복이 희극적인 분위기로 전환된 '덕담'에서 구체적으로 드러난다.

에, 에, 오늘은 부모라구 낯 없구 면목 없이 왔노라. 세상천지 만물 중에, 아휴, 부모노릇 못하구, 이 세상 하직하구, 저 세상 허락하야, 다시 영천 오지 못할 길을… 아휴, 어허 어허, 원통한 말을 어데다 다 하구, 시원한 말을 어데다 다 하랴!

내림굿, 조상거리 공수. 무녀 C, 1985년 10월 17일.

이봅소! 우리 대감님 청해서, 하, 돈두 벌어다 줘야갔지? 하, 우리 양반대감 한번 오던 길에… 이 정성 드려놓고, 우리 부자 됐담네, 안암동 새 부자 나왔담네…

재수굿, 대감거리 덕담. 무녀 U, 1984년 3월 7일.

6. 다종교와 샤머니즘의 사회영성

오늘날 한국 사회는 세계에 유례가 없는 다종교 상황에 놓여있다. 이러한 맥락에서 오늘 이 땅에 사는 양식 있는 이들에게는 특별한 과제가 주어졌다고 본다. 특히 이 땅의 종교인들은 누구를 막론하고 각 종교와 종파의 풍부한 유산과 활력을 가지고 누리와 겨레의 해방에 공헌해야 하며, 나아가 하나의 거대한 도시로 변하고 있는 세계 즉 지구시地球市라는 세상의 구원을 위하여 하나의 새로운 원리를 찾아내야 한다. 각각의 종교는 상호선교相互宣敎(mutual mission)의 주체로서 자기 전통과 정체를 보존하는 동시에, 자신을 피선교의 대상으로 내어놓을 각오를 해야 한다. 그렇게 함으로써 각자의 성스러움을 더욱 심화하여 지구윤리(global ethic; Welt-Ethos)를 통한 세계평화(world peace)를 실현하는 데에 효과적으로 공헌하게 될 것이다.

이러한 관점에서 한국의 양식 있는 이들은 샤머니즘 신앙을 보는 시각을 교정할 필요가 있다. 샤머니즘을 성급히 원시적 미신으로, 우상숭배로, 사회 근대화와 발전의 장애물이라고 일방적으로 매도할 것이 아니다. 반대로 엄밀한 연구를 수행하지도 않은 상태에서 막연하게 호감을 나타내어, 샤머니즘이야말로 한국 종교의 모태母胎라든지, 종교심성의 기반이라고 하는 등 찬양 일변도의 태도도 바람직하지 못하기는 마찬가지이다.

샤머니즘의 사회영성이 지니는 기능과 공헌을 제대로 평가하는 한 편, 민간 서민에 국한되는 계층성이나 피지배층의 윤리를 대변한다는 한계 내지 역기능을 균형 있게 보는 태도가 요구된다. 민중종교의 강한 역동성, 그 내적인 폭발력은 고등종교의 예언적이고 사회 비판적인 윤리의식과 조우할 때에 물신주의(mammonism)가 팽배한 현대사회의 윤리적 문제점을 극복하는 데에 창조적으로 공헌할 것이다. 덧붙여서, 샤머니즘에 대한 연구를 통하여 주로 들여다보려 하는 한국인 고유의 영성에 대한 분석을 시도하려는 자세

역시 다양한 종교 간의 비교연구로 보완하여야 하리라 사료된다.

이상과 같은 맥락에서 보아, 상대적으로 점점 더 좁아지고 있는 세계 안에서 그 필요성이 점증해가는 종교 간의 협력 및 그 밑받침으로서 공동의 지구윤리는 오늘 한국의 다종교 상황에서 모범적으로 발전할 가능성을 충분히 지니고 있다. 구체적으로 그것은 한국의 전통문화와 분리할 수 없는 샤머니즘의 신앙내용과 그 의미를 있는 그대로 바라다보고, 그 안에 숨겨져 있는 진리의 씨를 기쁨과 놀람을 가지고 발견하도록 노력하려는 작업이다.

왜냐하면 종교 간의 대화와 협력은 결국 하나의 역사나 특정한 문화로 제한되지 않는 지혜와 진리를 더 잘 알아듣는 일이기 때문이다. 그리하여 인류 정신사에 나타난 제諸 종교들이 동일한 진리의 다양한 나타남[顯現]임을 살피고 표현하는 일이다. 그렇게 되었을 때에 비로소 나의 신앙체험을 재조명하고, 세상 속에서 더불어 함께 실천할 수 있다고 보기 때문이다.

『홍루몽紅樓夢』에 나타난 중국 점복의 윤리사상

상기숙

한서대학교 교수

1. 들어가며

『홍루몽』은 사실주의 언정소설로 많은 속서를 낳았으며 국내외 중국문학계에서 독자적인 홍학紅學을 이루었다. 『홍루몽』은 조설근曹雪芹(1715?~1763?, 1764?)의 80회 『석두기石頭記』로 필사본으로 유전되면서 『풍월보감風月寶鑑』, 『금릉십이채金陵十二釵』, 『정승록情僧錄』, 『금옥연金玉緣』 등의 이명을 갖는다. 1791년 정위원程偉元이 고악高鶚에 이어 쓴 40회까지 합쳐 120회본을 활자화하여 『홍루몽』이라 이름 붙였다. 54운동 이전 시기의 홍학을 구홍학이라고 하며 색은파索隱派가 대표된다. 즉 『홍루몽』속에 숨은 인물과 사건을 주관적으로 파헤치면서 하나하나 고증하는 연구방법이다. 54운동을 계기로 신홍학파가 나왔다. 그들은 실증주의와 주관적 관념론의 고증방법으로 색은파를 비평하였다. 호적과 유평백兪平伯으로 대표되는 신홍학파의 일치된 경향은 『홍루몽』을 조설근의 가정역사로 보았고 가보옥을 조설근으로 해석했다. 1949년 이후 『홍루몽』에 대한 연구는 새로운 단계에 진입하여 작자, 판본, 비어(批語), 원류고증, 구성, 인물, 배경, 문체, 주제, 언어, 영향, 속서, 연구사 등을 중심으로 다각적인 검토가 이루어진다.

한국에서는 1884년 전후 이종태李鍾泰(1850~1908) 등의 문사가 궁중의 명에 의해 번역한 낙선재본 『홍루몽』[1]을 시초로 1996년까지 19종이 출판되었으며 완역은 9종이다.[2] 낙선재본樂善齋本에 수록된 원문은 정갑본程甲本 계통으로 이어진 왕희렴본(王希廉評本, 1832)을 많이 활용한 것으로 드러났다. 『홍루몽』연구에 관련된 내용은 연구경향, 문학적 배경, 작품에 반영된 사회와 가정, 작품구조 연구, 홍루몽 후 40회고 – 속서의 문학가치, 주요 여성인물 연구, 조설근 가세고, 정갑본 홍루몽고, 판본연구, 홍루몽지평 예술분석 연구, 옥루몽과 홍루몽 소고, 청대 홍학연구 등 각 방면이다.[3]

『홍루몽』은 작자의 생애와 성격이 짙게 반영되었으며 청대를 배경으로 지역적으로는 남방(남경)과 북방(북경), 민족으로 한족과 만주족, 계층으로 귀족(왕족)과 평민, 성별로는 부녀자 중심의 다양한 습속을 포함한다. 『홍루몽』이 담고 있는 민속의 내용은 세시풍속, 신화 · 전설, 역대 시문, 역사인물, 전고典故, 가족 · 신분 · 과거제도, 상례, 혼례, 수연壽宴, 주연, 방언, 속담, 비속어, 점복, 금기, 속신, 종교(유 · 불 · 도), 음식, 술, 차, 향, 복식, 장식, 건축, 자기, 의약, 유희, 연극, 관직, 사법, 명승고적, 서화書畵, 식물, 가마, 화폐, 시계 · 안경, 전당포 등 다양하고 풍부하여 후대 중국 민속학은 물론 여타 제 학문을 연구 이해하는데 보고寶庫라 할 수 있다.

1_ 전체 120권중에서 117권이 남아있는 세계 최초의 완역본.
2_ 崔溶澈, 「한국 역대 『홍루몽』번역의 재검토」, 『중국소설논총』 제5집(한국중국소설학회, 1996), 2~3쪽.
3_ 胡文彬, 『紅樓夢在國外』(中華書局, 1993), 37~41쪽.

조설근은 청대의 소설가로 이름은 점霑, 자는 몽완夢阮, 호는 설근·근포芹圃·근계거사芹溪居士이다. 그의 조상은 한족이며 위 삼대는 강녕직조江寧織造의 벼슬을 지냈는데 황궁에서 필요로 하는 물건을 공급하는 직책이었다. 두 고모가 왕비로 입궁을 하였고 조부 조인曹寅이 강녕직조에 있을 때 강희제康熙帝가 남방을 순시하던 다섯 여섯 번 중 네 번을 그의 집에 행재소行在所를 정했다. 조인은 문학에 조예가 깊었고 장서가로『전당시全唐詩』등 일부 책을 주관하여 찍어냈다. 흥성하던 가운은 옹정雍正 5년(1727) 그의 부친 조부曹頫가 황실 내부의 권력 다툼에 말려들어 파직당하고 재산마저 몰수되어 기울어지기 시작한다. 이듬해 그의 가족은 남경에서 북경으로 이주하였으며 비참한 북경에서의 생활은 남경의 풍요로움을 마감하였다.

조씨는 강남의 명문귀족일 뿐만 아니라 대대로 학문을 하는 집안으로 장서가 풍부하여 그의 문화수양에 좋은 조건을 제공하였다.『홍루몽』은 1744년부터 집필을 시작하여 그가 죽으로 연명을 하고 외상술을 마시며 지내던 10년 동안 다섯 번 수정되어 완성되었다. 초기 판본 중에서 1754년 필사한 갑술본甲戌本에 "자자간래개시혈字字看來皆是血, 십년신고불심상十年辛苦不尋常(글자마다 보니 모두 피요, 십년 고생이 심상치 않네)."이란 구절이 보인다. 그는 특히 술을 좋아하였으며 산수화와 석화石畵에 뛰어났고 죽림칠현인 완적阮籍을 이상적 인물로 삼았다. 40여 세에 자식이 일찍 죽자 슬픔이 너무 지나쳐 가난과 병으로 세상을 등진다.『홍루몽』의 내용은 중국 봉건사회 말기 대표적 지배층인 가賈·사史·왕王·설薛씨 등 4대 귀족가문을 중심으로 전개된다. 400여 명의 인물을 등장시켜 당시 북경의 구어를 바탕으로 4대 가문의 흥망성쇠 속에 죄악과 부패를 지적한다.

본고는『홍루몽』교주본校注本4_과 안의운·김광렬 완역『홍루몽』전7권

4_ 曹雪芹·高鶚,『紅樓夢』上/下(북경 : 人民文學出版社, 1996), 1~830쪽/ 831~1606쪽.

(청년사, 1990)[5]-을 저본으로 삼아 『홍루몽』에 나타난 중국 점복의 윤리사상을 점복, 예언, 예조, 속신, 택일, 금기[6]-로 나누어 고찰하고자 한다. 본고의 선행연구는 필자가 과문한 탓인지 미비하다고 여겨진다. 연구범위는 『홍루몽』에 나타난 중국 점복의 윤리사상이며, 연구방법은 국내외 문헌자료에 대한 면밀한 해석과 분석에서 출발한다. 연구목적은 『홍루몽』에 구현된 중국 점복의 윤리사상을 고찰하여 청대 및 중국의 전통문화와 민간신앙, 나아가 민간사고를 폭넓게 이해하고자 한다. 그 외 지금까지 중국 사회에 전승되어 성행하는 점복신앙이 과연 현대인에게 시사하는 바가 무엇인지를 검토한다. 향후 본 연구 성과는 한국 인문학계에 많은 학술정보를 제공 발전을 가져오고, 한중 양국 비교 문학·문화에 초석이 될 것이라 여긴다. 이를 계기로 중국 전통문화 전반에 대한 많은 후속연구가 파생되길 희망한다.

2. 중국의 점복신앙

중국 민간신앙은 다신숭배로써 도교·불교 등의 종교신과 천신, 사직신, 자연신(산천, 일월, 풍우, 雷電), 민간신(토지신, 門神, 竈神, 財神, 喜神, 龍王, 藥王, 關帝,

---

5_ 北京 人民文學出版社刊의 『戚蓼生序本石頭記』 80회와 1959년 北京人民出版社刊 『홍루몽』 120회본의 뒷부분 40회를 저본으로 삼은 北京外文出版社本의 번역본이다. 본고에서 필요하다고 판단되는 번역용어는 원문용어를 아울러 밝히고 그 성격에 따라 항목을 나누었다. 그 외 『홍루몽』에서 다루어진 시문은 많은 전고를 비롯해 별도로 심도있는 논의가 따라야 함에 본고에서 제외시켰다.

6_ 朴桂弘, 『한국민속대관』 3 - 점복·주술편(고대민족문화연구소, 1982), 327~328쪽 재인용 : 점복과 주술은 속신에 해당하는 문화표상의 하나이다. 속신의 범주는 兆, 占, 禁, 呪, 요괴, 귀신 등 개념 규정이 모호하다. 柳田國男(1875~1962)은 조는 사전의 지식, 미래를 예측하는 기초가 되는 것; 금은 불측의 결과를 畏怖하여 경계·근신하는 것, 즉 사전의 기술; 주는 불행의 결과를 구출하는 사후처리로서의 기술; 점은 알고자 하는 일을 미리 구하여 장래의 일을 미리 시험하려고 하는 일종의 기술로 예조를 판단하여 그 예조에서 결과를 예측하는 즉 인과관계의 인(원인)에서 과(결과)를 찾아내는 기술이라고 정의했다. 또 금기가 불측의 사태를 경계하고 근신하는 소극적 대응책인데 반하여, 주술은 불측의 사태를 예방 내지 대항하는 적극적 기술이다.

魯班, 河神, 海神) 등을 포함한다. 형식으로 보면 점복, 제혼祭魂, 명상命相, 풍수, 택길擇吉, 구살驅煞, 소지燒紙, 분향焚香, 공봉供奉, 금기, 송경誦經, 부주符咒 등 이며 각양각색의 신령을 숭배하며 조상에 대한 제사를 내용으로 한다. 점복 은 고대 봉건국가에 있어 통치자가 국정을 운영하는데 절대 반영하였으며 전문 점복 관직을 두었다. 나아가 민간에서 인사人事의 길흉, 농잠農蠶의 풍 작을 점쳤다. 점복은 상고시대 양, 소, 돼지 등 동물의 점치는 뼈가 발견된 것에 기원한다. 은대에 성행한 점占은 『설문說文』에 의하면 복卜이 끝난 후 입口으로 해석하는 것을 말한다.

중국의 점복은 원시 수렵시기 수골복獸骨卜에 기원을 둔다. 수골로써 복 卜을 하고 귀골龜骨로써 서筮를 한다. 은허殷墟 갑골甲骨 복사卜辭에서 당시 왕 이 행하던 점복의 범위가 매우 넓었음을 알 수 있다. 그 외 제사, 수렵·어 업 등 당시 가장 중요했던 생활상을 반영한다. 귀갑과 수골은 은대 및 그 이전부터 점복의 정식 매체가 되었는데 이 방법은 한대이후에도 계속되었 다. 『한서』에 개인적인 목적이나 황제와 조정을 위하여 점복을 행한 사건과 그 절차의 타당성을 둘러싼 정치가들의 견해가 포함된 것이 기록되어 있다. 『사기』에는 점복사占卜師를 위한 안내서의 형식으로서 귀갑과 수골에 의한 점복의식 지침이 상세하다. 거북의 복갑腹甲에 나타날 것으로 예상되는 흔 적의 종류를 망라한 도표와 함께 그것을 이용하고 해석하는 규칙, 질병·수 확 또는 기후에 대한 전망, 예상되는 상거래의 결과, 강도를 수색하는 편리 한 방법 등의 문제에 대한 질문의 유형, 귀갑이나 수골에서 가려낼 수 있는 30종의 균열 유형 등을 다루고 있다. 시초蓍草가 위에서 자라고 거북이 그 아래 누워있는 식으로 거북과 시초가 함께 결부되어야 한다는 것이 필수조 건이다. 이것은 시초가 자라서 줄기의 수가 100이 되면 반드시 그 아래 신 귀神龜가 나타나 그것을 지킨다는 전설에 기초한다. 또 다른 점복의 주요방 법은 시초의 줄기를 던지거나 조작함으로써 육선괘六線卦를 의도적으로 만드는 것으로 역시 진·한 이전 수세기부터 행해져 왔다.

이와 같은 점복은 주대『주역』으로부터 흥성되며 점성占星도 출현한다. 천문현상으로써 국가의 존망과 제후의 안위를 점하는 점성은 특히『좌전左傳』에 많이 보인다. 점복에 관련된 기사는 중국 역대 사서인『좌전』·『사기』·『한서』·『후한서』 등을 비롯하여 제자백가서, 시·사·부·소설·희곡 등 문학작품에서 다량 산견된다. 황제에게 올린 상주문,『회남자淮南子』·『논형論衡』 등에도 고대 철학자들의 점복관이 표현되었다. 봉건사상이 점차 발전 강화된 춘추전국 시기는 각 계급·계층·제후 집단 간 투쟁이 격렬하여 학술사상 '백가쟁명百家爭鳴'의 국면을 맞이한다. 귀신신앙은 원시인의 '만물유령萬物有靈' 사상으로부터 출발하여 춘추전국에 이르면 강세를 보이며 지배계급의 통치강화 수단으로 썼다. 한비자韓非子는 '이력득부以力得富'를 주장하며 귀신을 섬기고 복서卜筮를 믿는 것은 망국의 징조라고 당시 풍조에 반박했다. 위나라 서문표西門豹는 업鄴현을 다스리면서 '하백취부河伯娶婦'의 습속에 대해 하신河神의 존재를 부정하며 실무정신으로 미신을 타파했다.

복서의 습속은 점차 신성시되어『역경』 등 복서서卜筮書가 성인인 복희·주공·공자의 작이라고 믿었다. 이후『역경』은 오경의 하나로 의복성상醫卜星相을 위한 유자의 필독서였다. 춘추 말기 많은 점성망기占星望氣의 기록이 있으며 한대 동중서董仲舒는 춘추 중기의 성변일식星變日蝕 제 현상을 천의天意의 경고로 여겼다. 점성망기와 관련된 것은 몽점이다. 몽점은 전국戰國 이전 이미 발전되었으며 몽조를 해몽하는 전문 관리가 있었다. 같은 꿈이라도 길흉의 표준이 없어 해몽자에 따라 해석이 다를 수 있다. 고대사회에서 몽점은 상하존비를 막론하고 크게 성행하였다. 성운뢰점星雲雷占도 발전하였는데 춘추 이후 망기·점상占象은 극도로 보편화되었으며 특히『사기』에서 많이 보인다.『후한서』에서 구름 없이 천둥이 치고 비가 오고 무지개가 뜨는 것, 암탉이 새벽을 알리거나 혜성의 출현, 운석이 떨어지는 것, 지진 등도 인사에 관련된 흉조이다.

이 무렵 골상骨相을 믿는 기풍도 이미 성행하여 왕충王忠은 『논형』에서 창힐蒼頡, 진공자晉公子 중이重耳, 소진蘇秦, 장의張儀. 항우項羽의 관상을 다루었다. 골상의 습속과 함께 명상命相의 이론도 형성된다. 천명관은 선진학자들의 주장을 거쳐 위로는 통치계급부터 아래로는 일반 평민에 이르기까지 천명을 신봉하는 기운이 높았다. 일찍이 은상殷商시대 통치자는 천의를 물어 국정에 반영했으며 인간의 명운은 천체기상·별의 운행과 관련깊다고 믿었음이 『주례周禮』 「춘관春官」을 포함한 고대문헌 도처에 산견된다. 산명算命은 사람이 출생한 년, 월, 일, 시의 소속된 간지와 오행의 생극生剋으로 판단하여 길흉화복을 점치는 것이다. 일생동안의 좋고 나쁨을 명命, 한때에 좋고 나쁨을 만나는 것은 운運이다. 발생은 역사적 필연성으로 그 이론적 근거는 선진·양한兩漢이래 철학상에 음양오행설이 확립되어 유행된 것에 둔다. 그러므로 산명술의 진정한 기원은 양한에서 시작된다. 왕충은 오행과 나아가 생초生肖(띠)의 상극, 부부궁 등을 말하여 훗날 산명 발전의 선구자가 된다. 후한 이후 육조에 이르기까지 산명의 방법은 가감을 거쳐 발전했으나 삼국 위진남북조(220~589)를 거쳐 당에 이르러 비로소 정비된 체계로 융성한다. 또 당시 내외문화의 교류가 빈번하여 인도·서역의 점성술이 유입되어 산명술算命術의 발전을 촉진시킨다.

점복의 종류7-는 복서,8- 부계扶乩, 팔자八字, 점몽占夢, 측자測字, 참어讖語,

7_ 尹飛舟 等著, 『中國古代鬼神文化大觀』(百花洲文藝出版社, 1992), 243~278쪽.

8_ 중국 고대에 가장 유행하였던 점복으로 예측할 수 없는 미래사나 不知의 일을 주술의 힘을 빌려 추리 판단하는 행위이다. 복서는 卜法과 筮法 혹은 점복과 占筮의 합칭이다. 『詩經』 「衛風」 「氓」에 "爾卜爾筮, 体无咎言", 『毛傳』에 "龜曰卜, 蓍曰筮"라는 기록이 보인다. 구는 곧 龜甲을 시는 蓍草를 가리킨다. 구와 시는 모두 점을 치는 영령의 매개체(占具)이나 통상 먼저 卜을 보아 불길하면 다시 蓍를 보았다. 복은 수골이나 귀갑을 사용하여 행하는 점(甲骨卜)을 말하며 서는 筮竹과 算木을 사용하는 점을 말한다. 수골은 肩胛

기문둔갑奇門遁甲,[9]_ 점괘占卦, 감여堪輿, 점성술占星術, 면상面相, 망기望氣와 풍
각風角[10]_ 등으로 분류한다. 그 외 오락점은 놀이를 통하여 그 해의 생산과
인사의 길흉을 점치는 것이다. 세시풍속 놀이로 폭죽, 투초지희鬪草之戱(풀싸
움놀이), 연날리기, 낚시, 윷놀이, 그네뛰기, 전채剪彩가 있으며 복식(장식), 문
신, 시절음식 등도 이와 같다. 의식주, 출생의례와 관혼상제, 절일 등을 포
함 모두는 점복·기양祈禳[11]_·주술 등 민간신앙의 의미로부터 출발하여 점
차 오락성이 강조되며 오늘날 축제의 성격으로 자리 잡는다. 나아가 중국
민간점복은 우조遇兆와 구조求兆로 나눈다.[12]_

우조는 성상星象, 기상氣象, 동물(소·고양이·개·돼지·늑대·이리·수달·野
獸·쥐·뱀·개구리·까치·까마귀·닭·참새·거미), 초목(엄나무·대나무·萬年青·갈대
·자두나무·버드나무·보리·벼), 기물(燈花·[13]_燈火), 인체(생리변화 : 재채기·眼跳·耳
鳴·耳熱·두근거림·脚心跳·肉跳), 점몽(상징 : 천상기상류(天象氣象類 : 日·月·星·雲·
雷電·雨·무지개); 동물류(용·뱀·호랑이·사자와 코끼리·곰과 큰곰·사슴·말과 소·개
와 늑대·양·거북, 봉황과 학 등 조류); 초목류(소나무·버드나무·복숭아나무·자두나무·
대나무·농작물); 산릉(山陵) 누각과 옥우류(屋宇 : 집); 필묵문구용구류(筆墨文具用具類); 인체
내장; 비유; 수반 : 홀(笏)·깃발·반검(班劍)[14]_·갑옷; 해음(諧音);[15]_ 형자(形字 : 拆字); 혈후

骨(주로 소나 양의 어깨뼈), 귀는 복부의 갑을 주로 사용하여 이것을 불에 구워 트는 모양으로 미래의 길흉을
점쳤다. 서는 음양의 산목과 서죽의 산술적 조작에 기초하여 그 결합에 따라 판단하는 점이다. 점차 복서에
국한되던 점복은 확대되어 龜卜(좀), 虎卜, 鷄卜, 鳥卜, 竹卜, 牛蹄卜, 瓦卜, 羊骨卜, 錢卜 등이 나타난다. 오경
의 하나인『역경』의 원리를 응용하고 서죽과 산목을 이용한『주역』은 민간에서 易占을 크게 유행시켰다.

9_ 기문, 둔갑이라고도 하며 역경팔괘(天盤, 人盤, 地盤)에 기초한 고도의 豫測術이다. 제왕의 術로 민간
에서 유전이 희박하다. 張良, 諸葛亮, 劉伯溫, 吳用 등은 모두 기문둔갑술에 정통한 역사적 인물이다. 隋朝
에 이미 기문둔갑에 관련된 저술이 많은데『遁甲文』,『遁甲經』,『遁甲圖』등이다.

10_ 망기란 雲氣의 색채·형상·변화에 근거하여 인사길흉을 점하는 것이다. 망기자는 태양과 황제가 머
무는 곳은 비상한 기가 있다고 여겼는데 '天子氣'라고 일컫는다. 풍각은 風向·風力 상태와 風聲에 근거하
여 인사길흉을 점치는 방술로 한대에 가장 성행했다.

11_ 복은 들어오고 재앙은 물러가라고 비는 의미.

12_ 趙杏根·華野,『中國民間占卜』(中國華僑出版社, 1993), 1~245쪽.

13_ 불심지 끝이 타서 꽃 같은 모양이 맺힌 불똥.

(歇后);[16]- 인전(引典 : 典故); 직해(直解); 반극(反極 : 상반되는 양극); 신시(神示)], 참어讖語
이다. 구조는 귀복龜卜, 모복茅卜, 계복鷄卜(계란과 닭 뼈로 치는 점), 아복鴉卜, 소
낭건燒狼巾,[17]- 화색복火色卜(照田蠶), 도화복倒火卜(照庭火), 수복水卜(水仙術), 칭수
복秤水卜, 골패복骨牌卜,[18]- 투자복骰子卜(주사위 점), 아패복牙牌卜,[19]- 전복錢卜,[20]-
폭발류爆字類(糯米花),[21]- 견복繭卜(麵繭),[22]- 복호운卜好運,[23]- 경청鏡聽(聽鏡·鏡卜·
聽響卜·耳卜), 원광圓光,[24]- 탁자拆字(測字),[25]- 부기扶箕(箕卜·扶乩·扶鸞), 묘 안의
점복廟中求卜이다.

　　현대중국에서 학술적인 의미로 처음 샤먼의 점복을 기록한 저술은 민족
학자 능순성凌純聲이 1930년대 송화강 하류의 허저족赫哲族을 조사한 뒤에
기록한 민족지라 하겠다. 이후 80년대 민족조사가 활발히 전개되면서 이에

14_　꽃무늬가 장식된 목검.

15_　동음자이거나 유사한 음·뜻을 지닌 자이다. 즉 중국어 특징의 하나로 A와 B의 글자가 서로 다르나 같은 발음을 갖고 있음으로 해서 A를 이야기하지만 동시에 B의 이미지를 연상케 하는 것이다. 중국인들은 해음현상을 이용하여 자신의 희망과 재앙을 방지하고자 언어에 기탁하는데 각종 민속에 산견된다.

16_　숙어의 일종으로 대부분이 해학적이고 형상적인 어구로 되어 있음. 앞부분은 수수께끼 문제처럼 비유, 뒷부분은 수수께끼 답안처럼 그 비유를 설명함. 보통 뒤는 드러나지 않는 수사법의 하나이다.

17_　狼巾, 郞巾, 狼筋. 蟲이 비단으로 만든 주머니 모양을 결성하는 것을 보고 점친다. 고대에 이를 이용하여 재물을 도둑질한 범인을 찾았다. 일종의 심리상태를 이용한 미신으로 唐代에 이미 행해졌다.

18_　골패는 오락도구의 일종으로 한 벌이 32장으로 이루어졌다. 뼈·상아·대나무·烏木 등으로 만들며 윗면에 다른 방식으로 배열된 2~12개의 점이 새겨져 있다. 옛날에는 주로 도박에 사용되었다.

19_　아패는 상아로 만든 號牌의 한 가지로 골패와 같다.

20_　중국 고대 동전에 글자가 있는 면을 음이라 하고, 글자가 없는 면을 양이라 했다. 송대 주희에 이르러 음과 양이 반대로 바뀌었다.

21_　찰·벼·조 소량을 뜨겁게 달군 솥 안에 넣고 볶는다. 일정한 정도에 이르면 이들 곡식은 터져서 찹쌀꽃을 이루는데 이로써 점을 친다. 점치기 전 반드시 竈神을 향해 경건하게 기도 올린다.

22_　밀가루로 누에를 만들어 소로 고기나 채소를 넣는다. 麵繭은 피가 두꺼운 만두로 모두 紙籤이나 나무로 된 한 개의 木籤을 넣는다. 첨에는 官品이나 官位가 쓰여져 있으며 名人의 警句를 사용한다.

23_　정월 초하루 물만두를 먹는데 소에 동전 한 매를 넣는다. 밖에는 아무 표시가 없고 이를 먹는 자는 한 해에 있어 행운이 따른다. 이는 春繭·官繭으로 점치는 방법과 유사하다.

24_　원광술로 미래를 점친다. 방법은 벽에 한 장의 백지를 걸어놓고 施術者가 향을 피우고 주문을 외우고 부적을 태워 請神한다. 연후에 4, 5세 아동으로 하여금 백지를 보게 한다. 아이들이 종이 위에 별안간 나타난 큰 圓鏡을 본다. 거울 안 인물풍경에서 정확히 미래사가 예시된다.

25_　점복 방법은 다양하며 문무자는 보여지는 문자를 징조(조짐)로 삼는다. 고대 龜卜의 유풍이다.

대한 자료와 기록도 많아지게 된다. 샤먼의 점복 방법[26]은 각양각색이며 신과의 교왕을 위한 점의 도구도 주변에서 이용할 수 있는 다양한 재료들을 사용한다. 예를 들면 뼈·뿔·돌·터럭·이빨·발톱·풀·나무·조개껍질·강하江河·산·일·월·별·구름·바람·도구·무기·동전·복식 등등 자연현상의 징조에서부터 주변의 많은 물건들이 사용되고 있다. 점복 유형은 골복骨卜(소·노루·사슴·야수·물고기·오소리 등의 견갑골), 초목점(풀·나무·꽃), 금석점(오색광석·타제석기), 신상(木雕·骨雕·石雕·가죽·布帛, 자연신·宇宙諸神·조상신)과 신기점神器占, 술잔점,[27] 총점銃占, 젓가락점[28]을 든다.

구조점복의 기본 방법은 첫째, 어떤 물품을 일정한 규칙에 따라 영물靈物이라고 여겨 그 징조에 의하여 점사를 판단한다. 둘째, 직접 민간신앙 중 어떤 신령 혹은 조종祖宗에게 기구하여 징조를 얻는 것이다. 점복 용구로는 첨籤과 교珓[29]를 들 수 있다. 현대에 이르러 묘우廟宇가 지닌 공능[30]은 첫째, 신앙의 중심지이다. 대부분 지방신을 중심으로 신을 제배하고 봉사하는 장소이다. 둘째, 신의 초자연력을 빌려 세인을 위해 봉사한다. 민중의 각종 곤란을 해결하고 현실 생활의 구체적인 이익과 화해를 구하는 한편 전통신앙·윤리도덕 정신을 계승한다. 제신의 주요 목적은 신에게 문복하고 기도

26_ 洪熹,「알타이 퉁구스 샤만의 점복-骨卜을 중심으로」,『중국학논총』9(한국중국문화학회, 2000), 1~2쪽.

27_ 위의 논문, 7쪽. 재인용 : 몽고족 샤만의 술잔점은 술잔을 북위에 올려놓고 북채로 북면을 두드려 술잔이 북면에서 뛰도록 하면서 그 뛰는 방향과 시간을 살피고 나서 술잔을 던져 술잔 주둥이가 어느 방향을 향하는지를 보고 점을 친다.

28_ 위의 논문, 8쪽. 재인용 : 그릇 속에 반쯤 맑은 물을 담고 네 개의 네모난 젓가락으로 기도를 하면서 젓가락의 윗부분을 아래로 하여 그릇 속에 세운다. 만일 어느 신이나 어느 일을 말할 때 젓가락이 서서 쓰러지지 않으면 이 신이 공경하면 길하고 혹은 이 일이 길하고 순조롭다는 것을 의미한다.

29_ 杯珓(擲筊)는 貝珓를 함의한다. 일반적으로 재료는 조개껍질로 만들었고 고대 문인들은 '杯', '碑', '桮' 음으로 기억했다. 옛날 미신자들이 卜卦 器具로 사용했고 두 짝으로 조개껍질이나 혹은 그와 유사한 모양의 竹木片으로 만들었다. 지면 위에 던져 그 앞뒤 면을 보아 길흉을 해석했다. ≪龙岩州除夕醉后赋长句≫ : 掷珓问卜愁转加.

30_ 상기숙,「대만 민간신앙의 제 양상 고찰」,『동방학』20(한서대학교 동양고전연구소, 2011. 4), 205~238쪽.

하는 것이다. 인간이 신과 소통하는 방법은 개인이 문복하거나 제3자(중개인)를 통해서 이다. 스스로 문복하는 것은 가장 간단한 방식으로 신 앞에서 분향 제배하고 빈손으로 기도하는데 만일 신으로부터 구체적이고 명확한 응답을 얻고 싶으면 교시筊示[31]_ · 노단爐丹(香灰)[32]_ · 첨시籤詩(籤辭 · 籤語) 등을 행한다.

3. 『홍루몽』에 나타난 중국 점복의 윤리사상

아래 『홍루몽』에 나타난 점복신앙을 주제별로 분류 회순回順에 따라 중국 전통 민간사회의 윤리사상을 고찰하고자 한다.

1) 점복

(1) 점괘

괘卦라고도 하며 『역경』의 음양팔괘로 점을 치는 것이다. 역은 원래 『연산連山』(夏), 『귀장歸藏』(商), 『주역』 3종이 있는데 모두 고대 점복서이다. 앞의 두 책은 망실되어 『주역』만 전한다. 한대에 특별히 유가가 존숭되어 『역』을 유가경전 오경의 우두머리로 삼아 『역경』이라 불렀다.

31_ 擲筊의 공구는 杯筊라 부르며 점칠 때 쓰는 반달형 모양으로 붉은 책을 띠며 단단한 나무나 대나무, 혹은 플라스틱으로 만든다. 두 개가 한 짝을 이룬다. 반드시 한 면은 평평하고(陰面 · 凹型), 한 면은 半圓形(陽面 · 凸型)이다. 교시는 一陰一陽이면 속칭 聖筊로 신의 허락 내지 응답을 뜻한다. 보통 중대사의 경우 3교 이상을 행한다. 卜쪽를 던져서 둘 다 양면이면 笑筊로 신의 냉소를 의미하며 길흉화복을 보류하는 것이다. 이때는 신의 계시를 얻기 위해 다시 신을 청한다. 만일 둘 다 음면이면 怒筊로 凶多吉少를 의미한다.
32_ 향로의 향회를 취해 만든 것으로 신을 제사한 후의 餘物이다. 神性을 지니며 神位를 대표하고 호신의 작용을 한다. 질병을 치유하고 평안을 보존한다고 믿기에 특히 어린이나 외출 시, 위험에 종사하는 직업인들이 노단을 사각형의 작은 붉은 주머니에 넣고(香火) 몸에 지녀 액막이 한다.

1) 도박점 : "…… 정신 차려서 할머님의 돈을 따낼 생각은 않고, 점은 무슨 놈의 점을 친다는 거예요?" "그러기에 전 아까부터 점(算命)33_을 좀 쳐보고 싶었던 거예요." 47회, 3권, 261~262쪽

2) 범인점 : "그건 갈데없이 상운이가 주동이 돼서 한 짓일 거예요. 제 점괘가 틀리는 일은 절대 없어요." 49회, 3권, 313쪽

3) 병점

① "이번에 이저 아씨가 저렇게 된 것도 다 우리가 복이 없는 탓이겠지만 혹 무슨 살이 뻗쳐서 그렇게 된 건 아닐까?" 그는 거리에 있는 점장이에게 사람을 보내 점을 쳐보게 했다(算命打卦). 그랬더니 그 사람이 돌아와서 하는 말이 그것은 토끼띠를 타고난 여인의 살이 뻗쳐서 그렇게 된 것이라고 한다는 것이었다. 일동이 한 사람 한 사람 나이를 따져보니 묘년생으로서는 추동이 한 사람 뿐이었다. 69회, 5권, 73쪽

② "그건 전날 어머님께서 저쪽 작은댁엘 갔다가 돌아오실 적에 대관원으로 통한 샛문으로 해서 오셨는데 집에 닿자마자 신열이 나신 걸로 보아 혹시 신접한 것이 아닌 가해서 그럽니다. 그렇다면 밖에 모반선毛半仙이란 점장이(先生)가 있는데 그는 남방 사람으로 점을 아주 잘 친다니, 차라리 그 점장이를 불러다 점을 한번 쳐보는 게 좋지 않을까? 그래서 혹시 믿을 만한 소리가 나오면 그대로 해 보는 게고 그래도 신통치 못할 때는 다시 좋은 의사를 청해오도록 하잔 말씀입니다." 102회, 7권, 11~12쪽

33_ 사람이 출생한 년, 월, 일, 시의 소속된 간지와 금목화목토 오행의 生剋으로 판단하여 길흉화복을 점친다. 일생동안의 좋고 나쁨을 命, 한때에 좋고 나쁨을 만나는 것은 運이다.

"저의 어머님께서 병환에 계시기로 그 점을 한번 쳐볼까 해서요." 모반선은 손을 깨끗이 씻고 나서 품에서 점통을 꺼내들고 향안 앞으로 다가가 공손히 절을 한 다음 점통을 흔들면서 중얼거렸다. "복유伏惟 태극양의太極兩儀[34]에 인온교감絪縕交感[35]하여 하도낙서河圖洛書[36]가 나타나 변화무궁하옵고, 신성神聖이 일었사오니 정성껏 빌게 되면 반드시 응하리라 믿나이다. 여기에 신관信官[37] 가모賈某라는 분이 자당의 병환을 삼가 복희, 문왕文王, 주공周公, 공자 사대 성인 앞에 묻사오니 굽어보시고 정성에 감동되신다면 영검을 나타내시어 흉凶하면 흉으로 보하시고, 길吉하면 길로 보여주시되 먼저 내상삼효內象三爻[38]부터 보여주시옵소서." 그리고는 점통 안에 들어있는 동전을 쟁반위에 떨어뜨렸다. "영검을 나타내셨습니다. 첫 효爻는 '교爻'로군요." 모반선은 다시 점통을 한번 흔들어 쏟더니 이번에는 '단單'하고 소리쳤다. 세 번째 효는 역시 첫 효와 마찬가지로 '교'였다. 돈을 거두어든 모반선은 또 중얼거렸다. "내효는 이미 보여주셨사오니 이번엔

34_ 태극은 아득한 옛날 하늘과 땅이 갈라지기 전에 하나의 기로 되어있었을 때의 상태, 양의는 하늘과 땅을 가리킨다.

35_ 하늘과 땅의 기가 서로 작용하고 서로 감응한다는 뜻이다.

36_ 河圖・洛書. 『易』「系辭上」: 河圖出, 洛出書, 聖人則之. 전설에 의하면 伏義氏 때에 황마에서 용마가 나왔는데 그의 등에 그림이 그려져 있었고 낙수에서 신령스런 거북이 나타났는데 그의 등에 글이 써있었다 한다. 복희씨는 하도에 근거 팔괘를 만들었고 夏禹가 낙서를 본며『書經』「周書」「洪範」을 만들었다고 전해진다. 하도낙서란 결국 占書이다.

37_ 정성을 다하는 선생이란 뜻으로 여기서는 점치는 사람을 존대하여 이르는 말이다.

38_ 점복술어. 『주역』은 자연변화와 人事의 길흉을 爻卦 등 부호로서 표시하는데 象이라 부른다. 후에 卜者들이 『주역』을 견강부회하여 卦로서 점을 쳤다. 占卜 時 분향축수하며 연유를 설명하는데 동전 3枚를 점통 안에 넣어 흔든다. 쏟아내어 背(뒷면)가 둘, 面(앞면)이 하나면 '拆', 배가 하나고 면이 둘이면 '單', 세 개 모두 배면 '重', 세 개 모두 면이면 '爻'이다. 흔들어 한 번 쏟으면 一爻로 모두 여섯 번을 행해 六爻라 한다. 前三爻를 '內象', 後三爻를 '外象'이라 하여 합쳐 一卦이다. 爻旁地支로 점치며 이로써 길흉화복을 추산하는데 '文王課'(문왕점)라 부른다.

외상삼효外象三爻를 마저 보여주시어 한 괘를 지어주시옵소
서." 모반선이 기도를 마치고 점통을 쏟아보니 이번엔 '단성
단單성省單'이었다. 이렇게 점 한 괘를 다 치고 난 모반선은 점
통과 동전을 걷어놓고 자리를 고쳐 앉으며 그 풀이를 했다.
"자, 이젠 앉으셔도 좋습니다. 제가 점괘를 말씀드리지요. 이
괘는 '미제未濟'의 괘입니다. 세효世爻는 세 번째 효인데 오화
午火에 형제가 재물을 빼앗기니 반드시 재액이 있을 수입니
다. 방금 전에 물으신 것이 자당의 병환이기 때문에 초효初爻
에 신령을 모셨습니다. 그것을 그대로 말씀드린다면 부모효
에 관귀官鬼가 발동되었습니다. 그리고 다섯 번째 효에도 관
귀가 붙어 있는 만큼 자당의 병환은 가볍지가 않은 것 같습
니다. 그렇지만 다행한 것은 지금 자해子亥의 수가 때를 잃
고 인목寅木이 움직여 화를 낳고 있는 것입니다. 세효에 자
손효子孫爻가 움직이니 그것이 관귀를 누르게 될 것이요, 더
구나 그것이 일월日月을 타고 나니 이틀만 더 지나면 자수의
관귀가 맥을 추지 못하게 될 겁니다. 그리하여 술일戌日에
가서는 자당의 병환이 쾌차해지실 겁니다. 그러나 부모의 효
가 관귀로 변하는 만큼 춘부장에게도 불행이 약간 미치게 될
것 같습니다. 그리고 환자 자신으로 보더라도 세효에 재물을
빼앗기는 정도가 너무 지나치기 때문에 수水가 성하고 토土
가 쇠하게 되는 날엔 역시 위태로울 것 같습니다."

102회, 7권, 12~13쪽

"이 점괘를 보게 되면 세효의 오화는 수水로 변해서 상극을
하는 만큼 반드시 한화가 응결된 것일 겁니다. 그러나 정확
한 판단을 내리려면 시초蓍草로써 점을 치는 정도로는 잘 알

수가 없지요. 반드시 대육임大六壬[39]의 방법을 써야 합니다."

가용은 다시 그 점을 부탁하면서 한 시각[40]을 알려 주었다.

모반신은 곧 종이에다 동그라미를 하나 그려서 신장神將을 차례로 앉히고 세어보았다. 나오는 괘상은 술시戌時의 백호白虎였다. "이 점괘는 '백화과魄化課'라는 것입니다. 대체로 이 백호란 놈은 흉신으로서 왕성한 기운을 만나 제압을 받게 되면 해를 끼칠 수 없지만 지금처럼 악귀가 살판을 치고 시후時候가 죽을 때를 만나게 되면 그놈은 굶주린 범이 되어 반드시 사람을 해치게 됩니다. 그래서 이 괘는 마치 혼백이 놀라면 없어지는 것과 같다고 하여 '백화魄化'라고 부릅니다. 이 괘상을 그대로 말씀드린다면 사람의 몸은 혼백을 잃고 우환은 끊일 사이가 없는 것으로서 병난 사람은 죽기 마련이요, 소송을 하면 지고 만다는 겁니다. 상象에 의하면 저문 날에 범이 나온다고 했으니 그 병은 틀림없이 저녁나절에 얻은 걸 겁니다. 그리고 상에는 또 '대체로 이런 괘가 나온 까닭은 반드시 구택舊宅에서 복호伏虎가 장난을 치고 있어서 그 모양을 보았거나 그 소리를 들었음이다'라고 나와 있습니다. 지금 주인께서 자당을 위해 점을 치셨는데 그 괘상은 범이 양陽에 있을 땐 남자에게 근심이 있고, 음陰에 있을 땐 여자에게 근심이 있는 것으로서 여간 흉험한 것이 아닙니다."

"아, 됐습니다. 구성이 나타났습니다! 사시에 신령님이 나타

39_ 점복의 일종. 오행인 수화목금토에서 수가 시작이다. 임은 수에 속하며 육십갑자 중에 임이 여섯 번째이니 육임이라 부른다. 天上十二辰과 地上十二方位를 배합하여 길흉을 推算한다.

40_ 십이지 가운데의 어느 하나를 가리킨다. 점을 치려는 사람이 그것을 말해주면 점장이는 거기에 따라 점친다.

나서 구원해주신다고 했으니까요. 이것을 가리켜 '백화혼백
魄化魂鬼(혼백이 나갔다가 다시 돌아온다)'라고 하지요. 이렇게
처음에 근심이 있었다가 나중에 기쁨이 있는 건 상관이 없습
니다. 그저 조심만 하면 되겠습니다." 102회, 7권, 14~15쪽
"청문인 죽어서 대관원에 있는 부용꽃 귀신이 되고, 대옥아가
씨가 운명할 땐 공중에서 이상한 음악소리가 들려왔는데, 그
아가씨도 틀림없이 무슨 꽃을 맡아보는 신이 되었을 거라구
요. 그렇게 많은 귀신들이 대관원에 들어있으니 어떻게 말썽
이 없겠습니까. 전에는 사람들이 많고 양기가 우세한 탓으로
그곳을 다녀와도 무관했지만 지금은 아주 황량하게 돼 있는
형편 아닙니까? 그러니 어머니가 그리로 지나시다가 혹시 어
떤 꽃을 밟으셨는지 아니면 다른 무엇에 부딪치셨는지 알 수
없는 일이지요. 그러고 보면 그 점괘가 제법 들어맞는 것 같
습니다." 102회, 7권, 15~16쪽

③ "점장이의 말로는 술일이 되면 나을 거라고 합니다. 그런데
그 날보다 한 이틀쯤 앞당겨 낫거나 한 이틀쯤 미루어 나았
으면 좋겠습니다." "글쎄 그 점장이의 말이 꼭 그렇게 들어
맞는 경우엔 아버님께도 좋지 못한 일이 생기리라는 거니까
요." 가진은 곧 하인들을 시켜 지전을 사다가 대관원에 들어
가 태우게 했다. 그 때문이었는지 그날 밤부터 우씨는 땀을
내면서 얼마쯤 안정이 되었다. 술일이 되자 병은 과연 점차
나아지기 시작했다. 그 뒤 얼마 안 있어 과연 가진이도 앓아
눕게 되었다. 102회, 7권, 16쪽

④ "만일 다시금 그런 꿈이 꾸어진다면 난 똑똑히 보아둘 테야.
그런다면 점을 안치고도 앞일을 미리 알 수 있을 테니까."

"지난해 당신은 저더러 남에게 상서롭지 못한 말을 하지 말라고 하시더니 어때요? 그 점괘가 맞지 않았어요?" "전 단지 그 분이 뽑은 점대에 나타난 말을 가지고 아무렇게나 풀이를 했을 뿐이예요."　　　　　　　　　　　　　114회, 7권, 229쪽

점괘는 모두 6조이며 내용은 도박점(1조), 범인점(1조), 병점(4조)으로 나눈다. 병점이 단연 우세하며 유명한 점장이를 불러 문복하고 발병 원인으로 여인의 살, 관귀의 발동, 음기의 꽃을 밟은 것 등이 점쳐진다. 의사를 청하기보다 점장이의 점괘를 더 신뢰한다. 혹은 문복을 통하지 않고 꿈에서 계시를 받기도 한다. 점구占具로는 『주역』, 정화수, 향안, 점통, 동전, 시초, 지전, 점대 등을 사용한다. 점장이는 정한 물에 손을 씻고 점통을 들고 향안 앞에서 점괘를 뽑는다. 점복 결과는 매우 영험하며 문복자는 사례금을 치렀다.

(2) 신첨

이는 점괘에 속하는 점법이지만 사원이나 도관에서 행해진 내용을 따로 분류한다. 신불神佛 앞에서 제비를 뽑아 길흉을 점친다. 제비는 가늘고 긴 대나무 조각이나 나무 막대기에 문자나 부호 따위를 새겨 만들었다. 위진남북조 술사들은 『주역』의 음양오행에 근거하여 운문이나 시가에 의탁하였다. 죽첨竹籤에 새기어 복자卜者가 뽑아 점을 친다. 향과 초, 제물 등 경비가 안 드는 편리함에 지위고하와 귀천을 막론하고 성행하였다.

1) 병점
① 한 도파가 나서서 묘옥을 달래며 여승들에게 급히 부처님 앞에 예배하고 신첨을 뽑아보라고 했다. 여승들이 신첨을 뽑아

서 펼쳐보니 그것은 서남쪽 구석에 있는 음인陰人(死人, 陰鬼)의 장난이라고 쓰여 있었다. "맞아요! 대관원의 서남쪽 구석이라면 워낙 사람이 살고 있지 않으니 반드시 음기가 차 있을 거예요."　　　　　　　　　　　　87회, 6권, 108~109쪽

② "산화보살님은 근본이 깊고 도술도 여간 높지 않아요. 그런 내력을 가지고 있는 보살님이시기 때문에 누구나 발원하게 되면 그 원을 들어주시고, 때때로 현신하셔선 사람들의 불행을 구원해주시는 거예요. 바로 그렇기 때문에 세상 사람들은 사당을 세우고 불상을 만들어서 공양을 드리는 게 아니겠어요?" "만일에 뽑아봐서 내가 속으로 생각하고 있는 것이 그 점괘에 나타나준다면 나도 앞으로 신도가 되겠어요." "저희 네 절의 점대는 여간 영험하지가 않아요. 내일이라도 오셔서 한번 뽑아보세요." "그렇거든 차라리 모레 초하룻날까지 기다렸다가 그날 가서 뽑아보렴."　　　101회, 6권, 372~373쪽

③ 희봉은 불상을 바라볼 생각이 없어 그저 정성어린 마음으로 절을 하고는 두 손으로 점통을 받쳐 들고 속으로 대관원에서 망령을 만났던 일이며, 몸이 불편한 일들을 죄다 고하고 나서 그것을 세 번 흔들었더니 잘그락 하는 소리와 함께 통 안에는 점대 한 가치가 튀어 나왔다. 다시 공손히 절을 한 뒤 그것을 집어보니 거기엔 '제삼십삼첨第三十三籤, 상상대길上上大吉'이란 글자가 쓰여져 있었다. 대료가 즉시 점책을 펼치고 찾아보니 거기엔 '왕희봉의금의환향王熙鳳衣錦衣還鄕'이라고 쓰여 있었다. "아씨, 이것은 대단히 좋은 괘입니다. 그렇게 되면 아씨도 그 편에 고향으로 가 보시게 될 테니 그게 '금의환향'이 아니고 뭐겠어요?" 대료는 점괘를 베껴서 시녀에게

주었다. 뒤미처 대료가 잿밥을 내왔지만 희봉은 두어 술 뜨
는 둥 마는 둥 하고는 곧 돌아갈 양으로 향화료香華料를 내놓
았다.   101회, 6권, 375쪽

  2) 실물점 : "점장이한테 점을 쳐봤는데 모두 전당포에 가면 있을
     것이라고 하니 불원간 찾기는 찾게 될 거예요.""그 옥은 보옥
     의 명줄이나 다름없는 거야."   95회, 제6권, 254쪽

  신첨은 모두 4조이며 내용은 병점(3조), 실물점(1조)으로 나눈다. 묘옥, 희
봉, 보옥과 관련된 병점이 나타나며 초하룻날 불당에서 부처님과 산화보살
님께 예를 갖춰 점을 친다. 점장이는 문복자에게 점괘를 베껴서 준다. 점구
로 향, 점통, 점대, 점책 등이 사용되며 역시 향화료가 지불된다.

(3) 측자

  탁자拆字, 파자破字, 상자相字라고도 한다. 『춘추』에 이미 그 기록이 보이
며 측자測字的는 문자점, 즉 글자풀이로 점을 치는 점장이를 뜻한다. 죽간,
죽첨, 귀갑, 죽기竹箕를 사용하지 않고 중국문자의 특징인 방괴자方塊字(네모난
글자)를 이용한다. 문자를 편偏, 방旁, 관冠, 각脚 따위로 분해하여 그 뜻에 따
라 일의 길흉을 점친다. 분향도고焚香禱告하며 특별한 점구가 필요없어 쉽게
점친다. 점복 방법은 문자의 증감, 인신별자引申別字, 필세분석筆勢分析으로
나눈다. 수당隋唐 양대는 점성과 복서의 술이 크게 유행하였으며 북송 휘종
徽宗 선화연간宣和年間 술사 사석謝石 출현 이후 측자가 비로소 성행한다.

  1) 실물점
     ① "그런데 주인양반이 기어코 그것을 밝혀내야 하겠다면서 거
        리에 있는 한 점장이(測字的)에게 점을 쳐보이지 않겠어요?

그런데 유철취劉鐵嘴라고 하는 그 점장이先生는 단번에 자신
있는 소리를 하더랍니다. 그래서 점장이가 말한 대로 찾아보
았더니 정말 그 물건이 나오는 게 아니겠습니까?" "거리에
있는 그런 점장이는 믿을 게 못 되요. 난 남방에 있을 적에
묘옥스님이 점괘에 귀신이란 소문을 들었어요. 그러니 그에
게 물어 보는 게 좋지 않겠어요? 또 듣건대 그 옥돌은 이상한
신통력이 있는 물건이라니까 틀림없이 맞혀낼 거라고 생각
되는군요." "임지효가 점을 쳐보았는데 그 구슬은 절대로 없
어지지 않을 거고 머지않아 누구든 꼭 가져다 줄 사람이 있
을 거래요." "점괘에 나온 글자는 무슨 글자래요?" "제 기억
에 점괘에 나온 글자가 준다는 '상賞'자였다는 것 같아요.
그런데 그 유철취라는 점장이는 이쪽에서 뭐라고 하기도 전
에 무슨 물건을 잃은 게 아니냐고 묻더라나요?" "점장이는
또 이런 말을 하더래요. '상賞'자는 위에 작을 '소小'자가
있고, 중간에 입 '구口'자가 있는 거니까 이 물건은 입안에
넣을 수 있을 만큼 한 것으로서 반드시 구슬이나 보석일겁니
다 하고 말에요." "그 사람 말이 '상賞'자에서 아래에 있는
'패貝'자를 떼 내면 본다는 '견見'자가 되니까 그것은 곧 보
이지 않게 되었다 그 말이래요. 그리고는 또 '상'자의 윗부
분을 '당當'자로 풀이를 하면서 빨리 전당포에 찾아가면 사
람이 있을 거고 또 사람이 있는 한 그것을 물려받으면 될 것
이니 결국 돌려줄 '상償'자가 되지 않겠습니까? 하더래요."

94회, 6권, 239~240쪽

② "그 해에 옥을 잃고서는 임아저씨가 점을 쳐오지 않았어요?
그 후 아씨께서 이리로 시집을 오셨을 때 저희들은 그 점괘

에 '상賞'(상줄 상) 자가 나왔었다고 말씀드렸었지요?""지금 생각해보니 그 '상' 자의 의미도 똑똑히 알 수 있구나. 그건 중이라는 화상和尙의 '상尙'(오히려 상) 자가 위에 있는 거니까 중이 가져갔다 그 말이 아니겠어?""언젠가 옥을 잃어버렸을 적에 묘옥스님한테도 점을 쳐 본 일이 있잖아요? 그때에 나왔던 글귀가 '청경봉하의고송靑埂峰下倚古松'(청경봉 아래의 노송 옆)이라는 거였고, 그밖에 '입아문래일소봉入我門來一笑逢'(나의 문으로 들어오면 웃음으로 맞으리)이라는 구절도 있었지요. 생각해보면 '입아문入我門'이라는 말에는 상당히 깊은 의미가 들어있는 것 같아요. 불교의 법문法門은 더할 나위 없이 크다고는 하지만 오빠같은 분은 들어가실 수 없지 않을까 생각해요." 그러나 보옥은 '청등고불방靑燈古佛傍'(부처님 모시고 푸른 등불 앞에 앉았네)라는 시구를 생각하고는 자기도 모르게 연거푸 후후 한숨을 내쉬었다.   116회, 7권, 273~274쪽

측자는 모두 2조이며 내용은 실물점(2조)이다. 보옥의 생명을 상징하는 옥을 찾기 위해 점장이에게 문복하며 시문을 통해서도 미래를 예측한다.

(4) 부계

소선召仙·선계仙乩라고도 한다. 계는 부란扶鸞, 부기扶箕로 신선이나 신화전설속의 신조神鳥인 난鸞을 청한다. 나무로 된 틀에 목필을 매달고, 그 아래 모래판을 두고 두 사람이 틀 양쪽을 잡고 신이 내리면 목필이 움직여 모래판에 쓰여지는 글자나 기호를 읽어 길흉을 점치는 붓점占이다. 계선은 청자고請紫姑(자고를 청한다), 영자고迎紫姑(자고를 맞이한다)라는 명의를 지니며 자고신(農事女神·厠神)[41]을 맞아 인사길흉을 점치는 것에 그 기원을 둔다. 종름宗

懷의 『형초세시기荊楚歲時記』에 자고고사와 정월 십오일 밤 민간에서 자고신을 맞아 농잠農蠶과 미래를 점쳤다는 기록이 전한다.[42] 남송에 이르러 술사에 의한 부계문복扶乩問卜이 크게 성행하였다. 부계는 본래 부기라 하며 변소의 신을 불러내 그 계시를 얻는 점술이다. 부는 "틀이나 시렁을 붙잡는다", 계는 "점을 쳐 묻는다."는 뜻이다. 부계는 자고신앙에 의거하여 당나라 때 생겨 명·청대에 이르러 크게 성행하였다.

일반적으로 삼태기나 키 대신 나무로 만든 고무래 정丁자 모양의 시렁을 두 사람이 붙잡고 선다. 청신請神하면 신의 계시에 따라 고무래 모양의 늘어진 부분(붓을 달기도 함)이 모래를 담은 소반 혹은 종이 위에 그림이나 문자 비슷한 모양을 그려(降筆·降箕) 신의 의지나 계시를 보여주거나 또는 문복에 대한 해답을 말한다. 명청대에 부계가 크게 유행하면서 이를 전문 직업으로 하는 점장이가 출현했으니 이들을 계선乩仙이라고 불렀다. 이들은 매번 변소에 가서 자고신을 불러내기가 불편하자 집안에 계단乩壇을 차려놓고 부계점을 쳤다. 나중에는 자고 외에 옥허진인玉虛眞人, 태을진인太乙眞人, 남화진인南華眞人, 관성제군關聖帝君 등을 청해 점을 치기도 했다. 송대 심괄沈括, 소식蘇軾 등이 부계점을 믿었다는 기록도 전한다. 청대 필기소설에서 부계에 대한 묘사가 비일비재한데 원매袁枚의 『자불어子不語』, 오경재吳敬梓의 『유림외사儒林外史』에서 나타난다.

참고로 계동乩童은 부란을 행하는 동자를 가리킨다. '출교자자出轎仔字'는

41_ 南朝 劉宋 劉敬叔, 『異苑』 5卷 : 자고신은 생전에 어느 집 첩이었다. 본처의 학대를 받았고 더럽고 힘든 일을 했다. 모년 정월 15일 격분하여 죽었는데 후에 신이 되었다. 매년 정월 15일 저녁 사람들은 여자 조형물을 만들어 의복을 입혀 자고신으로 삼았는데 측간이나 돼지우리에 세워 두었다. 자고신을 맞이할 때 반드시 먼저 말하길 "子胥(자고 생전의 남편)가 부재하고, 曹姑(자고 남편의 본처) 역시 돌아갔으니 小姑는 가히 나타나시오." 했다. 자고신의 전설과 점복풍속 역사는 오래 되었다. 후세 부기의 점복방법, 箕(키)·掃(빗자루)에 내린 신령의 신분·형상과 신통 등은 비록 유경숙이 기록한 자고신과는 다르나 여전히 비천한 여성을 가리킴에 있어 밀접한 관계를 맺고 있다.
42_ 종름 저, 상기숙 역저, 『형초세시기』(집문당, 1996), 83~85쪽.

계동이 탁자 위에서 신교神輸를 들어 올려 옮기면 가마의 다리가 각종 흔적을 그린다. 이를 보아 계동이 신의 계시를 해석하며 신교는 수교手輸(1, 2인)와 사교四輸(4인)로 분류한다. "동계를 본다[觀童乩]"는 "신명에게 묻다[問神明]"로 일종의 강신술에 속한다. 기도하여 수신守神[43]_을 청하면 계동의 몸에 강림하여 계시한다. 원래 계동은 무격의 일종이나 전문업의 홍두사공紅頭司公(도사)과는 다르다. 계동의 출현은 대부분 특수한 환경에서 우연히 발생한다. 예를 들면 사묘에서 신상을 위해 처음 제전을 거행할 때 계동은 매우 흥겨운 분위기에서 자신이 이미 신탁을 받은 자임을 표시하고 영험을 드러내 보인다. 대중 앞에서 어깨를 찢고 못을 박은 의자나 침대에 앉거나 눕고 칼 사다리를 올라가고 칼을 걸어 만든 다리 위를 걷는다. 뜨거운 기름에 손을 씻거나 입으로 뿜어내고 도끼나 칼로 머리를 손상시키고 대 바늘을 입 주위나 양쪽 팔과 다리에 꽂고 양쪽 뺨을 관통시킨다. 반라로 머리를 풀어헤치고 온 몸에 피가 낭자하여 광인의 행태를 보인다.[44]_

1) 범인점 : "그러면 나리님께서는 어디 판수를 불러다 보자 하시면서 관아에다 제단을 만들어놓은 다음 판수에게 점을 치게 하고는 군민 간에 누구나 마음대로 와서 구경하게 하거든요. 그런 뒤에 나리님께서는 판수의 점괘풀이(乩仙批語)라고 하면서 뭇사람들 앞에서 이런 말씀을 합니다. '저 죽은 풍연과 설반薛蟠은 전생에 맺은 원수지간이라 이번에 매듭짓기 위해 외나무다리에서 만나게 된 것이다. 그런데 설반은 이름 모를 병에 걸려 풍연의 혼의 원수 갚음으로 죽어버렸으니 이로써 두 사람 사이에 맺

43_ 玄天上帝, 王爺인 朱王爺 · 溫王爺 · 池王爺, 기타 太子爺 · 關帝爺 · 東嶽大帝 등 諸神.
44_ 상기숙, 「대만 샤머니즘 연구의 흐름과 경향」, 『한국무속학』 제22집(한국무속학회, 2011), 2, 7~37쪽.

힌 원한은 매듭을 지은 셈이다.'"   4회, 1권, 89~90쪽

2) 실물점 : 묘옥은 도파에게 향을 피우게 했다. 그리고는 궤짝 속
에서 사반砂盤과 점대를 꺼내어 부적을 쓰고 수연에게 기도를
올리게 했다. 수연은 묘옥이가 시키는 대로 묘옥과 함께 점붓을
매어놓은 활의 양끝을 쥐고 있었다. 이윽고 신선의 점붓은 덜덜
떨리기 시작하더니 다음과 같은 글을 써내는 것이었다. 아, 흔적
없이 찾아들고 흔적없이 사라질 물건. 청경봉 아래에 소나무 한
그루. 기어이 찾고저 할진대 첩첩한 산을 넘어 나의 문으로 들
어오라. 웃으며 만나게 되리라. 이렇게 쓰고 나서 점붓은 멈추
었다. "부탁드린 신선은 누구신가요?" "철괴선鐵拐仙[45]_이에요."

                                   95회, 6권, 243~245쪽

부계는 모두 2조이며 내용은 범인점(1조), 실물점(1조)으로 나눈다. 점은
판수, 비구니(묘옥)에 의해 이루어진다. 사람들은 점괘풀이에 대해 완전 신뢰
하고, 철괴선을 청신한다. 점구로 향, 사반, 점대, 부적, 점붓 등이 사용된다.

(5) 팔자

생진팔자生辰八字(年庚八字)는 고대 한족의 산명술算命術로 전국시대 귀곡자
鬼谷子, 낙록자珞琭子 등이 조종祖宗이다. 그러나 생진팔자 추산법推算法의 수
공자首功者는 당대 이허중李虛中과 송대 서자평徐子平이다. 이허중은 음양오행
을 강구하여 출생의 년, 월, 일의 천간지지에 근거하여 인간의 부귀수요富貴
壽夭, 길흉화복을 추산한다. 서자평은 이허중의 간지법에서 발전하여 년, 월,

45_ 도교에서 받드는 八仙[李鐵拐(鐵拐李), 種離權(漢種離), 張果(張果老), 呂洞賓, 何仙姑, 藍采和, 韓湘子,
曹國舅]의 하나.

일, 시 사주를 보아 그 명운을 예측한다. 후인은 생진팔자법, 자평술子平術이
라 부른다.

1) 사주점 : "몇 해 전 어느 정월달이었어요. 지방에서 웬 점장이(算
命的) 하나를 천거해왔는데 점을 귀신같이 잘 친다는 게 아니겠
어요? 그래서 노마님께서는 원춘 귀비의 사주팔자를 여러 시녀
들의 사주팔자에 섞어서 그 점장이(先生)에게 보내 점을 쳐보게
했었지요. 그런데 점장이는 그것을 보기가 무섭게 이 정월 초하
룻날에 출생한 아가씨는 아무래도 시각이 틀린 것 같습니다. 그
렇지 않고는 이처럼 고귀하신 분이 그냥 이 댁에 머물러 계실
까닭이 없을 테니까요 하는 게 아니겠어요. 대감님들을 비롯한
여러 부인들은 틀렸거나 어쨌거나 그 팔자대로 보아달라고 했더
니 점장이는 '갑신년, 정월 병인, 이 네 글자 가운데 상관傷官(관
록이 상하다)과 패재敗財(재물을 잃다)의 뜻이 들어있습니다만 신神
자 안에만은 정관正官과 녹마祿馬의 뜻이 있는 것으로 이것은 집
에서 기를 수도 없거니와 또 그래서 좋을 것도 없구요. 그날은
마침 을묘일이니 초춘初春은 목기木氣(나무들의 기운)가 왕성하여
비견比肩(점장이들의 술어로 갑과 갑이 맞섬을 말함)이라지만 이런
경우에는 비할수록 좋은 겁니다. 다시 말할 것 같으면 목재란
깎으면 깎을수록 훌륭한 재목이 되는 거지요' 라고 하더래요.
그리구 태어난 시각을 보더라도 신금辛金은 귀한 신분을 암시하
는 거고 사巳에는 정관, 녹마가 홀로 왕성할 뜻이 있은즉 이런
것을 두고 비천녹마격飛天祿馬格이라 한다구요. 또 일의 녹마가
태어날 시각에 모여 있으니 이것은 매우 귀중한 것이며, 천天과
월月의 두 덕德이 본명을 차지하게 될 것이니 일후에 반드시 귀

한 신분으로 크게 사랑을 받게 될거라구요. 이어서 또 '이 아가씨가 만일 시각만 틀리지 않는다면 틀림없이 왕후마마로 될 것입니다' 하더래요. 그러니 얼마나 신통한가 말예요. 그렇지만 이런 소리도 하더래요. '애석하게도 부귀와 영화는 오래가지 못해 인년寅年의 묘월卯月이 위태할 것입니다. 이것은 비比에 비가 겹치고, 겁劫에 겁이 겹쳐 마치 아무리 훌륭한 재목이라 하더라도 너무 지나치게 가공을 하다보면 나무의 바탕이 약해지는 것과 같은 이치지요'하고 말예요. 그런데 다들 이 말은 까맣게 잊으시고 공연히 당황해하셨지 뭐예요. 전 그걸 잊지 않고 있었기 때문에 우리 큰 아씨한테 귀띔을 해드렸던 거예요. 올해가 어째서 인년의 묘월에 해당한가구요." 보채가 하던 말을 다 끝내기도 전에 설과가 가로막아 나섰다. "지금은 남의 얘기만 하고 있을 처지가 못 됩니다. 이왕 그처럼 귀신같이 알아맞히는 점장이가 있다면 그 사람한테 형님의 운수나 보여 봤으면 좋겠어요. 올해에 무슨 액운이 끼여서 이런 재난을 겪게 되는가구요. 어서 팔자를 써주세요. 제가 가서 점을 쳐보고 올 테니까요."

86회, 6권, 83~85쪽

2) 신수점 : "그런데 저 녀석이 저렇게 백치가 다 된 꼴이니 앞으로의 일을 어디 알 수가 있느냐. 그래서 내가 어저께 내승의 여편네더러 거리에 나가 보옥의 신수를 보아오랬다. 그런데 그 점장이의 말이 제법 신통하구나. 금의 운명을 가진 사람이 옆에서 받들어주도록 혼인해야지 그렇지 않다가는 목숨을 건지기 어렵겠다구 말이야." 96회, 6권, 264~265쪽

팔자는 모두 2조이며 내용은 사주점(1조), 신수점(1조)으로 나눈다. 점장

이에게 원춘귀비의 사주팔자와 보옥의 신수점을 의뢰 이들의 앞날을 예견하며 액막이를 제시한다.

(6) 오락점

오락 유희에 의하여 그 해의 운수를 점치는 것으로 연날리기, 낚시, 윷놀이, 그네뛰기 등이 있다.

> 1) 병점 : "연날리는(放風箏) 재미는 바로 거기에 있어요. 그렇기 때문에 '재액을 날린다'고 하는 게 아녜요. 대옥아가씬 응당 남보다 더 많이 날려야 해요. 그래서 아씨의 병을 뿌리 채 싹 뽑아가게 말예요." 그리고는 설안의 손에서 조그마한 서양제 은가위를 받아들고 연줄을 얼레 밑까지 바싹 싹둑 잘랐다. "자, 이젠 아가씨의 병을 송두리째 다 쓸어갔을 거예요."
>
> 70회, 5권, 98~100쪽
>
> 2) 신수점 : "자, 그건 그렇다구 치고 오늘 낚시질(釣魚)을 해봐서 누구의 운수가 좋은가 점이나 쳐보자구.[46] 고기를 낚아내는 사람은 올해에 운수가 좋은 거고, 그렇지 못한 사람은 운수가 나쁜 거야." 81회, 5권, 342쪽

오락은 모두 2조이며 내용은 병점(1조), 신수점(1조)로 나눈다. 즉 연을 날려 대옥의 병을 점치고 제액하며, 낚시를 하여 그 해의 운수를 점친다.

46_ 占旺相(王相 : 운수가 좋음). 『論衡』「命祿篇」: 春夏囚死, 秋冬王相. 수사, 왕상은 모두 음양가 술어. 조어점은 낚시를 하여 한 해의 운수(運氣)가 좋은지 나쁜지를 점치는 것이다.

(7) 감여

천상天象을 관찰하여 지역의 길흉을 판단하는 점법이다. 감여가堪興家는
땅을 보아 인사길흉 및 장래의 운명을 결정한다. 『회남자淮南子』「천문훈天
文訓」에 "감堪, 천도야天道也. 여興, 지도야地道也."라고 하였다. 풍수라고도 하
는데 진대晉代 곽박郭璞의 『장서葬書』에 그 명칭이 처음 보인다.[47] 바람과 물
을 이용하여 기를 얻는 법술로 청오술青烏術,[48] 청조술青鳥術이라고 한다. 풍
수선생은 산사람이 사는 곳을 양택, 죽은 사람을 사는 곳을 음택이라 부르
며 산, 수, 방위로 길지를 판단한다. 음택은 유교의 조상숭배 사상과 관련있
으며 길지에 조상의 묘를 써 자손의 부귀영화를 구한다. 간룡법看龍法, 장풍
법藏風法, 득수법得水法, 정혈법定穴法, 좌향법坐向法 등이 있다. 『홍루몽』에서
보여지는 감여는 묘지상지墓地相地이다.

> 1) 자손점 : "그런데 어떻게 되어 자손들은 이처럼 난봉들만 두셨는
>   지 몰라. 아마도 선산의 그 좋은 풍수를 큰 대감님 혼자서 다
>   차지하셨던가 봐."   67회, 5권, 36쪽
>
> 2) 범인점 : "어느 마을에 원제묘元帝廟[49]가 하나 있었는데 그 옆에
>   는 또 토지사土地祠가 하나 있었다나. 그래서 원제는 늘 토지신
>   을 불러다 한담하며 놀았지. 그러던 어느 날 원제묘에 도적이
>   들었기 때문에 원제는 곧 토지신을 보고 조사해오라고 했네. 그
>   러니까 토지신은 이렇게 품했지. '이곳에는 도적이 없습니다. 그

47_ "葬者, 乘生氣也. 經曰 : 氣乘風則散, 界水則止, 古人聚之使不散, 行之使有止, 故謂之風水."

48_ 唐 王瓘 『軒轅本紀』 : 黃帝始劃野分州, 有青烏子善相地理, 帝問之以制經.

49_ 현천상제를 모셔놓는 사당. 玄帝廟. 현제는 玄武. 『後漢書』「王梁傳」 : 玄武, 北方之神, 龜蛇合体. 도
교에서 현무를 제사지내며 宋朝에 휘자로 玄을 眞으로 바꾸었다. 그러므로 '鎭天眞武靈應祐聖帝君'으로 받
들었는데 簡稱은 '眞武帝君'이다.

건 필시 원제님의 신장神將이 부주의한 탓으로 타 고장의 도적
에게 물건을 도적맞으신 걸 겁니다.' '부주의라고 말씀드리기는
했지만 사실은 묘의 풍수가 좋지 않아서 그렇게 된 것입니다.'"

117회, 7권, 292~293쪽

감여는 모두 2조이며 내용은 자손점(1조), 범인점(1조)으로 나눈다. 선산
의 좋은 풍수가 자손들에게는 미치지 못했고, 원제는 묘의 풍수가 좋지 않
아 도적을 맞는다.

(8) 기타

1) "그래서 사람들이 해님을 보고는 태양이라 하고, 점치는 사람들
   이 달님을 말할 땐 태음성太陰星이라 하는 거였군요."

31회, 2권, 307쪽

2) "그렇지 않아도 난 그 따위 삼고육파三姑六婆[50]는 몹쓸 년들이라
   고 했던 거야. 우리 진씨댁에서는 지금까지 저 따위 잡것들을
   집안에 들이질 않았어." 112회, 7권, 190쪽

3) "따님은 바람을 맞은 데다 깨끗한 몸에 그 어떤 귀신이 접한 것
   같아요.[51] 제 생각엔 수서祟書[52]라도 보셔서 잡귀를 만나지 않
   도록 단속하시는 게 좋을 것 같군요." 유노파가 귀띔을 해주자

50_ 여러 가지 천한 직업에 종사하는 여자들. 三姑란 尼姑(여승), 道姑(여자 도사), 卦姑(여자 점장이)를
가리키며, 六婆란 牙婆(인신매매를 하는 여자), 媒婆(매파), 師婆(여자 무당), 虔婆(기생어미), 藥婆(병을 치
료하는 여자), 穩婆(산파)이다.
51_ 撞客 : 미신 용어로 撞克, 撞碰. 사람이 귀신을 만나 정신이 혼미하여 헛소리를 내며 병과 재해를 얻는다.
52_ 鬼神星命, 吉凶禍福을 강론한 미신 서적으로 어느 날 어느 신령이 앙화를 내리니 어떻게 막으라는
내용이다. 수는 鬼怪, 귀괴에 의한 禍.

희봉은 곧 평아더러 옥압기玉匣記를 가져오게 해서는 채명이더
러 읽어 보라고 했다. "여기로군요. 팔월 이십오일에 병을 얻은
자는 동남쪽에서 화신花神을 만났으리니 오색의 지전紙錢 사십
매를 동남쪽 사십 보 되는 곳에 보내면 대길하리라."

42회, 3권, 160쪽

4) "관부자關夫子53_의 평생 사적은 뚜렷한데 그 무덤이 어떻게 그토
록 많을 수 있겠어요. 이야기나 창극 같은 데서는 더 말할 것도
없고 점괘같은 데까지도 그런 이야기들이 주석되어 있어 남녀노
소를 불문하고 누구나 모르는 사람이 없어요."

51회, 3권, 351쪽

5) 음양생54_에게 택일하게 해서 입관入棺을 했다.

63회, 4권, 285쪽

점복에 관련된 기타 내용은 모두 5조이다. 사람들은 점장이를 절대적으
로 신뢰하고 의지하였으나 무당이나 도고道姑를 천시하여 사회적 지위가 매
우 낮은 것을 알 수 있다. 수서로 『옥갑기』를 읽어 제액하였고, 관부자를
숭배하고 장례 시 천문생天文生에게 택일하여 입관하였다.

『홍루몽』에서 언급한 '점장이'의 원문용어는 산명(算命的), 산명선생(算命
的先生), 산명관(算命的官), 팔자선생, 측자(測字的), 측자선생, 선생이라 하였다.
그 외 단공端公(巫師), 무파巫婆, 도파道婆, 천문생, 승僧, 화상和尙(僧), 법관法官,

53_ 關羽로 자는 雲長. 河東 解縣(지금의 山西 臨猗) 사람. 삼국시대 촉한의 대장으로 후세 봉건 통치계급
들이 그를 신격화하여 廟에 塑像을 만들어 앉히고 關公, 關帝라 불렀다. 文聖의 孔夫子에 비겨 武聖의 關夫
子라 불렀다.
54_ 天文生. 明淸 欽天監 관원 직명. 星辰·晴雨·風雷·雲霓 등 天象 기후를 관측하고 추산한다. 여기서
는 택일, 점복, 풍수를 보는 직업 점장이로 陰陽先生(風水先生, 堪輿先生)을 가리킨다.

도사道士, 비구니比丘尼, 일반인 등에 의해 점복과 예언 및 법술이 행해진다. 점은 점괘, 괘, 산명, 첨, 부계, 계선乩仙, 측자, 신첨, 참讖, 설시揲蓍(蓍草占), 대육임大六壬, 풍쟁점風箏占, 조어점釣魚占이 보인다. 점보는 것은 산명, 구첨 문복求籤問卜(卦), 청과선請過仙, 문복구신問卜求神, 연경팔자年庚八字라고 하였다. 제의에는 무파도신巫婆跳神, 무술작법巫術作法(굿), 법술, 도고禱告, 축고祝告, 기도, 헌獻(치성), 환원還愿,[55] 묘진향거廟進香去(廟宇에 가서 향을 태워 예배함), 충희沖喜(액막이) 등이 있다.

2) 예언

(1) 사주

1) "영감님께서는 명줄은 붙어 있어도 팔자가 기구하여 부모님께 화나 끼칠 애물을 품에 안고서 무얼 하시려오?" "그러지 말구 그 화근을 이 소승에게 맡기시우." 중은 진사은甄士隱에게 손가락질을 하며 껄껄 웃고 나서 시 한 수를 읊었다. 호방가절원소후好防佳節元宵後, 변시연소화멸시便是烟消火滅時(대보름 좋은 시절에 뒤를 삼가라. 불탄 자리에 연기 사라질 그때를).

1회, 1권, 25~26쪽

2) "아마 제가 세 살 나던 해였나 봐요. 듣자니 하루는 웬 문둥이 같은 늙은 중이 와서 '이 애를 나에게 맡기시오. 데려다 여승을 시키는 게 좋을 것 같수다' 라고 했다는 게 아니겠어요? 양친께 서는 어디 그럴 법이 있느냐고 했더니, 그가 하는 말이 '딸을 내

55_ 신불에게 발원하였던 일이 이루어져 감사의 禮參을 하다.

55_ 신불에게 발원하였던 일이 이루어져 감사의 禮參을 하다.

놓기 어렵다면 이 애의 병은 평생 낫지 않으리다. 병이 낫기를 바라거든 이 애에게 울음소리를 듣게 하지 말 것이요, 부모는 별문제지만 그 밖의 성씨가 다른 친척이나 친구들을 일체 만나게 말아야 하리다. 그래야 일생을 무사히 보낼 수 있을 거외다' 라고 했다는 게 아니겠어요!"   3회, 1권, 61쪽

3) 문득 맞은편 궤짝의 봉인에 '금릉십이채정책金陵十二釵正冊'이란 일곱 글자가 눈에 띄었다. "그것은 도련님이 살고 있는 금릉성에서도 가장 뛰어난 여자 열두 명의 사주팔자를 기록한 거예요. 그래서 정책이라고 하지요."   5회, 1권, 105~106쪽

4) 〈홍루몽서곡〉 전생에 맺은 목석의 연분만 하랴, 서로의 연분이 없다 한다면/무엇 하러 이 세상에서 서로 만났나? 서로의 연분이 있다 한다면/어찌하여 사랑은 이렇듯 야속한가? 잘되고 못됨은 팔자 탓이요/만나고 갈라짐도 연분입니다, 아아 생사는 인간의 정해진 운명인 것을/새삼스레 슬퍼한들 무엇 하리오! 귀공자와 인연이 없다고 어찌하여 한탄인가, 이것이 생사의 운명이거니 누가 피할소냐! 어찌하랴 인생의 사주팔자 하느님께 달린 것을, 만나고 갈라짐은 전생의 인연.   5회, 1권, 119~130쪽

5) 그 책의 표지에는 '금릉십이채정책金陵十二釵正冊'이라 쓰여 있었다. '금잠설리金簪雪裏'(금비녀는 눈 속에 묻혀 있도다)……'호토상봉대몽귀虎兔相逢大夢歸'(범과 토끼가 서로 만나면 한바탕 꿈이 되고 말 것을 : 원춘이가 범해의 토끼달 즉 인년의 묘월에 죽는다는 것임)…… '옳아, 알고 보니 그랬었구나! 이건 원춘누님의 운수임에 틀림없어. 만일 다 이렇게 명백할 것 같으면 아예 이걸 베껴다가 다시 잘 읽어봐야 겠는걸. 그러면 누金簪雪裏이들의 수명이라든가 행운이나 불행 같은 것을 미리 다 알 수 있을 테니까.' 이번에는

또 '금릉우부책金陵又副册'을 집어 들었다. '감선우령유복堪羨優伶有福, 수지공자무록誰知公子無綠?'(복 많은 그 배우 부럽기 그지없건만 귀공자에게 그런 연분 없을 줄 뉘 알았으랴)하는 구절이 있었다. 처음엔 그게 무슨 뜻인지 몰랐으나 그 위에 삿자리(花席 : 습인을 가리킴)같은 그림이 있는 것을 보고 보옥은 깜짝 놀라 소리내어 울었다.

116회, 7권, 263~264쪽

6) "보옥이란 곧 '보옥'(옥돌)이지요. 전년에 영국부와 녕국부에서 가산이 몰수당하기 전인데 보채와 대옥이 갈라지던 그 날에 그 옥은 벌써 세상을 떠나 있었던 겁니다. 그것은 첫째론 재난을 피하기 위한 것이었고, 둘째로는 서로 만나기 위해서였지요. 이 때를 계기로 해서 오랜 인연이 끝나버리자 그 옥은 형체와 질이 하나로 돌아가 버렸습니다. 그리고 또 얼마쯤 영험을 나타내어 우등으로 과거에 급제하고, 귀한 자식 하나를 세상에 남겨놓았지요. 그로써 그 옥은 영묘한 단련을 거친 세상에 드문 보배로서 범속한 인간세상에서는 비할 것이 없다는 것을 나타냈습니다. 그 옥은 전에 망망대사와 묘묘진진에 의하여 하계에 내려왔던 것인데 지금에 와선 세상인연이 찼기 때문에 그 두 사람이 다시 그걸 제 고장으로 가지고 갔지요. 이것이 보옥의 행방입니다."

120회, 7권, 361쪽

7) 식사를 마친 우촌이 다시 자기의 신수에 대하여 물어 보려는데 사은이 앞질러 말했다. "선생은 이 암자에 잠깐 머물러 주시오. 난 아직 속세와의 인연을 한 가지 끝내지 못했는데 오늘로 그것을 마칠 생각입니다." "내 딸 영련이가 어려서 도적에게 붙잡혀 갔는데 선생이 처음 임직하셨을 때 그 일을 판결해 주셨지요.

지금은 설씨댁에 시집가 있지만 난산으로 해서 겁을 마치고 아들 하나를 남겨 대를 잇게 해놓았습니다. 지금 이 시각이 바로 속세와의 인연을 끝내고 해탈하는 때이므로 마중가지 않을 수 없습니다." 딸의 집으로 가서 향릉을 제도 해탈시켜 태허환경으로 데리고 온 진사은은 경환선녀에게 그를 넘겨주어 장부책과 대조하게 했다. 그런 뒤 막 다락문을 돌아서는데 예의 그 중과 도사가 다가왔으므로 사은은 그들에게 인사를 했다.

120회, 7권, 363~364쪽

(2) 혼례

1) 보채는 전날 어머니가 왕부인이랑 여러 사람들 앞에서 자기가 가지고 있는 금붙이 이야기를 하면서, 그것은 어떤 중이 주고 간 것인데 훗날 옥을 가진 사람을 만나야만 혼인할 수 있다는 말이 있었으므로 늘 보옥이와는 멀리하려고 애써 오는 터였다.

28회, 2권, 250쪽

2) "언젠가 웬 스님이 와서 하는 말이 이애는 너무 일찍 장가를 보내선 안된다구 하더군요. 그러니 좀 더 큰 뒤에 보기로 하지요. 하지만 도사님이 좋은 혼처를 미리 보아 두시는 것도 좋을 것 같아요."

29회, 2권, 261쪽

(3) 생일

1) "한번은 그 애의 생일날이 되어 아버지 되는 가정 대감이 그 애의 장래 지향을 알아보려고 생일 상위에 이 세상의 별의별 물건

을 다 벌려놓고 집게 했더니 글쎄 하구 많은 물건 가운데서 집
는다는 것이 모두가 분이니 비녀니 팔찌니 하는 여자들이 쓰는
물건뿐이더라나. 가정 대감은 대번에 안색이 달라지며 장차 주
색에 빠질 난봉꾼밖에 못될 녀석이라구 욕하셨다는 거야."⁵⁶⁻

2회, 1권, 47~48쪽

(4) 성명

1) '저 친구가 이렇게 나하고 이름도 인물도 꼭 같을진댄 역시 삼생
석三生石의 옛 정혼精魂임이 틀림없을 것이다.' "또 그렇기 때문
에 숙부님의 지극한 사랑을 받고 계시고 장차 자리위의 보배가
되실 겁니다. 그래서 전 그 이름이 형장에게 가장 걸 맞는다고
말씀드리는 거예요." 115회, 7권, 247~248쪽

(5) 가운家運

1) "'하늘의 기밀은 누설하지 말라'고 하였어요. 그렇지만 아주머니
와는 남달리 친한 사이였으니만큼 이별을 앞두고 글귀를 두 마
디만 읊어드릴 테니 잘 들어두세요." 하고는 천천히 시 두 구절
을 읊었다. 삼춘거후제방진三春去後諸芳盡, 각자수심각자문各自須
尋各自門!(세 봄이 지난 뒤엔 뭇꽃들이 시들리니/뿔뿔이 제 갈 길을 찾
아 흩어지리라). 13회, 1권, 255~256쪽

56_ 抓取 : 抓周·試兒. 갓난아이가 만 1세가 되는 생일 집안사람들이 각종 물품을 늘어놓아 아이로 하여
금 임의로 집게 한다. 집은 물품으로 아이의 미래 志向과 전도를 예측한다.

2) "착한 일에 복이 있고, 음란한 일에 재난이 있는 것은 천하에
정해진 이치지요. 지금 영국부와 녕국부에서는 착한 사람은 복
을 받고, 악한 자는 뉘우치고 있으므로 장차 난초와 계수나무가
함께 향기를 풍기고 가도家道가 재흥할 것은 의심할 여지가 없
습니다. 이것은 자연스러운 이치니까요." "지금 그 댁에 란이라
고 하는 사람이 있어서 이미 거인에 급제했습니다. 그 란이란
이름이 방금 말씀하신 '난초'란 말과 일치하군요. 그리고 '난초
와 계수나무가 함께 향기를 풍기고' 또 '보옥이가 우등으로 과
거에 급제를 하고, 귀한 자식 하나를 세상에 남겼다'고 말씀하
셨는데 그건 그 사람에게 유복자가 있게 되며, 그 유복자가 앞
으로 크게 출세할 거라는 말씀이 아닌가요?"

120회. 7권, 362~363쪽

(6) 기타

1) "당신은 모년 모월 모일 모시에 도홍헌悼紅軒이란 곳에 가서 조
설근선생을 찾으시오. 가우촌의 말이라며 이러이러하게 부탁하
면 될 거요." 공공도인은 그 말을 명심해두었다가 몇 겁을 지냈
는지 모르나 여하튼 오랜 세월이 지나서 가보니 과연 도홍헌이
라는 곳에 조설근선생이 앉아서 역대의 사서를 펼쳐보고 있었
다. 공공도인은 가우촌의 말이라며 이『석두기』를 내보였다.

120회, 7권, 363쪽

예언은 모두 14조이며 내용은 사주(7조), 혼례(2조), 생일(1조), 성명(1조),
가운(2조), 기타(1조)로 나눈다. 등장인물의 사주는 승, 도사, 진사은 및 시구,

노래가사, 책의 기록 등을 통해 정확히 예언된다. 늙은 승은 진사은에게 영련의 앞날을 점치는데 예언대로 정월 대보름 딸을 잃는다. 금붙이를 지닌 보채는 옥을 가진 보옥과 훗날 혼례를 올린다. 돌날 보옥은 상위에서 여자들이 쓰는 분, 비녀, 팔찌 등을 집어 가정을 대노大怒하게 한다. 과연 보옥은 자라면서 공명을 가벼이 여기며 여자들을 좋아하여 어울린다.

3) 예조

(1) 몽조夢兆[57]_

> 1) "이거 보옥 도련님 아니신가요? 어젯밤에 꿈자리가 좋더라 했더니 이렇게 도련님을 만날 징조였군요."　　　 8회, 1권, 176쪽
>
> 2) "어젯밤에 내가 꿈을 하나 꾸었는데 정말 우스운 꿈이었어. 꿈에 웬 사람이 나를 찾아왔는데 낯은 익으나 이름은 모르겠더란 말야. 내가 무슨 일로 찾아왔느냐고 물었더니 그 사람은 왕후마마의 심부름으로 왔다면서 비단 백 필을 달라지 않겠어? 내가 다시 어느 왕후마마냐고 물었더니 우리 왕후마마는 아니라는 거야. 그래서 내가 주려고 하지 않자 그 사람은 성큼 구들로 올라서며 마구 빼앗으려들지 않겠어? 그렇게 한창 실갱이질을 하다가 그만 꿈을 깨고 말았어."　　　 72회, 5권, 138~141쪽
>
> 3) '아버님과 어머님이 돌아가신 지도 퍽 오래다. 그리고 보옥과 정식 약혼을 한 적도 없는데 어떻게 이런 꿈을 다 꾸게 되었을까?'

57_ 圓夢, 解夢, 釋夢. 술사들이 점을 의뢰한 사람이 꾼 꿈의 내용으로 미래의 길흉화복을 예측한다. 점몽술은 서주시대에 이미 유행하여 『詩經』 「小雅」 「五月」에 "召彼故老, 訊之占夢."이라는 기록이 보인다. 점몽은 음양오행에 근거하기도 하며 민간의 속신에 따라 점치기도 한다.

이처럼 의지가지없는 처지에 보옥까지 정말 죽어버린다면 자기
는 앞으로 어떡하나 싶었다. 대옥은 가슴이 떨리고 정신이 혼란
해졌다.   82회, 5권, 370쪽

4) "대부인께서 며칠 전부터 기분이 좋지 않아 하시면서, 눈만 감으
면 원비元妃의 모습이 보인다고 하시더래. 그래서 다들 걱정이
되어 궁중에 참내해봤더니 아무 일도 없으시겠지. 그런데 그저
께 밤에 말야, 대부인께서 혼잣소리로 '어째서 원비님께서 홀몸
으로 나한테 오셨을까?' 하시더라나? 그런데 다음날 대궐로부터
황후님의 병이 위독하니 부인들은 모두 참내하라는 분부가 전해
졌단 말야. 그분들이 아직 궁중에서 돌아오기도 전에 우린 벌써
주귀비가 돌아가셨다는 기별을 들었어."   86회, 6권, 83쪽

5) "그런데 대옥은 이미 태허환경으로 돌아가 있어. 그러니까 임자
가 꼭 그 사람을 찾을 생각이라면 마음을 가라앉히고 수양을 해
야 해. 그런다면 언젠가는 만날 날이 있게 되지. 그렇지 않고 생
을 거부하여 스스로 목숨을 끊는다든지 하는 죄를 범하게 된다
면 임자는 저승에 갇혀 임자의 부모들이나 만날 수 있을까 대옥
은 영영 만나지 못하고 말거야." 가만히 정신을 차리고 생각해
보니 그것은 한바탕 긴 꿈이었던 것이다.

98회, 6권, 310~311쪽

6) "요전 날 누가 그러는데 그 암자에 있는 도파 하나가 꿈에 보니
묘옥이가 맞아 죽더라나."   117회, 7권, 297쪽

7) "넌 내 사람이 아니야. 너는 훗날 달리 남편을 얻도록 되어 있
어." 습인이 얼핏 눈을 떠보니 그것은 꿈이었으므로 아무에게도
말하지 않았다.   120회, 7권, 347쪽

(2) 시구詩句

1) '원춘귀비가 지은 폭죽은 한번 소리를 내어 터지기가 무섭게 산산조각이 나는 물건이요, 영춘이가 지은 수판은 한번 튕기기 시작하면 삼같이 헝클어지기가 일쑤인 것이 아닌가. 그리고 탐춘이가 지은 연은 바람에 날려 정처없이 떠다니는 물건이요, 석춘이가 지은 해등은 또 얼마나 외롭고 고독한 것인가. 오늘과 같은 정초 날에 하필이면 왜 이런 불길한 물건들을 골라서 즐기고 있는 걸까?' 이렇게 생각할수록 가정은 못내 심기가 언짢아졌다. '갱향更香58_이라는 물건도 타 버리면 끝장인 것이 아닌가? 어쩌면 아직 어린 것들이 이런 것만 생각해 내어 시를 짓는 것일까? 아무래도 불길한 징조야. 모두가 복을 오래오래 누릴 것들이 못 돼.'   22회, 2권, 118~119쪽

2) "그런데 방금 내가 들은 시에는 좋은 시구도 많지만 너무 퇴폐적이고 비감한 시구도 없지 않단 말예요. 그건 사람의 운수와도 관계되는 일이라 그냥 듣고 있을 수가 없어 이렇게 튀어나와 중지시키게 된 거예요."   76회, 5권, 241쪽

3) 여기까지 주어 섬기던 주서의 아내는 별안간 말꼬리를 꿀꺽 삼켰다. 그것은 노래의 아래구절이 '언젠가는 기어이 허황한 꿈이 되고 말리라'였기 때문에 불길하다는 생각이 머리에 떠올랐던 것이다.   83회, 6권, 19쪽

58_ 숙직 서는 자가 시간을 알리기 위해 태우는 향의 일종.

(3) 사물

1) "글쎄 간밤에 등잔이 자꾸 튀길래 무슨 좋은 일이 있겠다 생각
했더니 아닐세라 오늘 이런 반가운 일이 있는 게 아니겠어?"

49회, 3권, 299쪽

2) "내일은 정식 생일날이기 때문에 할머님과 어머님께서는 나더러
또 그 옷을 입고 가랬어. 그런데 하필이면 첫날부터 이렇게 불
구멍을 내놨으니 일이 참 재수없게 됐단 말야."

52회, 4권, 27쪽

3) "아녜요. 그땐 불이 이미 꺼져 있어서 안은 깜깜했어요. 그런데
두 구슬만은 똑똑히 보이던 걸요." 형부인과 왕부인은 그저 웃
고 말았는데 희봉이 넌지시 한마디 했다. "그건 틀림없이 무슨
경사喜事가 있을 징조로군요." 85회, 6권, 58쪽

(4) 식물

1) "우리가 맨 처음 시사를 세웠을 때는 가을철이었기 때문에 발전
을 하지 못한 모양이예요. 그러나 지금은 만물이 소생하는 봄철
이고 더구나 이 '도화시桃花詩'는 아주 걸작이니까 그때의 '해당
사海棠社'를 '도화사'로 고쳤으면 좋을 것 같아요."

70회, 5권, 84쪽

2) "우리가 조금만이라도 함부로 말하게 되면 불길한 말이라면서
나무라시더니, 오늘은 어떻게 되어 도련님께서 먼저 남에게 불
길한 말만 하시는 거예요?" "난 일부러 저주해서 하는 말이 아니
야. 올봄에 그런 조짐이 있었어." "섬돌 아래에 피어 있던 해당

화가 그때까진 성성하던 것이 갑작스레 원인도 없이 시들어버리는 게 아니겠어? 그래서 난 상서롭지 못한 일이 생길 거라고 생각했는데, 아니나 다를까 그 애한테 적중했지 뭐야." "초목뿐 아니라 세상만물은 모두가 정분이 있고 이치가 있어. 그래서 사람과 같이 지기知己를 얻고 보면 대단한 영험을 나타내는 거지. 큰 것부터 실례를 들면 공자묘 앞에 있는 회나무, 그의 무덤 앞에 난 가새풀,59_ 제갈사당諸葛祠堂 앞의 잣나무,60_ 무목왕武穆王의 무덤 앞에 자란 소나무,61_ 이런 건 다 거룩한 사람들의 정기正氣를 타고난 초목들이지. 그러기 때문에 그 해당화도 죽을 조짐으로 반나마 시들었던 거야."   77회, 5권, 259~260쪽

3) "이홍원에 있는 해당화 몇 그루가 시들고 말라서 아무도 물을 주는 사람이 없었어요. 그런데 어저께 보옥도련님께서 나와 보니 가지에 꽃봉오리가 달렸더래요. 오늘은 그 가지들에 탐스러운 해당화가 피어 있는 게 아니겠어요?" "노마님과 마님의 말씀이 옳은 것 같아요. 저의 어리석은 생각인지 모르겠지만 이건 틀림없이 보옥도련님에게 경사가 있게 될 것을 미리 알려주고 있는 것 같아요." '결코 좋은 조짐은 못돼. 대체로 순조로우면 번창해지고, 거슬리면 망하게 되는 법이야. 초목이 운수를 알고 아닌 때에 꽃이 핀 건 틀림없이 요물의 장난일거야.' 그러나 그

59_ 孔子廟前之檜, 墳前之蓍 : 회는 檜柏, 圓柏으로 常綠喬木. 전설에 의하면 공자묘 앞의 회나무는 공자 생전에 심었는데 晉 永嘉之亂에 홀연히 말라 죽었다가 수나라가 천하를 통일하자 부활하였다. 시는 蓍草로 고대 점복에 쓰였다. 공자묘 앞의 시초가 영험하여 유명하였다.

60_ 諸葛祠前之柏 : 제갈은 諸葛亮으로 삼국시대 촉한 劉備의 賢臣. 전설에 의하면 諸葛廟 앞의 柏樹가 唐末에 시들기 시작하여 송초에 이르자 회생되었다 한다.

61_ 岳武穆墳之松 : 악무목은 岳飛로 무목은 시호이다. 송대에 금나라에게 항거한 명장으로 간신 秦檜의 모함으로 죽임을 당했다. 전설에 의하면 악무목묘 앞에 수목은 악비의 남송에 대한 忠魂에 움직여 가지가 남쪽을 향해 성장하였다 한다.

것을 입 밖에 낼 수는 없는 일이었다. 오직 대옥만은 경사라는 말에 마음이 들떠서 이런 말을 했다. "옛날 전씨네 집에 가시나무가 한 그루 있었는데 세 형제가 서로 분가를 하고 나서부터는 그 나무가 이내 시들어 버렸대요. 그것을 보고 감동한 세 형제는 다시 한집에 모여 살게 되었는데 그 후 그 가시나무는 그전과 같이 무성해졌다나요?[62] 그러고 보면 풀이나 나무도 사람을 따르는 모양이지요? 지금도 보옥오빠가 공부를 열심히 하여 아버님을 기쁘게 해드렸기 때문에 저 나무가 꽃을 피운 것 같아요."   94회, 6권, 225~227쪽

4) 해당나무 무슨 일로 급히 시들었다가/오늘 또한 무슨 일로 곱게 피었나?/이는 분명 할머님의 수복을 빌어/햇볕이 먼저 매화에 비쳐옴이라. '참, 청문이가 죽던 해에 해당나무가 죽었었지.' "그리고 이 붉은 비단 두 필을 보옥도련님한테 선사품으로 드리는 거예요. 이것으로 꽃을 둘러싸면 좋을 거라구요." "우리 아씨 말씀이 이 꽃은 아무래도 이상하다는 거야. 그래서 너더러 붉은 비단조각을 내다 걸어놓으래. 그래야 그것이 경사스런 일로 돌아서게 된다나."   94회, 6권, 228~230쪽

5) "중이나 도사의 말은 정말 믿을 것이 못돼. 정말로 금과 옥의 인연이란 것이 있다면 보옥도련님이 어떻게 그 옥을 잃어버릴 수 있겠어? 어쩌면 나 때문에 저 금과 옥의 인연이 갈라지게 되는 건지도 몰라." '그러니 만일 해당화가 좋은 일로 피어난 것이라면 구슬이 없어질 까닭이 없지 않겠는가. 그러고 보면 저 꽃

62_ 田家有荊樹一棵 : 전설에 田眞 삼형제가 분가를 하니 즉시 紫荊樹가 삼분으로 갈라져 말라 죽었다. 田氏 삼형제가 감동하여 다시 모여사니 자형수가 회생하여 꽃을 피였다. 출처 : 南朝 梁 吳均 『續齊諧記』.

은 불길한 징조로 피어나 도련님의 신상에 좋지 못한 일이 생길

조짐이 아닐까?'   95회, 6권, 246쪽

6) 때는 바로 갑인년 십이월 십팔일 입춘이었다. 그러니까 원비의

붕어한 날은 십이월 십구일 이미 묘년의 인월에 든 셈이었다.

연세는 사십삼 세. 그렇지만 탐춘은 워낙 해당화가 때 없이 피

어나고 '통령보옥'이 기괴하게 없어진 것을 불길하게 여기는 데

다 뒤이어 원춘귀비까지 돌아가시는 것을 보고 모두가 가운이

기울어질 징조라고 생각하는 터였다.   95회, 6권, 249, 251쪽

(5) 조류鳥類

1) 대옥은 고개를 숙인 채 더는 말이 없었다. 이때 처마 끝에서 까

마귀가 까악까악 몇 마디 울고는 동남쪽을 향해 날아갔다. "저

것은 무슨 길흉의 징조일까?"   91회, 6권, 179쪽

(6) 언어

1) 이때 보채는 그들의 이야기를 듣고 벌써 정신이 멍해졌다. 그것

은 보옥의 말만 불길한 것이 아니라 왕부인과 이환의 말도 마디

마디가 다 상서롭지 못하게만 들렸던 것이다.

119회, 7권, 323쪽

(7) 음악

1) "어째서 갑자기 변치음變徵頃(비통한 정서)으로 변하는 걸까? 마치

금석을 쪼개는 것 같군요. 너무 지나친데요?" "그러게 되면 오래
가질 못하게 되지요."   87회, 6권, 107쪽

예조는 모두 22조이며 내용은 몽조(7조), 시구(3조), 사물(3조), 식물(6조),
조류(1조), 언어(1조), 음악(1조)으로 나눈다. 희봉의 꿈에 죽음을 눈앞에 둔 진
가경이 나타나 가운의 쇠락을 예언한다. 희봉과 대부인의 꿈에 원비의 죽음
이 예시되고 대옥 역시 꿈을 꾸어 보옥과의 이루어질 수 없는 사랑을 예견
한다. 암자의 도파는 묘옥의 불행을 습인은 장래의 새로운 남편을 꿈을 통
해 예견한다. 시구에 쓴 폭죽, 수판, 연, 해등, 갱향 등은 모두 불길한 것으
로 원춘귀비, 영춘, 탐춘, 석춘 등의 불행을 예시한다. 등잔이 튀면 좋은 일
이 생긴다. 가을은 소생하는 봄에 비해 발전적이지 못하다. 시든 해당화도
제철이 아닌데 피어난 해당화도 모두 불길한 징조이다. 보옥의 통령보옥이
없어진 것 또한 보옥의 불행을 암시한다. 까마귀 울음은 길흉의 징조이다.
상서롭지 못한 말이나 비통한 거문고 음도 불행을 예시한다.

4) 택일

(1) 출발

1) "마침 오는 열아흐레 날이 황도길일黃道吉日[63]-이니 곧 배를 타고
   서울로 떠나도록 하시오."   1회, 1권, 32쪽
2) "오는 열나흘 날은 먼 길 떠나기에 아주 좋은 날입니다."

63_ 黃道黑道 : 중국 고대 천문학의 專名. 황도는 日, 흑도는 月을 가리킨다. 『漢書』「天文志」: "日有中
道", "中道者黃道, 一日光道." 又云 : "月有九行者, 黑道二." 후에 占星迷信者는 매일 干支를 음양으로 나누어
황도를 길일, 흑도를 흉일로 보았다.

(2) 이사

1) "오는 이월 스무 이튿날이 좋은 날이오니 그날 도련님과 아가씨
들을 대관원으로 옮기도록 하는 게 좋겠습니다."

23회, 2권, 128쪽

(3) 혼례

1) 가련네들은 이렇게 모든 준비를 끝내자 초사흗날을 황도길일로
택하여 이저를 맞아들이기로 했다.   64회, 4권, 316쪽
2) "내일은 길일 중에서도 가장 길한 날입니다. 그래서 오늘 고모
님을 찾아뵙고 내일을 봉치64_ 날로 정할 생각입니다."

97회, 6권, 287쪽
3) "그런데 보옥이 녀석도 백 날 동안 조섭을 해서 몸이 퍽이나 회
복되었고, 원비마마의 국상도 벗게 되었으니 이제 그 애들을 한
방에 들도록 했으면 좋을 것 같아요. 그러니까 그쪽에서 제일
좋은 날을 택해서 알려주셨으면 해요."   98회, 6권, 320쪽
4) "부질없는 소리 그만하고 어서 나가서 사람을 시켜 좋은 날이나
받아오너라. 보옥에게 신방이나 차려주게."   99회, 6권, 324쪽

64_ 혼인 전에 신랑집에서 신부집으로 采緞과 禮狀을 보내는 일. 또는 그 채단과 예장.

(4) 상례

1) 가전은 흠천감欽天監 음양사陰陽司[65]에 사람을 보내어 장례 날을
받아오게 하였다. 그 결과 유해는 49일 동안 안치해두기로 정하
고 사흘째 되는 날엔 발인을 하고 부고를 돌리기로 하였다.

13회, 1권, 258쪽

택일은 길일을 잡는 것이다. 중국 고대에서는 매일 간지를 음양으로 나
누어 황도를 길일, 흑도를 흉일로 보았다. 모두 8조이며 내용은 출발(2조),
이사(1조), 혼례(4조), 상례(1조)로 나눈다. 먼 길을 떠나거나 이사를 할 때 반
드시 길일을 받았다. 혼인날, 봉치, 합방에도 택일하였다. 장례 역시 음양사
에서 길일을 받았다.

5) 속신

(1) 병

1) 이해는 마침 동지 달 그믐날이 동지였다. 절기가 바뀌는 며칠
동안은 병이 위독해지기 쉬운 때라고 하여 대부인, 왕부인과 희
봉이는 연일 사람을 진씨한테 보내어 병의 차도가 어떤가를 알
아오게 했다. "제 병이 꼭 낫고 안 낫는 건 내년 봄에 가봐야
알 거예요. 지금같이 동지를 무사히 넘기게 되는 걸 봐서는 혹

65_ 흠천감은 명청시대의 官署名으로 天文을 주관하고 曆數를 정한다. 길흉을 점치고 禁忌를 판별한다.
음양사는 점괘를 맡아보는 부서.

시 나을지도 모르겠어요." 11회, 1권, 236~237쪽

2) "그러잖아도 노마님께선 늘 당부하셨어요. 어린 사람들 방에다
는 거울을 많이 걸어선 안 된다구 말야. 어린 사람들의 혼은 채
영글지 못했기 때문에 거울을 많이 들여다보게 되면 자다가 놀
라거나 허튼 꿈을 꾸기가 쉽다구." 56회, 4권, 119쪽

3) "봄바람이 불기 시작했으니 몸에는 좋지 못한 절기야."

4) "넌 먼저 가 봐라. 나도 곧 따라가 볼 테니. 어린애들이란 혼이
몸에 단단히 붙어있질 못하니까 시녀들이 너무 떠들지 않도록
해라. 아이가 귀한 집엔 여러 가지 생각 밖의 일들이 일어나기
마련이야." 84회, 6권, 44쪽

5) "지금까지 거문고를 타서 부귀와 수복을 얻었다는 말은 못 들었
거든. 오히려 거문고에 끌려 수심과 걱정에 마음이 어지러워진
경우는 있어도. 그러니 내말대로 대옥누인 몸도 약한 터에 그런
노릇은 안하는 게 좋겠어." 89회, 6권, 141쪽

(2) 장수

1) "세상 사람들은 '너무 영리하고 총명하면 오래 살지 못한다.'고
들 하지요." 51회, 3권, 367쪽

2) 그것은 어린 사람들의 예를 받게 되면 복과 수명에 해롭다고 왕
부인이 한 말이 있기 때문이었다. 그래서 시녀들은 일부러 절을
하지 않은 것이었다. "자, 저희들에게 어서 국수를 주세요."[66]

66_ 고대 습속에 생일날 국수처럼 길고 오래 장수하라고 국수를 먹었다.

『홍루몽(紅樓夢)』에 나타난 중국 점복의 윤리사상   181

62회, 4권, 226~227쪽

3) "할머님같이 이렇게 자비심이 많으신 분은 반드시 장수하실 거예요." 109회, 7권, 146쪽

(3) 배필

1) 그것은 태반이 재자와 가인들이 조그마한 노리개들, 이를테면 원앙이라든가 봉황, 금은패물, 손수건이나 거울 같은 것들을 주고받거나 짝을 맞춰보는 데서 일생의 인연이 정해진다는 이야기들이었다. 대옥은 문득 보옥에게도 요즘 기린이 생겼다는 생각이 들면서 이 기린으로 말미암아 보옥과 상운 사이에 또 어떤 풍류 가사처럼 인연이 맺어지지나 않을까 하는 의심이 머리를 쳐들었다. 32회, 2권, 317쪽

2) "같은 날에 태어난 사람은 부부가 되어야 한다느니 뭐니 하며 떠벌인 건 너였지?" 77회, 5권, 255쪽

3) "그러니 세전으로 약속이나 해두었다가 내년 봄에 혼례를 치르도록 하자구. 할머님의 생신날이 지나야 혼사 날을 정할 수 있으니까." 91회, 6권, 175쪽

(4) 성격

1) "그리고 저희 댁 큰 아가씨(원춘)에 대해 말한다면 더 말할 것도 없어요. 만일 조금이라도 허물할 데가 있었더라면 그처럼 큰 복을 받으실 수 있겠어요? 둘째 아가씨(영춘)는 별명이 '목상木偶'인데 별명 그대로 바늘로 찔러도 '아얏!' 소리 한마디 안내는 성

미고, 셋째 아가씨(탐춘) 별명은 '매괴화枚瑰花'인데…… 붉고 향
기로워서 누구한테나 사랑을 받고 있지만 가시가 있어서 섣불
리 손을 대기가 어렵지요."　　　　　65회, 4권, 333~334쪽

2) "그리고 지금 우리 집에 와서는 보옥이 살뜰하게 대해주어도 그
만, 매정하게 대해주어도 그만, 한결같이 다른 티를 내지 않고
있지. 그러니 그 앤 정말 복받을 애가 아니고 뭐야? 그러나 너의
대옥언닌 그렇지 못했어. 마음이 너무 옹졸하고 의심이 지나치
게 많은 애였단 말야. 그 때문에 결국 명까지 짧았던 게 아니겠
니?"　　　　　108회, 7권, 112쪽

3) "저 희봉이란 여자는 노마님을 등대고 너무 오만무례하게 설치
더니 보라구, 지금은 대가 끊어져 아들은 없고, 딸애 하나밖에
없지 않나. 이건 이승에서 이승의 대갚음을 받은 셈이 아니고
뭔가 말야!"　　　　　117회, 7권, 294쪽

(5) 출가出家

1) '한 아들이 출가를 하면 일곱 대의 조상들이 승천을 한다.'
　　　　　117회, 7권, 285쪽

속신이란 민간신앙의 일부로 주술적 함축성이 짙은 신앙체계이다. 여기
서는 민간에서 오랫동안 믿어온 습속을 뜻한다. 모두 15조이며 내용은 병(5
조), 장수(3조), 배필(3조), 성격(3조), 출가(1조)로 나눈다. 병은 절기가 바뀔 때
는 위독해지기 쉽고 동지를 무사히 넘기면 완쾌된다. 어린아이는 혼이 영글
지 못해 방에 거울을 많이 걸어두지 않으며 소란함을 금한다. 봄바람은 몸
에 좋지 않고, 거문고를 타면 부귀와 수복을 얻기보다 수심과 걱정을 갖는

다. 지나치게 영리하고 총명하면 오래 못산다. 생일날 장수를 위해 어린 사람의 예를 받지 않으며 국수를 먹는다. 또 자비심이 많으면 장수한다. 재자가인들은 노리개의 짝을 맞춰 일생의 인연을 정하고 같은 날 태어나면 부부가 된다. 또 위 사람의 생신날이 지나서야 혼사 날을 정할 수 있다. 성격은 그 사람의 명운을 결정하며 벌은 당대에서 받는다. 한 아들이 출가하면 일곱 대의 조상들이 승천한다.

6) 금기

(1) 상례

1) "금방 숨을 거둔 사람한테는 부정하다고 해서 안 가는 법이다."

13회, 1권, 257쪽

2) "숙모님께서는 제가 앓고 있는 것을 보시고 삼방[67]-을 피해야 하신다며 저를 그리로 가지도 못하게 하셔요. 그래서 전 상복도 입지 못하고 있어요.""뉘 집에서 폐병으로 죽은 사람을 불에 태워 날려 보내지 않고 제대로 장사지내고 땅을 파서 묻는 법이 있다더냐."

69회, 5권, 78쪽

3) "남정네들은 한 사람만 절했으면 됐다. 너무 많은 사람이 절하게 되면 그 앤 도리어 황송해서 제도되지 못할 지도 모르니까."

111회, 7권, 177쪽

67_ 忌三房 : 舊俗에 병이 난 사람은 新房, 産房(해산방), 靈房(상청) 들어가는 것을 피한다.

(2) 정초

1) "아니 정초에 울기는 왜 우는 거야!"   20회, 2권, 72~73쪽

2) "그건 또 무슨 소리야? 정초에 죽느니 사느니 불길한 소리만 하
면서.""왜 정초에는 못 죽나요?"   20회, 2권, 75쪽

3) "정초부터 그런 불길한 소리는 그만 두어요."

22회, 2권, 104쪽

4) "우린 누군지 모르고 그랬어요. 정초부터 이렇게 죄를 짓게 돼
서 어쩌나."   제54회, 4권, 56쪽

(3) 아침

1) "아침부터 불길하게 왜 죽느니 사느니 하는 거예요?"

28회, 2권, 225쪽

2) "아침부터 울기는 왜 우니?"   82회, 5권, 372쪽

(4) 언어

1) "하느님 맙소사! 빨리 가서 화신님께 빌도록 해라!""방금 땔나
무 소릴 했기 때문에 불이 난 게 아니냐? ……"

39회, 3권, 108~109쪽

2) "방금 쓸데없이 입을 놀렸더니 그만 이 주둥아리가 천벌을 받는
군요."   40회, 3권, 118쪽

3) "나무아미타불! 원, 그런 끔찍한 말씀을 하시다가 혀짤리는 지옥
에라도 가실려구 그래요?"   112회, 7권, 200~201쪽

(5) 휘자諱字

1) 소홍은 원래 성이 임가이고 이름이 홍옥紅玉이었는데 '옥'자가
   임대옥과 보옥의 '옥'자와 맞걸렸기 때문에 그 자를 피하여 소홍
   이라고 불렀다.   24회, 2권, 159쪽

금기는 모두 13조이며 내용은 상례(3조), 정초(4조), 아침(2조), 언어(3조),
휘자(1조)로 나눈다. 금방 숨을 거둔 사람한테는 부정하여 가지 않는다. 병
중에는 삼방을 피하며 상복도 입지 않는다. 폐병으로 죽으면 불에 태워 날
려 보내고 고인에게 너무 많은 사람들이 절하면 제도되지 못한다. 정초는
한 해의 시작으로 울거나 불길한 말을 하지 않는다. 하루를 시작하는 아침
도 삼가기는 마찬가지이다. 땔나무 이야기를 하면 불이 나고 말을 함부로
하면 벌을 받는다. 이는 언어의 주력성을 나타낸다. 하녀의 이름이 상전의
이름자와 중복될 때는 그 자를 피한다.

4. 나오며

본고에서는 『홍루몽』에 나타난 중국 점복신앙을 그 성격에 따라 점복(25
조), 예언(14조), 예조(22조), 택일(8조), 속신(15조), 금기(13조) 등 6항목으로 나
누어 중국 전통 민간사회의 윤리사상을 고찰하였다. 모두 대략 97여 조의
내용으로 작가는 작품에서 이들 점복신앙에 신성성·신빙성을 부여해 유기
적인 구성으로 내용을 전개해나간다.

점복은 점괘(6조), 신첨(4조), 측자(2조), 부계(2조), 팔자(2조), 오락(2조), 감
여(2조), 기타(5조)로 25조이다. 예언은 사주(7조), 혼례(2조), 생일(1조), 성명(1

조), 가운(2조), 기타(1조)로 14조이다. 예조는 몽조(7조), 시구(3조), 사물(3조), 식물(6조), 조류(1조), 언어(1조), 음악(1조)으로 22조이다. 택일은 출발(2조), 이사(1조), 혼례(4조), 상례(1조)로 8조이다. 속신은 병(5조), 장수(3조), 배필(3조), 성격(3조), 출가(1조)로 15조이다. 금기는 상례(3조), 정초(4조), 아침(2조), 언어(3조), 휘자(1조)로 13조이다.

점복의 종류는 점괘, 신첨, 측자, 부계, 팔자, 오락, 감여로 나누었다. 점복의 방법은 신첨을 포함한 점괘가 10여 조로 가장 많다. 점괘는 『역경』의 음양팔괘로 점을 치는 방법이다. 점괘의 점법인 신첨은 사원의 신불 앞에서 혹은 도관에서 점대를 뽑는 것이다. 측자는 한자의 특성을 이용해 글자풀이를 하여 점을 친다. 부계는 나무로 된 틀에 목필을 매달고 그 아래 모래판을 두어 두 사람이 틀 양쪽을 잡고 신이 내리면 목필이 움직여 모래판에 쓰여지는 글자나 기호를 읽어 점치는 방법이다. 그 기원은 자고고사에 둔다. 팔자는 사주에 근거하는 점법으로 자평술이라 한다. 오락은 연날리기, 낚시로 그 해의 병을 점쳐 제액하고 신수를 점본다. 감여는 천상을 관찰하여 지역의 길흉을 판단하는 풍수점이다. 조상의 묘자리를 보아 자손의 앞날, 범인을 점친다.

점복의 내용은 25조로 병점(8조), 실물점(4조), 범인점(3조), 신수점(2조), 사주점(1조), 도박점(1조), 자손점(1조)이다. 병점이 8조로 가장 많이 다루어졌다. 사용된 점구는 수서(옥갑기), 연, 낚시대, 신첨, 점통, 점대, 시초, 정화수, 향, 향안, 동전, 종이, 사반, 부적, 지전 등 다양하다. 점장이들은 태음력을 사용하고 사대성인(복희·문왕·주공·공자), 관우신, 원제, 신장, 삼청옥제, 토지신 등을 모시며 점은 주로 집에 점장이를 청하거나 직접 점집을 방문하여 의뢰한다. 또한 불가와 도교의 사원에서 승과 도사에 의한 역점이 빈번히 이루어졌으며 문복자는 향화료, 사례금을 지불했다. 초하룻날을 신성하게 여겨 점치는 날로 잡았다. 문복자들은 점장이 부류를 천시한 반면 스스로 점을

치기도 하고 점을 매우 신뢰하였다. 『홍루몽』에서 점장이는 산명적(선생),
팔자적(선생), 측자적(선생), 선생 등으로 표현되고 그 외 단공(무사), 무파, 도
파, 천문생, 승, 도사, 법관, 비구니, 일반인 등에 의해 점복, 예언 및 법술이
행해진다.

　　예언은 사주, 혼례, 생일, 성명, 가운으로 나누었고 사주가 7조로 가장
많다. 예언의 주체는 승, 도사, 진사은 등 및 책, 노래가사, 시구 등에 의한
다. 주요내용은 사주, 인연 등이다. 예조는 몽조, 시구, 사물, 식물, 조류, 언
어, 음악으로 나누었고 몽조가 7조로 가장 많다. 주요내용은 병, 죽음, 경사,
재난, 인연 등이다. 택일은 출발, 이사, 혼례, 상례로 나누었다. 그중 혼례가
4조로 가장 많다. 택일은 길일을 가리는 습속으로 주요내용은 출발, 이사,
혼례, 상례를 포함한다. 속신은 병, 장수, 배필, 성격, 출가로 나누었고 병이
5조로 가장 많다. 주요내용은 무병장수와 인연, 성격으로 인한 팔자 등이
다. 금기는 상례, 정초, 아침, 언어, 휘자로 나누었고 정초가 4조로 가장 많
다. 주요내용은 상례, 한 해의 시작인 정초와 하루를 여는 아침, 언어의 주
력성에 관련되었다.

　　이상 『홍루몽』에 나타난 중국점복신앙의 특징은 다음과 같다. 점복, 예
언, 예조, 택일, 속신, 금기 등을 중심으로 민간신앙과 습합된 유불도 사상,
특히 불교적 성격이 강함을 알 수 있다. 작품에서 묘사된 유불도 관련용어
는 유교에 있어 사서삼경 및 사서에서 다루어진 관혼상제와 윤리도덕 등;
도교는 『노자』, 『장자』를 포함한 제자서와 현기玄機, 단방丹房, 도서道書, 법
기法器, 은신부아隱身符兒, 금단金丹, 선단仙丹, 우화등선羽化登仙, 선술仙術, 수경
신守庚申 및 기타 선경仙境으로 선국仙國, 태허환경太虛幻境, 도화원桃花源, 봉래
蓬萊, 요대瑤台, 자부紫府, 임궁琳宮, 월궁月宮 등; 불교는 겁劫, 게偈, 공空, 경성
警省, 침륜沈淪, 도탈度脫, 화갱火坑, 숙혜宿慧, 철오徹悟, 사미얼장沙彌孽障, 수희
隨喜, 보제菩提, 미진迷津, 정실淨室, 원적圓寂, 체도剃度, 연대蓮台, 연법緣法, 참

선參禪, 법사法嗣, 공덕功德, 나무南无, 무명無明, 삼보三寶, 결연結緣, 명심견성明心見性, 원각圓覺 등이 산견된다.

중국 전통 민간사회의 윤리사상을 반영한 주요내용은 인생의 길흉화복으로 재액과 귀신을 액막이하여 무병장수하고 복을 누리는 것으로 집약된다. 그리고 이 모든 인연을 포함한 삶의 내용은 각자 타고난 사주팔자에 달려 있다.

본고는 『한국무속학』창간호(한국무속학회, 1999.12, 7~42쪽)에 게재된 필자의 논문을 수정 보완했음을 밝힌다.

일제식민지기 무속조직의 변화에
따른 윤리관의 변화
- 경성 · 경기 지역 무속단체를 중심으로 -

문혜진
한양대학교 강사

1. 머리말

일제식민지기 무속은 '탄압', '금압禁壓', '신도神道로의 동화' 등으로 상징
된다. 이에 대해 조흥윤은 "일제는 무당을 등록시키는 등록증을 장구통에
달아 놓고서야 굿판을 벌일 수 있게 하였다. 아울러 무당의 신당에는 신도
의 천조대신天照大神을 한국무의 신령들보다 윗자리에 모셔 놓고서야 무업을
할 수 있도록 조처하였다. 이것은 그들이 한국무의 전통성과 그 신령을 인
정하면서도 신도의 지배 아래 두려하였음을 잘 보여준다."라고 하였다.[1] 일
제식민지기의 무속의 탄압에 대한 이 짧은 글은 등록증을 통한 무속의 통
제, 황조신 아마테라스天照大神를 위시한 신도로의 무속의 동화라는 일제의

1_ 조흥윤, 『巫 - 한국무의 역사와 현상』(민족사, 1997), 108쪽.

종교식민화 정책의 핵심을 보여주지만, 여전히 등록증의 발행 주체는 누구인지, 황조신 아마테라스를 무당들에게 어떻게 강제하였는지, 아마테라스가 무당의 신관에 어떠한 영향을 미쳤는지에 대한 궁금증을 자아낸다. 그리고 이 궁금증은 등록증의 발행 주체, 황조신의 강제 주체, 즉 무당들을 단속·통제하는 일제식민지기의 무속조직들과 관련된다.

일제식민지기 무속조직과 관련된 연구로는 무라야마 지준村山智順의 『조선의 유사종교朝鮮の類似宗敎』(1935),[2]- 아카마츠赤松智城와 아키바秋葉 隆의 『조선무속朝鮮巫俗의 연구硏究』(1937),[3]- 최석영의 『일제의 동화이데올로기로서의 창출』[4]과 「1920년대 일제日帝의 무속巫俗통제책」,[5]- 등이 있다. 무라야마의 『조선의 유사종교朝鮮の類似宗敎』는 1910년대부터 1935년까지 소위 유사종교로 분류되는 조선의 무속조직들과 신종교들을 조사·보고한 것으로 그 중 숭신계 무속조직[6]-에 대한 정보를 제공함으로써 1920년대 이후 무속조직에 대한 소중한 정보를 담고 있다. 또한 아카마츠와 아키바의 『조선무속朝鮮巫俗의 연구硏究』는 1920년대를 대표하는 무속조직인 숭신인조합뿐만 아니라 1930년대 당시 거의 해체된 재인청, 신청, 슨방 등의 조선의 전통적인 무속조직에 대한 조사 자료를 수록하고 있어 전통적인 무속조직에서 일제의 대

2_ 村山智順, 최석영 해제, 『朝鮮の類似宗敎』(민속원, 2008a).

3_ 赤松智城·秋葉 隆, 심우성 역, 『朝鮮巫俗의 硏究』下(동문선, 1991).

4_ 최석영, 『일제의 동화이데올로기로서의 창출』(서경문화사, 1997).

5_ 최석영, 「1920년대 日帝의 巫俗통제책」, 『일본사상』 제2호(한국일본사상사학회, 2000).

6_ 무라야마 지준은 『朝鮮の類似宗敎』(1935)에서 조선의 각종 신종교단체들을 조사하면서 무격과 점술가로 구성된 무속단체를 숭신단체로 분류하였다. 그에 따르면, 숭신단체란 "① 임진왜란 때 도움을 준 중국의 군신(軍神) 관우, 조선의 개국신 단군, 조선 문화 개발의 시조인 기자, 조선 문화 개발 및 조선사회의 원호(援護)를 다한 영웅신을 존중하고 그 신덕(神德)에 감사하는 민중의식을 복고적(復古的)으로 통일시켜 이로써 새로운 생활의식을 작흥시키려는 단체 및 ② 민간신앙의 무격과 점술가를 규합하는 한편 그들의 구폐(舊弊)를 교정하고 그들을 현대에 적합하게 선도시키려는 단체"로 정의하고 있다. 즉, 조선의 시조신, 영웅신을 모시는 단체들을 전부 숭신단체로 분류하였기 때문에 단군교, 기자교 등 민족의 시조신을 모신 신종교 단체와 무격, 점술가 등을 규합한 무속단체가 혼재되어 있다. 따라서 본고에서는 숭신단체를 무격, 점술가 등을 규합한 무속단체로 한정하여 고찰하고자 하며, 이하 '무속조직'으로 표기한다[村山智順, 최석영 해제, 앞의 책(2008a), 434쪽].

리代理 통제기관으로서의 무속조직으로의 변화를 추적하는데 중요한 자료를 제공한다. 그리고 최석영의 『일제의 동화이데올로기로서의 창출』은 기존에 간과되었던 교파신도敎派神道7-와의 관련 속에서 무속조직의 변화를 구체적으로 다룬 것에 그 의의가 있으며, 「1920년대 일제日帝의 무속巫俗통제책」은 1910년대에서 1920년대의 무속 통제정책과 숭신인조합의 관련성을 도출한 것에 그 중요성이 있다.

하지만 아직 한일병합 이후 무속조직의 시기별 변화에 대한 연구는 전무한 실정이다. 아카마츠와 아키바의 『조선무속朝鮮巫俗의 연구硏究』에 따르면, 조선의 전통적인 무속조직들이 해체된 이후 1920년에 숭신인조합이 조선의 전국적인 무속조직을 대표하였으며, 숭신인조합이 쇠퇴한 후 그 교세가 숭신인조합에 미치지 못하는 숭신회崇神會, 영신회靈神會, 숭신교회崇神敎會, 숭신협회崇神協會, 숭신자치회崇神自治會, 신도창복회神道昌復會, 신도교단神道敎團, 성화교회聖和敎會 등의 명칭을 띤 단체들이 우후죽순 창설되었다 사라진 것으로 나타난다.8- 반면 숭신교회의 다른 명칭인 황조경신숭신교회皇祖敬神崇神敎會는 아카마츠와 아키바의 연구와 달리 1920년 숭신인조합보다 먼저 창설되었으며, 숭신인조합 못지않은 전국적 지부에 입회자를 갖고 있었다. 1922년 신리교회도 창설 당시 회원 5천명으로 숭신인조합을 능가했으며, 1930년대의 영신회靈神會 또한 그 입회자가 회원 900명으로 교세가 다소 미약했다 하더라도 황조경신숭신교회, 신리교회에 이어 신도의 아마테라스

7_ 에도(江戶) 막부말기부터 농상공인들 사이에서 강신 체험을 토대로 현세구복적인 경향을 가진 민간 신앙들이 나타났다. 신도수성교(神道修成派), 흑주교(黑住敎), 신도계교(神道禊敎), 대사교(大社敎), 천리교(天理敎), 금광교(金光敎), 부상교(扶桑敎), 신습교(神習敎), 대성교(大成敎), 어악교(御嶽敎), 실행교(實行敎), 신리교(神理敎), 환산교(丸山敎) 13파의 종교단체들이 그것이다. 이들 종교단체들은 명치정부가 신도 국교화(神道國敎化)를 추진하는 과정에서 각각의 교의(敎義)를 황조 아마테라스를 섬기는 조상숭배적 국가 이데올로기적인 요소가 담긴 교의로 바꾸어 교파신도로 승인받았으며, 종교로서 조선 등 해외로의 포교를 허용받았다[최석영, 앞의 책(1997), 86~90쪽].

8_ 赤松智城·秋葉 隆, 앞의 책, 295쪽; 최석영, 위의 책, 130쪽.

를 중심으로 한 무속의 동화의 관점에서 간과할 수 없는 무속조직이다.

따라서 본고에서는 1910년대부터 1930년대까지 일제의 무속 통제정책에 따른 시기별 무속조직의 변화 양상 및 그 조직들의 성격을 파악하고, 또한 무속조직의 변화에 따른 윤리관의 변화를 전통적인 무속조직의 선생안과 숭신인조합의 규약과의 비교를 통해 고찰해 보고자 한다. 또한 연구방법으로는 일제식민지기 무속조직에 대한 조사내용을 수록하고 있는 무라야마의 『조선의 유사종교朝鮮の類似宗敎』와 아카마츠와 아키바의 『조선무속朝鮮巫俗의 연구硏究』를 토대로, 일제식민지기에 간행된 신문을 참조할 것이다. 이 연구는 일제식민지기 무속조직의 변화에 따른 전통적인 윤리관의 변화 및 황조신 아마테라스를 모시는 일본 신도계 무속조직으로의 무속의 동화과정을 이해하는데 도움이 될 것이라 생각된다.

2. 1910년대 무속조직의 변화

1937년에 발간된 아카마츠赤松智城와 아키바秋葉 隆의 『조선무속朝鮮巫俗의 연구硏究』에 의하면, 1930년대 초 이들이 조선의 전통적인 무속조직을 조사할 당시 전남의 나주·장흥·우수영·진도·완도의 여러 지역의 신청神廳 및 경성 노량진의 풍류방을 제외한 무속조직은 이미 해체된 상태였다.[9] 그럼에도 불구하고 잔존해 있거나 사라진 무속조직에 대한 이들의 조사를 토대로 한일병합 이전의 경성·경기 지역의 무속조직들을 복원해 보면, 조선의 도읍지 한성에는 무당이 거주할 수 없었으므로 한성 밖 무당의 집단거주지[10] 중 하나인 노량진에 남녀 전악典樂(해금수)·계대啓對(굿에서 장고를 치는 여자)·자

9_ 赤松智城·秋葉 隆, 위의 책, 273쪽.

비自費(굿에서 징·제금 등을 울리는 여자)들의 단체인 풍류방風流房이 있었다.[11] 그리고 경기에는 세습무가의 화랑(굿의 악사), 재인才人(곡예사), 광대(굿판의 광대)가 소속된 재인청才人廳이 있었으며, 무녀도 역시 그 감독을 받고 있었다.[12] 경기재인청선생안京畿才人廳先生案에 따르면, 재인청은 1784년에 조직되어 조선의 무속을 통제할 숭신인조합崇神人組合이 창설된 1920년에 해체되었으며,[13] 경성의 풍류방의 경우 1930년도에도 지속되고 있었다. 그 외에도 경기 이북의 지역에는 스승청, 충청 지역에는 재인청, 전라·경상지역에는 신청, 제주도에는 슨방이 있었다. 이와 같이 조선시대 중반부터 성행한 무속조직들은 조선 말기의 과중한 무세부담 및 1912년 공포된「경찰범처벌규칙警察犯處理規則」에 근거한 무속행위에 대한 단속으로 해체되기 시작하였다.

첫째, 과중한 무세부담에 따른 19세기 중반부터[14]의 무호巫戶의 격감 및 이에 따른 무속조직의 붕괴현상을 드러내는 구체적인 사료를 살펴보면 다음과 같다.

장흥 신청의「신청완문神廳完文」

무세포巫稅布를 사람마다 납세하도록 하여 네 냥이 넘기에 이르렀다. 그러므로 이를 감당해낼 수가 없어 직업을 잃고 떠도는 자가 열에 팔·구는 되고, 지금 남아 있는 사람도 몇 안 되게 되었다.[15]

10_ 한성의 사대문 밖의 동서남북을 기준으로, 동쪽의 왕십리, 서쪽의 한강대교 용산 쪽 부근의 노들, 북쪽의 홍제동 고개 너머인 구파발에 도성 밖으로 쫓겨난 무당들이 집단거주지를 형성하고 있었다.

11_ 赤松智城·秋葉 隆, 앞의 책, 286쪽.

12_ 위의 책, 283쪽.

13_ 위의 책, 281쪽.

14_ 노량진 풍류방의「完議」가 함풍(咸豊) 3년(1853)에 작성된 점을 감안해 볼 때, 19세기 중반 당시 이미 과도한 무세로 무호(巫戶)들이 격감한 상태임을 알 수 있다. 또한 무세가 1895년에 공식적으로 폐지되었음에도 불구하고, 지방 관리들에 의해 계속 징수된 기록에서(임학성,「조선시대의 무세제도와 그 실태」,『역사민속학』3(한국역사민속학회, 1993), 100쪽) 19세기 말기에도 지속된 무세의 징수로 인한 무호의 감소와 이로 인한 무속조직의 붕괴상황을 유추해 볼 수 있다.

노량진 풍류방의 「완의完議」

은밀히 생각해 보면 우리 마을의 무호巫戶는 처음에 수백여 호였으
나, 근자에 와서는 소위 도령장지임都領將之任으로 백 가지 폐단이 함께
생겨나게 되었다. 그러나 무호가 점차 흩어져 지금은 불과 40여 호만
이 남게 되었으니, 그 세가 필히 모두 없어질 판국에 이르렀다. 사람이
없으면 우리의 생업 또한 무엇에 의지할 것인가? 관가에서는 이 폐단을
밝게 살펴 도령장지임道領將之任을 혁파하고, 본 진津의 관령에게 마을
을 넘겨주어 보포전補布錢으로 먹을 것을 취하도록 해야 한다. 그리고
영락한 무호는 그의 납세 총수에 비교하여 보면, 비록 관령이 먹을 것
을 더하여 주어도 공납의 반을 맡을 수가 없으므로, 소임을 거행할 수
없는 사람이 마을을 통틀어 소요의 우환이 된다.[16]

이들 사료는 과중한 무세로 인하여 19세기 중반 무호가 급격히 감소한
상황을 나타내고 있으며, 이로부터 무격의 급감에 따른 무속조직의 점진적
인 와해현상을 유추해 볼 수 있다.

둘째, 「경찰범처벌규칙」에 의한 무속행위의 단속 또한 전통적인 무속조
직의 와해에 영향을 미쳤다. 「경찰범처벌규칙」은 명치유신기에 일본국내에
서 음사사교淫祠邪敎로서의 신흥종교에 대한 단속 및 처벌규정과 「경찰범처
벌령」(1907년에 제정)을 조선에 적용시킨 것이다.[17] 「경찰범처벌규칙」은 조선 내
유사종교類似宗敎에 대한 단속조항을 포함하고 있으며, 그 내용인 즉, "제1조
22항 망령되이 길흉화복을 설하고 또는 기도, 술행위를 하거나 부적류 등을

15_ 赤松智城 · 秋葉 隆, 앞의 책, 275쪽.
16_ 위의 책, 286쪽.
17_ 최석영, 「日帝 植民地期 巫俗조사와 植民政策」, 『일본학년보』 7(일본연구학회, 1996.12), 207쪽.

수여해서 사람들을 현혹하는 자, 23항 병자에 대하여 금압禁壓, 기도, 주술, 또는 정신요법 등을 시행하거나 부적, 신수神水 등을 수여하여 의료를 방해한 자, 24항 함부로 최면술을 행한 자. 이중 하나라도 저촉되는 행위를 할 경우에는 구류 혹은 과료에 처한다."18_는 것이었다. 실질적으로 무속은 1915년에 조선의 종교를 통제하기 위해 제정된 「포교규칙布敎規則」에서 유사종교에 편입되어 있지 않았지만, 기본적으로 「경찰범처벌규칙」에 의거하여 단속과 통제를 받았다.19_

1912년 1년 동안 유사종교에 관한 「경찰처벌규칙」에 의해 구류 또는 과료의 처벌을 받은 처벌자 건수가, 일본인 2188건, 조선인 2788건, 중국인 79건으로 총계 5050건에 이르렀으며, 1918년까지 단속 처벌을 받은 조선인 매복업자의 수는 579명으로 추산된다.20_ 무라야마 지준村山智順의 『조선의 무격朝鮮の巫覡』(1932)의 조사 결과에 따르면, 1930년 8월 당시 전 조선의 무격의 수는 12,380명으로 조사되어 있다.21_ 1910년대와 1930년대의 무격의 통계에 미세한 차이가 있을지라도 20년 만에 무격의 수는 큰 변동이 없을 것이므로, 1930년대의 무라야마의 조사에 입각하여 12,380명의 무격 중 한 해에 2,788건의 처벌은 전체 무격의 약 20%로 일제의 무속행위의 단속이 엄중하였음을 시사한다.22_ 또한 이러한 엄격한 무속행위의 단속으로 무업이

18_ 『朝鮮總督府官報』, 1912년 3월 25일, 총독부령 제 40호.
19_ 조선총독부는 1915년(大正 4)에 總督府令 제83호로 제정한 「포교규칙」에 의하여 신도(神道)·불교 및 기독교만을 종교로 인정하고, 이들 이외의 종교는 종교 개념의 범주에서 제외시켰다. 이들 나머지 종교들은 이른바 유사종교로 취급하여, 이를 경무국(警務局) 관할로 하고 「경찰범처벌규칙」에 의하여 규제하였다[김난주, 「'맹인 점복'으로 보는 한국 민간신앙의 지속과 변용」, 단국대학교 동양학연구소, 『한국 민속문화의 근대적 변용』(민속원, 2009), 348쪽].
20_ 최석영, 앞의 논문(1996), 208쪽.
21_ 村山智順, 최석영 해제, 『朝鮮の巫覡』(민속원, 2008b), 6쪽.
22_ 1912년의 「경찰범처벌규칙」의 개정안인 1933년의 「무녀취체법규」에 의해 단속을 받았던 동해안별신굿의 김석출씨의 증언에 따르면, "그 때는 주재소 순사, 소장이고 요새는 지서 주임 모두 이런데, 그래 인제 주재소 갈려면 주재소 소장한테 가가, 뭐 일본말 해가 인자 허가해가, 몇 시간 인자 좀 봐줘라, 이라모 그래 인자 허가, 그기 허가라, 맡아 했고…그 다음에는(그렇지 않은 다음에는) 본 하는 기라…순사, 일순사들

위축되었을 것이며, 이는 무격들의 무업을 관장하며 그 수익의 일부로 운영
되었던 전통적인 무속조직23_의 해체에 영향을 미쳤을 것이다.

1930년대 조선의 유사종교를 통제할 목적으로 조선총독부에 조사·보고
된 무라야마 지준의 『조선의 유사종교朝鮮の類似宗敎』(1935)24_에 기록된 모든 신
종교들의 종류를 도표화하면 다음의 〈표 1〉과 같다. 아래의 〈표 1〉의 일제
식민지기의 신종교들 중 무속과 관련된 조직은 숭신계로서, 1934년 8월말까
지 총 20개의 숭신단체들 중 11개가 경성부에 창건되었다. 그 중 전국적으
로 30개의 지부를 둔 최대 규모의 숭신인조합25_이 1920년 경성부에 창설된
것은 지방 단위의 전통적인 무속조직들이 경성에 본부를 둔 피라미드형 무
속조직으로 재편되었음을 나타낸다. 다시 말해서, 1920년대 숭신인조합이
전국적인 지부를 창설할 당시 존속하고 있던 전통적인 지방 단위의 무속조
직들이 숭신인조합의 지부로 전환되었을 가능성이 있으며,26_ 기존의 임원
및 회원들이 숭신인조합에서 계속해서 활동하는 현상을 나타내었다.27_

왔다 카모, 가가 인자 교대고 뭐 점심식사고 뭐 술 한잔 이래가 마 어린애 반기듯이 하이 그래 했지…,그
외에는 굿을 하다간 항아리, 큰 독에, 항아리 쏙, 화장실에 퐁 빠져가 목만 내놓고 화장실에 드가 정나아(변
소의 사투리) 빠져가, 똥구덩에 몸을 숨카가, 안맞아 죽을라고, 그 정도로(윤동환, 『동해안 무속의 지속과
창조적 계승』(민속원, 2010), 292~293쪽.

23_ 재인청의 재정은 입계금(入契金)으로 선생(先生)의 아들은 3냥, 신입자는 6냥으로 부족액은 계원에게
할당시켰으며, 일정한 계비(契費)라 할 만한 것을 없었다. 이러한 계비는 신청의 유지비와 선생안(先生案)
의 제사를 지내기 위한 것이었다(赤松智城·秋葉 隆, 앞의 책(1991), 285쪽]. 따라서 무업의 위축으로 무격
의 수익의 감소는 재인청의 입회비 및 계원의 감소를 의미하며, 이는 전통적인 무속조직의 재정 악화 및
쇠퇴에 영향을 미쳤을 것이다.

24_ 무라야마 지준의 『朝鮮の類似宗敎』는 1930년대 '국체명징(國體明徵 : 정치적 흐름에서 천황을 신격화
한 이념)'을 조선의 유사종교들을 이용해 조선인에게 이식하고 민족주의적 성격을 띠는 신종교들을 통제할
목적으로 1930년대 조선총독부의 지원 하에 조사되어 발간되었다. 그리고 유사종교라는 용어는 '가짜 종교'
라는 차별적 의미가 함축되어 있음으로 이하 '신종교'로 칭한다.

25_ 『동아일보』, 「古代부터 存在, 人文發達로 衰退, 굿하고 점치는 무당들의 단체,蠢動中의 崇神人組合//
咸興마누라 李太祖時의 奇談」, 1928년 1월 4일.

26_ 경기도 수원군 성호면(城湖面) 부산리(釜山里)의 한촌(寒村)에 사는 무부(巫夫) 이종하(李種河)씨가
소장한 경기재인청선생안에 따르면, 건륭(乾隆) 49년(서기 1784년)부터 대정(大正) 9년(서기 1920년)까지
1백 30여 년간에 걸쳐 재인청이라 칭하는 무단제도(巫團制度)가 존속하였다(赤松智城·秋葉 隆, 앞의 책
(1991), 281쪽]. 즉, 경기재인청이 1920년에 해체되었다는 것은 1920년 숭신인조합의 창설 당시 경기재인청
이 숭신인조합의 경기 지부로 전환되었을 가능성을 시사한다.

〈표 1〉 1934년 8월 말 조선 내 신종교 현황[28]

계통	신종교 단체명	총수
東學系	天道敎, 侍天敎, 上帝敎, 元倧敎, 天侁敎, 靑林敎, 大華敎, 東學敎, 人天敎, 白白敎, 水雲敎, 大同敎, 天命道, 平和敎, 无窮道, 无極大道敎, 天法敎, 大道敎	18
吽哆系	普天敎, 無極大道敎, 彌勒佛敎, 甑山大道敎, 甑山敎, 東華敎, 太乙敎, 大世敎, 元君敎, 龍華敎, 仙道敎	11
佛敎系	佛法硏究會, 金剛道, 佛敎極樂會, 甘露法會, 大覺敎, 圓融道, 正道敎, 光華敎, 靈覺敎, 圓覺玄元敎	10
崇神系	檀君敎(경성), 關聖敎(경성), 大倧敎(함경남도), 三聖敎(강원도), 箕子敎(경성), 崇神人組合(경성), 神理宗敎(개성), 文化硏究會(개성), 矯正會(개성), 聖化敎(경성), 靈神會(경성), 西鮮神道同志會(평양), 皇祖敬神崇敎會(경성), 敬神敎會(경성), 敬神奉祝會皇(경성), 祖敬神崇神敎(경성), 神道同榮社(경성), 七星敎(충남), 知我敎(강원도), 詠歌舞敎(충북)	20
儒敎系	太極敎, 大聖院, 慕聖院, 孔子敎, 大成敎會, 大宗敎, 性道敎	7
기타	濟化敎, 天化敎, 覺世道, 天人道, 東天敎	5
총계		67

과중한 무세부담으로 19세기 중반부터 무격들이 감소되고, 한일합병 이후 1912년부터 「경찰범처벌규칙」에 의해 무속이 엄중한 단속을 받는 상황 속에서, 1910년 9월 단군을 제신祭神으로 모시는 숭신계崇神系 조직인 단군교檀君敎가 대종교大倧敎에서 갈라져 나와 경성 사직동에 창설되었다. 단군교 는 백봉白峰이 백두산에 들어가 10년 기도 끝에 단군의 묵계를 받고, 1904년

27_ "현재 제주도 내에 사는 늙은 남무(男巫) 고임생(高任生)은 예전에는 도향수(都鄕首)의 임무를 맡고 있었는데, 한때 숭신인조합으로 칭하는 것이 거의 전국적으로 조직되었을 때 제주도에서 조합장으로 나왔으나"[赤松智城·秋葉 隆, 앞의 책(1991), 279쪽]라는 구절에서, 전통적인 무속조직, 즉 슨방의 임원이 숭신인조합으로의 전환 이후에 여전히 임원직을 수행했음을 알 수 있다. 또한 동해안별신굿의 경우에도 일제식민지기 김해 김씨 집안인 김천득(김석출의 조부)의 무계가 동해안 북단에서 남단까지 활동하였는데, 김석출의 증언에 따르면 일본 순사들이 무당들을 경찰서로 끌고가서 폭행을 하는 등 탄압을 해서 경찰의 단속을 피하기 위해 숭신인조합을 만들었으며 숭신인조합이 예전의 신청(神廳)이라고 했다. 그 예로 김석출의 큰 아버지 김범수가 숭신인조합 경북 영덕지부장을 맡았으며, 작은아버지 김성수가 1929년 울산지역 숭신조합 장을 역임했다[윤동환, 앞의 책(2010), 111~112쪽, 291쪽].

28_ 위 〈표 1〉은 무라야마 지준의 『朝鮮의 類似宗敎』(1935)에 수록된 모든 신종교단체를 정리하여 도표로 작성한 文馴炫의 「전시체제기 조선총독부의 신종교에 대한 정책과 신종교단체」(2013) 중 393쪽을 참조하였으며, 특히 경성·경기지역의 숭신계 조직은 『매일신보』 및 『동아일보』의 기사를 통해 무라야마의 조사에서 누락된 종교단체들을 보충하여 작성하였다.

백전白佺 등 32명의 제자와 함께 단군교 포명佈明을 선언함으로서 시작되었다. 이 백봉이 나철에게 사람을 보내어 단군교 창교를 권유하였고, 이에 나철은 구국운동의 일환으로 1909년 2월 5일(음력 1월 15일) 오기호·이기·김윤식 등과 함께, 한성 북부 재동齋洞의 취운정하翠雲亭下 8통 10호 6간 초옥에서 '단군대황조신위檀君大皇祖神位'를 모시고 제천의례를 거행하면서 단군종교 운동을 시작했다. 그러나 1909년 7월 경찰청 조사의 착수에 의해 단군종교를 표방함으로서 돌아올 불이익을 미연에 방지하기 위해 단군교라는 이름을 버리고 대종교로 개명한다. 이것이 교단 분열의 원인이 되어 정훈모鄭薰模 등 교명 고수파의 반대로 정훈모 계열은 대종교에서 단군교총본부라는 이름으로 독립해 나가며 단군교가 분파分派하게 되었다.[29] 따라서 1910년 창설된 단군교의 경우 무격들을 통제하기 위한 무속단체가 아니라 민족주의적 성격의 신종교 단체로 볼 수 있다. 그 외의 숭신계 무속조직들은 전부 1920년대 이후 창설된 것으로 1910년대에는 아직 무격들을 규합하여 통제할 무속조직이 생겨나지 않았다.

3. 1920년대 무속조직의 변화

1910년대에는 「경찰범처벌규칙」을 근거로 무속에 대한 금압禁壓적 정책을 실시한 것에 비해, 1920년대에는 천도교 등의 종교가 3·1운동에서 큰 역할을 하자 조선총독부는 이른바 '문화정책'으로 조선총독부의 기조를 바꾸면서도 강력한 종교정책을 유지했다. 종교단체를 분열, 약화시키는 정책을 진행하면서 학무국에 종교과를 신설하여 공인종교 단체인 신도·불교·

29_ 서영대, 「한말의 檀君運動과 大倧教」, 『한국사연구』 114(한국사연구회, 2001), 240~246쪽.

기독교를 관리하고, '유사종교'들은 학무국 종교과가 아닌 경무국에서 관리하는 이원화 방법을 썼다.[30] 특히 유사종교로 취급되는 무속에 대해 경찰국은 표면상 '문화정책'을 표방했다 하더라도, 중추원시정연구회中樞院市政研究會의 질문을 받아 무녀취체법규巫女取締法規를 제정하여 무속을 강력히 취체하고 무녀들은 숭신계 무속조직에 가입·등록되어 금압을 당하였다.[31] 즉, 조선총독부는 경찰이 일일이 단속해야 할 조선의 무격들을 무속조직에 가입시킴으로써 간접 지배를 시도한 것이다.

1920년대에 무격들의 관리·통제 기관으로서 생겨나기 시작한 경성·경기의 무속조직들을 도표로 정리하면 다음의 〈표 2〉와 같다. 이 조직들을 구체적으로 살펴보면, 첫째 관성교는 1920년 박기홍朴基洪, 김용식金龍植이 종래 관제를 숭배하는 숭신단체, 전내殿內 및 일반 민중을 교도로 하여 창설된 교단으로 일반 민중이 회원으로 소속되어 있었기 때문에 무격을 관리·통제하는 무속조직이라기보다는 관우를 모시는 신종교 단체로 볼수 있다.

〈표 2〉 1920년대 경성·경기에 창설된 숭신계 단체[32]

단체명	설립연도	설립목적	제신	주소	단체의 성격
관성교	1920	관제 숭경(崇敬)	관우	경성부 숭인동	신종교
황조경신 숭신교회	1920	무교(巫敎)의 개신(改新)	아마테라스(天照大神)	경성부	신도계 무속조직
숭신인조합	1920	무풍(巫風)의 교정 및 무업의 안정 도모	옥황상제·관성제군·태상노군·최영장군·북두칠성·강남호구별성 등 각 무격의 몸주신	경성부 삼청동 혹은 청진동[33]	무속 통제조직

30_ 文智炫, 「전시체제기 조선총독부의 신종교에 대한 정책과 신종교단체」, 『한국근현대사연구』 제67집 (한국근현대사학회, 2013), 398쪽.
31_ 최길성, 「미신타파에 관한 일 고찰」, 『한국민속학』 7(한국민속학, 1974), 52쪽.
32_ 위 〈표 1〉은 무라야마 지준의 『朝鮮の類似宗教』(1935) 중 434~462쪽의 숭신계 유사종교단체 부문을 참조하여 도표로 작성한 것이며, 이 책에 누락된 종교단체는 『개벽』 제48호(1924년 06월 01일)의 「京城의 迷信窟」을 참조하여 보충하였다.

경신교회	1922	무교(巫敎)의 개신(改新)	아마테라스	경성부	신도계 무속조직
신사봉축회	1922	무교(巫敎)의 개신(改新)	아마테라스	경성부 황금정	신도계 무속조직
신리종교	1923	·	아마테라스 단군	경기도 개성부 간동	신도계 무속조직
기자교	1925	기자 숭경, 예배	기자(箕子)	경성부 대화정	신종교
문화연구회	1927	생활의 향상 및 개선	아마테라스 단군	경기도 개성부 남산정	신도계 무속조직
교정회	1927	생활의 향상 및 개선	아마테라스 단군	경기도 개성부 대화정	신도계 무속조직
신도동영사	1927	무교(巫敎)의 개신(改新)	아마테라스 · 단군 · 천신 · 공자 · 진무천황神武天皇 · 관우 · 명치천황 · 이태조	경성부 죽첨동	신도계 무속조직
황조경신숭배교	1928	·	아마테라스	경성부 연지동	신도계 무속조직

둘째, 황조경신숭신교회(숭신교회라고도 칭함)는 1920년 숭신인조합에 앞서 창설되었으며, 정확한 사료가 남아있지 않아 이 조직을 정확하게 규명할 수 없지만, 근대잡지 『개벽』 제 48호(1924)에 의하면 경성 내 무녀단체로서 당시 경성부 시내에만 소속 무녀가 554명이었으며, 전국적으로는 소속 무녀가 3천 명에 달했다. 1924년 당시 숭신인조합의 경성부 소속 무녀가 450명, 경기지역 소속 무녀가 2천여 명, 전국적 소속 무녀가 4천여 명이었던 점[34]을

33_ 『개벽』 제2호 「探囊으로부터」(1920. 7.25) 및 『개벽』 제5호 「나의 본 朝鮮習俗의 二三」(1920.11. 1)에는 숭신인조합이 경성부 삼청동(三淸洞) 성제(星祭) 우물 근처에 위치하였던 것으로 나오며, 『동아일보』의 기사 「崇神人組合이란 何, 텬도교도와 조션민족의 사상을 어지럽게 하라는 백주의 요마, 小峯源作」 (1920. 6. 3)에는 경성부 청진동(淸進洞) 삼화여관(三和旅舘)에 간판을 걸고 영업을 한 것으로 나타난다. 이에 숭신인조합의 창설 당시 정확한 위치는 파악할 수 없다. 다만, 숭신인조합의 창설 이후 연지동(蓮池洞) 46번지, 고시정(古市町) 15번지 등 여러 번 이전을 하였으며, 무라야마가 1930년대 조사할 당시는 수송동(壽松洞) 210번지에 위치하였던 것으로 기록되어 있다(村山智順, 최석영 해제, 앞의 책(2008a), 449쪽].

34_ 반면, 1922년의 『每日申報』의 소속 무녀 수의 조사 결과는 1924년 『개벽』의 조사결과와 다소 차이가 난다. 『每日申報』에 따르면, 1922년 숭신인조합, 황조경신숭신교회, 경신교회 세 단체의 경기지부 무녀 수는 1,939명이었으며, 황해도 48, 평남도 52, 강원도 74, 경북도 635로 이상 사도(四道)에 분포된 것만 2,375명으로 위 세 단체의 전국 무녀 수는 실로 4,314명에 달하였다(『每日申報』, 「京鄕에 분포된 巫女, 1939명이다, 경찰부에서 조사한 통계, 崇神 외 3단체 소속의 무녀가 각도에 분포된 것 까지도, 과거 5년간의 무녀

감안해 보면 1920년대에 숭신인조합 못지않은 거대 무속조직이었음을 알수 있다. 또한 그 구체적인 제신祭神은 알 수 없지만, 황조경신皇祖敬神이란 교회명에서 일본의 황조신 아마테라스天照大神를 섬긴 무속조직이었음을 짐작해 볼 수 있다. 특히 교회라는 명칭은 기독교 계통이 아니라 일본 교파신도계의 종교단체들이 조선 각지에 둔 포교소의 명칭과 같아서[35] 신도계 종교단체의 무속으로의 침투를 시사한다. 또한 한 달 회비로 일원내지 삼원의 회비를 내었으며, 이후 황조경신숭신교회는 1922년 부회장이던 김동구 일파가 독립해 경신교회를 창립하였으며, 황금정에는 무격인 윤주성尹周成[36]이 내선인(일본인)과 합동하여 신사봉축회神社奉祝會란 만든 단체를 만들어 분파하였다.[37]

셋째, 숭신인조합은 고미네小峰源作가 조선이름 김재현으로 개명하고 1920년 경성 청진동淸進洞 삼화여관三和旅館에 무녀 200명을 규합하여 만든 단체이다.[38] 숭신인조합은 본부를 경성에 두고 전국 30여 곳에 지부支部를 두었으며, 무당·법사·선관을 회원으로 하였다.[39] 입회금 및 월손금月損金

처벌수, 전업 부업의 別, 전업이 제일 많은 모양」, 1922년 12월 22일). 따라서 1922년의 『每日申報』에 기재된 무녀 수가 1924년 『개벽』의 무녀 수의 조사 결과와 같이 그 회원수가 증가했다고 볼 수 있으며, 또한 1920년대 이후 숭신인조합과 황조경신숭신교회가 경기권을 대표하는 무속단체 임을 알 수 있다.

35_ 최석영, 앞의 책(1997), 130쪽.

36_ 무라야마의 『朝鮮の類似宗敎』에는 신리종교의 창설자가 윤주성이라는 조선의 무격으로 되어있지만, 『경성부 정내지 인물과 사업안내』에 따르면 신리종교의 창설자는 1860년 10월 12일 후쿠오카 출신의 히로츠(廣津長次郞)라는 이름의 일본인으로 기록되어 있다(자료출처 : 국사편찬위원회 한국사데이터베이스 http://db.history.go.kr). 따라서 숭신인조합의 창설자 고미네(小峰源作)와 신리종교의 창설자 히로츠(廣津長次郞)가 한국 이름을 사용한 사례에서 신도계 무속조직인 문화연구회의 창설자 이중윤, 교정회의 창설자 박양보도 한국 이름을 차용한 일본인일 가능성이 제시된다.

37_ 『每日申報』, 「京鄕에 분포된 巫女, 1939명이다. 경찰부에서 조사한 통계, 崇神 외 3단체 소속의 무녀가 각도에 분포된 것까지도, 과거 5년간의 무녀 처벌수, 전업 부업의 別, 전업이 제일 많은 모양」; 『개벽』 제48호, 1924년 06월 01일, 「在京城 各敎會의 本部를 歷訪하고」, 1922년 12월 22일.

38_ 『동아일보』, 「古代부터 存在, 人文發達로 衰退, 굿하고 점치는 무당들의 단체, 蠢動中의 崇神人組合// 咸興마누라 李太祖時의 奇談」, 1928년 1월 4일; 보충하자면, 1920년 5월에 고미네(小峯源作) 등이 무격단체의 결성을 계획하여, 6월 1일에 발기(發起)하여 창립총회를 열면서 숭신인조합이 창설되었다(村山智順, 최석영 해제, 앞의 책(2008a), 449쪽].

39_ 『동아일보』, 「崇神人組合(組合長은 日人 小峰源作)」, 1922년 4월 17일.

의 규정이 있었으며, 입회금은 무격 1인당 4원, 월손금은 매월 조합비라는 명목으로 1원 내지 3원이었다. 이뿐만 아니라 제신봉사의 등급에 따라서 1인당 50전 내지 5원을 징수하는 것이 규칙으로 되어 있었다. 또한 조합에서 지정한 장소 이외에서 기도를 행하는 일을 금했으며, 지정 기도소에서 기도할 때는 예부터 내려오는 신복神衣과 신악神樂을 사용하고, 무격에게 제신봉사를 보조한다는 명목으로 굿돈의 일부를 조합에 수납했다.[40] 만약에 이와 같은 규칙에 따르지 않고 일정한 조합비를 납입하지 않았을 경우에는 면패免牌라고 불리었던 회원증의 몰수, 제신대행祭神代行 업무의 금지, 혹은 경우에 따라서는 불종不從 사실을 경찰당국에 알리어 엄중한 경계를 받도록 한다든지 그 불종자를 체포하여 구타하기도 하고 벌금으로서 10, 20원을 강징强徵하기도 하였다.[41] 반면, 숭신인조합의 이러한 물질적 착취에도 불구하고 무격들이 숭신계 무속조직에 가입한 이유는 조합에 신고하고 허가를 얻어 무업을 하면 당시「경찰범처벌규칙」에 근거한 무업의 단속을 피할 수 있었기 때문이다. 실질적으로 숭신인조합은 법적으로 인정을 받지 못한 기관이었음에도 불구하고[42] 경찰당국으로부터 조선무격에 대한 단속의 특권과 묵허黙許를 얻고 있었기 때문에[43] 1920년대 전국적 규모의 영향력 있는 무

40_ 숭신인조합 규칙으로 굿을 하려면 의례히 먼저 굿마을 무당이 조합에 보고를 하야 허가를 마터야되는 법이라는데, 조합의 수입은 외장고에 오십원이 붙는데(풍악 잡히는 것) 큰 굿에 삼원이상을 떼인답니다(「동아일보」,「古代부터 存在, 人文發達로 衰退, 굿하고 점치는 무당들의 단톄,蠢動中의 崇神人組合//咸興마누라 李太祖時의 奇談」, 1928년 1월 4일).

41_ 최석영, 앞의 논문(2000)의 陳情書 내용 재인용, 178쪽; 赤松智城・秋葉 隆, 앞의 책, 295쪽.

42_ 조합에만 들면 취체도 없다고 시내 고시정(古市町) 15번지에 가사무소를 둔 소위 숭신인조합에서는 여러 번 경관의 주의가 있음에도 불구하고 고시내 각처에 있는 무녀의 집으로 돌아다니며 입회금 50전과 굿한 번 할 때마다 일원씩을 조합에 바친 후 굿을 하면 경관의 취체도 없고 경편하다는 명랑한 선전을 함으로서 서대문서에서는 엄중히 취조를 하리라더라(「每日申報」,「崇神組合의 虛無한 宣傳 조합에난 들면 취체도 업다고」, 1926년 5월 23일).

43_ 「개벽」제48호,「在京城 各敎會의 本部를 歷訪하고」, 1924년 6월 1일; 또한 "경찰당국이 그것(숭신인조합의 무업)을 묵허(黙許)하는 이유는 합병 후 무격의 제신봉사(祭神奉祀) 등 미신을 일체금지하려 해도 그것은 고래(古來)의 뿌리 깊은 습관일 뿐만 아니라 현재 조선민도(民度)에 있어서 하루아침에 근절하기 어려우며 다수의 무격은 다른 직업이 없으며 경신(敬神)대행을 업으로 하여 그 생계를 유지하고 있기 때문

속조직으로 성장할 수 있었다.

넷째, 신리종교는 무격인 윤주성尹周成이 1922년 단군과 나란히 아마테라스의 대덕大德을 존숭할 만한 신사봉축회神社奉祝會를 황조경신숭신교회로부터 분파하여 창립하였고, 그것을 경신교풍사敬神矯風社라 개칭하였다. 이후같은 해에 신리교교정회神理敎矯正會가 되었으며, 1923년에는 신리종교神理宗敎로 개칭하였다. 1923년 개칭 당시는 5천명 이상의 교도가 있었지만, 아무런 괄목할 만한 활동도 없이 점차 재정곤란에 처해, 1935년에는 유명무실한상태가 되었다.[44] 즉, 신리종교는 조선인과 일본인이 합동으로 창설한 황조경신숭신교회에서 분리된 신사봉축회에서 시작하여 신리종교로 개칭할 당시 5천명의 회원을 지닌 대규모 신도계 무속조직으로서, 전국 4천여 명의회원을 지닌 황조경신숭신교회에 이어 황조신 아마테라스를 중심으로 한조선의 무격의 동화에 큰 역할을 했을 것으로 추정된다. 다섯째, 기자교는창건연대가 미상이다. 1925년 8월 교도 500명을 얻어 황해도 지부를 세웠지만, 1935년 무라야마가 조사를 할 당시 그 본부가 없어진 상태였다. 그외 관련 사료가 없어 정확한 단체의 성격은 알 수 없지만, "기자는 처음으로 고조선을 개발·통치한 높은 덕을 지닌 성인이기 때문에 숭경한다는" 교지敎旨에서[45] 단군교와 같이 민족의 시조를 내세운 민족주의적 성격의 신종교 단체로 유추해 볼 수 있다.

여섯째, 문화연구회는 1927년 이중윤李重胤 등이 무녀를 하고 있으며, 아마테라스와 단군을 제신으로 모시고 숭신崇神·박애博愛·시대순응時代順應을 신조로 그 생활의 향상, 개선을 도모하려는 목적으로 무녀의 단체로서

에"라는 조선총독부에 제출한 진정서의 내용에서도 숭신인조합원들이 경찰의 단속에 있어서 특혜를 받았음을 알 수 있다(최석영, 「1920년대 日帝의 巫俗통제책」의 陳情書 내용 재인용, 178쪽).

44_ 村山智順, 최석영 해제, 앞의 책(2008a), 450쪽.

45_ 위의 책, 447~448쪽.

조직한 것이다. 하지만 아무런 괄목할 만한 활동 없이 곧 쇠퇴하여 1935년 당시에는 유명무실한 상황에 처해졌다.[46] 일곱째, 신도동영사는 1927년 죽첨동竹添町 일정목─丁目 36번지에 창설되었으며, 국사당에서 거행된 신도동영사 소속의 무녀들의 기도회를 숭신인조합이 습격·폭행했다는 1927년 『동아일보』기사를 유추해 볼 때 그것 역시 무녀들의 단체였음을 알 수 있다.[47] 또한 '신도'라는 교단명에서 당시 아마테라스를 주신으로 모시지 않으면 신종교로서 일본당국의 공인은 물론 해외포교가 불가능했던 교파신도의 사정을 미루어보아, 교파신도계 무속조직이든 국가신도[48]계 무속조직이든 그 주신主神으로 아마테라스를 모셨음을 짐작해 볼 수 있다. 또한 신도동영사의 창설로 인해 1927년 12월 동대문과 종로에서 숭신인조합과 무녀 쟁탈전이 있었으며, 1928년 1월에는 신도동영사와의 경쟁으로 인해 숭신인조합의 수입이 월 이백 원 이상에서 백이삼십 원으로 줄었다는 기사[49]에서 1927년 고미네小峰源作의 사망 후 숭신인조합이 점점 쇠퇴해 가는 상황을 살펴볼 수 있다.

여덟째, 교정회는 당시의 회장 박양보朴良輔 등에 의해, 무녀의 생활불안을 구제하고, 아마테라스 및 단군을 제신祭神으로 해서 경신敬神·박애博愛·시대순응時代順應을 신조로 그 생활의 향상·개선을 도모함과 함께, 종래 무녀기도에 따른 폐해를 교정하고 자선사업慈善事業을 행하는 것을 표방標榜하

46_ 위의 책, 450~451쪽.

47_ 『동아일보』, 「崇神人組合巫女爭奪戰, 무당을 서로 뺏으라고 쌈질, 警察은 嚴重監視中」, 1927년 12월 16일.

48_ 국가신도란 1868년 메이지유신에서 태평양전쟁의 패전에 이르기까지 약 80년에 걸쳐 일본 국민에게 강제된 국가종교이며, 막말(幕末) 유신기(維新期) 신도의 흥륭을 배경으로 신사신도와 황실신도가 결합되어 형성된 민족종교이다[村上重良, 『国家神道と民衆宗教』(吉川弘文館, 2006), 78쪽].

49_ 『동아일보』, 「崇神人組合巫女爭奪戰, 무당을 서로 뺏으라고 쌈질, 警察은 嚴重監視中」, 1927년 12월 16일; 『동아일보』, 「古代부터 存在, 人文發達로 衰退, 굿하고 점치는 무당들의 단톄, 蠢動中의 崇神人組合// 咸興마누라 李太祖時의 奇談」, 1928년 1월 4일.

여 1927년 말에 창립되었다. 하지만 그 이래 부진하여 1935년 당시 무녀의 헌금獻金에 의해 그 회명會名만을 유지하는 상황에 처해졌다. 마지막으로, 황조경신숭배교는 회장 마츠다松田晴暉 등이 종래의 무교巫敎를 개신改新시키려고 세운 것이다. 본교에 입교시킨 무녀는 아마테라스天祖大神 · 단군 · 천신 · 공자 · 진무천황神武天皇 · 관우 · 명치천황 · 이태조의 7위신을 제사지내기로 했지만, 찬동하는 자가 적었고 설립당시 20명의 입회자를 얻었지만 곧 유명무실하게 되었다.[50]

이상 정리해보면, 1920년대 경성부 · 개성부 등의 경기지역에는 분교分敎 포함 총 11개의 숭신계 조직이 창설되었으며, 그 중 숭신인조합(회원수 4천여 명), 신리종교(회원수 5천여 명), 황조경신숭신교회(회원수 3천여 명)가 비교적 규모가 큰 무속조직이었다. 그리고 특히 주목할 만한 사실은 총 11개의 숭신계 단체 중 관성교 · 숭신인조합 · 기자교를 제외한 총 9개의 무속조직이 황조신 아마테라스를 섬기는 일본 신도계 무속조직[51]이었다는 것이다. 이와 같이 아마테라스를 섬기는 무속단체가 경성 · 경기 지역을 중심으로 증설됨에 따라, 조선의 무격에 있어서 일본의 황조신 아마테라스의 영향력이 증가되었을 것이다. 그 예로 아래의 〈그림 1〉[52]과 같이 아마테라스를 상징하는

50_ 村山智順, 최석영 해제, 앞의 책(2008a), 460쪽.

51_ 일본 신도계 무속조직들은 대부분 일본인 또는 한국 이름을 차용했을 가능성이 있는 일본인(혹은 친일제 인사)들이 창립한 조직들로 일제의 탄압을 피하기 위해 아마테라스를 내세운 조직이라기보다는 조선의 무격을 일본 신도로 동화시키기 위해 황조신을 강제한 일본 신도계 조직으로 볼 수 있다.

52_ 〈그림 1〉의 좌측의 해가 새겨진 일본 순사의 모자를 쓴 산신도는 가회박물관의 윤열수 관장님의 소장품이다. 윤열수 관장님에 따르면 이 무신도는 1940년대에서 50년대의 그림으로 추정된다고 한다. 1950년 대에 이 무신도가 그려졌을 가능성은 그만큼 일본 순사에 대한 두려움과 강제적으로 주입된 아마테라스에 대한 경외감이 쉽사리 사라지지 않는 사례라고 하였다(가회박물관에서 윤열수 관장님과 인터뷰, 2014. 3. 11). 그리고 우측의 최영 장군과 함께 일본 해군장성이 그려진 무신도는 ROBERT MOES의 *AUSPICIOUS SPIRITS : KOREAN FOLK PAINTINGS AND RELATED OBJECTS*, 1983의 88쪽에 수록된 무신도의 사진으로 무신도의 해석은 도록의 설명을 참조하였다. 이 외에도 강화도 한묘순(37년생) 무녀가 소장하고 있는 최영 장군 무신도는 일제식민지기에 제작된 것으로 최영 장군이 태양이 새겨진 일본 쇼군의 복장을 입고 있으며 머리에는 양 옆에 물고기 형상이 있는 관을 쓰고 있다. 즉, 아마테라스와 최영 장군이 융합된 무신도이다. 이 밖에도 전통적인 민화풍의 무신도가 아닌 것으로 일제식민지기에 제작된 아마테라스를 상징하

〈그림 1〉 아마테라스와 융합된 산신도(左) 및 일본 해군과 최영 장군의 무신도(右)

해가 새겨진 일본순사의 모자를 쓴 산신도나 최영장군과 함께 일본 해군을 모시는 무신도를 들 수 있다. 무신도는 무격이 자신의 몸주신을 그림으로 봉안하는 것으로 무당이 섬기지 않는 무신도를 함부로 그려 신당에 모실 수는 없다. 그러므로 1920년대 당시 아마테라스나 일본의 해군장성, 순사 등이 무격들에게 있어 두려우면서도 영검한 존재로 인식되었음을 나타낸다.

결론적으로, 1920년대부터 황조신 아마테라스를 섬기는 무속조직들이 무격들의 수가 많은 경성·개성[53]_을 중심으로 우후죽순 창설되기 시작했으

는 무신도들이 곳곳에 남아있다고 한다(샤머니즘박물관에서 양종승 관장님과의 인터뷰, 2014. 3. 29).

53_ 무라야마의 『朝鮮の巫覡』에 따르면, 1930년 8월에 전 조선의 무격은 12,300명이었으며, 전라남도가 1,945명으로 가장 많았고 경성과 개성을 포함하는 경기도가 1,865명으로 두 번째로 많은 것으로 조사되었다(村山智順, 앞의 책(2008b), 6쪽].

며, 이는 황조신 아마테라스를 조선의 무격들에게 섬기게 하여 통제함으로써 일본신도를 중심으로 조선의 무격들을 동화(assimilation)시키려는 과정으로 볼 수 있다. 이러한 동화과정이 조선의 무격들에게 미친 영향은 아마테라스의 상징인 태양이 새겨진 순사의 모자를 쓴 산신, 즉 아마테라스와 산신이 융합된 무신도에서 국가신도의 최고신 아마테라스가 조선의 신령으로 혼합되어 가는 것을 볼 수 있으며, 일본 해군장성을 최영 장군보다 앞에 그려 그 우월성을 드러낸 무신도에서 일본 순사나 군인이 두려운 존재로서 무속의 신으로 변모되어가는 문화접변(acculturation)[54] 현상을 볼 수 있다.

4. 1930년대 무속조직의 변화

1931년 만주침략 이후 조선이 중일전쟁의 지원을 위한 후방이 되면서, 총독부로서는 한반도에 대한 물적·인적·이데올로기적 통제를 가할 필요가 생겼다. 이에 1931년 부임한 우가키 총독은 일본과 조선이 정신적·물질적으로 결합하는 "내선융화", 즉 "조선인의 동화" 방침을 내세웠으며, 이러한 내선융화 통치방침을 구체화한 것이 1932년부터의 민심작흥운동과 1935년에 제창된 심전개발운동이다. 민심작흥운동은 1932년부터 관공서, 학교, 신사 등의 행사에 조선인을 동원하여 근대 국민정신을 교육시켜, 전시체제 하의 일본 국내외의 난국에 대한 공동의식을 고취시키고, 더 나아가 조선인에게 "일본국민" 의식을 심어주는 것을 목표로 하였다.[55] 이에 조선

54_ 동화(assimilation)는 식민지 지배 하에서 피지배민족의 문화가 더 이상 개별적인 문화 단위로 존재할 수 없을 정도로 지배민족의 문화에 합병(incorporation)되는 것이며, 문화접변(acculturation)은 타 문화집단들이 지속적으로 접촉을 할 때 문화적 교환(cultural exchange)이 일어나 한 쪽 또는 양 집단의 최초의 문화양식이 변화되는 현상"을 일컫는다(CONRAD PHILLIP KOTTAK, *Mirror for Humanity*, New York : The McGraw-Hill Companies, 2005, G-1).

총독부는 조선민중에게 근대 국민정신을 계몽시키기 위해 1932~1933년에 걸쳐 각 지방 경찰 당국을 중심으로 해당 지역의 미신 취체안을 공포하고 강력히 미신 행위를 엄금하였다. 그러나 실질적으로 이것이 큰 효과를 보지 못하자 1933년 10월에는 경무국에서 「무녀취체법규」를 제정하기로 결정하였고, 1934년 4월부터 시행하였다.[56] 즉, 조선총독부는 근대적 정신을 심기 위해 미신타파정책을 적극적으로 시행하여, 1920년대 숭신계 무속조직을 통해 간접적으로 무속을 통제하는 방식을 바꾸어 1930년대 또 다시 무속에 대한 직접적인 단속·통제를 강화하였다. 그리고 이러한 무속에 대한 금압적 정책과 더불어 1935년부터는 무속을 이용하여 일본 신도를 이식하려는 심전개발운동[57]을 실시하였다.

심전개발운동의 구체적인 안案은 '국체명징'과 '사교일소邪敎一掃'를 통한 경신숭조 사상(신사의 신앙) 및 신앙심의 함양이며, 조선총독부는 이와 같은 명분을 내세워 종교탄압을 통해 국민사상통제를 강화하였다.[58] 또한 조선총독부는 사교로서의 무속을 통제·탄압함과 동시에 '국체명징'으로서의 천황제 지배이데올로기인 국가신도를 조선인의 마음에 심기 위해 1936년 8월 1일 「신사제도 개정」에 대한 칙령을 통해 '일도일열격사一道一列格社'·'일읍면일신사一邑面一神祠'를 공포·설치하여, 신사의 질적·양적 확대를 통하여 조선인에게 신사참배를 본격적으로 강제하였다.[59] 신사참배의 강제뿐만 아

55_　최석영,『일제하 무속론과 식민지권력』(서경문화사, 1999), 137~138쪽.

56_　이방원,「일제하 미신에 대한 통제와 일상 생활의 변화」,『일제시기 근대적 일상과 식민지 문화』(이화여대출판부, 2008), 168~169쪽.

57_　심전개발운동은 교파신도를 제외한 조선의 유교, 불교, 기독교 등의 공인종교나 그 외 이용 가능한 신앙·교화단체의 협력을 끌어내어 조선인에게 신사 신앙심을 심는 것을 목표로 하였다(靑野正明,「朝鮮總督府の「心田開發運動」と「類似宗敎」彈壓政策」,『동국대학교 일본학』 31권(동국대학교 일본학연구소, 2010), 169쪽].

58_　위의 논문, 162쪽.

59_　박규태,「국가신도란 무엇인가」,『종교연구』제29집(한국종교학회, 2002), 232쪽.

니라 무속을 이용하여 신도 신앙을 조선인의 마음속에 이식하려는 심전개
발운동도 실시하였는데, 이는 크게 무녀를 신사에 흡수하여 신사 신앙을 교
육시키는 방법이 있었고,[60] 신도계 무속조직을 통해 무격들에게 황조신 아
마테라스를 모시게 하여 무속에 익숙한 조선민중이 아마테라스를 자연스럽
게 숭배하도록 하게 한 방식이 있었다. 1930년대 무속단체를 포함한 숭신
계 단체를 정리해보면, 다음의 〈표 3〉과 같다.

〈표 3〉 1930년대 경성·경기지역의 숭신계 단체[61]

단체명	설립연도	설립목적	제신	주소	단체의 성격
성화교	1932	무녀의 지위와 생활 향상	아미타불 성모천황 법우대사	경성부 서대문정	무속 통제단체
영신회	1932	무격의 계몽선도, 악폐의 교정, 구휼 및 자선사업	아마테라스	경성부 의주통	신도계 무속단체
기자교 (箕師敎)	1933	기자교의 부흥	단군·기자·세종	경성부 황금정	신종교

1930년대 숭신계 단체를 구체적으로 살펴보면, 첫째 성화교는 1932년
성모천주聖母天主와 법우대사를 무조巫祖로 모시고 있는[62] 조선 각지의 무녀

60_ 오가사와라(小笠原省三)의 『해외신사사(海外神社史)』(1954)에 수록되어 있는 「경성신사봉사사무적
요(京城神社奉仕事務摘要)」에서 경성신사 섭사 이나리신사(稻荷神社)에서 조선 무녀들을 포섭하여 매달 1
회 신사정신을 교육시킨 사례가 나타난대小笠原省三, 『海外神社史』(ゆまに書房, 2004), 451~456쪽].

61_ 위 〈표 3〉은 무라야마 지준의 『朝鮮の類似宗敎』(1935) 중 447~459쪽의 숭신계 유사종교단체 부문을
참조하여 도표로 작성한 것이며, 이 책에 누락된 성화교는 『每日申報』의 기사 「愚昧한 婦女를 弄絡 迷信惡
弊도 助長 이 역시 돈을 먹으려는 못된 쇠 所謂靈神會의 正體」(1935. 2.11)를 보충하여 작성하였다.

62_ 이는 성모무조전설(聖母巫祖傳說)으로 "옛날 지리산의 엄천사에 법우화상이 있었는데, 불법의 수행이
대단하였다. 하루는 한가로이 있는데, 갑자기 산의 개울이 비가 오지 않았는데도 물이 불어난 것을 보고,
물이 흘러온 곳을 찾아 천왕봉 꼭대기에 올랐다가 키가 크고 힘이 센 여인을 보았다. 그 여인은 스스로를
성모천왕이라 하면서 인간세계에 유배되어 내려왔는데 그대와 인연이 있어 물의 술법을 사용하여 스스로를
중매하고자 한다고 말했다. 드디어 부부가 되어 집을 짓고 살면서 딸 여덟을 낳고 자손이 번성했다. 이들
에게 무당의 술법을 가르쳤는데, 금속 방울을 흔들고 그림 부채를 들고 춤을 추면서, 또 아미타불을 창하고

를 통제하고, 불교적으로 선도할만한 교단을 조직한 것이다.[63] 김정목金正穆, 박로학朴魯學, 박용서朴龍緖 등은 교주에 모 귀족대감을 추대하고, 타 지방의 곽병운郭炳運, 김권학金權學 두 사람을 끌어들여 일금 3천7백 원으로 성화교를 창설하였다. 경성부 재동에 있는 조설현曺偰鉉의 주택 사랑채를 월세 50원씩에 300원을 주고 세를 들어, 성법전聖法殿이라 쓴 단청의 현판을 걸고 무업을 하였다. 그 안에는 정면에 아미타불, 그 좌우로 성모천왕, 법우대사의 화상을 그려 붙이고, 조석朝夕으로 마룻바닥에 징을 엎어놓고 두드리며 기도를 하였다. 그러는 한편 입교원서, 부적 등을 인쇄하여 숭신인조합 등의 회원을 끌어들이기 위하여 노력을 하였다.[64] 둘째, 기사교箕師敎는 당시 교주 김동욱金東旭이 1919년경 경성 황금정黃金町에 있었던 기자교에 입교했는데, 그 이후 기자교가 소멸되자 그것을 부흥시키려는 의도로 1933년 본인이 교주가 되어 창설하였다. 제신은 단군·기자·세종世宗 삼신을 모셨으며, 기사교 역시 무격들을 통제하기 위한 무속단체라기 보다는 기자교와 같은 민족주의적 성격의 신종교로 간주된다.[65]

셋째, 영신회는 1932년 당시 회장이었던 염정묵染正默 등이 재래在來 신도神道를 숭행崇行하는 무녀·경장經匠·화랑·점술가·관상가·전내殿內·맹격盲卜 등을 규합하여 단체를 조직해, 이들을 계몽·선도하여 그 악폐를 교정하고 교회 외부의 구휼救恤·자선사업을 행할 목적으로서 창립하였다. 입회자에게는 회증會證 및 회패會牌를 휴대携帶시켜서 치성致誠, 기도祈禱, 매점買占, 송경誦經, 시부施符 등을 공허公許하였다. 허가를 받지 않고 무업을 할

법우화상을 부르면서 방방곡곡을 돌아다니며 무당의 일을 했다[이능화, 서영대 역주, 『朝鮮巫俗考』(창비, 2008), 280~281쪽].

63_ 村山智順, 최석영 해제, 앞의 책(2008a), 452쪽.

64_ 『별건곤』 제50호, 「私設檢事局 聖化敎의 正體」, 1932년 4월 1일.

65_ 村山智順, 최석영 해제, 앞의 책(2008a), 447~448쪽.

경우에는 벌금 10원 이상을 물었다. 회원들은 매월 2회 일요일에 청강수강聽講受講을 하였으며, 회원의 경조사에 부조하도록 되어 있었다. 한편 부속사업附屬事業으로서 공제자양원共濟慈養院을 세워 고아를 돌보고, 버려진 시체를 수습하여 매장하는 등을 계획하였다. 창립 당시는 1천명에 달하는 입회자가 있었지만, 치성 기도가 일정한 장소 이외에서 행할 수 없게 된 것, 기도할 때마다 향대香代로서 일부 납금納金(1등 1원, 4등 50전)을 하는 것, 매월 각 등급에 따라 성금(1등 2원, 2등 1원 50전, 3등 1원, 4등 50전)을 납부할 의무가 지워진 것, 자양원 설립에 해당 회원들에게 상당한 각출醵金을 한 것, 자양원에 고아 30여명을 수용해 많은 액수의 회사금喜捨金을 받고도 그 대부분을 회장과 간부들이 횡령하여 다수의 고아들이 아사餓死하는 등의 사태로 인해 회원임을 혐오하는 자가 속출하여, 회장 및 간부의 회세會勢유지·옹호운동에의 전념에도 불구하고 부진을 면치 못해 1935년 유명무실한 상태가 되었다.[66]

정리해보면, 1930년대에는 일본국민 의식과 국가신도를 이식하는 데 방해가 되는 미신에 대한 단속이 강화되었으며, 천황에 대한 숭경심을 강화하기 위해 심전개발운동이 실시되고 신사가 확충되어 신사참배가 강제[67]되었다. 즉, 신사 신앙심의 이식에 방해가 되는 무속의 미신적인 부분에 대해서는 탄압을 하고 조상숭배 정신 등 신사 신앙의 이식에 도움이 되는 부분은 심전개발운동에 이용하려 한 시기였다. 특히 미신에 대한 탄압정책 및 무속조직들의 각종 부패사건으로 인해, 1930년대의 무속조직은 1920년대에 비

66_ 村山智順, 최석영 해제, 앞의 책(2008a), 452~453쪽.

67_ 조선총독부는 '국체명징'으로서의 천황제 지배이데올로기인 국가신도를 조선인의 마음에 심기 위해 1936년 8월 1일 「신사제도 개정」에 대한 칙령을 통해 '일도일열격사(一道一列格社)'·'일읍면일신사(一邑面一神祠)'를 공포·설치하여, 신사의 질적·양적 확대를 통하여 조선인에게 신사참배를 본격적으로 강제하였다(박규태, 「국가신도란 무엇인가」, 『종교연구』 제29집(한국종교학회, 2002), 232쪽).

해 그 창립이 3배 이상 감소하였으며, 황조신 아마테라스를 주신으로 모시는 단체의 창립도 감소하였다. 또한 그 회원 수도 아래의 〈표 4〉와 같이 격감하였다.

〈표 4〉 1935년 경성 · 경기지역 숭신계 단체[68]

단체명	설립연도	제신	1935년 신도수	단체의 성격
단군교	1910	단군	51	신종교
관성교	1920	관우	2285	신종교
숭신인조합	1920	옥황상제 · 관성제군 · 태상노군 · 최영장군 · 북두칠성 · 강남호구별성 등 각 무격의 몸주신	420	무속 통제조직
신리종교	1923	아마테라스 단군	7	신도계 무속조직
문화연구회	1927	아마테라스 단군	30	신도계 무속조직
교정회	1927	아마테라스 단군	10	신도계 무속조직
황조경신숭배교	1928	아마테라스	171	신도계 무속조직
성화교	1932	아미타불 성모천황 법우대사	25	무속 통제조직
영신회	1932	아마테라스	900	신도계 무속조직
기사교	1933	단군 · 기자 · 세종	642	신종교

이러한 무속조직의 급격한 감소는 조선총독부가 미신타파정책을 강화함으로써 기존의 무속조직들을 이용한 무격들의 통제 정책을 포기하였음을 의미한다. 하지만 1930년대에 무속조직의 창설 및 그 교세가 감소되었다고 하더라도, 1935년 무라야마의 조사 당시 위의 〈표 4〉와 같이 이들 단체들은 여전히 그 명맥을 유지하고 있었다. 또한 신도계 무속조직은 위의 〈그림

68_ 위 〈표 3〉은 무라야마 지준의 『朝鮮の類似宗教』(1935) 중 435~462쪽의 숭신계 유사종교단체 부문을 참조하여 도표로 작성한 것이다.

2)와 같이 심전개발운동과 더불어 황조신 아마테라스를 무속의 최고신에 위치시킴으로써 신사신앙의 이식, 더 나아가 신도를 중심으로 한 무속의 동화를 여전히 도모하였음을 알 수 있다. 그렇다고 하더라도 1935년 당시 총 5곳의 신도계 무속조직 중 3곳이 30명 이하의 회원을 보유하고 있어, 1920년대에 비해 신도계 무속조직의 영향력이 쇠퇴하였음을 알 수 있다.

5. 무속조직의 변화에 따른 윤리관의 변화

경기·충청 지역의 재인청, 경기 이북 지역의 스승청, 전라 지역의 신청, 제주도의 순방은 일반적으로 친목·권업勸業·장학·공조共助·이식利殖 등의 목적으로 조직된 단체였다.[69] 이러한 전통적인 무속조직들은 일제식민지기 무격의 통제나 일본 신도로의 무속의 동화를 꾀한 숭신계 무속조직과는 달리 순수하게 무격들의 선배들의 제사를 지내고 무격들의 친목·권익權益을 도모한 조직이었다. 따라서 전통적인 무속조직과 일제식민지기 숭신계 무속조직의 운영 윤리는 차별화될 수밖에 없다. 먼저 경성·경기지역의 전통적인 무속조직이며 그 윤리 규범을 소상히 기록한 선생안에 대한 기록에 남아있는 경기재인청의 『경기도창재도청안京畿道唱才都廳案』을 살펴보면 다음과 같다.

첫째, 재인청에서 그 도道 재인청의 최고 수장인 대방이 그 규범을 위반하는 자에 대해서는 제재를 가할 수 있는 권리가 있었으며, 그 제재의 방식으로는 타이름·결태結苔·손도損徒[70]·벌금 등이 있었다. 각 군郡 재인청의

69_ 赤松智城·秋葉 隆, 앞의 책, 272쪽.
70_ 오류에 벗어난 행동을 한 사람을 그 지방에서 내쫓는 것을 손도라고 한다.

청수廳首도 역시 죄가 가벼운 것은 스스로 처분하고, 이것을 대방에게 보고 하였으며, 죄가 무거운 사람은 이것을 대방의 허락을 얻어 호송하여 그 처단을 하였다. 또한 판공원判公員이 대방을 대신하여 처분할 수 있었다.[71] 둘째, 경기재인청의 윤리 강령은 손윗사람 공경, 무녀의 간음 금지, 상중喪中 무업의 금지, 다른 무당의 단골집에서의 무사巫事의 금지 등이 있었다. 특히 다른 무당의 단골집에서 무사巫事를 행한 자에게는 그 수입을 몰수하고, 이것을 다시 범할 경우에는 그 수입의 두 배를 배상하며, 세 번 범한 자에게는 태형을 과한 뒤 무업의 정지를 명하여,[72] 무업에 있어서 그 상도商道를 엄격히 단속하였다.

셋째, 조직원들의 경조사의 경우 서로 부조扶助를 하였으며, 예능이 뛰어난 자 및 효자에게는 상을 내려 장려하였다. 예를 들어 예능이 뛰어난 자는 좌산목상재인左山木上才人·우산목상재인右山木上才人과 같은 영칭榮稱을 하사하였으며, 효자에게는 계원 공동으로 상금을 주고 관에 보고하여 표창을 주었다.[73] 넷째, 재인청의 재정은 입계금入契金으로 선생先生의 아들은 3냥, 신입자는 6냥으로 부족액은 계원에게 할당시켰으며, 일정한 계비契費라 할 만한 것은 없었다. 이러한 계비는 신청의 유지비와 선생안先生案의 제사를 지내기 위한 것이었으며, 대방은 조직원들의 투표에 의해 선출되었다.[74] 선생 안은 무단巫團의 취지·규약과 선배의 성명을 기록해 둔 책자로 매년 2번 한식과 9월 9일에 무부巫夫가 모여서 제전祭田을 올렸다. 제사 때에는 술·

71_ 赤松智城·秋葉 隆, 앞의 책, 284쪽.
72_ 위의 책, 284쪽.
73_ 위의 책, 284쪽.
74_ 위의 책, 285쪽; 전라남도 나주신청은 각집마다 연액(年額) 22전의 돈을 거두어 그 이자로 신청의 유지비와 선생안의 제사 비용을 썼으며, 전라남도 해남 무부계(巫夫契)는 공유재산으로 논 14두락(斗落), 밭 10두락(斗落)을 소유하였는데 그 수입으로 매년 정월 아침·한식·추석·동지의 네 차례에 신청에서 계원이 집합하여 선생안제를 행했다는 것이다(같은 책, 279쪽, 280쪽).

떡·메·과일·고기·생선 등을 올리고, 촛불을 켜고 향불을 피우며, 축문을 읽고 절을 하였다. 제사를 끝내고 음복 때에는 육각六角 즉 북·장고·해금·피리·대평소 한 쌍으로 음악을 반주하고, 광대廣大 즉 창唱이 능숙한 무부의 노래 등이 있는 유락遊樂의 기회도 있었다.[75]

반면, 숭신계 무속조직들 중 숭신인조합이 전통적인 무속조직의 맥을 이었다고 볼 수 있는데, 그 이유는 신도계 무속조직들과 달리 아마테라스를 모시지 않은 점, 일제식민지기 전국 최대 규모의 지부를 가진 무속조직이라는 점, 동해안별신굿의 김석출(1922년생)의 구술과 같이 일본 경찰의 단속을 피하기 위해 무격들이 자발적으로 신청(즉, 전통적인 무속조직)을 숭신인조합의 지부로 변환시킨 점[76]에서 찾아 볼 수 있다. 즉, 숭신인조합이 일제의 대리 무속 통제조직이었음에도 불구하고, 그 회원들이 전통적인 무속조직들의 구성원이었던 점[77]에서 숭신인조합을 일제식민지기의 무속탄압정책으로 인해 전통적인 무속조직으로부터 전환된 단체로 볼 수 있다. 이에 전통적인 무속조직의 윤리관과의 비교를 위해, 숭신인조합의 규약을 살펴보면 다음과 같다. 첫째 숭신인조합은 경성에 조합본부를 두고 전국 30곳에 조직망을 갖추어 무녀들에게 면허제를 실시하여 면허가 없는 자의 무업을 금하였다.[78] 둘째, 입회금은 무격 1인당 4원, 월손금은 매월 조합비라는 명목으로 1원 내지 3원이었다. 이뿐만 아니라 제신봉사의 등급에 따라서 1인당 50전 내지 5원을 징수하는 것이 규칙으로 되어 있었다.[79] 그 중에서도 월손금 및 굿이나 치성

75_ 위의 책, 275, 279쪽.

76_ 윤동환, 앞의 책(2010), 111~112쪽, 291쪽.

77_ 赤松智城·秋葉 隆, 앞의 책(1991), 279쪽.

78_ 『동아일보』, 「崇神人組合(組合長은 日人 小峰源作)」, 1922년 4월 17일. 또한 1932년에 창설되어 그 총칙이 상세하게 남아있는 영신교의 경우, 치성을 드릴 때 반드시 본부에 와서 허가장을 받아서 제신봉사를 행하도록 되어 있으며, 허가장 없이 제신봉사를 한 이는 범금 10원 이상에 처하였다(村山智順, 최석영 해제, 앞의 책(2008a), 455쪽).

79_ 최석영, 「1920년대 日帝의 巫俗통제책」(2000)의 陳情書 내용 재인용, 178쪽. 영신회의 경우, 입회금

때마다의 제신봉사료는 회원들에게 경제적 부담이 되었다.[80]_ 셋째, 조합에서 지정한 장소 이외에서 기도를 행하는 일을 금했으며, 지정 기도소에서 기도할 때는 예부터 내려오는 신옷神衣과 신악神樂을 사용하였다.[81]_ 특히 지정한 장소에서 굿이나 치성을 들여야 한다는 규정은 마을굿이나 가정집에서의 굿이 많았던 당시에는 준수하기에 한계가 있었다.[82]_ 넷째, 이와 같은 규칙에 따르지 않고 일정한 조합비를 납입하지 않았을 경우에는 면패免牌라고 불리었던 회원증의 몰수, 제신대행祭神代行 업무의 금지, 혹은 경우에 따라서는 불종不從 사실을 경찰당국에 알리어 엄중한 경계를 받도록 한다든지 그 불종자를 체포하여 구타하기도 하고 벌금으로서 10, 20원을 강징強徵하기도 하였다.[83]_

따라서 위의 전통적인 무속조직인 경기재인청과 전통적인 무속조직의 맥을 이었다고 볼 수 있는 숭신인조합 규약의 비교 결과를 정리해보면, 다음과 같다. 첫째 신청유지 및 선생안제를 지내기 위한 전통적인 무속조직의 회원 납입금이 숭신인조합에 와서는 가입비, 매월 조합비, 매회 치성이나 굿에 부과되는 제신봉사비 등 조합의 사복을 채우기 위한 착취적 성격의 회원 납입금으로 바뀌었다. 둘째, 경조사에 상호 부조하고 무격들의 단골판의 유지 등 무격들 간의 친목도모 및 상商도덕적 성격의 전통적인 무속조직이 숭신인조합에 와서는 경찰을 대신하여 무업을 통제하고 단속하는 기관으로 그 성격이 변모되었다. 셋째, 경기재인청을 위시한 전통적인 무속조직들이 무격들의 선배(선생안)를 제사지내고 무격들의 효·의·예절 등을 독려하는

1원, 매월 월손금 1등은 2원, 2등은 1원 50전, 3등은 1원, 4등은 50전을 납부했으며, 치성시에 납성금(納誠金) 1등은 1원, 2등은 50전은 납입했다. 또한 회원은 회패 및 회원증을 반드시 휴대해야 했다(村山智順, 최석영 해제, 앞의 책(2008a), 457쪽)

80_ 村山智順, 최석영 해제, 위의 책, 453쪽.

81_ 赤松智城·秋葉 隆, 앞의 책, 295쪽.

82_ 村山智順, 최석영 해제, 앞의 책(2008a), 452~453쪽.

83_ 최석영, 「1920년대 日帝의 巫俗통제책」(2000)의 陳情書 내용 재인용, 178쪽.

윤리의식을 공유한 단체였다면, 숭신인조합에 이르러서는 일본 경찰의 단속을 피하기 위한 수단으로서의 단체로 변화되었다. 특히 1920년대부터는 숭신인조합을 제외한 신도계 무속조직들이 과반수를 차지함으로서 황조신 아마테라스를 중심으로 무속을 동화시키려는 식민지적 성격의 무속조직들이 두각을 나타내게 되었다.

6. 맺음말

지금까지 일제식민지기 무속조직의 변화는 아카마츠와 아키바의 『조선무속朝鮮巫俗의 연구硏究』에 따라 1920년 무속 통제단체인 숭신인조합의 등장과 그 쇠퇴 이후 괄목할만한 무속조직이 없이 숭신회, 영신회, 숭신교회, 숭신협회, 숭신자치회, 신도창복회, 신도교단, 성화교회 등이 우후죽순 생겨난 것으로 인식되어 왔다. 하지만 숭신교회(황조경신숭신교회)의 경우 숭신인조합보다 먼저 창설되어 그 교세가 숭신인조합 못지않은 무속조직이었으며, 1920년대 숭신인조합과 공존했던 대다수의 신도계 무속단체에 대한 성격규명도 제대로 이루어지지 않아왔다. 따라서 본고에서는 일본의 무속정책에 따른 이들 단체의 시기별 변화양상을 조명하기 위하여, 1910년대부터 1930년대까지 무속조직의 변화 및 그 성격을 검토하였다. 또한 전통적인 무속조직에서 숭신인조합으로의 변화에 따른 그 윤리관의 변화도 살펴보았으며, 그 결과를 정리해 보면 다음과 같다.

첫째, 1910년대에는 과중한 무세부담으로 19세기 중반부터 무속조직들이 서서히 해체되었고, 1912년부터 「경찰범처벌규칙」에 의해 무속이 엄중한 단속을 받기 시작하였다. 하지만 이러한 상황에도 불구하고, 1910년대에는 민족적 신종교인 단군교를 제외하고 기존의 무속조직을 대체할만한 무속조직이 생겨나지 않았다.

둘째, 1920년대에는 경성부·개성부를 중심으로 총 11개의 숭신계 단체가 창설되었으며, 이들 단체들 중 관성교·숭신인조합·기자교를 제외한 총 9개의 무속조직이 황조신 아마테라스를 섬기는 신도계 무속조직이었다. 이들 조직은 조선의 무격들로 하여금 황조신 아마테라스를 섬기도록 강제함으로써 일본신도의 중심에 조선무속을 동화시키려 했다.

셋째, 1930년대에는 유사종교에 대한 탄압정책 및 신도계 무속조직의 각종 부패사건으로 무격들의 호응을 얻지 못해 무속조직이 쇠락한 시기였지만, 그럼에도 불구하고 총 10개의 무속조직이 존속하였다. 그 중 총 5개의 단체가 황조신 아마테라스를 모시는 신도계 무속조직으로 여전히 무속의 동화를 꾀하는 식민지적 성격의 단체가 그 반수를 차지하고 있었다. 반면 신도계 무속조직들 중 30명 이하의 회원을 가진 단체가 총 3곳으로 그 영향력이 급격히 감소했음을 알 수 있다.

넷째, 전통적인 무속조직에서 숭신인조합으로의 윤리관의 변화는 전통적인 무속조직들의 윤리관이 무격들 간의 친목을 도모하고, 선배의 제사를 지내고, 도덕적 규제를 가하는 것이었다면, 합일병합 이후 숭신인조합은 조직의 경제적 이윤을 추구하고, 일본의 무업 단속을 피하기 위한 수단의 무속조직으로 전통적인 무속조직과 같은 윤리관을 공유하지 않았다.

결론적으로 단군교, 기자교(이후 기사교), 관성교와 같은 민족주의적 성격의 신종교를 제외한 숭신계 무속조직의 성격만을 규정해보면, 1920년부터 대거 창건되기 시작한 숭신계 무속조직들은 '일본경찰을 대신하여 무격을 단속하고 통제하는' 기관이었으며, 경성과 개성을 포함한 경기지역에 창설된 무속조직의 과반수가 신도계 단체로서 '황조신 아마테라스를 무속의 최고신으로 강제'하려는 동화의도를 지닌 기관이었기 때문에, 이들 숭신계 무속조직들을 식민지적 성격의 단체들로 규정할 수 있다.

구한말 무속의 윤리적 폐단과 무금巫禁 시행의 의미
-『독립신문』·『매일신문』·『황성신문』의 기사를 중심으로 -

목진호
한국예술종합학교 강사

1. 들어가면서

조선시대 세습제 사회에서 무계巫系는 국가의 관리에 따라 무세巫稅를 국가에 바치던 천인들로서, 가무악희歌舞樂戲나 무사巫事, 또는 의료醫療를 행하던 무부巫夫나 무녀巫女 등의 무격巫覡을 일컫는다.[1] 1894년 갑오농민혁명 때 단행된 신분제의 철폐로 말미암아, 조선조 무계는 기나긴 천민 신분의 제도적 굴레를 벗어난다.

조선조 무계는 네 가지 역할을 담당했다. 민간종교로서 의례를 주관하는 사제적 기능, 공수나 점사를 통한 예언자 기능, 춤과 노래, 또는 악기연주 등을 맡는 예술적 기능, 병을 치료하는 의료적醫療的 기능 등이 그것이다.[2]

---

[1] 한국민속사전 편찬위원회 편, 『한국민속대사전』(서울 : 민중서관, 1998), 531~540쪽.

이러한 조선조 무속에 대한 비판론도 있었다. 이 비판론은 주로 유학자를 중심으로 하는 것이었으며, 성리학적 사유체계에 입각한 '이단론'이나 '음사론'으로 귀결된다. 이 비판론의 중요성으로 말미암아 이를 다룬 다수의 연구자들이 있다. 먼저 이석주는 조선 전기 무속의 비판 근거를 유교 명분론으로 보았다. 그가 제시한 세 가지 이유로는 첫째로 개인과 사회적 질서에 반하는 혼란을 야기한다는 점, 둘째는 국행의례를 담당했다는 점, 셋째는 유교예제 원칙에서 벗어난다는 점 등이다.[3] 그는 이러한 비판의 한계가 무속의 정체성을 제대로 파악하지 못한 데에서 기인했음을 지적한 바 있다.

한편, 권지현은 고려 말 무속에 대한 배척 이유를 사대부들의 정치적 시작에서 성리학적 명분과 맞지 않는다는 이유로 세 가지 점을 꼽았다. 첫째, 왕도정치 실현에 방해, 둘째 유교적 의례에 부합하지 않는 점, 셋째는 경제적 폐단 등이 그것이다.[4]

그럼에도 불구하고 고려 말과 조선시기의 무속에 대한 시각은 이중적 잣대가 중첩되어 있다. 그 이유는 무세를 거둠으로써 국가의 경제적 토대를 마련하는데 기여한 측면 있다는 점, 현실적인 문제해결을 위해 기복행위나 기우의례 등의 민간 신앙적 측면이 필요했다는 점에서 호무好巫의 경향을 띠고, 이단異端이나 음사淫祀라는 점, 또는 개인의 재산낭비나 국가적인 손실이라는 경제적 측면에서 오무惡巫의 경향을 나타나기 때문이다.[5]

구한말 무계와 그 역할에 대한 비판은 급격한 변화를 겪는다. 1894년 외

2_ 이필영, 「조선 후기의 무당과 굿」, 『정신문화연구』 53(성남 : 한국학중앙연구원, 1993), 3~39쪽, 29~31쪽; 崔昌茂, 「朝鮮王朝時代의 醫療政策」, 『福祉行政論叢』 11(서울 : 韓國福祉行政學會, 2001), 1~29쪽.

3_ 이석주, 「조선전기 유교의 명분론과 무속의 역할론」, 『韓國思想과 文化』 55(서울 : 한국사상문화학회, 2010), 401~437쪽.

4_ 김동규, 「한국의 미신담론 이해 : 타자(alterity)로서 무속의 창조과정」, 『한국문화연구』 23집(서울 : 이화여대 한국문화연구원, 2012), 287~288쪽; 권지현, 「高麗末 巫俗排斥論 硏究」(서울 : 이화여대 대학원 석사학위논문, 2009), 19~40쪽.

5_ 호무(好巫)와 오무(惡巫)의 개념은 이석주, 앞의 논문(2010), 401~410쪽.

세의 침탈과 농민 수탈에 따른 갑오농민혁명으로 인해 신분제 철폐와 무세의 폐지가 이루어졌기 때문이다. 신분제 철폐와 무세가 폐지됨에 따라, 전국의 단골판을 중심으로 무사巫事를 펼쳐 무세를 바치던 무계巫系는 무세를 바칠 필요가 없게 되었으며, 그들의 존립기반은 사회제도적으로 무너졌다.

더욱이 무속 활동에 대한 금지정책을 발표하고 이를 강행한 고종과 그 정책을 지지한 일부 언론은 무계와 무사에 대한 적대적 태도를 과감하게 드러냈다. 이글에서 다룬 무금의 시행은 1894년 동학농민혁명 이후부터 일제 강점기 이전까지이며, 이 시기 무금의 시행은 세습제를 벗어난 무계와 이를 받들던 일반인들에게 큰 사회적 파장을 일으킨 국가정책이라고 말할 수 있다.

그런데 이제까지의 연구에서는 조선조 이단론이나 음사론 외에 갑오농민혁명 이후 무금의 시행에 관한 논의는 제기된 바 없는 실정이다.

그러기에 이 글에서는 조선조 무계의 신분해방과 무세의 철폐를 가져온 갑오농민혁명 이후 무금 정책을 밝히고 무속의 윤리적 폐단 사유를 밝힘으로써, 구한말 무계의 변화를 야기했던 시대적 상황을 파악하는 데에 목적을 두고자 한다.

2. 조선시대 오무惡巫의 경향

이단異端의 사전적 정의는 첫째, 자기가 믿는 이외의 도道이거나 둘째, 전통이나 권위에 반항하는 주장이나 이론을 말하며, 셋째는 자기가 믿는 종교의 교리에 어긋나는 이론이나 행동, 또는 그런 종교를 지칭한다. 이단의 반대말은 정통이다.[6] 이러한 사전적 정의로 볼 때, 이단론은 자기가 주장하는 이론이나 종교를 정통으로 내세우기 위한 의도에서 타 이론이나 종교의 권위를 실추시키려는 것임을 알 수 있다.

조선조 '이단론'의 대두는 주자학적 성리학의 정통을 차지하기 위한 정쟁을 통해 드러났다. 조선시대의 '이단론'은 주자학파와 비주자학파 사이에서 전개된 논쟁이며, 17세기 서인계 송시열과 북인계 윤휴의 논쟁은 그 대표적인 사례이다.[7] 이러한 사상적 논쟁은 정쟁의 도구로 이용되어 논쟁 당사자들의 권력을 유지하거나 상실하는 결과를 초래했다.

하지만 무속에 대한 '이단론'의 잣대는 정쟁을 통한 권력소유의 의도와는 사뭇 달랐다. 그 차이는 이단으로 취급한 대상이 개인이나 그의 사상을 지칭하지 않는다는 점, 정통이냐 이단이냐의 논쟁적 성격과 원천적으로 달랐다는 점 때문이다. 즉, 구한말 제기된 무속巫俗에 대한 이단론은 이유나 논쟁을 거치지 않았고 그럴 필요조차 없었던 것이었으며, 무당과 관련되는 무계와 무사巫事 그 자체에 모두 적용되는 특징을 갖고 있었다.[8]

> 이것은 이치상 명백한 것인데도 불구하고 백성들이 무지하여 오직 귀신을 섬겨 요구하고 있으니, 불쌍하고 딱한 일입니다. 속히 법사로 하여금 있는 대로 헐어버려서 수도를 엄숙하고 맑게 한다면 또한 바른 것을 보위하고 이단을 물리치는 한 가지 단서가 될 것입니다.[9]

6_ 이단. 2013.12.25일자 검색. 국립국어원, 『표준국어대사전』(http://stdweb2.korean.go.kr).

7_ 정호훈, 「朝鮮後期 '異端' 論爭과 그 政治思想的 意味 : 17세기 尹鑴의 經書解釋과 宋時烈의 批判」, 『한국사학보』 10(서울 : 고려사학회, 2001), 279~309쪽.

8_ 오히려 폭력적이고 강건한 성향은 중앙의 집권세력보다도 지방의 유생들에게서 나타났다. 대신 중앙에서의 규제는 도성이나 한강 이남으로 이들을 몰아내거나, 양반의 부녀자들이 출입을 못하게 하는 정도였으며, 그 효과는 일시적이었다. 이필영, 앞의 논문(1993), 8쪽.

9_ "此理灼然, 而小民無知, 惟求事神, 可爲矜憫。 亟令法司, 隨有毁除, 使蘧下肅淸, 則亦衛正, 闢異之一端也."『고종실록』 권22, 1885년 8월 26일자(http://sillok.history.go.kr). 밑줄은 필자의 것으로 이하 각주에서 이를 밝히는 것을 생략함.

위 인용문은 1885년 8월 26일 고종 22년 때의 기록이다. 위 인용문을 보면, 갑오농민혁명이 일어나기 불과 10년 전의 일로, 이때만 해도 무속배척의 내용이 고려 말이나 조선 전기와 큰 차이가 없음을 확인할 수 있다.

이에 비하여 '음사론'은 무사巫事의 대상을 중심으로 비판한다. 무사의 대상은 유교의 사전체계와 상치되는 측면을 가지고 있다. 즉, 유교 사전체계의 대상은 위계에 따라 정해져 있었지만, 무사의 대상은 제약 없이 이루어졌기 때문이다. 무사의 대상은 명산이나 대천 등의 자연물에서부터 제석이나 칠성 등과 같은 천신계열에 이르기까지 제한되지 않았다. 또한 무사의 대상신對象神은 무당의 언어와 춤, 또는 노래 등을 통해 현재화되기도 한다. 이러한 무사의 대상과 무당의 역할에 관한 근본적인 회의는 유교의 사전체계를 따라야하는 성리학적 세계관으로부터 기인하는 필연적인 결과였다.

> 오늘날의 무당은 대부분 부정한 방법으로 백성을 어리석게 하는 짓
> 을 일삼고 있다. 예를 들어 일월성신에는 천자가 아니면 제사할 수 없
> 는데도 무당이 칠성의 신위를 설치하고, 명산대천에는 제후가 아니면
> 제사 지낼 수 없는데도 무당이 산천의 신을 끌어들인다.[10]

비판론에 등장하는 또 다른 이유로는 '치병의례'나 '경제적 손실' 등도 있다. 질병을 보는 관점에는 여러 가지가 있는데, 무당은 병의 원인을 귀신과 연결시킨다는 것이 아래 인용문의 비판내용이다. 그리고 또 다른 인용문은 무사에 드는 비용을 '경제적 손실'의 관점에서 해악으로 규정하고 있다.

10_ "今之巫者, 率執左道, 以愚黔黎爲事, 若夫日月星辰, 非天子則不祭, 巫設七星之神, 名山大川, 非諸侯則不祭. 巫引山川之神." 남효권, 『추강집』 제5권, 「論. 鬼神論」; 이석주, 앞의 논문(2010), 421쪽에서 재인용.

무릇 사람의 질병은 원기가 고르지 못한 데서 비롯된 것이거늘 무당은 귀신이 빌미가 된 것이라고 지목하고 억지로 근거 없는 말을 지어내어 쓸데없는 비용을 허비시킨다.[11]

그 중에는 가산이 없어져도 아까운 줄을 모르는가 하면 심한 자는 어버이가 죽어도 곡하지 않고 장사와 제사까지 폐지하였으니 그 박절한 해독이 불교에 비해 천만 갑절 더했다.[12]

무사나 무계에 대한 유학자들의 비판론은 유교이념을 실현하기 위해 무계와 그 신봉자들을 제어하고 억제하려는 의도에서 이루어졌다. 그럼에도 불구하고 조선왕조는 자연재해나 역병 등의 불가항력적 상황이나 민간신앙의 뿌리와 전통 속에서 살아야 하는 민심을 염두에 두어 무사巫事를 전면적으로 부정하기는 어려웠다. 단지, 무계와 무사를 비판한 이유가 유교적 사전체계에 맞지 않는 대상에게 무사행위를 한다든지, 질병을 치료하거나 무사를 한다는 명목으로 돈을 너무 많이 갈취한다든지 하는 등등의 경제적 이유 때문이었지만, 무속의 종교적 행위 그 자체를 전면적으로 금한 것은 아니었다.

그러기에 고려부터 시행된 무세의 징수는 조선조에 내내 이어져 1894년 동학농민혁명이 일어나기 전까지 유지해왔고, 3년마다 무적巫籍을 정리하면서 시행되기에 이른다. 이러한 무세징수는 무계를 압박하거나 제어하는 기능을 갖고 있으면서도 동시에 무계의 단골판과 신분세습을 제도적으로 용

11_ "凡人之疾病, 出於元氣之不調, 巫指爲鬼神之崇, 强爲無稽之說, 以糜無益之費." 남효온, 『추강집』 제5권, 「論. 鬼神論」; 이석주, 앞의 논문(2010), 418쪽에서 재인용.
12_ "惑至傾家破産而莫之愛, 甚者親死而不哭至廢葬祭. 迫切之害比禪釋萬萬." 『명종실록』 권32, 1566년 1월 25일자(http://sillok.history.go.kr).

인하는 결과를 낳게 된다.

3. 갑오농민혁명 이후의 무금巫禁 선포 과정

무세의 징수는 고려 말부터 추진되다가 조선 영조 30년 무사巫師 · 경사經師를 제외한 무녀巫女의 세稅만 일부 폐지된 뒤, 정조 3년 다시 원래대로 시행되기에 이른다.[13] 조선 왕조는 무풍음사를 근절하기 위해 무세를 걷는 다고 했지만, 아래 인용문을 보면 3년마다 무적巫籍을 정비하여 체계적으로 관리했음이 드러난다.

> 대전大典에 '무녀巫女 · 무사巫師 · 경사經師 등에게 모두 신공身貢을 거두도록 한다.'고 실렸는데, 지금 제용감 공안濟用監貢案을 상고하니, 아무 고을에 물목物目 얼마씩 일정한 공물을 규정하고 있습니다. 비록 사망[物故]하거나 추가하여 나타나더라도 공안貢案을 고치지 않는 것은 미편未便하니, 청컨대 이제부터 매 3년마다 관찰사觀察使가 차사원差使員을 정하여 추쇄推刷하여 사망하거나 추가하여 나타난 자를 모두 장부에 기록하여, 호조戶曹 · 제용감濟用監 · 관찰사 영觀察使營과 그 고을에 각각 1벌씩 비치備置하여 빙고憑考해서 신공身貢을 거두게 하소서.[14]

이러한 무세는 1894년 갑오농민혁명 이후 갑오경장 때 폐지된 것으로

13_ 임학성, 「조선시대의 무세제도와 그 실태」, 『역사민속학』 3(서울 : 한국역사민속학회, 1993), 90~126쪽, 92쪽, 99쪽.

14_ "『大典』載 '巫女、巫師、經師等竝令收貢', 今考濟用監貢案, 某邑幾名, 定爲恒貢, 雖物故加現, 而貢案不改未便, 請自今每三年, 觀察使定差使員, 推刷物故加現竝錄籍, 戶曹、濟用監、觀察使營及其邑, 各置一件, 憑考收貢." 『세조실록』 권34, 1464년 12월 13일자(http://sillok.history.go.kr).

보이지만, 지방에서는 관리들에 의해 계속 걷혔다.[15] 그 면납免納의 시행 과정을 보여주는 사례는 1897년 관찰사 이봉의李鳳儀가 보낸『공문편안公文編案』에서도 드러난다.[16] "무당에게 징수하던 세금의 징수 여부에 관한 문의와 그 답신"이라는 제목의 이 문서에서는 갑오경장 이후 무세 징수가 혁파되었음을 밝히고, 납부할 필요가 없음을 각 군郡에 알리고 있다.

갑오농민혁명은 1894년 고부군수 조병갑의 수탈을 계기로 일어난다. 이 사건이 일어나기 1년 전만해도 무속에 대한 비판수위는 그 이전과 그리 다르지 않았다. 1893년 "전 정언 안효제가 상소를 올려 부당한 제사를 지내기를 좋아하는 자들의 처벌을 아뢰다"라는 제목의 기사를 보면, 일반적으로 되풀이 하던 '이단론'이나 '음사론'과 다르지 않음을 확인 할 수 있다.

> 겉은 마치 잡신을 모신 사당이나 성황당 같은데, 부처를 위해 둔 제단에서 무당의 염불 소리는 거의 없는 날이 없고, 걸핏하면 수만금의 재정을 소비하여 대궐 안에서의 재계齋戒와 제사와 관련한 일들을 마치 불교행사를 하듯 하는 것은 무엇 때문입니까?[17]

그런데 갑오농민혁명이 끝난 이듬해 1895년부터 무계와 무사에 대한 국가정책의 방향은 큰 변화를 가져온다. 이 시기는 특별히 신분제 폐지와 무세 징수가 혁파되어 시행되는 해이기도 하다. 신분제 폐지와 무세 징수의

15_ 임학성, 「조선시대의 무세제도와 그 실태」,『역사민속학』3, 100쪽의 40번 주석.

16_ "觀察使 李鳳儀 二年二月一日 三十四號 管下各郡에 巫覡處徵稅上納之意로 屢有訓飭矣러니 接準各其郡所報則以爲 更張後徵稅一款는 永爲革罷ᄒ고 旣已排捧戶錢ᄒ니 加之以身役이 有難疊徵故 報告ᄒ오니 特爲頉給ᄒ시믈 望홈. 指令 巫覡이 旣應戶役 則稅不可責納이니 特爲頉給之意로 知委各郡事. 觀察使 李鳳儀 建陽二年二月一日 建陽二年二月九日." 각사등록 근대편,『公文編案』, 建陽二年二月一日(http://db.history.go.kr).

17_ "外若叢祠隍宇, 佛壇巫鈴, 殆無虛日, 動費巨萬, 宮門之內, 齋戒禁忌, 有若作佛事者然, 何哉."『고종실록』권30, 1893년 8월 21일자(http://sillok.history.go.kr).

혁파는 무사의 전면적 금지로 연결된다. 이것이 이글에서 밝히려는 무금의 시행이다.

무금의 공식적 선포는 1895년 3월 10일로 볼 수 있다. 『고종실록』 권33에 의하면, "내무아문에서 각 도에 제반규례를 훈시하다"라는 제목 하에 아래와 같이 공표하고 있기 때문이다.

> 제22조 인민들에게 효유하여 병이 있으면 즉시 약을 먹고 무당巫堂
> 과 소경의 주술을 쓰지 못하게 할 것
> 제44조 무녀巫女와 난잡한 무리들을 일체 금지시킬 것[18]

내무아문內務衙門은 갑오경장 때 설치한 행정기관으로서, 이 때 발표한 제반규례의 훈시목적은 온갖 폐단을 척결하는데 있었다. 그렇지만 이러한 훈시내용 중에 제9조와 제23조, 제28조와 제86조, 그리고 제87조에는 또 다른 의도가 숨겨져 있다.

> 제9조 동학東學과 남학당南學黨의 명색名色을 특별히 금지할 것
> 제23조 토호土豪들의 무단武斷을 일체 엄금할 것
> 제28조 좌상坐商이나 보부상褓負商을 일체 금지시킬 것
> 제86조 명明 나라와 청淸 나라를 떠받들지 말고 우리나라의 개국
> 연호開國年號가 정해졌으니 모든 문서와 계약서 등에 청나
> 라 연호年號를 쓰지 말 것
> 제87조 백성들에게 일본이 우리의 자주 독립을 도와주는 형편을

18_ "第二十二條, 人民에게 曉喩ᄒ야 疾病이 有ᄒ거든 卽地服藥ᄒ고 巫瞽의 呪咀를 用ᄒ지 勿홀 事; 第四十四條, 巫女와 淆雜ᄒ 類를 一切禁斷홀 事." 『고종실록』 권33, 1895년 3월 10일자(http://sillok.history.go.kr).

그 의도는 두 가지로서, 첫째는 무계와 무사를 부정한 것에서 나아가 동
학과 남학당, 토호들의 무단, 좌상이나 보부상들까지도 적대적 세력으로 규
정한 것이며, 둘째는 무엇보다 일본의 영향력을 드러내고 있다는 점이다.

고종왕정은 갑오농민혁명을 진압과정에서 청나라와 일본 등 외세의 도
움을 받는다. 그중 일본군의 도움을 크게 받았다. 아래의 인용문은 1894년
12월 고종이 내린 조칙으로, 백성인 농민을 적으로 삼아 이들을 토벌한 일
본군을 위로하는 내용이다.

> 호서湖西와 호남湖南에 군사를 출동시킨 지 벌써 여러 달이 지났고,
> 또 같이 토벌한 일본日本 군사들이 추운 계절에 한지寒地에 있으니 그
> 노고를 생각하면 편안히 잠들 수 없다. 특별히 군무 참의軍務參議를 파
> 견하여 일본 병관兵官, 군사들과 각진各陣의 선봉 부대, 중앙과 지방의
> 장수들과 군사들이 있는 곳에 빨리 가서 위문하고 호궤犒饋하고 오게
> 하라.[20]

무금의 시행은 이러한 국가적 위기와 그 수습의 과정에서 나타난다. 즉
구한말 조선왕조는 민심에서 멀어져 있었으므로 일본을 비롯한 주변국에

19_ "第九條, 東學과 南學黨의 名色을 각별 禁防홀 事; 第二十三條, 土豪의 武斷을 一切嚴禁홀 事; 第二十
八條, 坐裸負商을 一切禁斷홀 事; 第八十六條, 明과 淸國을 尊崇ㅎ지 말고 我朝의 開國紀元이 定ㅎ얏슨즉
諸般明文과 契書等項에 淸國年號를 記치 勿홀 事; 第八十七條, 人民에게 日本이 我의 獨立自主를 助ㅎ는
形便을 曉喩홀 事."『고종실록』권33, 1895년 3월 10일자(http://sillok.history.go.kr).

20_ "兩湖出師, 已經屢月, 且有日本會勸之兵, 寒節暴露, 念其勞苦, 丙枕靡安. 特遣軍務參議馳往日本兵官
軍士及先鋒各陣京鄕將卒所在處, 宣問犒饋以來." 又詔曰 : "凡大辟之處斬凌遲等刑律, 自今廢止法務行刑, 只
用絞, 軍律行刑, 只用砲."『고종실록』권32, 1894년 12월 27일자(http://sillok.history.go.kr).

의존적일 수밖에 없었고, 민심을 이루는 무계와 보부상, 토호 등을 경계하고 적대적 대상으로 삼았던 것이다. 때문에 무금의 시행은 멀어진 민심을 돌이키는 방향과는 정반대로 민심을 개조하려는 방향으로 진행되었다.

4. 무금의 전개와 무속의 폐단 사유

1895년 8월 20일 일본은 명성황후를 시해하고 을미사변을 일으킨다. 이에 위협을 느낀 고종이 세자를 데리고 1896년 2월 11일 러시아 공사관에 도피했다가 1897년 2월 20일 환궁하게 되는데, 이 과정을 아관파천俄館播遷이라고 한다. 고종은 같은 해 10월 12일 원구단에서 황제 즉위식을 갖고, 국호를 대한, 연호를 광무로 고쳐 대한제국을 선포한다.

이러한 역사적 배경 때문에 무금의 전개과정과 이에 관한 신문기사는 1898년 이후 본격화 된다. 이 장에서 다룰 기사는 여섯 가지이다. 첫째는 이유민에 관한 기사이고, 둘째는 경무사警務使 이충구李忠求의 보고이며, 셋째는 민영환의 상소내용이고, 넷째는 『독립신문』, 다섯째는 『매일신문』, 여섯째는 『황성신문皇城新聞』이다. 이 기사들은 무금의 전개과정을 보여주기도 하고, 때로는 무속의 폐단을 지적한다. 이러한 언론의 기능은 무금의 상황을 정당화시켜 국민적 여론을 형성시켜 가는데 결정적 역할을 담당한다.

첫째, 1898년 3년 30일 김석룡金錫龍의 상소에는 이유인李裕寅을 탄핵하는 내용이 들어있다. 이 상소에서 언급된 무당은 명성황후의 총애를 받던 무녀 진령군眞靈君으로 짐작된다.[21] 이유인 탄핵의 배경에 무녀가 포함되어 있다는 것은 조정안에서 무녀나 무사에 대한 혐오와 적대적 감정이 있었음

21_ 황현(黃玹)의 『매천야록(梅泉野錄)』, 2014.12.26일자 검색(http://yangju.grandculture.net/)에서 인용.

을 드러낸다.

　　법부대신法部大臣 이유인李裕寅은 먼 지방의 미천한 사람으로서 요
사스러운 좌도左道의 무당과 점쟁이의 잡술로 외람되이 폐하陛下의 은
혜를 입었습니다. 그리하여 10년도 안되어 정경正卿에 이르러서 집안이
부유하게 되었습니다. 돌아보건대, 그의 사람됨이 겉으로는 고지식한
것 같지만 속은 실로 비루하고 거짓이 되어 옳고 그름을 따지지 않고
오직 세력만 쫓고 있습니다.[22]

　　이렇게 무녀나 무사에 대한 혐오감을 보인 세력은 명성황후를 시해한
일본과 국내 친일세력은 물론이고, 청나라를 추종하던 유학자나 유생들, 그
리고 아관파천 이후에 영향력을 행사하는 독립협회의 구성원들까지 공통된
입장을 보였다.

　　둘째, 경무사警務使 이충구李忠求의 보고는 "무격의 무리배가 도로에서 대
나무를 세워놓고 연기를 피우거나 바쁘게 말을 몰아 달리고, 오물 등의 지
저분하고 더러운 것을 뿌리거나 버렸는데, 이것은 법으로 금지되었으나, 아
직도 습속이 남아있으니 징벌할 수 있는 조례가 필요함"을 요청하는 내용이
다.[23] 이 기사는 1898년도 2월 3일자로 지방에 잔존하고 있던 무사행위의
일면을 보여줄 뿐만 아니라 이러한 행위가 불법이라는 점을 명확하게 밝히

---

[22]　"法部大臣李裕寅, 以遐土界微之蹤。 售其左道巫卜之妖, 猥蒙天恩, 不十年致位正卿, 家致殷富。而顯
其爲人, 外若狂直, 內實鄙詐, 不問邪正, 惟勢是趨."『고종실록』 권37, 1898년 3월 30일자(http://sillok.
history.go.kr).
[23]　"人民을 蠱惑케 ᄒᆞᄂᆞᆫ 巫覡輩와 道路에 烟竹橫斜와 縱馬疾馳와 汚穢撒棄等弊ᄂᆞᆫ 法所當禁에 已有嚴飭
이오나 習俗恬然에 自多冒犯이온즉 但以曉飭으로 莫可止戢이라 不容不懲罰ᄒᆞᄂᆞᆫ 條例ᄅᆞᆯ 遂條定科ᄒᆞ오미
何如ᄒᆞ올지 玆에 報告ᄒᆞ오니 照亮ᄒᆞ시믈 要홈."『司法稟報(乙)』, 1898년 2월 3일자(http://db.history.go.
kr/).

고, 구체적인 대응방안을 마련해가는 과정을 보여준다.

셋째, 1905년 4월 17일 민영환의 상소는 "무당과 점쟁이들을 금지하고 잡아들이도록 하다"라는 제목으로, 이는 법부와 경무청의 권력을 통한 무금 시행의 과정을 보여준다.

무당이나 점쟁이 등의 잡술은 나라에서 철저히 금하는 바입니다. 그러나 요즘 법과 기강이 해이되어 그러한 무리들이 서울과 지방에 출몰하면서 요사스러운 말과 요사스러운 술수로 백성들을 선동하며 심지어는 패거리를 지어 정사를 문란하게 만듭니다. 그들의 소행을 따져보면 실로 매우 한탄스러우니, 속히 법부法部와 경무청警務廳으로 하여금 일일이 붙잡아 법조문에 의거하여 죄를 주게 하는 것이 어떻겠습니까?[24]

위 인용문의 경무청은 1907년 경시청으로 전환된다. 1904년 러일전쟁에서 승리한 일본은 그 다음 해 미국과 카츠라-태프트 밀약으로 한반도 통치의 기반을 구축한다. 1907년에는 대한제국기의 경찰기구인 경무청을 일제 통감부 산하 경시청으로 전환하고, 군대해산을 통해 강제병합의 기틀을 마련한다.

넷째, 『독립신문』은 '개화사상'을 사상적 바탕에 놓고, 무계와 무사에 대한 비판을 주도한다. 이는 무계나 무사행위에 대한 국민적 비판여론을 확산함으로써 무금의 정당성을 마련하는 결과를 초래했다.

『독립신문』을 창간한 목적은 국민을 계몽하기 위함이다. 개화사상이 중

24_ "巫卜雜術, 朝家之所痛禁者, 而挽近法綱解弛, 若輩出沒京鄉, 妖言妖術, 煽動民衆, 甚至作爲徒黨, 以致紊亂政令. 究厥所爲, 誠極痛惋, 亟令法部警務廳, 一一詞拿, 照律正罪何如?"『고종실록』권45, 1905년 4월 17일자(http://sillok.history.go.kr).

요한 축을 이루었다. 개화의 어원은 일본의 개화문명에서 따온 말로서, 근대화 과정의 명분을 이용하여 일본의 개입과 연결시켜 침략을 정당화하고 합리화하는 용어로 사용되었다.

『독립신문』에서 "무당"을 다룬 기사는 총 41개이다.[25] 이 기사에서 언급하고 있는 폐단 사유를 주제별로 분류해보면, 4가지로 나눌 수 있다. 첫 번째는 무사행위가 '불법'이므로 법률적 폐단이라는 것이고, 두 번째는 무사가 '치병의례'와 관련한 의료적 폐단을 낳는다는 것이다. 세 번째는 무사에 드는 비용이 '돈'과 관련한 경제적 폐단을 국민에게 끼친다는 것이고, 네 번째는 무사가 '혹세무민'하는 미혹한 신앙이라는 관점에서 종교적 폐단이라는 것이다.

첫 번째 폐단 사유는 무사가 '불법'이라는 주장이다.

> 죠션 대군쥬 폐하ᄭᅴ셔 요사시런 부군당과 ᄇᆡᆨ셩을 쇽이ᄂᆞᆫ 무당과 판슈들을 모도 금 ᄒᆞ시고[26]

> 무당이 굿 ᄒᆞ고 졈 ᄒᆞᄂᆞᆫ것과 판슈의 경 ᄂᆞᆰ고 졈 ᄒᆞᄂᆞᆫ것과 기외에 각ᄉᆡᆨ 치셩 ᄒᆞᄂᆞᆫ것과 긔도 ᄒᆞᄂᆞᆫ것과 부작 부치ᄂᆞᆫ것과 쥬문 ᄂᆞᆰᄂᆞᆫ것과 신당 위 ᄒᆞᄂᆞᆫ것과 셩황사 위 ᄒᆞᄂᆞᆫ거슬 경무쳥에셔 이ᄃᆞᆯ 팔일 ᄇᆞ터 엄히 금 ᄒᆞ야 영위 졀죵을 식히랴ᄂᆞᆫᄃᆡ 각쳐에 잇ᄂᆞᆫ 신당과 셩황당과 무당과 판슈들 사ᄂᆞᆫ 곳 시며 셩명과 년세를 각셔 경무관들이 ᄂᆞᆺᄂᆞᆺ시 적간 ᄒᆞ야 경무쳥에 셩칙을 보 ᄒᆞᄂᆞᆫ지라 만일 무당과 판슈가 젼버르쟝이들를 아니 고치던지 신당을 그ᄃᆡ로 위 ᄒᆞ다가ᄂᆞᆫ 경무쳥에 탈로 되ᄂᆞᆫ ᄂᆞᆯ에ᄂᆞᆫ

25_ 검색어는 "무당", 검색기간은 1896. 4. 7~1899.12. 4(http://www.mediagaon.or.kr).

26_ 『독립신문』, 1896년 8월 4일자.

아마 크게 증판을 당홀 모양이며 경무ᄉ 김지풍씨ᄂ 불샹ᄒ 인민들을 싱각 ᄒ야 이러케 ᄆᄋᆷ을 극진히 쓰니 참 치샤 홀만 ᄒ더라[27]

두 번째 폐단 사유는 '치병의례'를 담당하는 무당, 또는 그 역할을 비판하는 내용이다.

> 정부에서 빅셩을 위 ᄒ야 의학교와 병원은 아직 못 셰워 주드릭도 데일 침 주ᄂ 법은 금 ᄒ야 불샹ᄒ 목숨들이 살터이요 ᄯᅩ 사ᄅᆷ이 병이 들면 죠션셔ᄂ 무당과 판슈로 굿슬 ᄒ다 넉두리를 ᄒ다 ᄒ야 병인이 편안히 잠잘 슈도 업게 ᄒ며 ᄯᅩ 그굿 ᄒ던 음식을 병인을 주어 먹게 ᄒ야 병이 덧치게 ᄒ며 그 ᄉᆡ듥에 죽은 사ᄅᆷ들도 만히 잇스니 우리 싱각에ᄂ 한셩 판윤과 경무ᄉ가 빅셩을 위 ᄒ야 ᄉ업을 ᄒ랴면 침쟝이와 무당과 판슈와 지 올닌다ᄂ 즁들을 엄금 ᄒ면 그 ᄉᆡ듥에 사ᄂ 사ᄅᆷ이 몃 만명일터이요[28]

세 번째 폐단 사유는 무사에 드는 비용이 낭비라는 관점에서 '돈'에 관한 내용이다.

> 무당들이 도로 우심 ᄒ야 어리셕은 인민들의 돈을 ᄲᅬᄃ 쟝구를 문 밧ᄭᅴ셔만 치고 문안에셔ᄂ 춤아 치지 못 ᄒ고 다만 고리쟉을 깁흔 밤에 술슬 글거 돈을 무슈히 ᄲᅬᄃ니[29]

27_ 『독립신문』, 1897년 5월 27일자.
28_ 『독립신문』, 1896년 12월 1일자.
29_ 『독립신문』, 1896년 12월 8일자.

죠션 빅셩들이 살슈는 업다고 ᄒ면셔 헛되히 돈 내여 버리는거슬 싱각 ᄒ거드면 가히 우습고 탄식 홀 일이 만히 잇는지라 셔울 문안 문 밧의 어리셕은 녀인네들을 쇽여 돈 쎗는 무당과 판슈들이 쳔여명인되 미명에 평균 ᄒ야 미샥에 남의 돈 쎅앗는거시 십오원식 되니 미샥에 일만 오쳔원이요 일년에 십팔만원이라 셔울 잇는 인민 인구 슈효가 이 십 만명을 잡고 미인 젼에 미년 구십젼 가량식을 무당과 판슈의게 쎅앗 기는 셰음이니[30]

네 번째 폐단 사유는 허망한 일을 숭상하게 만들어 '혹세무민' 하기 때 문에 종교적 폐단을 끼친다는 것이다.

무당과 판슈는 인민의게 크게 히로은것이라 요ᄉ이 무당 판슈들이 도로 셩 ᄒ는것 ᄀ흐니 지금 경무ᄉ도 젼 경무ᄉ 김지풍씨의 규칙되로 무당 판슈를 별노히 엄금 ᄒ야 혹셰 무민 ᄒ는 버르쟝이들을 못 ᄒ게 ᄒ는것이 못당 ᄒ다더라[31]

판슈와 무당의 허망ᄒ것을 우리 신문 상에 여러번 긔지 ᄒ엿거니와 우리 신문을 보고 붉은 사름들은 쎅드라 고샤 지니는것과 불공 ᄒ는것 과 굿 ᄒ는것을 뎡지 ᄒ야 몃둘을 지니 본즉 이런 일 아니 ᄒ다고 죠곰 치도 히로은 일 업고 지물을 허비치 아니 ᄒ엿지라 이런 사름들은 쎅둣게 ᄒ여 준것을 곰압게 넉이며 다른 사름이 쎅둣지 못 ᄒ고 종시 이런 허망ᄒ 일을 숭상 ᄒ는것을 보면 우리와 ᄀ치 이둛게 넉이는지라

30_ 『독립신문』, 1897년 1월 7일자.
31_ 『독립신문』, 1897년 8월 19일자.

그러 ㅎ나 학문 업고 싱각 업는 녀인네들이 종시도 구습에 젓겨 씨치지

를 못 ㅎ이가 만히 잇스나[32]

다섯째, 『매일신문』은 최초의 일간지였으며, 1898년 1월 26일 창간하여 1899년 4월 4일까지 제279호를 발행한 신문이다. 이 신문에는 무당관련 기사가 20개나 출현한다. 그 중에서 무사를 금지한다는 기사가 여럿 있다.

근릭에 무당을 금ㅎ야 문안에셔 굿ㅎ고 비송닉며 뭇구리 ㅎ는것을 못ㅎ게 ㅎ엿다더니[33]

슈원군 사는 김성삼이가 무당이라 ᄌ칭ㅎ고 귀신이 ᄂ렷다고 쥬문을 외으며 졔 집에 꼿뎅이와 화샹과 념불 ㅎ는 졔구을 싸아 두고 우믹ㅎ 사람들노 ㅎ여곰 지물을 드려 지앙을 막고 복을 빌게 ㅎ여 세샹을 혹 ㅎ게 ㅎ다가 경무쳥에 잡혓다더라[34]

굿을 ㅎ다가 순산 ㅎ는 슌검에게 무단이 잡히여 동셔로 드러 온즉 동셔 셔쟝 말이 굿ㅎ야 그곳에셔 ㅎ지 말고 강 근너로 가셔 ㅎ라 ㅎ고 즉시 노와 보닉엿더니 그길노 나가셔 각심졀 에셔 굿을 마져 ㅎ얏다 ㅎ니[35]

셔쟝이 무당과 공인ᄉ명을 ㅎ로를 가두엇다가[36]

32_ 『독립신문』, 1897년 9월 14일자.

33_ 『매일신문』, 1898년 8월 24일자.

34_ 『매일신문』, 1898년 9월 5일자.

35_ 『매일신문』, 1898년 9월 5일자.

경무청 규칙을 의지ᄒ야 말 ᄒ기를 방금 엄금ᄒᄂ중 이갓치 무엄
ᄒ니 무당을 곳 잡아 가겟다 ᄒ거늘[37]_

근일에 무당들이 막엄궁궐에 무란이 츌입흔다 ᄒ오니 일졀 엄금 ᄒ
올일로[38]_

궁금 슉쳥ᄒ라신 죠칙이 계오신즉 죵금이후로ᄂ 보탑 지근지디에
무당비의 무란이 횡힝ᄒᄂ 폐단이 업스리라고들 ᄒ더라[39]_

일은 무당과 신당에 긔도ᄒᄂ거슬 낫낫치 통금ᄒ고[40]_

긔셩 부윤 김죵환씨가 도임ᄒ후 무당이 굿ᄒᄂ것을 금ᄒ고로[41]_

경무텽에셔 각 경무셔에 훈령ᄒ기를 각셔 통수셩칙도 ᄒ려니와 휘
쥬 잡기와 무당 긔도와 도젹놈을 각별이 금즙ᄒ라고 ᄒ엿다더라[42]_

일은 무당과 헛되히 긔도 ᄒᄂ거슬 엄금 ᄒ며[43]_

36_ 『매일신문』, 1898년 9월 7일자.
37_ 『매일신문』, 1898년 10월 10일자.
38_ 『매일신문』, 1898년 10월 14일자.
39_ 『매일신문』, 1898년 10월 17일자.
40_ 『매일신문』, 1898년 11월 3일자.
41_ 『매일신문』, 1899년 1월 14일자.
42_ 『매일신문』, 1899년 1월 16일자.
43_ 『매일신문』, 1899년 1월 23일자.

셔셔 자녀 반송방 미나리골 사는 김소사가 고등 직판소에 쇼지 ㅎ
기를 내가 무당으로 싱이를 ㅎ더니 갑오 경장 이후로 <u>무당을 엄금</u> ㅎ
는고로[44]

여섯째, 『황성신문』의 경우는 1895년부터 1910년까지 "무당"을 검색어
로 도출된 기사는 단 두건에 불과하다. 첫째는 희무대타령戲舞臺打令에서 노
장과 소무의 춤을 묘사한 부분이고, 둘째는 "어리셕더고"라는 주제로 무당
과 판수에게 속아 넘어가는 세태를 묘사한다.

瀟湘班竹十二節로 逾出逾奇차레춤에 雪膚花容小巫堂과 松納長衫老
長僧이리 峨冠博帶生員이오[45]

名山大川이니 后土神靈이니 北斗七星이니 關聖帝君이니 諸佛諸天이
니 ㅎ고 祈禱에 熱는 스룸 ㅎ나도 效驗은 못보아도 무당판수라면 밋쳐
發狂ㅎ는 일 어리셕더고[46]

그런데 『황성신문』에서 '무巫'라는 용어로 '주제' 부분만을 검색을 했을
때, 검색된 기사는 모두 38건이다. 이 기사 중에서 폐해로 지적하고 있는
것은 '무사를 법으로 금지'한다거나 잡아들였다는 내용, '돈'과 관련해서 백
성을 편취한다는 경제적 폐해, 미혹한 신앙으로 '혹세무민'하면서 백성을 속
인다는 뜻에서 종교적 폐해, '치병의례'가 질병을 확대시켜 백성을 위험에

44_ 『매일신문』, 1899년 2월 8일자.
45_ 『황성신문』, 1900년 8월 9일자.
46_ 『황성신문』, 1907년 8월 20일자.

빠뜨린다는 의료적 폐해 등, 모두 네 가지로 구분할 수 있다.

먼저, 절반이상인 20여건에 해당하는 주제는 '불법이기에 금지한다'는 것이다. 이를 시행한 경무청은 무사를 행한 무녀들을 잡아 가두거나 재판소로 넘겼다.

> 警務廳에셔 各署에 指飭ᄒ고 所謂巫女輩에 鳴錚呪禱홈을 一幷嚴禁ᄒ더라[47]

> 阿峴居 一巫女가 張將軍의 靈魂을 感應ᄒ야 人의 吉凶禍福을 度厄흔다 홈으로 愚昧흔 婦人들이 三五作隊ᄒ야 該巫女家에 逐日還至ᄒ야 所願成就케 ᄒ야 달나고 卜債金 幾十錢式을 消耗ᄒᄂ 弊가 種種 有之ᄒ다더니 詳聞흔 즉 該情跡이 綻露되야 再昨日 西部警察署에 被捉되얏다더라[48]

> 近日 警務廳에셔 法部訓令을 承准ᄒ야 巫卜雜術輩를 一幷詗捉ᄒ기로 有名흔 某術客은 鄕第로 或 逃避도 ᄒ고 某巫女ᄂ 或 隱身도 ᄒ야 多不被捉ᄒ얏고 社稷洞居 小靑裳이라 ᄒᄂ 巫女를 警廳에 捉致ᄒ야 漢城裁判所로 移送ᄒ얏ᄂᄃ 該家에 崇奉흔 것은 玉皇上帝와 歷代帝王의 影幀이오 其外小小的欺人取物ᄒ던 巫女輩가 被捉者 十餘名이더라[49]

위의 인용문 중 가장 위의 것은 경무청에서 무녀배의 의례활동을 엄금

47_ 『황성신문』, 1902년 5월 19일자.
48_ 『황성신문』, 1909년 4월 13일자.
49_ 『황성신문』, 1905년 4월 25일자.

한다는 것이고, 그 아래 중간에 인용된 본문은 아현에 사는 무녀를 서부경찰서로 잡아갔다는 것이다. 가장 아래에 위치한 인용문은 경무청에서 무복잡술배들의 도피나 은신 때문에 잡아들이지 못한 와중에, 사직동 사는 무녀를 잡아다가 한성재판소로 이송시켰다는 내용이다.

두 번째 비중을 차지한 폐해의 주제는 '돈'과 관련한 기사로, 5건 이상이다. 이 기사들은 무사 행위를 편취나 갈취 수준으로 보아, 백성의 경제를 어렵게 만드는 폐해로 보았다.

慕學院附近地에셔 近日 巫女들이 祈禱이니 發願이니 ᄒ고 愚民의
財錢을 騙取ᄒᄂ 弊가 多有ᄒ다더라[50]

세 번째, 그릇된 신앙으로 백성을 속인다는 의미에서 종교적 폐해를 뜻하는 '혹세무민'은 4건 등장한다. 이런 기사들은 민간신앙을 헛된 것으로 규정하여 백성을 도탄에 빠지게 만든다는 부정적 시각을 반영한다.

如何ᄒ 神堂일른지 如何ᄒ 巫家일른지 廂廛과 畵鋪等處에셔 되지도
못ᄒ게 그린 人形을 사다 걸고셔 或關將軍이라 稱ᄒ고 或山神靈이라 稱
ᄒ면셔 世를 惑케ᄒ고 民을 誣ᄒ야[51]

위의 인용문은 무사의 대상이 되는 관우장군이나 산신령을 상징하는 무신도와 무신상과 이를 모신 신당, 또는 무가巫家 관련한 모든 의례와 행위를 비판적으로 보는 내용이다.

50_ 『황성신문』, 1909년 5월 4일자.
51_ 『황성신문』, 1909년 9월 8일자.

네 번째는 '치료행위'와 관련한 무당의 모든 행위가 백성에게 의료적 폐해를 준다는 것이다.

全國에큰 痼疾을 釀成ᄒ야 其褻汚한 風이 止息홀 日이 無ᄒ거늘[52]

위의 인용문은 전국의 큰 질병이 도래한 책임을 무사행위나 무계의 탓으로 돌리고 그 행위를 더럽고 치사한 짓으로 하루도 그치질 않다는 탄식을 담고 있다.

이러한 신문기사는 1894년 동학농민혁명 이후 무금에 대한 경무청의 활동과 1907년 이후 대한제국의 군대를 해산한 일본 통감부와 그 산하 경시청의 무금 시행과정을 보여준다.

5. 구한말 무금 시행의 의미

구한말 무금의 시행은 의도와 한계를 지닌 것이었다. 당시 무금의 목표는 무사와 관련한 행위를 막기 위한 것으로 보인다. 이 정책은 무계를 단속하는 수준에서 이루어진 것이다.[53] 이 정책의 목표가 천주교 박해와 같이, 모든 교인이나 교계를 잡아들이거나 처형하는 데 있는 것은 아니었다.

그럼에도 불구하고 이러한 무금 시행은 무계뿐만 아니라 무계와 무사를 신봉하는 백성들에게로 큰 반향을 미친다. 무금 시행은 무계가 민간에게 제공했던 제사적 기능, 예언적 기능, 예술적 기능, 의술적 기능을 모두 불법으

52_ 『황성신문』, 1909년 9월 8일자.
53_ 경무청이 기껏해야 관서로 잡아들여 훈계하거나 재판소에 넘겼고, 벌금을 냈는지 징역을 살았는지 알 수는 없다. 이를 밝히는 작업은 추후의 과제로 남긴다.

로 규정하여 금지시키는 의도로 진행되었기 때문이다.

민간은 무계의 무사행위를 통해 긴 세월동안 현실적인 문제를 해결해왔다. 조선조 왕정도 무사와 무계에 대한 민간에서의 요구가 뿌리 깊은 것이었으므로, 적절한 수준에서 이를 제어하며 용인해왔던 터이다. 하지만 갑오농민혁명 이후 무금 시행이라는 새로운 국면은 무사와 무계에 대한 민간의 요구를 단절시켜간 것이다.

이러한 상황을 가속화시킨 것은 언론이다. 언론은 신문기사를 통해 경무청이 시행하는 무금의 과정을 드러내는 한편, 무속의 폐해를 부각시킴으로써 이 정책을 뒷받침했던 것이다.

대한제국기의 고종은 불교나 유교가 아니라 무속을 개혁의 대상으로 삼았다.[54] 이러한 이유는 무속이 타 종교보다 경전이나 교리, 교계 등의 종교적 체계를 확립하지 못한 형태로 존속해왔다는 약점을 가졌기 때문으로 보인다. 이 약점 때문에 무속은 다수의 지식인 계층에서 공격의 대상이 되어왔던 터이다.

1907년 군대해산 이후 일본 통감부의 무금 시행은 국민과 제도, 또는 문화를 개량한다는 명분을 갖고 있지만, 그 정책의 이면에는 대한제국의 실권을 장악하여 병합의 발판을 마련하려는 의도가 들어있었다.

당시 무금에 관한 언론의 기사들은 공교롭게도 일본에서 바라던 바대로 진행되었다. 그 기사들은 하나같이 민족적 고유의 신앙행위를 부끄럽게 여겼으며, 이를 개량해야한다는 논리를 따랐다. 때문에 그 기사들은 경시청의 무금행위를 당연한 것으로 받아들였고, 민족적인 고유의 풍습을 폐단으로 여겨 자국의 국민들이 수치스럽게 느끼도록 만들었다.

54_ 王賢鍾, 「대한제국기 고종의 황제권 강화와 개혁 논리」, 『歷史學報』 208(서울 : 歷史學會, 2010), 1~34쪽.

결국, 1894년 갑오농민혁명 이후 무계는 무세를 내면서 사회의 용인을 받는 제도적 기반을 잃었고, 악공이나 관기로 종사하며 국가의 역役을 짊으로써 얻게 되는 사회경제적 기반도 잃었으며, 무사의 금지로 인해 단골판의 경제적 기반을 점차 잃어갔다. 때문에 이러한 시대적 배경은 구한말 무부나 그들의 자손들이 예술적 활동인 판소리·창극·악기연주·무용 등의 공연활동이나 음반활동에 적극적으로 가담한 이유를 짐작하게 한다. 그와 같은 사례로 거론할 수 있는 대표적인 전통예술인으로는 춤과 고법, 악기연주의 명인이었던 한성준韓成俊과 신청출신 국창 김창환金昌煥은 물론이고, 정재呈才를 주로 담당했던 협률사 소속 관기 등을 들 수 있다.[55]

6. 나오면서

구한말을 중심으로 무사의 금지 정책을 다룬 이 논문은 1894년 갑오농민혁명 이후 무금의 전개과정을 당시 신문기사를 중심으로 고찰함으로써, 일제 강점기 이전까지 사회경제적인 존립기반을 상실해 가는 무계의 시대적 배경을 파악하려는 목적을 가지고 있다.

결과적으로 이글은 조선말 무속에 대한 이단론이 정쟁이나 논쟁과 다른 무계와 무사 전체에 걸쳐 적용되었다는 점과 음사론이 의례 대상에서 기인했다는 점, 그리고 이단론이나 음사론이 성리학자나 유생들을 중심으로 일어났다는 점을 들어 조선시대 무속에 대한 비판론이 이단론과 음사론으로 귀결되었음을 피력했다.

그리고 이글에서는 1894년 갑오농민혁명 이후의 무금 선포 과정에 주목

55_ 노동은,『근대음악사』 1(서울 : 한길사, 1995), 512쪽.

하여, 무금 정책의 시행이 1895년 3월 10일 내무아문의 훈시로부터 비롯되었음을 밝혔다. 더불어 이 훈시의 목적이 온갖 폐단을 척결하는데 있었으므로, 당시 신문기관에서 바라 본 무속의 윤리적 폐단 사유를 4가지 주제로 선별하여 그 사례를 제시하였다. 그 폐단으로 언급된 4가지 주제는 법률적 폐단인 '불법', 경제적 폐단인 '돈', 종교적 폐단으로서 '혹세무민', 의료적 폐단인 '치료행위' 등이다.

이러한 시대적 배경 속에서 주목할 점은 신분해방 이후의 세습제를 벗어난 무계가 선택한 것이 비공개적인 형태로 무사를 진행하거나 직업을 바꾸기도 하고, 또는 협률사와 같은 전통예술계로 진출했다는 점이다.

결국, 이 논문의 의의는 이 시기의 무금 시행의 의미가 신분 해방을 맞은 무계의 활동 제약과 경제적 기반의 약화를 불러왔던 시대적 배경을 밝혔고, 이러한 사회적 분위기를 조장한 언론이 무금 시행의 정당성을 계몽적 차원에서 홍보함으로써 사회적 신분세습의 구조에서 벗어난 무계에 대한 부정적 인식을 가중시켜 왔음을 지적한 것에서 찾을 수 있다.

이 논문은 목진호, 「구한말 무속의 윤리적 폐단과 무금(巫禁) 시행의 의미」, 『무용역사기록학』 33호(서울 : 무용역사기록학회, 2014), 113~133쪽의 내용을 부분 수정한 것임.

한국의 미신담론과 무속의 타자화 과정
-상이한 세계관들의 경합, 그리고 결과-

김동규
원광대학교 박사후연구원

1. 머리말

'다원적 실재로서 한국무속'이라는 폭 넓은 스펙트럼 위에서 '미신으로서 무속, 미신업자로서 무당'이라는 이미지는 그 가장자리의 한 축에 뿌리 깊게 자리하면서 무속의 다양한 현실을 구성하고 있다.[1] 실제로 무당이나 무당에게 우호적인 사람들마저 자신들의 종교적 실천을 '미신'이라는 용어로 표현한 사례들은 미신담론이 일반 한국인들에게, 나아가 무당들 스스로

---

[1] '다원적 실재로서 한국무속'은 무속의 원형을 복원하거나 보존하려는 노력들에 가정된 단일실재로서의 무속에 대한 필자의 비판적인 입장을 드러낸다. 한국무속의 다원성 관념은 현대 한국사회에서 발견되는 다양한 형태의 무속실천을 이해하는데 효과적인 분석틀이자 동시에 한국종교사에서 무속이 가지는 지속성을 이해하는 데에도 효과적이라고 생각된다. 이와 관련해서는 김동규, 「한국무속의 다원성: 학적 담론과 무당의 정체성 형성 사이의 "루핑 이펙트(looping effects)」, 『샤머니즘의 사상』(민속원, 2013)을 참조하시오.

에게 얼마나 깊이 내면화되어 있는지를 잘 보여준다. 이런 맥락에서 한국 무속에 대한 부정적인 담론들의 형성과정을 이해하는 데 있어서 가장 핵심적인 개념을 '미신'이라고 해도 큰 무리가 없다고 생각된다.[2]

미신담론에 대한 논의의 시작은 미신迷信을 어떻게 정의하는가의 문제에서 비롯될 수 있다. 이 용어는 기본적으로 '미혹하다' 혹은 '전념하다'의 의미를 지닌 '미迷'와 믿음을 의미하는 '신信'의 조합어로서, 근대의 새로운 어휘라고 할 수 있다.[3] 일단, 국립국어원에서 편찬되는 『표준국어대사전』에서 정의된 '미신'을 참고해보기로 하자. 미신은 "비과학적이고 종교적으로 망령된다고 판단되는 신앙", 그리고 "아무런 과학적, 합리적인 근거도 없는 것을 맹목적으로 믿음"으로 정의되어 있다.[4] 환언하자면, 미신으로 규정될 수 있는 특정한 신념과 실천에 대한 판단의 기준은 근대 과학의 사유방식이며, 그 사유방식에 따라 판단했을 때 잘못된 인과因果에 대한 사고를 바탕으로 하는 믿음과 실천이 미신의 범주에 포함된다는 것이다. 이와 더불어 오래된 민간의 신념들이나 실천들 대부분이 미신의 범주에 포함되는 경우가 많은데, 사전적인 정의에서도 '점복, 굿, 금기 따위'가 미신의 사례로 소개되고 있다. 점복, 굿, 금기 등은 이른바 무속과 가장 깊은 친연성(affinity)을 가지는 개념들로서, 무속 실천을 미신으로 범주화하는 이유는 그 실천이 비과

2_ 이 글에서 미신은 두 가지 의미로 사용된다. 인용부호가 포함된 '미신'은 특별히 그 단어의 역사성을 강조하기 위한 것이며, 인용부호가 없이 사용된 미신은 좀 더 일반적인 관념을 지칭하기 위한 것이며, '음사'와 '미신'을 모두 지칭한다.

3_ 최소한 조선왕조실록 내에서 '미신'의 용례를 발견하지 못했다. 필자의 무지에서 비롯된 것이기도 하지만, '미신'이라는 어휘가 정확히 근대의 어느 시기에 누구에 의해서 처음 사용되었는지는 확인하지 못했다. 이 점은 추후에 더 보완된 연구를 통해서 밝히고자 한다.

4_ '미신'이라는 근대적인 신조어는 영어 'superstition'의 번역어로 이해할 수 있다. 마틴(D. Martin)에 따르면, 영어 'superstition'에 해당하는 희랍어 *deisdaimonia*와 라틴어 *superstitio*는 유사하지만, 동시에 그 의미론적인 차원에서 차이점을 가진다. *superstitio*는 *deisdaimonia*와 달리 어떤 믿음이나 실천이 '정치적인 위험'이 된다라는 의미가 포함되어 있다는 것이다. 이런 맥락에서, 현대적인 의미의 superstition은 고대 그리스와 로마에서 사용되었던 두 어휘의 의미를 공유하고 있다고 볼 수 있다. Dale B. Martin, *Inventing Superstition : From the Hippocratics to the Christians*, Massachusetts : Harvard University, 2004.

학적이고 합리적인 근거도 없다는 판단에서일 것이다. 이 같은 미신의 범주화 과정은 근대적 사유 방식에 기반하고 있는 물리적 세계의 독특한 인과론과 무속적 세계관이 가지는 독특한 특성, 즉 초자연적인 힘과 존재가 현실 문제에 지속적으로 개입할 수 있다는 무속 실천자들의 경험적 인식의 차이에서 비롯된 것으로 설명될 수 있다. 이런 맥락에서 필자는 범주화된 미신과 미신론을 근대의 자연과학적 세계관에서 비롯된 구성물로 이해한다. 한편, 무속이 근대 학문의 연구 영역으로 들어오게 되면서, '미신'이라는 개념은 연구자들 사이에서 무속에 대한 기존의 편견들의 원인을 설명하는 데 주로 사용되어 왔다. 대체로 이러한 편견들에 대해 비판적인 입장을 취한 연구자들은 '미신'이라는 어휘가 생성된 역사적 배경, 특히 그 개념이 형성된 일제의 식민지 상황과 그리스도교와 서구적 합리성을 포함하는 배타적인 서구 중심주의 등의 문제를 드러내 보임으로써 무속의 '미신론'[5]이 가지는 문제점을 드러내었으며, 동시에 그러한 부정적인 이미지가 무속의 본질에 대한 왜곡을 통해 형성되어 왔다는 점을 비판해왔다. 그러나 무속이 미신으로 범주화되고 비판의 대상이 된 것은 근대 이후의 일만은 아니다. 이미 많은 학자들이 주장하고 있듯이, 무속 실천은 12세기 고려 중엽부터 조선시대를 통해 유학자들에게 '음사淫祀'로 규정되어 비판되었다. 무속 연구자들은 유학자들의 이와 같은 무속 비판과 그 논리를 '음사론'으로 개념화하며, 근대 이후의 '미신론'과 차별화시키는 경향이 있다. '음사'와 '미신'은 분명 서로 다른 지성사적 패러다임에서 사용된 개념들이며, 각각의 개념들이 내포하는 의미와 그런 범주화를 가능케 한 세계관이 상이하다는 점에서 기존의 연구들이 '미신론'과 '음사론'을 구분하여 이해하는 것은 바람직한 설명방식

5_ '미신론'이라는 표현은 무속을 '미신'으로 범주화하고 비판하는 입장을 지칭하기 위해 사용된 것이다. 아울러 근대 이전에 무속을 '음사'로 분류했던 논리에 대해서는 '음사론'이라는 표현이 사용된다. 이용범, 「무속에 대한 근대 한국사회의 부정적 시각에 대한 고찰」, 『한국무속학』 9(2005).

이라 할 것이다.[6]

　그렇지만, 본고에서 필자는 무속과 관련한 조선시대의 '음사론'과 근대의 '미신론'을 포괄적으로 무속의 '미신담론'이라는 용어로 분류하고자 한다. '음사' 개념이 '미신' 개념과 역사적, 의미론적으로 구분될 수 있다고 하더라도, 두 개념 모두 당대의 지배적인 세계관 혹은 감수성(sensibility)을 부각시키고 안정화시키는 데 타자他者로 기능했다는 점에서는 동일하기 때문이다. 따라서 이 글은 미신의 타자성(alterity)이 구성되어온 생산과정에 대한 역사적인 기술이라 할 수 있다. 한편, 쎄르토M. Certeau에 따르면 타자화의 과정을 이해하는 작업은 타자성을 규정한 엘리트 집단의 전략들strategies을 기술하는 것으로는 충분치 않으며 타자화과정의 대상이 된 행위자들의 반응에서 드러나는 다양한 전술(tactics) 역시 분석되어야 한다.[7] 이런 맥락에서, 본고는 분류의 주체와 분류된 대상 사이의 '루핑이펙트looping effects'를 통한 미신업자로서 '무당' 혹은 '무속'이 창조된 작용과정의 전모를 파악하는 데 필요한 예비 작업으로써 시도된 것이다.[8]

　6_ 마틴(D. Martin)은 문화들마다 서로 다른 미신의 범주화가 가능하며 '과학'에 대한 정의에 따라 미신의 의미도 다르게 정의될 수 있다고 주장한다. 이런 점에서 그는 "'미신'은 '과학'의 '타자'로 정위(定位)된다'고 한다. Dale B. Martin, op.cit., p12.

　7_ M. Certeau, *The Practice of Everyday Life, translated by Steven Rendall*, California : University of California Press, 1984.

　8_ '루핑이펙트(looping effect)'라는 개념은 인간종(human kinds), 즉 어떤 부류의 인간이 어떻게 만들어지는지를 보여주기 위해 해킹(I. Hacking)이 사용한 것인데, 인간에 대한 분류 행위와 분류되어진 인간 사이에 끊임없이 순환하는 상호작용을 설명하기 위한 개념이다. 어찌 보면, 이 개념은 '해석학적 순환' 개념과 비슷하다고 할 수 있다. 하지만, '해석학적 순환' 개념이 방법론적 의미 해석학으로부터 존재론적 해석학까지 광범위하게 사용되고 있으며, '미신'이나 '음사'라는 개념이 무당 혹은 무속 실천자라는 인간종의 분류와 관계하기 '루핑이펙트'개념이 더 적절하다고 생각된다. 이 개념에 대해서는 다음 책을 참조. Ian Hacking, *Rewriting the Soul*, New Jersey : Princeton University Press, 1995; *The Social Construction of What*, Massachusetts : Harvard University Press, 1999; *Historical Ontology*, Cambridge & Mass : Harvard Press, 2002. 한편, 루핑이펙트 개념을 적용하여 한국 무속의 다원적인 특성을 밝힌 논문은 졸고, 「한국무속의 다양성 : 학적 담론과 무당의 정체성 형성 사이의 "고리효과"」, 『종교연구』 66(2012); "Reconfiguration of Korean Shamanic Ritual : Negotiating Practices among Shamans, Clients, and Multiple Ideologies", *Journal of Korean Religions* 3(2), 2012 참조.

2. 음사론의 경계 : '최적화 우주론'과 위계적 의례론

넓은 의미의 미신과 가장 유사한 형태의 개념을 근대 이전의 한국에서 찾는다면 바로 '음사'라는 개념일 것이다. '음사'는 주로 유학자들에 의해 유교 이외의 '종교적 실천'을 지칭하고 비판하기 위해서 사용된 개념으로 써,[9] 대표적인 유교 경전 중의 하나인『예기禮記』에 '음사'의 의미가 이렇게 기록되어 있다. "제사지낼 곳이 아니지만 그 곳에 제사하는 것을 음사라 한다非其所祭而祭之 名曰淫祀." 여기서 '음사'라는 개념은 제사의 대상에 국한되는 의미로 보이지만, 이 개념이 주로 사용되는 맥락을 좀 더 살펴보면 제사를 지내는 주체의 자격 그리고 제사의 방식과도 관련되어 사용되고 있다는 것을 알 수 있다. 그리고 이와 동일한 의미로 사용된 단어로써 '아첨'이나 '번독煩瀆'이 있다. '아첨'은 제사하지 말아야 할 귀신에게 제사하는 것을 의미하는 것이며, '번독'은 일정한 법식을 벗어나 제멋대로 지내는 제사를 지칭하기 위한 개념이었다.[10] 이러한 개념들은 '음사론'의 경계를 정하는 핵심적인 개념들로써, 의례를 행하는 데 그 주체, 대상, 형식에서 허용될 수 있는 경계가 있으며 그 경계를 넘어서게 되었을 때 바로 '음사론'에 따라 범주화된 것이다.

한국문화에서 음사론에 대한 유학적 범주화는 일반적으로 조선왕조의 유교화 과정, 즉 유교와 비非유교적 실천 사이에 발생한 헤게모니 투쟁 과정과 연관되어 설명된다. 하지만 유교가 한반도에 들어왔을 때부터 헤게모니를 장악했던 것은 아니었다. 오히려 다른 종교적 가르침과 생활의 다양

9_ 비록 여기서 '종교적 실천'이라는 용어를 써서 무속이나 불교 등의 비유교적 실천들을 지칭하지만, 당시에는 아직 삶의 다른 영역들과 구분된 독립적인 영역으로 생각하지 않았다. 다만, 이해의 편의성을 위해 이 용어를 사용한 것이며, 인용부호는 이런 점을 강조하기 위해 사용한 것이다.
10_ 이욱,『조선시대 재난과 국가의례』(창비, 2009), 38~49쪽.

한 영역들에 대한 책임을 분담하였다. 특히 가족 내에서 그리고 국가의 행정 차원에서 어떻게 행동해야 하는지에 대한 가르침이 그 주된 내용이었다.[11] 이와 같은 유교의 제한된 역할이 극적으로 변화된 것은 조선왕조가 고려왕조를 대체하며 들어선 이후라고 할 수 있다. 신유학으로 무장한 조선왕조의 사대부 집단은 자신들의 역성혁명을 정당화시키는 작업과 과거의 악습을 철폐하기 위해 노력했다. 구체적으로 그들은 고려 말의 권문세가 집단에 대항했을 뿐 아니라 특히 불교사찰들의 현실적인 폐단들을 비판했다. 유학자들의 불교 비판을 검토하자면, 초기에는 불교의 실천과 사찰에 관련된 현실적인 문제들에 대한 비판이 주된 내용이었지만, 나중에는 현실적인 문제의 이면에 자리한 신학적인 차원의 비판으로 변해갔다고 볼 수 있다. 불교적 가르침을 이른바 벽이단론闢異端論이라는 설명틀로 비판하게 된 것이다. 현실 세계에서 윤리적인 삶을 통해 궁극적 실재를 어떻게 구현할 수 있는지에 대해 주된 관심을 가졌던 유학자들에게 출세간적 삶을 지향한 승려 생활은 무책임하고 이기적인 것으로 이해되었기 때문이다. 이처럼 조선왕조시기에 불교에 대한 유학자들의 비판은 두 종교 사이의 상이한 철학 혹은 신학적 차이점이라는 견지에서, 그리고 그 두 종교가 근거하고 있던 정치적 환경의 차이를 통해서 설명된다.[12] 그렇다면, 당시 무속에 대한 유학자들의 비판은 어떻게 이해할 수 있을까? 불교와 유교 사이의 관계처럼 무속에 대한 유학자들의 비판을 그 둘 사이의 상이한 세계관 혹은 신학적인 입장의 차이를 통해서 발견할 수 있을까?

11_ Don Baker, *Korean Spirituality*, Honolulu : University of Hawaii Press, 2008, p.46.
12_ 정병조·이석호, 『한국 종교 사상사』I(연세대학교출판부, 1992).

1) 문명화의 열망과 유교

조선시대의 통해 유학자들의 '음사'비판은 『조선왕조실록』을 비롯한 의례에 대한 문서들 및 여러 개인들의 문집들을 통해서 이루어지는데, 아래의 인용문은 당시 '음사론'의 내용 및 경계가 어떻게 형성되었는지를 보여주고 있다.[13]

옛날에 천자는 천지에 제사내고, 제후는 산천에 제사지내고, 대부는 오사五祀에 제사내고, 사서인士庶人은 조고祖考에게 제사지냄에, <u>각각 등급이 있어서</u> 서로 문란하지 않았던 것입니다. 가만히 생각하건대 우리나라에서는 <u>예禮와 악樂을 제정하여 문물이 모두 갖추어져</u>, 제사에 이르러서도 또한 모두 고금의 일을 참작해서 아름다운 법전을 만들어 놓아, 음사를 금하는 법령이 《원전》에 실려 있습니다. 그러나 백성들이 구습에 오래 젖어서 귀신을 숭상하는 풍조가 오히려 없어지지 않고, 무당과 박수의 요망하고 허탄한 말을 혹신하여 <u>생사와 화복이 모두 귀신의 소치</u>라고 하고, 음사를 숭상해서 집에서나 들에서 하지 않는 곳이 없사오며, 노래와 춤추어 하지 못하는 일이 없어, 심지어 <u>예를 지나치고 분수를 어기는 데</u> 이릅니다. 산천과 성황에 사람마다 모두 제사지내며 떼지어 술 마시고 돈을 허비하여, 집을 결단내고 <u>가산을 탕진하여</u> 한 번 수재水災나 한재旱災를 만나면 모두 굶주린 빛이 있사오니, 이 유행의 폐단이 가히 염려됩니다. 이것은 비단 세민細民들만 그러할 뿐이 아니옵고, 경대부의 집까지도 대개 보통으로 여겨서 괴이하게 여기지

13_ 본고에서 사용된 『조선왕조실록』의 기록들은 국사편찬위원회에서 데이터베이스화한 조선왕조실록 웹사이트(http://sillok.history.go.kr)를 참조하였다.

않사와, 혹은 은혜를 빈다고도 하고, 혹은 반행半行한다고도 하여, 귀신에게 아첨하는 등 하지 아니하는 바가 없습니다. 심지어 제 조상의 귀신으로 하여금 무당집에 가서 먹게 하니, 귀신이 만일 안다면 어찌 즐겨 받아먹겠습니까. 심한 자는 제 계집과 딸을 데리고 가서 몸소 기도를 드리면서 조금도 부끄러움을 알지 못하오니, 한갓 귀신의 이치에 어두울 뿐만 아니라 또한 집을 바르게 다스리는 도리를 잃는 것입니다. 그 조상을 높이고 종가를 공경하는 예가 어디에 있사오며, 귀신을 공경하되 이를 멀리 한다는 뜻이 어디에 있습니까. 유래를 살펴본다면 어찌 국가에서 이미 국무당을 세운 까닭이 아니오며, 또 명산에 무당을 보내어 제사지내는 까닭이 아니겠습니까. 사람마다 모두 이를 구실로 삼아 뜻대로 제 마음대로 하는 등 조금도 기탄忌憚함이 없사오니, 실로 성대한 정치에 누가 되나이다. 산천과 성황에 각각 그 제사가 있는데 또 여제厲祭를[14] 베풀었으니, 이렇게 명문明文없이 모두 제전祭典에 편입시켜 놓으면 어느 귀신에겐들 빌지 않겠습니까.[15]이 나오지 아니하겠습니까. 지금의 무당과 박수가 제사지내는 것은 그 무슨 귀신인지 알지 못하겠사오니, 이는 신 등이 유감으로 여기는 바입니다……. 바라옵건대 전하께서는 특별히 유음兪音을 내리시어 국무당을 정파하시옵고, 매양 은혜를 빌 때에는 또한 조신朝臣을 보내어 예법대로 제사를 지내게 하여, 무당과 박수들의 요망하고 허탄함을 막고 아래 백성들의 이목을 새롭게 하소서.[16] (필자강조)

14_ 『실록』국역본에서는 '악귀'로 번역하였으나, 원문을 보면 '여제'로 되어 있다. 따라서 악귀보다는 정당한 제사를 받을 수 없다고 여겨지는 귀신이 해석하는 것이 적합하다고 생각된다.

15_ 『실록』국역본에는 "어느 귀신인들 나오지 않겠습니까."라고 번역되어 있지만, 조선왕조에서 사전체계의 정립 이후에도 '음사'에 의존했던 논리로써 미신불거(靡神不擧)가 사용되었다는 최종성의 주장에 따르면 "어느 귀신에겐들 빌지 않겠습니까."가 더 정확한 번역으로 보인다. 최종성, 『조선조 무속 국행의례 연구』(일지사, 2002), 36쪽.

이 인용문은 세종 8년 국무당國巫堂의 폐지를 주장했던 사간원의 상소문인데, 그 내용은 다음과 같이 단순화시켜볼 수 있다. 즉, 조선 사회는 유교적 예악에 바탕을 둔 법전을 마련할 정도로 문명화를 이루었지만, 여전히 그 문명화에 역행하는 '음사'의 실천이 일반 서민뿐만 아니라 양반들 사이에서도 만연하고 있으며, 그것은 그들의 도덕적이고 경제적인 삶을 피폐하게 만들고 있다. 따라서 '음사' 실천의 구실이 되는 국무당을 폐지시켜야 한다는 것이다. 상소문을 통한 사간원 관리의 요청은 조선 왕조를 유교적 문명사회로 만들려는 당시 유학자들의 이상을 반영하는 것으로써, 당시 의례는 유교 문명을 위한 모델일 뿐 아니라 유교 문명의 모델로써 파악되었다고 볼 수 있다. 이런 맥락에서 조선시대를 걸쳐 의례체계를 확립하고 법제화하며, 그 체계에 따라 일반대중의 종교적 실천까지도 통제하려고 했던 유학자들의 노력은, 자신들에게는 조선의 문명화를 심화시키는 과정으로 이해되었을 것이다.

문명화의 상징으로써 기능한 의례체계의 기본적인 형성 기준은 사전祀典 정비를 통해서 유교적 만신전(pantheon)의 경계를 명확히 하고, 의례주체의 사회적 지위에 따라 실천 가능한 의례의 대상과 양식을 규정하는 것이었다. 위의 인용문 첫 구절에 등장하는 "천자는 천지에 제사내고, 제후는 산천에 제사지내고, 대부는 오사五祀에 제사내고, 사서인士庶人은 조고祖考에게 제사지낸다."는 관념은 유교적 제사의 주체와 대상을 가장 간단하게 표현하고 있다. 물론 시간이 흐르면서 점차 만신전의 포함되는 신들에 변화가 있지만, 기본적으로는, 『예기』에서 규정하고 있듯이, "백성에게 '공렬功烈'이 있었던 사람과 백성에게 '재용財用'을 제공해준 자연을 대상"을 만신전에 포함시켰다.[17]_ 유교적 만신전의 구성 기준이 인간 삶에 끼친 영향의 정도에 의

16_ 『세종실록』 34권, 세종 8년 11월 7일.

해 마련된 것이다. 그리고 이런 관념은 조선 초기에 국가 사전의 기틀을 마련한 정도전에 의해 반복되고 있다. 그는 국가가 산천신에게 제사를 지낼 수 있었던 근거는 "그가 구름과 비를 일으켜 오곡을 적셔 백성의 먹을 것을 풍족하게 하기 때문"이며, "성현을 제사하는 것은……도를 행하여 이 백성을 편하게 하고 구제하며, 법을 세우고 교훈을 내려 후세에 밝혀 보여 주었기 때문"이라는 것이라고 기술한다.[18] 이처럼 적합한 제사의 대상으로서 유교적 만신전의 경계의 기준이 '공렬' 혹은 '재용'과 같은 인간의 삶에 끼친 긍정적인 영향력의 정도에 따라 정해졌다면, 각각의 신들에게 제사를 지낼 수 있는 제사의 주체는 제사자의 사회적 지위에 따라 정해지는 것이었다.

2) 위계적 의례론

'음사'에 대한 유학자들의 혐오는 유교적 예禮 개념에 근거한 것이었다. 조선시대에 예는 '천리天理의 절문節文'으로 표현되며, 이때 "의례는 겉치레의 형식이 아니라 세상을 살아가는데 필요한 천리 즉 법칙의 표현"[19]이었으며, 조선의 유학자들은 의례를 위계적 사회질서의 또 다른 표현이자 신유학의 핵심적인 세계관이 구현된 것으로 이해했다. 이런 맥락에서 의례에 따른 사회 계층의 차별화와 위계적 질서의 유지는 조화로운 사회를 구축하는 데 중요한 의제였다. 이런 유교적 의례 개념에서 천자만이 제사지낼 수 있는 하늘에 무당이 제사하고 그 뜻을 전한다는 것은 신유학 그 자체에 대한 도전이었다. 다음의 기록은 얼마나 조선의 유학자들이 사회의 위계질서에 따

17_ 이욱, 앞의 책(2009), 61쪽.
18_ 위의 책 63쪽에서 재인용.
19_ 지두환, 「조선시대 儀禮 개념의 변천」, 『동양예학』 1(1998), 1쪽.

른 적절한 예와 의례를 강조하는지를 보여준다.

예禮라는 것은 상하上下를 분별하는 것이어서 언어나 문자에 있어
서로를 범할 수 없는 것입니다.[20]

또한 태종 13년, 대사헌 윤향이 종친의 서얼 구별 문제와 공신전 및 별
사전의 세습 문제로 상소한 글에는 다음과 같이 기록되어 있다.

신臣 등이 그윽이 듣건대, 나라는 예禮로 다스리는데 예라는 것은
높고 낮음, 귀함과 천함을 분별하는 것보다 중요한 것이 없고, 분별은
범할 수 없음이 천지天地의 도리이며 옛날이나 지금에서나 바른 것이
니, 일시적으로 사사로운 정에 의할 바가 아닙니다.[21]

이처럼 천리의 표현으로서 예, 그리고 그것이 구체화된 의례는 철저하
게 신분상의 위계질서에 의거한 것이었다. 그러나 제사 주체들과 관련한 위
계적인 의례체계에도 불구하고, 일반 서민들뿐만 아니라 여성을 중심으로
한 일부 양반가의 사람들, 심지어는 왕실에서까지 그러한 위계질서를 무시
하는 의례들을 실천했다. 특히, 무당은 '간사한 말'을 통해 다른 사람들로
하여금 신분의 질서를 넘어서 제사지내게 하는 존재로서 이해되었다. 세종
25년 의정부에서 건의한 '음사'를 금지하는 법령에서 무속과 관련된 법령을
건의했는데 무녀들 중에서 '고금에 없는 신'이나 혹은 '최근에 죽은 장수나
정승'의 신이 내렸다고 하면서, '요망한 말'로 사람을 미혹하는 자는 참형에

20_ 『태종실록』 22권, 태종 11년 9월 26일
21_ 『태종실록』 26권, 태종 13년 9월 3일

처한다는 조항이 있다. 또한 무당의 집에 머물거나 무당과 함께 야제를 지내고 산천과 성황에 직접 의례를 지내는 양인良人들의 경우에는 그 집의 가장을 벌하되, 가장이나 자손이 없는 경우에는 그러한 '음사'에 직접 참석한 부녀자 자신을 치죄해야 한다고 건의한다. 그리고 구체적으로 관리들로 하여금 이런 일들에 대해 불시에 감찰을 하게 함으로써 '음사'를 근절해야 한다는 점을 강조하고 있다.[22]

이러한 기록들은 분명 '음사'를 금지하기 위한 조선조 유학자들의 노력을 보여주는 것이다. 그럼에도 불구하고 그 기록들의 이면을 통해서 추정할 수 있는 것은 무당을 중심으로 한 민간층에서 무속 의례가 성행했다는 사실이다. 비록 조선 후기로 가면서 국가의례에서 무속적인 양식으로 봉행되던 의례들이 유교식으로 대체되고, 무당들에 대한 법령이 강화됨에 따라 무속이 공식적인 의례의 영역으로부터 주변화 되고 오직 개인의 기복祈福이나 치병治病 등의 문제 영역으로 숨어들었다고 하더라도 동일한 역사적 상황에서 공존하고 있었다는 것은 틀림없는 사실이다. 그렇다면 이와 같이 '음사론'에도 불구하고 무속이 조선시대에 지속할 수 있었던 것은 어떤 이유에서일까? 또한 유학자들의 '음사론'에 중요한 근거가 되었던 것이 위계적 의례론이라고 한다면, 이 의례론이 가능했던 세계관은 어떻게 특징을 지니며, 무속적 세계관과 어떻게 차별화될 수 있을까?

3) 유교와 무속의 통약 가능성

최종성은 조선시대에 무속 양식의 국행의례가 유지될 수 있었던 이유를 유교의 '권도權道'개념, '호고주의적 태도', '미신불거靡神不擧'의 논리로 설명

22_ 『세종실록』 101권, 세종 25년 8월 25일

한다. 구체적으로 보면, 평상시에는 정도正道와 좌도로 엄격하게 분리된 유교 담론이 위기 상황에서는 백성을 위해 정성과 성의를 다한다는 차원에서, 정도가 아니라도 무속의례를 수용할 수 있었던 논리를 '권도의 문화론'이라 정의한다. 그러나 조선후기로 가게 되면, 유교적 의례체계의 심화 및 확대와 더불어 '권도의 문화론'이 포기되고 결국 유교와 무속은 '분리와 배제'의 길을 가게 되었다고 기술하면서, 유교적 세계관과 무속의 세계관이 가지는 차이점을 부각시키고 있다.[23] 유교와 무속의 세계관이 가지는 차이점에 대해서는 재론의 여지가 없다. 그럼에도 불구하고 필자는 두 가지 상이한 의례적 실천이 공존할 수 있었던 이유를 '권도의 문화론' 이면에서 작용했던 관념으로써 귀신과 인간 사이의 관계에 대해 – 근대적 개념으로 표현한다면, 초자연과 자연 사이의 관계에 대해 – 유학자들과 무속실천자들이 유사하게 생각했던 부분에서 찾아볼 수 있다고 생각한다.

앞 절에서 필자는 근대의 미신론을 다루면서, 무속적 세계관의 기본적 특성을 초자연적 존재 혹은 힘이 자연세계에 영향을 미칠 수 있으며 무당은 그 두 세계의 중재자라고 정의하였다. 우주론적인 원리를 통해서 인간이 우주의 모든 만물 및 현상과 깊은 연관성을 가진다는 신유학적 세계관은 이런 맥락에서, 비록 체계적으로 발달하지 못한 점이 있긴 하지만 무속적 신앙과 유사한 면을 갖는다. 왈라벤B. C. A. Walraven은 조선시대의 유학자들과 무당들 사이에 존재하던 유사한 신념과 관련하여 다음과 같이 기술한다.

유학자들이 신에 대한 신앙이나 숭배 그 자체를 거부하지는 않았다. 한 맺힌 귀신이나 부정한 영혼들, 악의적인 주술들이 사람을 상하게 할 수 있다는 믿음을 무당들과 공유하고 있었다. 또한 그들은 다양

23_ 최종성, 앞의 책(2002).

한 종류의 점술, 길몽이나 흉몽, 부적 등에 대한 믿음을 공유했다……
요컨대, 무속에 대한 유학자들의 태도를 살펴본다면 우리는 유학자들
이 무속 세계관의 근본적인 입장들을 부정한 것이 아니라 무당들의
의례가 가지는 표면적이고 사회적인 차원들을 거부했다는 것을 알게
된다.[24]

실제로 조선시대에는 국가의 사전祀典에서 의례의 대상이 되는 신격을
규정하였으며, 그러한 신들이 인간의 삶에 영향을 미친다고 보았다는 점은
이미 언급했다. 즉, 신이라는 존재가 인간 삶과 관련을 맺고 있다는 점이 부
정되지는 않았던 것이다. 그리고 앞에서 보았던 세종 25년 의정부가 제안한
'음사'를 금지하는 법령에서도 언급되었듯이, 당시의 유학자들은 무녀가 신
들과 교통할 수 있는 능력이 있다는 점을 부정하지도 않았다. 치죄의 대상
이 되는 무녀는 다만 '고금에 없는 신'이 내렸다고 '요망한' 말을 하는 무녀
에 국한되었던 것이다. 또한 왈라벤이 지적한 것처럼, 유학자들 역시 악의
적인 주술들이나 인간에게 해로움을 줄 수도 있는 존재가 있다고 생각한 것
은 틀림이 없다. 대표적으로 그러한 존재에 대한 관념을 조선시대의 여제厲
祭를 통해서 확인 할 수 있다. 여제는 "역병과 변괴를 가져다주는 '무사귀신
(제사를 받지 못하는 귀신)'에게 지내는 제사"라고 간단히 정의되는데,[25] 권근은
이러한 귀신은 "원기를 쌓이게 하고 질역을 발생시키며, 화기를 상하게 하
여 변괴를 가져 오기에 충분"하기 때문에 재앙을 막기 위해서 이런 귀신에
게 국가가 제사를 지낼 것을 요청하기도 하였다.[26]

24_　Boudewijn C. A. Walraven, "Confucians and Shamans", *Cahiers d'Extreme-Asie* 6, 1991, p.38.
25_　이욱, 앞의 책(2009), 301쪽.
26_　『태종실록』 1권, 태종 1년 1월 14일.

조선시대의 무속 신령의 종류를 정확하게 알 수는 없지만, 무당들이 천지, 산천, 성황에 자기 멋대로 제사지내고 또한 '고금에 없는 신'을 불러내고 '장군과 정승'에 내렸다고 하는 기록들을 통해 보자면, 현재의 무속에서 모셔지는 신령과 그렇게 큰 차이는 없었을 것으로 추정된다. 현재 무속의 신령들을 큰 틀에서 구분한다면, '모셔서 대접하고 놀려 드려야 하는 신령'이 있고, '잘 먹이고 달래서 보내야 하는 신령'의 두 종류로 나눌 수 있다. 이런 두 종류의 신령은 의례 음식을 대접받는 방식에서도 크게 차이를 보이는데, 전자의 경우는 마치 중요한 손님을 모시듯이 상위에 잘 차려진 음식과 그에 맞는 격식으로 대접을 받지만, 후자의 경우는 무당이 쟁반이나 바구니에 갖가지 음식을 한 데 섞어 대접한다. 물론, 두 종류의 신령을 대접하는 방식은 큰 차이가 있지만, 그렇다고 대접을 하지 않으면 문제를 일으킬 것이라는 믿음 때문에 의례를 주관하는 무당은 어느 한 곳에도 소홀함이 없어야 한다. 이러한 무속의 두 종류의 신에 대한 관념은 유학자들이 인간 생활에 '공렬'과 '재용'에 따라 제사의 대상으로 삼았던 신에 제사 방식과 무사귀신에 대한 제사였던 여제의 방식의 구분과 유사하다. 이욱에 따르면, 여제에서 무사귀신의 신위는 제단 위가 아니라 아래에 좌우로 나란히 놓였다고 한다.[27] 그는 이것을 유학자들이 부정한 힘은 그 위력을 인정한다고 하더라도 숭배의 대상으로는 간주하지 않았다는 증거로 사용하는데, 이 점은 앞서 무속 실천자들이 달래서 보내야 하는 신령에 대해 취하는 입장과 유사한 것이다.

이런 맥락에서 살펴보자면, 인간 이외의 존재로서 신령 혹은 귀신에 대한 유학자들의 태도와 무당들의 태도는 상당히 유사하다는 점을 알 수 있다. 신과 인간이 긴밀하게 연관되어 있으며 심지어 상호 영향을 주고받을

27_ 이욱, 앞의 책, 301쪽.

수 있다는 것인데, 바로 이 유사성으로 인해서 유교와 무속이 공존할 수 있었다고 추정할 수 있다. 그럼에도 불구하고 조선시대 무속의 운명을, 국가의례에서 분리와 배제, 그리고 공적인 문화에서의 소외라는 틀거리로써 설명하는 것은 여전히 타당하다. 분리와 배제를 유교의 의례체계가 확립되고 강화된 결과로 볼 수 있지만, 기왕에 공존의 이유를 두 종교의 유사성에 설명했기 때문에 무속과 유교적 세계관의 차이를 통해서 살펴보자.

4) 최적화 우주론과 보호의 우주론

앞서 이야기했듯이 조선시대의 유교적 세계관의 특징은 위계적 질서를 -사회적, 의례적인 차원 모두의 의미로-통해서 정의될 수 있는데, 이러한 세계관은 위계적 질서가 인간사회를 넘어 신격까지 포괄하고 있다는 특징을 갖는다. 신령조차도 국가의 통제에 따라야 한다는 관념과 관련하여 신유학에서 발견되는 두 가지 독특한 우주론적 특징을 언급해보자. 먼저, 유학자들에게 관계적 사고는 인간 사회 뿐만 아니라 우주의 운행의 근본적인 원리였다. 서구의 개별자로서의 인간 개념과는 대조적으로 신유학에서는 세상 만물이 '항상 유동적'이며, 인간의 자기 정체성조차 '우주를 구성하고 있는 끊임없이 변화하는 상호작용의 네트워크 내에서' 경험하는 다양한 사회적 위치에서의 역할을 통해 결정된다.[28]- 여기에서 중요한 점은 인간 상호간의 관계는 위계적으로 조직화되며 인간 사회 내부에만 국한되는 것이 아니라 우주론적 관계에까지 확대된다는 점이다. 그리고 그 확대는 인간이 우주론적 원리에 의해서 우주 만물과 관계되어 있으며, 따라서 인간 세계의 구조는 자연과 다른 우주현상과 상응한다는 것이다.[29]- 이 관념은 유교적 세계

28_ Don Baker, op.cit., p.48.

관의 두 번째 특징에 연결된다. 즉, 귀신들 역시 위계적 질서로 구성된 세계의 한 위치에 놓이게 된다는 관념이다.

귀신들이 인간세계와 우주를 포괄하는 위계적 질서에 위치한다는 관념은 귀신을 근대적 의미의 자연의 영역 너머에 있는 초자연의 세계에 존재하는 것으로 보지 않았다는 의미이다. 사실, 신유학적 우주관에서는 자연과 구분되는 독자적인 영역으로서 초자연의 영역 자체를 상정하지 않았다. 이러한 사고의 근저에는 유교적 우주론의 기초라 할 수 있는 음양론이 자리하고 있는데, 이 이론에 따르면, 우주와 인간의 모든 현상들은 음양의 소장변전消長變轉으로 설명된다. 더불어 귀신의 존재도 이 관점에서 설명된다. 김우형에 따르면, 주자의 귀신관은 북송시대의 장재(1020~1077)와 정이(1033~1107) 같은 신유학자들의 귀신론, 즉 귀신을 자연적이고 합리적인 현상으로 설명하는 입장을 계승했다고 하는데, 다음과 같이 정리한다.

> 말하자면, 귀신이란 외부에 실재하는 하나의 사물과 같은 그런 실체적 존재라고 보아서는 안 되며, 그렇다고 귀신 현상까지 일체 부정하면서 귀신은 없다고 보아도 안 된다는 것이다…… 그런 귀신 현상은 자연 세계의 천지만물을 이루는 질료적 기의 속성, 즉 음양 작용이 현상적으로 드러난 것이다…… 인간을 포함한 모든 만물은 이런 음양소장 작용에 의해 생성되고 소멸하는 것이기에, 귀신은 특정한 어떤 현상이라고 볼 필요도 없게 된다. 그것은 모든 자연의 현상들과 동일한 것이 된다…….[30]

29_ Boudwijn. C. A. Walraven, "Popular Religion in a Confucianized Society", Jahyun Kim Haoush & Martina Deuchler (eds.) *Culture and the State in Late Choson Korea*, Cambridge : Harvard University Asian Center, 1999, p.166

30_ 김우형 외, 「공자와 주자, 그리고 귀신」, 『우리에게 귀신은 무엇인가?』(도서출판 모시는 사람들,

한편, 귀신이 자연세계 내의 위계질서와 동일한 층위에서 파악됨에 따라 귀신의 지위는 귀신보다 더 높은 수준의 원리, 즉 도덕성의 원리에 수렴되었다. 따라서 어떤 유학자들은 자신들이 도덕적 수양의 차원에서 어떤 신령 혹은 귀신보다 더 높은 지위에 있다고 간주했으며, 무당에 내리는 어떤 신령들은 도덕적으로 무장한 사람들에게는 해를 끼칠 수 없다고 주장했다. 실제로, 무당들이 모셨던 신령들과 도덕적으로 수양이 깊었던 유학자들 사이의 위계적 관계를 암시하는 많은 사례들이 『목민심서』에서 발견된다. 지방에 파견된 목민관들은 그 지역의 잘못된 관행인 '음사'를 만나게 되었을 때 어떻게 행동해야 하는지를 기술하고 있는데, '음사'에서 모셔지는 신과 유학자 사이의 위계관계를 암시하는 이야기들을 전하고 있다.

조선 세조때 장수였던 홍윤성이 나주에 목사로 부임되어 가던 중 나주의 성황당을 지날 때 타고 가던 말이 넘어져 죽은 일이 발생했다. 성황신의 분노라는 말에 화가 나서, 죽은 말을 잡고 술 수십 동이와 함께 성황당에 가서 '네가 말고기 먹고 싶어서 이런 짓을 하는 모양이니, 만약 이 고기와 술을 다 먹지 않으면 성황당을 불태우겠다'고 으름장을 놓았다. 그러나 술은 줄었지만 말고기는 그대로 남았다. 그래서 그는 성황당에 불을 놓아 성황신을 쫓아버렸다고 한다. 그 후 그 성황당이 영험하다 하여 사람들이 자주 찾았는데, 그 때마다 '먼저 홍장군께 음식을 드리고 나중에 나에게 주시오'라고 성황신이 했다고 한다. 그럴 때 마다 홍장군은 술을 먹지도 않았는데, 얼굴이 붉어지는 일이 있어 나중에 알아보니 그 순간 마다 고을 사람들이 성황당에서 제사를 지내고 있었다고 한다.[31]

2010), 116쪽.

이 이야기가 전하는 바는 도덕적으로 수양이 높은 유학자들은 초자연적 존재들로부터 해를 입지 않는다는 것뿐 아니라 신들보다 더 높은 지위를 주장할 수 있다는 조선 유학자들의 사고를 반영한 것으로 해석할 수 있다. 조선조 유학자들에게는 "덕(virtue)이야 말로 그런 사악한 힘들보다 강력하며 따라서 그들을 두려워해야 할 필요가 없는"것으로 믿어진 것이다.[32] 이런 맥락에서 최종성이 유교를 '수덕주의修德主義'로 규정하는 것은 타당해 보인다.[33]

도덕성에 대한 강조와 '수덕'의 정도에 따라 신적 존재들까지 자연세계의 일부이며 위계질서 내로 수렴시키는 위계적인 세계관은 '최적화된 우주(optimal universe)'에 대한 유학자들의 낙관주의적 태도를 반영한 것으로 이해할 수도 있다.[34] 조선시대 국가 사전의 집대성이라 할 수 있는 『국조오례의』에는 주로 정기적인 월력의례 성격, 즉 사시의 변화와 농경주기에 맞추어 신과 조상에 올리는 제사에 대한 규정들이 대부분이었다. 물론 자연적 재해나 전쟁 등의 재난이 있었을 때 시행되었던 여제와 기우제 등의 기양의례가 있었지만, 제사의 대분류체계인 대大·중中·소사小祀 내로 범주화되지는 못했다. 이것은 유학자들에게 의례가 가지는 중요성이, 일시적인 위기상황의 해결이라는 차원에서보다는 우주가 규칙적으로 운행되는 것이라 믿어지는 관념에서 비롯되었음을 의미하며, 우주적 질서는 도덕 혹은 공덕에 따른 위계적 질서를 기반으로 하고 있다는 신념을 드러낸다. 이런 맥락에서 무속

31_ B. C. A. Walraven, op.cit., p.30. 동일한 이야기가 동아일보 1938년 7월 24일자에 실려 있는데, 본문은 동아일보 기사의 내용을 요약한 것이다.

32_ Ibid., p.28.

33_ 최종성, 앞의 책(2002), 35쪽

34_ 마틴(D. Martin)에 의하면, '최적화 우주론(optimal universe)'개념은 고대그리스와 로마의 세계관을 이해하기 위해 마련된 개념으로써, 도덕성과 존재론이 결합된 형태의 위계적인 세계관을 의미한다. 그리고 이와 대비되는 그리스도교의 세계관은 '보호의 우주론(patron universe)'의 개념을 사용하여 기술한다. Dale B. Martin, op.cit.

의례 양식들은 최소한 유교와의 공존시기에 '권도의 문화론'으로써 한시적
으로나마 전유될 수 있었지만, 결국에는 유교화과정이 심화되면서 공적인
문화 영역에서 주변화될 수밖에 없었던 것이다.

한편, '최적화된 우주'에 대한 관념을 지닌 유학자들의 눈에 비친 무속
의 세계관은 우주의 운행이 예측가능하지 않으며, 파악될 수 있는 원리보다
는 귀신이라는 다소 변덕스러운 존재에 좌우되는 것으로 비쳐졌다. 이러한
시각은 "생사화복이 모두 귀신의 소치"[35]이며 "무당에 의해 좌우 된다"[36]는
표현들 속에 내재되어 있는데, 자연세계의 현상이 귀신에 따라 좌우된다고
보는 무속의 세계관은, 사람들이 아직 '귀신의 이치에 어둡기' 때문에 존재
가능한 것으로 이해되었다. 하지만, 인간보다 혹은 어떤 종류의 신들보다
더 강력한 신에게 의존하여 보호를 요청하는 무속의 세계관은 문명의 진화
론적 관점에서 유학의 '최적화 우주론'과 비교될 것이 아니라, 그 자체가 지
닌 특징적인 세계관으로 이해될 필요가 있다. 그리고 필자는 이러한 무속의
세계관을 마틴D. B. Martin의 개념을 빌어 '보호의 우주론(patronal universe)'으
로 명명하고자 한다.[37] 보호자와 고객사이의 관계 양식에 근거한 '보호의

35_ 『세종실록』 34권, 세종 8년 11월 7일.
36_ 『성종실록』 91권, 성종 9년 4월 15일.
37_ Dale B. Martin, op.cit., p.180. 한편, 무속의 우주론을 '보호의 우주론'만으로 규정한 것에 대해 심사
자의 다음과 같은 지적이 있었다. 이 우주론은 '기독교처럼 유일신 신앙을 가진 종교에 적합한 설명'이라는
것이다. 어느 정도 타당성이 있는 지적이다. 실제로, 무당의 무꾸리과정에서 손님의 사주와 팔자를 토대로
한다는 것은 잘 알려져 있다. 사주와 팔자에 따라서 어느 정도 인간의 운명이 예정되어 있으며 그 운명을
읽고 '보는 자'로서 무당을 정의한다면, 무속 역시 어떤 규칙 혹은 법칙을 가진 우주론을 가진 것으로 볼
수 있다. 즉, 전적으로 신의 힘에 의해 인간의 운명이 결정되고 변화될 수는 없는 것이다. 그럼에도 불구하
고 인간의 운명 확고하게 정해져 있지 않으며, 신령의 후원을 통해서 위기를 극복한다는 것은 무속실천의
근거가 되는 믿음이다. 예컨대, '운맞이 재수굿'을 생각해 볼 수 있다. 무당이 이 굿을 권하는 손님은 '특정
한 해에 운이 들어오도록 예정되어 있는 사람'으로 믿어진다. 이 권고 안에는 만약 좋은 운이 예정이 되어
있는 사람의 경우에 굿을 하게 되면, 그 운을 온전히 받을 수 있지만 그렇지 않은 경우는 그 운이 역행하거
나 혹은 절반 정도의 운만을 받고 지나가게 된다는 믿음이 자리하고 있다. 이런 맥락에서 필자가 주장하는
무속의 '보호의 우주론'은 그리스도교의 '보호의 우주론'과 비교할 때, '보호'의 정도와 범위가 다를 수는
있지만, 유교의 '최적화의 우주론'과 차별화되는 무속 특유의 우주론을 설명할 수 있다고 생각한다.

우주론'은, 인간이 경험하는 생활 세계의 외부로부터 발생하는 위협에 대해
자신보다 더 강력한 어떤 존재의 보호를 통해서 위기를 극복할 수 있다는
믿음으로 정의될 수 있다. 이 세계관은 도덕성에 의해 존재론적인 위계가
정해지는 유교적 우주관과는 달리 힘을 중심으로 한 위계를 특징으로 한다
고 볼 수 있으며, 음양의 논리에 의해 만물이 생성이 되면서 위계가 정해진
다고 보는 관념보다 훨씬 더 급진적이며 변화에 민감하다. 유교적 세계관이
변화에 대한 가능성을 닫아놓은 것은 아니지만, 상대적으로 안정된 지위를
가진 사회적 상위 계층에 의해 향유된 '최적화 우주론'이 가지는 보수적인
입장에서 보면 언제라도 더 강력한 힘을 가진 존재에게 자신을 의탁할 수
있다는 무속적 세계관은 위협적일 수밖에 없었던 것이다.

지금까지 보았듯이, 유교적 엘리트들이 상상한 문명화관념의 배후에는
선험적으로 인식된 '최적화된 우주'관념이 자리하고 있었는데, 이것은 무속
의 '보호의 우주론'과 대비되는 것이었다. 우주를 상상하는 두 가지 상이한
방식은 현실에 대한 경험의 차이와 무관할 수 없다. 이것을 상대적으로 안
정된 사회적 지위를 가지며 그 지위를 유지하려는 개인 혹은 집단의-가문
일 수도 있을 것이다-사회적, 역사적 경험과 그렇지 못한 집단의 경험의
탓으로 생각해 볼 수도 있을 것이다. 하지만, 두 우주론이 어떤 맥락에서 형
성되었든지 간에, 조선시대의 두 우주론에서는 현대 한국인들의 사유 속에
존재하는 '초자연적 영역'과 '자연적 영역'의 구분이 전제되지는 않았다는
점이 중요하다. 두 영역의 구분이 이루어진 것은 근대의 과학적 사고 및
'종교' 관념의 수입과 밀접한 관계를 갖고 있는데, 조선시대의 '음사론'과 근
대의 '미신론'이 변별되는 것도 바로 이 '초자연'의 경계가 형성된 것에서
비롯된다고 볼 수 있다. 다음 장에서는 인간 경험의 독특한 영역으로 설정
된 근대의 종교 관념이 어떻게 '미신담론'의 형성과정에서 작용하는지 기술
해 보겠다.

3. 미신론의 경계 : '초자연'의 형성과 종교

19세기 말 조선이 경험한 새로운 국제 질서와 국내의 사회·정치적 혼란은 당대의 지식인들로 하여금 강력한 민족국가의 건설이라는 열망을 낳았다. 강력한 민족국가에 대한 열망은 두 가지 방향으로 전개되었는데, 새로운 문명화 모델로써 근대 서구문명의 설정과 동시에 과거 문화에 대한 비판 작업이 그것이다. 구체적으로 중국과의 종속적인 사회·정치적 관계, 유교적 사회윤리, 그리고 민속 문화에 대한 것들이 비판의 주된 대상들이었다.[38] 개항기를 거쳐 20세기 초 식민지시기를 통해 유입된 새로운 근대적 감수성(sensibility)은 '서구적 합리성', '과학', '종교', '그리스도교' 등의 개념으로 표상될 수 있으며, 이 개념들은 과거와의 단절을 위한 준거적 상징들로써 기능했다고 볼 수 있다. 이 과정에서 무속은 대표적인 미신으로 규정되어 근대화의 타자로서 정위되었다.

20세기 초반의 신문지면에 나타난 무속으로 대표되는 미신에 대한 비판을 분석한 연구서들에 따르면, 당대의 '미신론'은 미신으로 인한 사회적 폐단을 나열하고 그 폐단의 원인으로써 무속 혹은 미신의 비합리성을 비판하는 형태로 이루어져 있다. 그리고 불합리한 미신에 빠지게 되는 원인으로는 과학사상이 보급되지 못한 한국의 상황과 그에 따른 민중들의 어리석음이 주로 거론되었다.[39] 당대 지식인의 비판적인 목소리가『동아일보』1924년 2월 10일자에 다음과 같이 실려 있다.

38_ Michael E. Ronbinson, *Cultural Nationalism in Colonial Korea, 1920~1925*, Seattle & London : University of Washington Press, 1988. 한편, 과거에 대한 비판은 한국의 근대화과정에서만 일어난 사건은 아니다. 스타이어(R. Styers)에 따르면, "과거의 조악함에 대한 자기 반성적 비판과 거리두기는 사실 근대화의 근본적인 조건"이라 할 수 있다. Randall Styers, *Making Magic : Religion, Magic & Science in the Modern World*, Oxford & New York : Oxford University, 2004, p. 4.

39_ 이용범, 앞의 논문(2005), 155~157쪽.

어둠은 망량을 낳고 어리석음은 미신을 낳는다. 문명인은 과학적 지식아래 모든 것을 연구하고 개척하여 태양과 같이 영롱하지만 미개인은 미신적 숙명관 아래 모든 것을 의지하고 방황하여 안개같이 몽롱하다. 그러므로 미신이라는 것은 사람을 우둔하게 하고 멸망시킨다……종교의 가면을 쓰고 요사스런 말로 민중을 속여 진화의 앞길을 막는 악마들을 일거에 토벌하자. 미신을 벗어나 과학을 배우자.[40]- (필자강조)

위의 인용문은 '어둠,' '어리석음'으로 표상되는 미신에서 벗어나 '과학적 지식'으로 무장하여 '태양과 같이 영롱한' '문명인'으로 변모되어야 함을 잘 설명하고 있다. 하지만 이 인용문은 또한 근대의 '미신론' 형성과정에 '근대과학' 개념 뿐 아니라 '종교' 관념이 개입되어 있음을 보여준다. 무속이 한국 사회의 미신을 대표하는 것으로 규정되었다는 점에서, '종교의 가면을 쓰고 요사스런 말로 민중을 속여 진화의 앞길을 막는 악마'는 다름 아닌 무속과 무속 실천자들을 지칭하는 것이었다. 인용된 지식인의 의식 내에는 '종교의 가면'을 쓴 무속과는 다른 참된 종교가 있으며, 그것은 미신 혹은 거짓된 종교의 구분되어야 한다는 전제가 깔려있다. 이렇게 본다면, 무속의 '미신론'의 형성과정에는 근대의 과학적 합리성이라는 준거모델 이외에 어떤 형태의 '종교'관념이 작용하고 있음을 알 수 있다.

40_ 김요한, 「1920년대 미신타파운동 연구 : 동아일보 기사를 중심으로」(한남대학교 석사학위 논문, 2007), 53쪽에서 재인용. 이 글에서 인용된 『동아일보』와 『조선일보』의 기사는 〈네이버뉴스라이브러리〉 사이트 http://newslibrary.naver.com 을 통해서 확인할 수 있다. 다만, 독해의 편의를 위해서 이미 김요한의 논문에서 현대어로 인용된 부분들을 재인용했음을 밝힌다.

1) 근대적 '종교' 개념

이 글의 서두에서 잠깐 언급하였지만, 역사적인 관점에서 보면 '미신'이
라는 단어는 '종교'라는 근대적인 개념이 19세기 한국 지성인들에게 독특한
인문현상이나 활동을 지칭하게 되면서 동시에 생겨난 개념이다. 물론 '종
교'라는 단어가 출현하기 이전에도 인간 경험의 독특한 영역으로 이해되었
던 종교적인 어떤 것들이 있었다는 증거들을 찾아볼 수는 있다. 실제로 베
이커D. Baker에 따르면, 18세기에 가톨릭의 유입에 따라 새로운 종교적 패러
다임을 소개되었을 때 한국인들 사이에서 종교적 문화와 인식의 급격한 변
화가 발생했다. 구체적으로는, 개인의 신앙에 근거한 종교, 개인적 구원을
추구하는 종교, 신앙에 기반한 공동체적 특징을 지닌 고백적이고 회합적인
형태의 새로운 종교 문화가 이 시기에 등장했다는 것이다.[41] 이러한 새로운
관념들, 즉 '왕보다 더 위대한 신(God)의 권위', '국가의 통제로부터 자유로
운 종교조직' 등은 조선시대의 유교 이념에 대한 도전이었다는 점에서 탄압
을 받을 수밖에 없었다. 그럼에도 불구하고 당시의 가톨릭 선교 사업은 "혁
명적인 관념, 즉 종교는 인간 사회와 구분된 영역이며 국가의 하부에 위치
하는 것이 아니라 국가와 동등하게 존재한다는 관념"을 소개했다는 의의를
가진다.[42]

그러나 '종교' 관념이 지배적인 담론으로 '미신'을 타자화시키게 된 결정
적인 계기는 19세기 동아시아문화권에서 새롭게 사용되기 시작한 개념인
'종교'의 수입에서 비롯되었다고 할 수 있다.[43] 20세기 초반부터 한국인의

41_ Don Baker, "The Religious Revolution in Modern Korean History : From Ethics to Theology and
from Ritual Hegemony to Religious Freedom", *The Review of Korean Studies* 9, No. 3, 2006, pp.249
~275.

42_ Ibid, p.266.

의식 속에 본격적으로 자리 잡은 근대적인 종교 관념은 서구의 계몽주의시기를 전후로 형성되었다. 종교 개념의 형성과 관련하여 고전이라 할 만한 스미스W.C. Smith의 연구에서는, 근대적인 종교 개념이 형성되었던 시기의 지적 풍조를 다음과 같이 기술한다.

> [계몽주의자들이] 점점 더 관심을 갖게 되었던 것, 즉 종교의 영역에 있어서 다듬어져야만 했던 여러 가지 체계적이고 추상적인 지적 축조물들을 가리키는 말로 사용했다. 그들은 '종교'라는 명칭을 신앙인들이 개입되어 있거나 혹은 신앙을 가질 가능성이 있는 사람들이 직면하고 있었던 어떤 체계 – 처음에는 일반적인 그러나 점점 더 관념들의 체계 – 에 사용했다.[44]

간단히 말하자면, 계몽주의 시대의 학자들은 종교의 '인지적, 지적, 교의적인' 부분들을 강조했으며, 17세기 후반까지 종교에 대한 지배적인 이해는 바로 종교가 관념과 믿음, 교의의 체계라는 것이었다.[45] 캡스W. Capps의 지적에 따르면, 이러한 주지주의적 경향은 계몽주의 학자들이 가졌던 인간이성에 대한 낙관적인 믿음에 근거하고 있던 것이었을 뿐만 아니라 "종교가 신적인 계시나 교회의 권위에서 나오는 것이 아니라 자연과 인간에 내재되어 있다"라는 가정에 기초한 것이었다.[46] 이런 맥락에서 "신에 대한 믿음은

43_ 장석만에 따르면, 한국에서 '종교'라는 개념이 처음 나타난 것이 1883년 11월 10에 간행된 한성순보 2호에서다. 장석만, 「개항기 한국사회의 "종교" 개념 형성에 관한 연구」(서울대학교 박사학위논문, 1992), 39쪽.

44_ Wilfred. C. Smith,, *The meaning and End of Religion*, 길희성 역, 『종교의 의미와 목적』(분도출판사, 1991), 67쪽.

45_ Stanley J. Tambiah, *Magic, Science, Religion, and the Scope of Rationality*, Cambridge : Cambridge University Press, 1995, p. 5.

46_ Walter Capps, *Religious Studies : The Making of a Discipline*, Minneapolis : Fortress Press, 1995,

모든 인류에 공통적이며 인간의 자연이성에 의해 파악될 수 있다"라는 주장까지 등장했다.[47] 요컨대, 종교 연구에 있어서 계몽주의적 경향은 종교를 객관적이고 구상화된 현상으로 만들었으며, 교회나 신의 권위에서 탈피한 과학적 탐구의 수준으로 위치시켰다고 할 수 있다.

19세기 후반 들어 이러한 주지주의적인 경향은 낭만주의적 관념들에 의해 도전받게 되는데, 낭만주의적 경향은 반反주지주의적 입장을 고수하면서 종교적 인간들의 내면적인 경험을 중시하게 된다. 교의나 신념 같은 종교의 표현적 측면에 부여된 과도한 관심에 대한 비판으로서 주정적主情的이고 직관적인 측면이 종교의 중심으로 편입된 것이다.[48] 그러나 피츠제럴드 Fitzgerald가 주장하듯이, 낭만주의적 종교 이해는 당시에 종교에 새로운 생명력을 부여했지만 동시에 종교를 순전히 사적이고 개인적인 영역에 위치시키게 되는 결과를 낳았다.[49] 게다가, 낭만주의 운동에 의한 종교 관념의 수정에도 불구하고, "종교를 연구하고 설명하는 주된 경향은 계몽적 합리주의의 정적인(static) 특징과 당시에 증가하던 역사의식 및 역사적 지식을 결합시키는 것이었다."[50] 그리고 이러한 결합은 당시 여행가들 및 선교사들이 수집한 역사적인 지식, 원시문화에 대한 정보들의 취합을 통해서 진화론적 종교론을 형성하게 된다. 그에 따라 세계의 다양한 종교들은 진화의 정도에 따라 그 우열의 지위를 부여받게 되었다. 한편, 캡스W. Capps에 따르면, 진화론적 도식에 근거하여 "그리스도교는 모든 종교의 우위에 자리한다"는 관

---

p.10.

47_ Stanley J. Tambiah, op. cit., p. 5.

48_ Winston L. King, "Religion", M. Eliade (ed.), *The Encyclophedia of Religion* vol.12, New York : Macmillan Publishing Company, 1987, p.283.

49_ Timothy Fitzgerald, *The Ideology of Religious Studies*, New York & Oxford : Oxford University Press, 2000, p.28.

50_ Stanley J. Tambiah, op. cit., p. 5.

념이 등장하는데, 그 이유는 그리스도교가 "인간 정신이 지닌 열망을 가장 정교하게 드러낼 수 있는 능력을 가지고 있다"는 것이었다.[51]

2) '종교'와 '초자연'의 형성

근대화 초기 한국의 계몽 사상가들이 경험했던 종교는 이러한 역사적 궤적을 통해 형성된 '종교'개념이었고, 무속의 '미신론'은 바로 이러한 주지주의적이고 진화론적으로 이해되고 사적인(private) 영역에 머무르게 된 종교 관념에서 기인한다고 볼 수 있다. 장석만의 연구에 따르면, 종교 개념이 한국에 들어왔을 때 한국의 계몽 지식인들이 종교에 대해 가졌던 개념들은 '반反종교개념,' '이신론적(deistic) 종교개념,' '문명기호적 종교개념,' 그리고 마지막으로 '인민교화적 종교개념'으로 구분된다.[52] 여기에서 '반종교개념'을 제외한 나머지 개념들은 종교의 타자로서 정위된 '미신'으로서의 무속과 깊은 관계를 가지고 있다고 할 수 있는데, 그들은 종교를 근대 사회와 양립할 수 있거나 필요한 것으로 간주하였다. '이신론적 개념'은 계몽주의 종교관을 가장 잘 드러내는 개념으로써, 이 입장에 따르면 종교는 물리적 세계 밖의 영역에 위치하게 되며, 초자연적 존재와 자연세계의 직접적인 인과성은 부정된다. 다시 말해 이 입장은 인간 본성에 내재되어 있는 종교성을 인정하지만, 자연 세계는 과학적 지식에 의해 철저하게 감독되고 통제되어야 한다는 것이다. 나머지 두 입장의 지식인들은 한 걸음 더 나아가 종교가 국가를 강하게 하는 수단이며, 한국의 후진성은 '비과학적이고 비종교적인 태도' 때문이라고 주장하기까지 했다. 대신 그들에게 종교적이라는 의미는 자

51_ Walter Capps, op. cit., p.11.
52_ 장석만, 앞의 논문(1992), 41~57쪽.

기를 희생하며 공공의 복지를 향한 것이지, 자기 자신을 위한 것은 아니었다.[53] 요컨대, 종교와 근대가 양립할 수 있다고 보았던 한국의 계몽 사상가들에게 종교는 영적이고 사적인 영역에 있어야 하며 결코 물리적인 현실 영역으로 개입될 수 없는 것이었다. 그리고 이 세 가지 입장은 근대적 종교 개념 속에 내재된 계몽주의, 낭만주의, 진화론적 종교론의 흔적들을-비록 그 정도에 있어서는 상이하다 할지라도-반영하고 있다.

근대적 종교 개념에 비춰봤을 때 무속은 종교의 영역에 포함되기 힘든 것이었다. 아래에 소개할『동아일보』만평漫評을 통해서 당대 지식인들에게 이해된 무속 세계관의 특징과 그에 따른 미신담론의 형성과정을 추정할 수 있다.

근래에 드문 가뭄이 조선을 덮쳤다……이런 때 새삼스럽게 자연의 위력과 인간의 무력함을 통감하며 과학적 지식이 짧은 사회에서 초자연에 기도하는 기우제를 최후의 보루로 삼는 것은 가련할 지경이다……사람이 자연의 위력에 대면하게 되면 그 반응은 두 가지 태도에서 벗어나지 못한다. 하나는 자연에 경외감을 느껴 경배하고 스스로 초자연의 힘을 빌어 자연에 저항하고자 하는 것이니 여기서 갖가지 미신 내지 원시적 종교가 나온 것이다.[54] (필자 강조)

「기우제」라는 제목으로 1면에 실렸던 위의 만평은 계몽주의적 종교 개념의 한 특징인 진화론적인 종교 이해를 통해 초자연적인 도움을 통해서 현실의 문제를 해결하고자 하는 무속적 실천을 '미신'이자 '원시종교'로 범주

53_ 이진구,「한국 근대 개신교의 과학담론」,『근대 한국 종교 문화의 재구성』(한국학중앙연구원, 2006).
54_ 『동아일보』 1926년 6월 25일. 김요한, 앞의 논문(2007), 57~58쪽 재인용.

화하고 있다.[55] 앞장에서 보았듯이 무속적 실천은 '보호의 우주론'을 특징으로 하며, 초자연의 영역이 자연의 영역에서 특별히 구분되지 않는다는 믿음에 근거하고 있다. 따라서 가뭄이라는 물리 현상에 대해 '초자연에 기도'하고 '저항'하고자 하는 것은 자연스러운 것이다. 하지만 이 만평을 통해서 이루어진 '미신론'은 도덕적인 위계질서를 바탕으로 무속을 '음사'로 규정했던 '음사론'과는 전혀 다른 맥락에서 이루어지고 있다. 즉, '자연'과 '초자연'의 영역은 '과학'과 '종교'에 의해 지배되는 논리가 서로 다르며, 결코 서로 간섭할 수 없다는 사유가 전제되어 있다. 결국, 초자연적인 힘이나 존재가 물리적 혹은 과학적 법칙에 지배되는 현실에 개입하여 어떤 문제를 일으키는 원인이 되기도 하며 동시에 문제를 해결할 수 있다는 믿음은 과학적 패러다임에서는 물론이거니와, 계몽주의의 이신론적 일반종교 개념에 부합하지도 않으며 개인의 내적 체험을 중시하던 낭만주의적 종교 개념에도 부합하지 않는 것이었다.

초자연적 존재와 물리적 현상세계의 직접적인 연관성에 대한 믿음으로 미신을 범주화하고, 그 대표적인 예로써 무속을 관련시키는 언급하는 비판들은 주로 무속의 치료 행위 및 병인론病因論과 관련하여 더욱 집중되어 드러난다. 예를 들어, 『동아일보』의 다른 기사에서는 홍역이나 다른 질병들이 '생리적인 결함'이 있어서 나타남에도 불구하고 "무녀의 힘을 빌어 백마장군이나 터주의 은덕을 입고자"하는 무속의 "무지와 몽매를 그대로 간과할 수가 없다"는 비판을 하고 있다.[56] 결국 이런 맥락에서 무속은 문명화된 사

55_ '미신'과 '원시종교'는 분명 서로 다른 의미를 가진다. 그럼에도 불구하고 한국의 근대 초기에 근대적 종교 개념에 부합하는, 이른바 문명의 종교가 '종교'로 범주화되고 그 이외의 실천들은 과거의 '잔존물'이자 결국에는 소멸할 것이라고 보았다는 점에서 위 인용문에서는 미신과 원시종교가 차별화되지 않는다고 볼 수 있다.
56_ 『동아일보』 1927년 3월 18일. 김요한, 앞의 논문(2007), 70쪽 재인용.

회에 양립할 수 있는 '종교'보다는 미신으로 범주화된 것이다. 그리고 아래의 논설은 그러한 입장을 명확히 하고 있다.

> 반면 여성들은 그와 반대로 무식할수록 미신으로 들어가는 점이 많다……여기에서 조금 구별할 것은 종교적 신앙과 단순한 미신이다. 종교적 신앙이란 미신이란 덩어리를 비단으로 잘 싸고 금은으로 동여맨 것인지는 알 수 없으나……결국 종교의식상 변태한 것 또는 행복을 위하여 기원하는 심리가 여러 가지 미신을 만들어낸다. 이러한 것은 종교 전체를 부인할 수는 없지만 근래의 미신, 더욱이 요즘 조선의 미신은 배경이 종교의 의식같은 것을 빌어다가 여러 가지로 특수한 의식을 베풀어 우상을 자꾸 만드는 것에 있다고 할 수 있다……첫째로 교육을 보급한 후에야 참으로 신앙생활의 위안도 올 것이다. 미신은 종교생활에서 받을 위안까지 빼앗아가 버린다. 한심한 일이다."[57]- (필자강조)

요컨대, 한국의 초기 근대 지식인들에게 '종교'는 문명화된 사회와 양립할 수 있을 뿐만 아니라 사람들에게 심리적인 '위안'을 주고 국가를 계몽시키고 부강하게 하는 것으로 파악되었다고 할 수 있다. 하지만, 종교는 정신적이고 심리적인 영역에 그 역할을 제한해야 하며, 현실세계는 물리적 과학적 합리성에 의해 지배되는 영역이었다. 이런 근대적 종교 개념의 감수성에 근거했을 때 무속은 사람들로 하여금 "자기 이외의 힘, 불가사의한 힘의 정령에 의하여 그 생활이 좌우할 수 있다고 하는 신앙 관념에 입각"해 있었으며 "자기의 생활은 다른 외력과 외물의 존재에 의하여 결정되고, 그 결정된 대로 이끌려 간다고 하는 숙명관념, 운명관념의 주요한 내용을 형성"하는

57_ 『동아일보』 1929년 1월 29일. 김요한 위의 논문, 66쪽 재인용.

데 핵심적인 역할을 했다고 이해된 것이다.[58] 따라서 서구적 근대성을 새로운 문명화의 모델로 삼았던 당대의 지식인들에게 무속은 당연히 타파되어야 할 대상이었던 것이다.

3) 문명의 '종교', 그리스도교와 윤리

앞서 언급했듯이, 서구에서 형성된 근대적 종교 개념의 한 특징인 진화론적 종교이해는, 인간이 지닌 정신적인 열망들이 가장 정교하게 표현한다는 차원에서 그리스도교를 종교 진화의 정점에 위치시켰다. 한국의 근대 초기에, 가장 진화한 형태의 종교로서 그리스도교가 가지는 의미는 훨씬 대단한 것이었다. 당대의 진보적 지식인들이 새로운 문명화의 모델을 서구에서 찾았던 만큼 서구 문명의 정신적인 에너지의 원천이자 상징으로서 그리스도교가 이해된 것이다.[59] 특히 그리스도교 선교사들의 근대적인 의료 활동과 교육 사업은 한국인들로 하여금 그리스도교가 서구 문명을 구체화하고 있다는 인식을 가지게 하기에 충분했다.[60] 많은 진보사상가들이 그리스도교와 선교사들을 진보와 발전의 전조로 생각했으며, 선교사들은 왕가의 지원을 받기도 했다.[61] 심지어 일부 진보적인 사상가들은 스스로를 과거로부

58_ 무라야마 지준, 김희경 역, 『조선의 점복과 예언』(1990), 7쪽. 1920대의 식민지 상황을 고려해볼 때, 식민주체인 무라야마 지준의 이와 같은 무속 실천에 대한 평가는 식민지배를 정당화하기 위한 식민담론으로 이해할 수 있다. 하지만, 무라야마 지준이나 아까바 등 무속 연구자들의 식민담론이 후에 국학자들의 민족담론에서도 끊임없이 재생산된다는 점에서 위의 인용은 당대의 한국 지식인들의 입장을 표현하고 있다고 봐도 좋을 것이다. 일제의 식민담론과 무속연구의 상호관계에 대해서는 다음의 글을 참조. 김성례, 「무속전통의 담론분석 : 해체와 전망」, 『한국문화인류학』 22(1990); 김성례, 「일제 시대 무속담론의 형성과 식민적 재현의 정치학」, 『한국무속학』 24(2012); 최석영, 「일제의 대한제국 강점 전후 조선무속에 대한 시선 변화」, 『한국무속학』 9(2005).

59_ 신광철, 「개항기 한국사회의 그리스도교 이해 : 외세에 대한 민의 반응을 중심으로」, 『종교연구』 33(2003).

60_ Andrew Eungi Kim, "Christianity, Shamanism, and Modernization in South Korea", *Cross Currents* Spring-Summer, 2000.

터 단절하기 위해 개종을 선택하기도 했다.[62] 결국, 그리스도교의 이미지가 근대성과 융합되면서 당대의 한국인들은 그리스도교, 특히 개신교를 문명의 종교로 보았으며 심지어 근대과학과 동일화시키기도 하였다.[63] 근대성과 그리스도교가 문명화라는 수레의 두 바퀴로 이해된 것이다.

그리스도교에 대한 우호적인 환경과 그에 따른 위상은 그리스도교에 의해 규정된 미신으로서의 무속 이미지가 한국인의 인지구조 안에서 내면화되는 데 큰 역할을 했다고 볼 수 있다.[64] 또한 두 종교적 세계관의 만남으로 인하여 무속과 관련한 미신담론의 의미론적 영역에서 변화가 생기는데, 그 변화를 이해하기 위해서는 초기 그리스도교 선교사들이 무속을 어떻게 묘사하는지를 살펴볼 필요가 있다.

초기 그리스도교 선교사들은 한국의 민간 신앙을 기술하는 데 '악마숭배(devil-worship)', '축귀의례(exorcism)', '미신' 등의 용어를 사용했다. 그들의 저술에서 자주 인용되었던 그리피스Griffis에 따르면, 무속은 "몇 가지 자잘한 물건들과 조악한 조상의 이미지, 혹은 땅과 공기의 정령을 표상하는 것 이외에는 어떠한 우상도 없는 것"이며 "악령을 달래기 위한 희생제의와 마법들이 광범하게 혼합된 것"이었다.[65] 이러한 개념들과 비유들은 그리피스 Griffis가 일본과 한국에서 선교 사업을 지원한 이래로 한국의 종교문제를 다

61_ James. H. Grayson, *Korea : A Religious History*, New York : ReoutledgeCurson, 2002, p.158.

62_ Michael E. Robinson, 앞의 책; Kenneth M. Wells, *New God, New Nation : Protestants and Self-reconstruction Nationalism in Korea, 1896~1937*, Honolulu : University of Hawaii Press, 1990.

63_ 이진구, 앞의 책(2006), 290쪽.

64_ 근대화 초기에 이루어진 그리스도교와 무속의 만남이 남긴 유산이 오늘날까지 지속되고 있다는 것이 여러 학자들에 의해 지적되고 있는데, 이것은 당시의 그리스도교의 강력한 위상에 따른 내면화의 정도뿐만 아니라 이후의 근대화과정에서 나타난 그리스도교의 행보와 깊은 관계가 있다. 당대의 그리스도교와 무속의 만남과 그 결과에 대한 연구는 다음을 참조. 차옥숭, 『무교 : 한국인의 종교체험』(서광사, 1997); 선순화, 「그리스도인으로서 무교를 어떻게 볼 것인가」, 김승혜・김성례 편 『그리스도교와 무교』(분도출판사, 1991).

65_ W. E. Griffis, *Corea : The Hermit Nation*, New York : Charles Schribner's Sons, 1888, p.300.

뤘던 개신교 선교사들의 저술들 안에서 끊임없이 재생산되었다. 예를 들어서 그러한 용어들은 존스G. H. Jones, 헐버트H. B. Hulbert, 게일J. S. Gale, 언더우드H. G. Underwood, 클라크C. A. Clark 같은 선교사들의 저술들에서 계속 인용되어 재생산되었다. 그에 따라 '악마숭배(demonolatry)', '서물숭배(fetishism)', 자연숭배, 정령숭배 혹은 원시종교 등의 개념들을 이용한 무속의 타자화 작업은, 앞서 살펴본 문명/비문명의 도식 이외에도 '나쁜 종교(bad religion)'/'거짓된 종교(false religion)' 윤리적인 함의를 지니게 되었다.[66]

한국무속에 대한 그들의 경멸은 무당과 무속신령을 기술하는 방식에서 명확히 드러난다. 무당과 무속신령에 대한 그들의 기록들 속에서 왜 무속이 '악마숭배'이며 무속의 신령이 '악한' 존재인지를 살펴볼 수 있다. 초기 선교사들은 무당이 한국인의 종교생활에서 상당히 중요한 역할을 하고 있다는 것을 알았으며 한국의 종교적 토양을 이해하기 위한 첫 번째 단계로서 무당의 본성과 기능을 탐색해야 한다고 생각했다. 먼저 그들의 저술들에서 우리가 발견할 수 있는 특징들 중 하나는 무당과 판수가 구분되어 이해된다는 점이다.[67] 무당은 영매이며 신령과 친연성(affinity) 및 우호적인 관계로 특징지어지는 반면 판수는 남성으로서 영매라기보다는 축귀의 전문가로 묘사된다. 그리고 이 두 종류의 종교 전문가들 중에서 무당이 훨씬 더 해로운 존재로 묘사된다.

> 무당이라는 말은 '속이는 사람들'을 의미한다. 판수는 '운명의 결정자'라는 의미이다. 전자의 이름은 아주 적절해 보인다. 무당은 항상 여

66_ Laurel Kendall, *Shamans, Nostalgias, and the IMF : South Korean Popular Religion in Motion*, Honolulu : University of Hawaii Press, 2009, p. 4.

67_ 조흥윤에 따르면, 오늘날 판수는 거의 찾아볼 수도 없으며 학계에서는 판수를 무당의 범주에 포함시키지 않는다고 한다. 조흥윤, 「초기 개신교 선교사들의 샤머니즘 이해」, 『동방학지』 125(2004).

성이며 사회 체계의 가장 하층에 존재하는 것으로 간주된다.[68]

이 인용문에서도 보이듯이 헐버트에게는 무당에 대한 동정심을 찾아볼
수 없으며, 무당은 사회적으로 가장 하층에 존재할 수밖에 없는 것으로 이
해된다. 왜냐하면 그가 생각한 무당은 '일종의 영매인 척' 하는 사기꾼 집단
이기 때문이다. 사실, 이러한 헐버트의 견해는 당시 서구사회에 널리 퍼져
있던 샤머니즘에 대한 견해를 반영한 것이기도 하다. 아마용R. Hamayon에
따르면 서양에서 계몽주의 시대에 나타난 샤머니즘에 대한 관점은 세 가지
로 정리될 수 있는데, 샤먼을 사기꾼으로 보는 볼테리안Voltairian 관점, 원시
사회들에서 발견되는 고대 종교의 에이전트로 보는 관점, 그리고 자신의 광
증狂症을 통제함으로써 다른 광인을 치료할 수 있는 또 하나의 광인이 그것
이다.[69] 그리고 헐버트의 시각은 이러한 계몽주의 시대의 입장을 계승하고
있는 것이다. 또한 사기꾼의 이미지 이외에 판수보다 무당을 훨씬 해로운
존재로 생각하는 것은 무당과 친밀한 관계에 있는 신령의 존재가 '악'한 존
재로 이해되었기 때문에 당연한 것인지도 모른다.

선교사들은 '서물숭배' 혹은 '애니미즘' 등과 같은 진화론적 개념들로써
무속을 범주화하면서 동시에 '악마숭배' 등에서 보이듯이 무속의 신령에 윤
리적인 특성을 부여하였다.[70] 그들은 몇몇 신령을 제외한 무속 신령을 변덕
에 따라서 인간에게 해를 끼치는 존재로 이해했으며, 따라서 무속은 한국인

68_ Homer B. Hulbert, *The Passing of Korea*, Yonsei University Press, 1969, p.414. 이 글에서 무당을
속이는 사람 집단으로 생각한 것은 헐버트가 무당의 어의를 잘못 이해한 것으로 생각된다.

69_ Roberte N. Hamayon, "Are 'Trance,' 'Ecstasy' and Similar Concepts Appropriate in the Study of
Shamanism?", *Shaman* 1, No. 2, Autumn 1993, p. 5.

70_ 샤먼의 종교적 실천을 신(God)보다는 악마(devil)에 대한 의례와 관련시켜 보는 것은 서양에서도 뿌
리 깊은 견해인데, 이런 견해를 최초로 제시한 사람은 17세기말 시베리아로 추방되어 자신의 여행기록에
'샤먼(shaman)'이라는 단어를 소개한 러시아 정교회의 대주교 아바쿰(Avvakum)으로 알려져 있다. Ibid,
p. 4.

들이 결코 탈출할 수 없는 공포의 종교로 묘사되었다.[71] 당시 선교사들은 무속신령에서 기인하는 공포의 감정을 한국인 개종자들의 증언에서 읽어낸 것으로 보이는데, 켄달. Kendall은 게일J. S. Gale의 기록을 인용하면서 다음과 같이 기술하고 있다. "선교사들이 처음 개종자들과 개종이 가능한 사람들을 만났을 때 놀랐던 것은 그들이 '커다란 두려움 속에서' 악마와 악한 신령들로부터 자유롭게 해달라는 요청을 했기 때문이다."[72] 무속의 신령에게 부여된 윤리적 범주는 다음에 인용되는 이야기를 통해서 선교사들 사이에서 강화되고 있었다.

조선왕조 초 충청도 보령에는 비와 풍작과 안전한 배 운항을 위해 무당들이 매년 용신굿을 벌이면서 처녀 한 명을 바다에 바치는 풍속이 있었다. 새로 부임한 지방관이 그 굿에 나타나 처녀를 바다에 막 던지려는 무당들을 만류하고는 그 신령이 오히려 무당을 더 좋아할 것이라며 처녀 대신 무당들을 차례로 바다에 던져 제물로 삼았다. 이로부터 무당들이 사회의 최하층이 되었다 한다.[73]

종교 진화론, 선/악 혹은 참된 종교/거짓 종교라는 윤리적 판단에 의한 근대적 '미신론'의 형성은 근대 과학이 공적인 영역에서 소거해버린 '초자

71_ Homer B. Hulbert, op. cit., p.413; C. A. Clark, *Religions of Old Korea*, Seoul : The Christian Literature Society of Korea, 1961, p.194.

72_ Kendall, op. cit., p. 5에서 재인용. 한편, 여기서 한 가지 흥미로운 점은 선교사들에게 찾아온 개종자들이 그리스도교를 통해서 '자유롭게'될 수 있다는 생각을 지녔다는 것이다. 어쩌면 선교사들은 선악이라는 윤리적 이해틀로 무속의 신령과 그리스도교의 신을 이해했을지 모르지만, 그들을 찾은 한국인들은 무속의 신령보다 그리스도교의 신을 더 강력한 존재로 봤을 수도 있다. 만약 그리스도교의 신은 훨씬 더 '의지할 만한 강력한 신'으로 이해되었기 때문에 개종을 선택했다면, 그것은 무속의 '보호의 우주론'의 연장일 뿐인 것이다. 이와 관련해서는 추후에 더 많은 논의가 필요할 것 같다.

73_ 조흥윤, 앞의 논문(2004), 109쪽.

연적 영역'의 재창조를 통해서 스스로의 의미를 발견하고 영역을 명확하게 하려는 근대적 종교관의 담론적 전략이라 할 만하다. 조홍윤에 따르면, 선교사들이 즐겨 인용했다는 위의 이야기는 출처도 명확하지 않으며 실제로 한국 무속전통에서 인신공양을 했다는 증거 역시 찾아볼 수 없다. 하지만, 이 이야기가 "무당의 비인간적이고 <u>미신적인</u> 사례로 즐겨 인용"되었다는 사실은[74] 어떤 사건의 실재성보다는 이야기가 가지는 담론의 효과라는 차원에서 중요하게 다뤄질 만하다. 결국, 공적인 영역/사적인 영역 혹은 자연/초자연적 영역을 넘나들거나 또는 그 사이에 애매하게 위치한 과거의 종교적 실천들을 '미신'으로 타자화시키는 전략을 통해서 초월과 현실을 분리하는 근대적 종교관이 유통되고 강화되었다고 볼 수 있다.

4. 맺음말

이상에서 고찰했듯이 한국의 미신담론은, 그것이 조선의 '음사론'이든 근대의 '미신론'이든, '문명화'에 대한 지배계층의 열망에서 범주화되고 창출된 담론이라 할 수 있다. 다만, 흥미로운 차이점은 '음사론' 생산주체였던 유학자들은 유교적 세계관에 바탕을 둔 문명화를 꿈꾸었던 반면, '미신론'의 생산자들이었던 근대의 계몽 지식인들은 서구적 과학성 혹은 합리성에 바탕을 두고서 오히려 유교적 문명을─비록 '미신론'으로 범주화하지는 않았더라도─자신들의 문명화 노력의 장애물로 여겼다는 점이다. 사실, 한국의 근대 초 계몽 지식인들이 근대적 과학과 발전의 논리만을 기준으로 삼아 문명의 개념을 이해했다면, 유교 역시 '미신론'의 범주에 수렴되었을 가능성이

74_ 위의 논문. 109쪽. 밑줄은 필자의 강조.

크다. 왜냐하면, 유교적 세계관의 특징으로 파악된 '최적화 우주론'에 내포된 보수성과 자연/초자연의 비구분 등은 의제(issue)는 '미신론'의 범주에 수렴되기에 충분했기 때문이다. 그러나 유학자들은 도덕성에 따른 위계적 세계관이라는 특징으로써 스스로를 무속으로부터 차별화시켰다. 그리고 이러한 도덕성에 대한 강조는 근대 계몽 지식인들이 생각했던 '문명'의 또 다른 축인 근대적 '종교' 관념에는 어느 정도 부합했다고 볼 수 있다. 그러나 무속의 경우는 사정이 달랐다.

이미 지적했듯이, 근대적 '종교' 개념은 자연/초자연의 엄격한 분리와 종교의 사사화로 그 특징을 삼을 수 있다. 근대적 문명과 양립할 수 있는 '종교' 개념에 따르면, 과학적 합리성 혹은 기계론적인 인과론에 의해 지배되는 물리적 세계와 또 다른 영역으로 설정된 초자연적 세계는 서로 간섭될 수 없으며, 만약 종교가 인간의 삶에 영향을 준다면, 그것은 어디까지나 사적인 영역 혹은 정신적인 영역에 국한되어야 하는 것이었다. 그러나 '보호의 우주론(patronal universe)'에 기반을 둔 무속의 실천자들은 여전히 신령이 자연세계에 영향을 미치며, 때로는 인간의 삶을 위협하는 대상이기도 하며 의지하고 도움을 구할 수 있는 대상으로 이해했다. 그리고 이것은 근대적 계몽 지식인들에게 시각에는 숙명론이나 수동적인 삶의 자세의 원인이 되는 것으로 파악되었고, 이러한 삶의 자세는 문명을 향해 앞으로 나아가는 것이 아니라 오히려 과거로 퇴보하는 것으로 이해되었던 것이다. 이런 맥락에서 '원시종교' 혹은 '잔존'과 같은 진화론적 사고의 비유들이 무속을 '미신론'의 영역으로 수렴시키는 데 작용했던 것이다. 근대적인 종교 관념 내에서 사용되는 여러 가지 개념들은 조선시대의 '음사론'을 이해하는 데 도움이 된다. 특히 자연/초자연의 관계 개념은 조선시대의 무속이 유교와 공존할 수 있었던 가능성에 대한 설명을 가능하게 했다고 볼 수 있다.

한편, 이와 같은 한국의 미신담론의 구체적인 지성사의 맥락에 대한 간

략한 기술 이외에, 마지막으로 언급하고 싶은 것은 미신담론이 특별한 역사적 시기에 구성되었다는 것은 어떤 현재적 의미를 가지는가에 대해서이다. 사실, 이 질문은 이 논문을 의도했던 처음부터 필자의 마음속에 있던 질문이었는데, 그에 대해 가능한 대답을 다음과 같이 정리할 수 있을 것 같다. 미신담론은 근대적인 의미의 '종교'의 경계가 형성되고 뚜렷해지는 과정에서 생성된 것이라는 점이다. 마치 동전의 양면과 같이 한쪽만으로는 그 의미가 명확히 드러나지 않는 것이다. 이런 관점에서 보면, 미신담론을 역사적으로 재정위하는 것은 종교를 역사화 시킨다는 말의 동어반복이 된다. 무엇이 역사적으로 구성되었다는 관념은 현재를 좀 더 반성적으로 보게 만드는 효과를 가지며, 동시에 종교세계에 적용되었을 때 나의 종교와 타자의 종교를 좀 더 유연한 관점에서 보게 만들 것이라 생각되며, 이는 다종교 상황의 한국사회에 유의미한 역할을 하리라 기대한다.

이 글은 『한국문화연구』 23(2012)에 실린 글을 수정 보완한 것임을 밝힌다.

2부
샤머니즘의 상징

샤머니즘 상징의례를 통해 본 한국인의 삶과 죽음

양종승

샤머니즘박물관 관장

1. 들어가는 말

인간사에 있어서 무엇보다도 중요한 논제는 죽음에 관한 것이다. 죽음은 누구나가 겪게 되는 일생의 통과의례와도 같은 것이어서 부정할 수도 피할 수도 없는 진실이며 진리이다. 죽음 직전까지의 삶은 사람에 따라 길기도 하고 짧기도 하겠지만 분명한 것은 누구나 언젠가는 죽어야 하는 것이다. 죽음은 생명체의 삶이 끝남을 말한다. 즉 삶의 끝이 죽음인 것이다. 때문에 삶이 없는 죽음이란 존재할 수가 없다. 따라서 인간사에서 죽음을 이해한다는 것은 곧 삶의 완성도를 높이는 것이기도 하다.

죽음은 의학적으로 생명체 활동의 종결을 뜻하는 것으로써 회복 불가능의 불가역적不可逆的 상황을 말한다. 생명체의 활동 중지로 의학적 죽음을 맞이한다고 해서 죽음 자체가 종결되는 것은 아니다. 망자가 사후에 지내게 될 거처를 비롯한 죽은 자로써의 위치, 산자와의 사회적 관계 등은 문화적인 상징의례를 통해서만 해결이 가능하다. 장례에서부터 진혼 등의 의례를 거쳐야만 죽은자가 새로운 세상으로의 공간 이동을 통해 사자로써의 지위 획득과 함께 산자들로부터 숭배 대상이 될 수 있는 것이다. 이러한 것들이 합리적인 문화적 틀로 정형화되어 오랫동안 관습화되고 체계화되어 왔으니 그것이 바로 샤머니즘에서 행해지는 죽음에 대한 상징의례이다.

샤머니즘 상징의례에서 죽음에 관한 의례는 망자를 중심에 놓고 행해지는 죽은자 중심의 진혼의례가 있다. 삶으로부터 떠나간 죽은자를 빌미로 하여 행해지는 것이다. 이와는 달리, 산자 중심에서도 죽음의례가 행해지는데 산진혼의례가 그것이다. 이때는 죽은자 중심의 의례가 아니라 죽음을 빌미로 행해지는 산자 중심의 의례이다. 사후에 치러져야 할 진혼의례를 살아있는 동안 산자 중심으로 행해지는 일종의 모방진혼의례이다. 한편, 죽음에 다다른 위급한 사람의 삶을 연장키 위한 죽음의례도 있다. 죽지도 않은 산자를 죽은 것처럼 가장하여 죽음의례를 거행함으로써 삶의 연장을 꾀하는 것이다. 이와 같은 죽음의례들 속에는 삶과 죽음에 대한 사상과 철학이 담긴 의례의 전통이 있어 온지 오래다.

본 글에서 논하는 것은 샤머니즘의 상징적 죽음의례에 관한 것이다. 샤머니즘에 나타난 삶과 죽음을 위한 상징의례를 의례현장 조사 자료를 기반으로 살펴보고자 한다. 언급한바 같이, 상징의례에는 산자 중심의 의례와 죽은 자 중심의 것이 있는데 전자는 삶의 연장을 위한 영장풀이와 사후 진혼에 대한 의례들이고 후자는 죽은 자의 영혼을 위해 치러지는 자리걷이를 비롯한 좋은 곳으로의 이동을 위한 진혼의례로써 진오귀굿, 씻김굿 그리고 물에 빠져 죽은 영혼을 육지로 건져 내어 진혼되는 넋건지기굿 등이다.

2. 삶의 연장을 향한 상징의례

1) 헛것으로 죽음을 가장한 영장풀이

샤머니즘에서는 삶의 연장을 위한 상징의례가 있는데 그것들이 영장풀이와 산진혼제이다. 영장永葬풀이는 사경을 헤매는 위급한 중병 환자의 삶을 연장키 위한 것이다. 헛것으로 죽음을 가장하여 치러지는 일종의 장례의례인데 이를 헛장虛葬풀이 또는 햇장풀이, 햇장치기라고도 한다. 시체 모형을 짚으로 만든 인형이나 제웅을 사용하기도 하지만 원칙적으로는 생명이 살아 있는 닭이나 소로 시체를 삼는다. 특히 샤머니즘에서의 소는 영적인 존재로 여겨져서 인간 육신과도 같은 것으로 간주된다. 영장풀이를 전문으로 하는 만신들 사이에서는 소와 인간의 연관성을 중요하게 생각하는 경우가 많다. 꿈에 소를 만나면 조상을 만나는 것이나 다름없다고 믿는 것도 소와 조상의 관련성을 반증하는 것이기도 하다. 굳이 소와 조상의 관련이 아니드래도 역사적으로 보면 소는 한민족 역사와 문화 속에 친밀하게 존재해 온 동물이자 영물임을 알 수 있다. 이러한 것을 입증하는 자료가 제주도 삼성혈 신화나 고구려 고분 벽화 등에 나타난다. 여기에 보면 소는 농업을 일구는 신으로써 그리고 풍요를 가져다주는 삶에 중대한 영적 존재로 인식되고 있다. 그래서 고대사회에서는 소가 제천의례의 제물로 순장되기도 하였으며 이러한 풍습이 근현대에까지 풍년제에서 제물로 삼아지는 관습으로 이어져 온 것이다. 소가 농경사회에서는 부와 재산을 상징하지만 샤머니즘 상징의례를 통해서는 풍요를 더해주는 영적 존재로 여겨져 왔음을 알 수 있는 것이다. 소에 대한 상징성은 일반들 삶 속에서도 쉽게 찾을 수 있다. 선몽으로 황소 꿈을 꾸면 부자가 된다는 믿음이나 풍수지리설에서 소 형국에 묏자리를 쓰면 부자 된다는 설이 존재한다는 것만 봐도 알 수 있다. 동물점이라는 것도 있는데 여기서는 사람들이 정월 대보름 전날 밤 사람이 먹는 음식들을 키에 차려두고 소가 어느 것을 먼저 먹느냐에 따라 그해 풍흉을 점치기도 한다. 소가 쌀을 먼저 먹으면 벼농사 풍년이 들고 나물을 먼저 먹으면 밭농사 풍년이 든다고 여기게 된다.[1] 여염집이나 장사 집에서는 소고삐나 또는 소뼈를 대문에 걸어 두어서 악귀침입을 막기도 하였는데 이는 신성시되는 소가 영적인 축귀력을 발휘하는 것으로 인식되기 때문이다. 이러한 소가 영장풀이에서 중요한 소재로 활용되는 것은 소가 갖는 영적 힘이 삶의 구원을 충족케 해준다고 믿기 때문이다. 또한 삶(환자)의 좋지 못한 해로운 악을 제거하고 동시에 삶에 풍요를 가져다 주는 이른바 축귀력과 구복력의 능력을 갖추고 있는 것도 소가 상징의례에서 중요하게 활용되는 요인이다.

삶의 연장을 위한 영장풀이 의례 모습은 다음과 같다. 소족 앞다리 한 개를 깨끗하게 씻어 발톱부분을 머리삼아 환자 몸체를 만든다. 그리고 환자 머리카락, 손톱, 발톱, 입었던 속옷 그리고 쌀 등을 준비한다. 흰 천에 환자 머리카락을 싸서 묶는다. 손톱 발톱도 천에 묶고 쌀은 빨강 천에 묶는다. 이렇게 천으로 묶은 것을 소족 발톱에 모두 묶는다. 그리고 소족에 환자의 팬티, 런닝사쓰, 양발 등을 입히고 종이에 그린 화상으로 몸체를 싼다. 환자 몸체가 만들어지면 삼베로 끈을 삼아 일곱 매기로 묶어 관속에 넣는다. 관은 소족이 들어 갈 수 있는 길이 55Cm 폭 25Cm 정도이다. 관 뚜껑을 덮고 상판 위에 "황천사자" 좌편에 "월직사자" 우편에 "일직사자"라고 한자로 쓴다. 관 겉에는 검정 삼베로 싸고 그 위에 빨강 영정으로 다시 싼다. 영정에는 우측부터 환자의 성명과 생년월일시 그리고 대수대명이라고 한자로 쓴다. 종이돈 만 원짜리 입곱개를 일곱 매기 매듭에 끼고 삼베로 관을 묶는

1_ 천진기, 「동물점(動物占)」, 『한국세시풍속사전』(국립민속박물관, 2010).

다. 이렇게 하여 완성된 관은 굿청 오른쪽 한곳에 모셔놓고 환자가 덮었던 홑이불을 뜯어다 덮는다. 그리고 관 뒤로 병풍을 친다. 환자 화상을 그려서 굿청 한쪽켠에 놓는다. 화상은 하얀 한지에 붓으로 옷을 입은 상태의 환자 몸 전체를 그린다. 그리고 화상 우측 상단과 하단에 경명주사로 십이신장 부적을 그려 넣는다. 화상 왼편에는 환자 이름 및 생년월일시 그리고 대수 대명代身代命이라고 쓴다. 환자의 가족들은 상복을 입고 상주 노릇을 한다. 상주들은 관이 나가면 소리 내어 곡을 한다. 상여가 나갈 때는 남자 상여꾼 두 명이 관을 매고 '어농 어농' 하면서 장지로 간다. 무덤은 굿청에서 약 100m 정도 떨어진 곳으로 정한다. 야산 언덕에 정해진 장소에 깊게 무덤을 파고 하관식을 한다. 땅을 덮고 무덤 앞에서 제를 지낸다. 마지막으로 산닭 을 던져 멀리 보낸다.

영장풀이는 큰굿 보다는 규모가 크기 않기 때문에 굿청 차림도 비교적 간소하다. 그러나 굿에 필요한 상차림이나 도구들은 꼼꼼히 챙겨 진설한다. 굿청 차림은 조상상, 사자상, 서낭상, 성주상, 제석상, 뒷전상 등이 준비되는 데 먼저 조상상에는 조상옷을 놓는다. 사자상에는 사자밥으로 밥 3그릇, 신 발 3켤레, 동전 세 개를 밥 그릇 위에다 하나씩 꽂아 놓는다. 서낭상에는 통돼지와 수탉을 놓고 성주상에는 쌀그릇에 수저 두 개가 마주보도록 꽂아 올린다. 오른쪽의 수저는 대주 왼쪽의 수저는 계주를 뜻하는데 두 수저가 마주 보도록 하는 것은 성주의 금슬이 좋아지라는 뜻이다. 영장풀이를 하는 도중 꽂았던 수저를 뽑아 쌀점을 본다. 뒷전을 할 때는 성주 수저와 제석 수저 모두 4개를 뽑아 방문 앞에서 바깥쪽으로 차례로 두 개씩 던져 굿을 잘 받았는지 알아보기도 한다.[2]

위와 같은 상징의례에서는 산자를 거짓 죽음으로 가장하여 귀신을 속이

---

[2] 이 자료는 2000년 5월 30일 경기도 금단산 굿당에서 이루어진 박금순 만신의 서울식 영장풀이다.

는 일종의 모방 장례의례를 행하여 인간 삶의 연장을 꽤하는 것이다. 이는 환자의 신체를 소족으로 대수대명代身代命 삼아 땅 속에 묻음으로써 환자의 위급한 병을 대신 떠안고 가게 하여 삶을 연장시키게 된다는 믿음이다. 한편, 샤머니즘에서의 죽음은 천명天命이 다하여 죽은 것과 천명天命이 아직 남았는데도 신벌을 받아 죽게 되는 것으로 양분된다. 후자의 경우, 천명天命으로 죽음을 당하는 것이겠지만, 이때의 천명은 애초에 주어진 천명이 아니라 삶 속에서 얻어지는 천명을 뜻한다. 우리 삶 곳곳에는 늘 생명을 앗아가려는 연유들이 발생하고 있어서 사람들은 이들 존재에 대해 잘 대처해야만 한다. 그래야만 천명을 잘 지킬 수가 있다. 따라서 사람들은 영적 존재에 대해 경외심을 갖고 때로는 우대하고 때로는 달래기도 한다. 그래서 생명이 위급해지면 소, 돼지, 닭을 이용하여 대수대명代數代命을 받치기도 하는 상징의례가 발달되어 온 것이다.

2) 죽은 후 좋은 곳으로 가기위한 산오구굿

샤머니즘 상징의례에서는 아직 죽지도 않은 산자가 훗날 죽은 후 좋은 곳으로 가기 위해 살아생전 진혼제를 치루는 관습이 있다. 살아생전에 자신의 진혼제를 치르게 되면 죽은 후 좋은 곳으로 가는 것은 물론이고, 여생도 오랫동안 장수한다고 믿는다. 그렇기 때문에 나이든 노인들 사이에서는 산오구굿[3]이 중요하게 받아들여지고 있다. 이러한 전통이 유교나 개신교에는 없다. 죽지도 않은 사람을 위해 미리 진혼의례를 지내는 방법이 없는 것이다. 그러나 불교의례에서는 죽은 후 가게 될 저승세계를 위한 생전

3_ 산자가 죽은 후 좋은 곳으로 가기위해 치러지는 상징의례는 지역에 따라 다양한 용어가 존재한다. 산오구굿은 동해안 지역에서 통용되는 용어이고 서울 경기지역에서는 산진오귀, 황해도나 평안도에서는 산시왕굿 또는 산수왕굿, 제주도에서는 죽은 혼서, 경상도에서는 헤제비굿 등이라는 용어를 쓴다.

예수재生前豫修齋가 있는데 이 경우는 샤머니즘에서 행해지고 있는 산오구굿와 비슷하다. 불교에서는 사람이 태어나면 누구나 경전을 읽어야 하는 빚과 돈 빚을 지니게 된다는 이른바 삶을 위한 본질적인 의무를 지니게 된다. 그래서 사람들은 경전 읽음을 대신으로 예수재를 올리는 것이고 이 때에 현금으로 산 지전紙錢을 시왕전에 받쳐 경전 읽어야 하는 빚을 갚는다. 불교의 이와 같은 시왕신앙은 살아 있는 사람이 공덕을 미리 닦아 사후에 지옥을 면하고 극락왕생하기 위한 것인데 이는 도교의 시왕신앙으로부터 많은 영향을 받아 전해진 의례라고 전해지고 있다.

많은 종교에서는 지옥이라고 하는 이른바 형벌 받는 곳이 존재하지만 샤머니즘에서는 이와 같은 암명계 개념이 존재하지 않는다. 그래서 사람이 죽으면 좋지 않은 곳으로 떨어지는 일은 거의 없고 모두가 좋은 곳으로만 가게 되어있는 것이 샤머니즘의 저승관이다. 그렇기 때문에 산오구굿이 진혼제 형식의 의례이지만 그 내용은 굿을 받게 되는 주인공이 죽은 후 좋은 곳으로만 간다는 긍정적 믿음을 전제로 이루어진다. 그러므로 이 굿을 한편에서는 생축生祝굿이라고도 부른다. 때문에 굿은 시종일관 축제적 분위기[4] 속에서 치러지는 이른바 사후의 잔치라고 할 수 있다. 따라서 오구굿이 죽은 자를 위해 치러지게 되면 슬프게 진행되는 사령굿이 되는 것이겠지만 산 자를 위해 치러질 때는 기쁘게 행해지는 생축굿이 된다는 것이다. 그러므로 사령굿에서 우는 경우가 많아 이를 우는굿이라 말하기도 하고 생축굿에서는 기쁨의 웃음꽃을 피우는 굿이라 하여 이를 웃는굿이라고도 말하는 경우가 많다. 그러나 공통되는 것은 두 형태 굿의 궁극적 목적은 산자나 죽은자나 '좋은 곳'으로 가기 위한 것으로써 동일한 공통적 목적을 두고 행해지는 상징의례라는 것이다.

4_ 최길성, 『한국무속의 연구』(아세아문화사, 1978), 199~249쪽.

3. 저승을 향한 죽음의례

1) 삼신과 성주신을 떠나기 위한 자리걷이

샤머니즘에서 소규모로 행해지는 '걷이'의례는 기왕 큰굿 중점의 연구에서 소외되어져 있었다. '걷이'의례는 큰굿 못지않게 샤머니즘에 나타나는 상징성을 깊이 있게 살펴볼 수 있는 중요한 자료가 된다. 소규모로 치러지는 의례에는 걷이 이외에도 액풀이, 넋풀이, 영장풀이(또는 영장치기), 중복살풀이 등의 '풀이', 홍수맥이, 액맥이 등의 '맥이', 넋맞이, 반혼맞이 등의 '맞이' 그리고 식상돋음 '돋음' 등의 의례들이 있다. 이와 같은 소규모 상징의례에서는 장엄하게 굿청을 매지 않을뿐더러 관현악의 무악을 연주하거나 거상 등의 춤을 추지 않기 때문에 소요되는 시간이 큰굿에 비해 비교적 짧다. 그렇지만 그 내용은 오히려 심층적이고 실질적이어서 샤머니즘 상징의례가 갖는 현장감과 긴장감이 보다 깊이 있게 느껴지기도 한다. 무엇보다도 중요한 것은 이러한 소규모 의례가 오늘날 부흥된 경제력과 활성화된 문화력으로 인해 대규모적인 큰굿들의 원형적이거나 원초적 의례라는 것에 주목할 필요가 있다.

샤머니즘 의례에서는 사람이 죽게 되면 우선적으로 중복살을 전문으로 푸는 장님 판수나 만신을 찾아가 풀이의례를 하게 되는데 이를 중복살 푼다고 한다. 중복살을 푸는 것은 두 가지 이유가 있다. 하나는 망자 죽음이 중복살殺을 맞은 것이라 생각하고 이와 같이 좋지 못한 살이 다른 사람에게 전이되지 못하도록 하기 위한 것이며 또 다른 하나는 주검 자체의 살을 풀어내어 장례가 순조롭게 진행될 수 있도록 하기 위함이다.

장례를 모두 마치고 장지로부터 모셔온 망자 혼백을 집안으로 모셔 들이는 반혼맞이를 하고 나면 곧바로 자리걷이가 시작된다. 자리걷이는 사망

후 삼일 만에 행하는 원칙이 오랫동안 이어져 왔다. 샤머니즘 상징의례에서 "시간"과 "공간" 설정이 중요하다는 것은 주지의 사실이며, 사망 후 첫 의례로 거행되는 자리걷이의 경우는 더욱 그렇다. 이때의 시간 설정은 망자가 죽음을 당한 날부터 계산되어 삼일 째 되는 날이어야 한다. 이와 같은 시간적 개념 속에서 삼신사상이 함께 한다. 삼신은 인간을 점지하는 존재이다. 그렇기 때문에 삼신 자손으로 태어난 망자가 죽음을 당하여 해달 바뀜이 삼신을 상징하는 세 번째 되는 날이 되어서야 비로소 죽음으로 인정되기 때문이다. 시간 못지않게 의례공간 또한 중요하다. 의례공간은 죽음을 맞이한 자리어야 한다. 전통사회에서의 죽음의 장소는 탄생의 장소와 동일해야 한다는 믿음이 있었기 때문이다. 그래서 사람이 문밖에 있다가도 죽음에 이를 지경이 되면 급히 집으로 데려와 태어난 안방으로 옮겨 객사를 면하게 하였다. 집안에 좌정한 삼신과 성주신에서 임종을 보여드려야 하기 때문이다. 이러한 신앙행위는 생명을 창조해준 삼신과 삶으로의 일생을 가꾸어준 성주님에 대한 보은이기 때문이다. 그렇지 않으면 삼신과 성주신이 배은망덕한 것이라 여겨 진노한다고 믿었다. 탄생과 죽음이 동일한 공간으로 집결되는 것은 무에서 유를 창조해준 삼신 그리고 무한한 시간과 한없는 공간 속에서 온갖 만물을 수용하여 관장하고 있는 집의 성주신에 대한 신앙적 관념에서 이루어지는 것이다.[5] 이렇게 되었을 때에만 삼신과 성주신이 지켜보는 가운데 죽은 망자의 혼이 무당에게 실리게 된다고 믿었던 것이다. 그래서 전통사회에서는 죽음을 맞이한 공간은 탄생과 삶을 영위했던 동일한 방이어야 했던 것이다. 그래서 자리걷이 의례를 공간적 개념 하에서 호칭되는 방가심 또는 방걷이라 부르기도 한다.

자리걷이를 하는 목적은 죽은 자의 넋을 가시게 하면서 동시에 좋지 못

5_ 양종승, 「무속의 죽음의례 자리걷이」, 『민속소식』, 166(2009), 10~11쪽.

한 모든 해로운 나쁜 액을 가시면서 동시에 삼신과 성주신의 곁을 떠나기 위함이다. 그래서 이는 정화의례이면서 또한 작별의례로 명명되어지는 것이다. 산자들에게 혹여 붙어 있을지도 모를 액운을 가시는 것이기도 하지만 망자를 잉태해준 삼신과 길러준 성주신과의 작별을 위하는 것이기도 하다. 샤머니즘에서는 죽음을 맞이한 자리에는 어떠한 형태로든 해로운 기운이 남겨져 있다고 믿는다. 그러므로 "해害"에서 "이利"로의 전환을 위한 것임을 알 수 있게 한다. 죽음을 "부정"한 것으로 간주하기 때문에 이를 새로운 또 다른 삶의 "긍정"으로 전환하기 위한 방법이 필요하기 때문으로 행해지는 상징의례가 곧 자리걷이이다. 그리하여 죽음을 삼신과 성주신으로부터 인 정받음으로써 사자로써의 직위를 부여받게 된다.

자리걷이에서는 죽은 자의 혼이 만신에게 내려 죽음을 서러워하고 어떻 게 죽음을 맞이하였는지를 소상히 밝히게 된다. 산자들에게 당부하는 교훈 적인 말을 함은 물론이고 앞으로의 일에 대한 부탁과 당부도 곁들인다. 경 우에 따라서는 장례가 잘 치러졌다거나 아니면 장지가 좋지 않다거나 하는 말을 함으로써 후손들은 이장을 생각하기도 한다.

자리걷이를 행함에 있어서 여자와 남자 역할이 구분되어 이루어 졌었 다. 전통적으로 여자는 묏 일에 간섭하지 않았다. 그 대신에 여자들은 자리 걷이를 행할 만신을 수소문하여 선정하고 의례준비를 하였다. 자리걷이는 진일이라고 하여 이를 전문적으로 하는 이른바 자리걷이 만신이 따로 있었 는데 이러한 무녀는 주로 상문喪門일에만 전념하기 때문에 재수굿이나 경사 굿 등의 큰 굿에는 잘 불려 다니질 않았다. 혹여 큰굿에 나가게 되면 망자 와 관련된 영실을 놀 때나 조상거리 등에서만 역할을 하곤 하였던 것이다. 한편, 남상주들은 묏일에서 돌아온 후 곧바로 여상주들에 의해 준비된 의례 에 참여하게 된다.

자리걷이는 장지에서 귀가한 상주 및 친지 가족들이 상복을 입고 망자가 죽음을 맞이한 방 주의에 둘러앉으면서 시작된다. 방안의 의례 공간은 크게 두 곳으로 나뉘는데 한쪽은 망자의 넋이 있는 넋자리이고 다른 한 쪽은 망자상과 사제상이 차려지는 곳이다. 자리걷이에서 중요하게 여겨지는 장소는 넋자리이다. 이곳은 망자가 죽음을 맞이한 자리로써 망자 혼이 서려 있는 곳이기도 하다. 그래서 이곳은 깨끗한 하얀 한지를 깔아두고 그 위에 쌀 또는 밀가루를 수북이 쌓아 올려서 두 장의 한지에 열두 개의 구멍(여망자일 경우 아홉 개 구멍)을 내어 덮는다. 그리고 구멍마다 상주에게서 받은 노잣돈을 끼워 메꾼다. 그 위에 한지에 구멍 낼 때 오려져 나온 둥그런 한지 조각으로 다시 구멍을 메꾼다. 그리고 그 위를 망자가 살아생전 입었던 옷으로 덮는다. 맨 위에는 하얀 종이로 접은 종이고깔 세 개를 올려서 삼신三神 강림을 바란다. 그리고 넋자리 위쪽으로는 넋전이 올려진 넋상을 차려둔다. 후에 쌀 또는 밀가루에 난 자욱을 보고 죽은 이의 환생을 확인하기 위함이다. 넋대는 동쪽으로 뻗은 참나무가지나 갈매나무로 만든다. 넋대에는 만상제로부터 받은 지폐 석장을 세장의 한지로 쌓아서 매단다.

자리걷이상은 넋자리 오른쪽으로는 마련되는데 망자상과 사제상이 넋자리 좌우로 차려진다. 전물은 소찬素饌이며 육고기는 쓰지 않는다. 밤, 대추와 삼색과일, 도라지, 숙주나물, 고사리 등 삼색나물, 생쌀, 메, 국, 탕, 오곡 등으로 준비된 전물은 망자에게 바치는 음식이기도 하지만 강림하는 신이 흠향할 제물이기도 하다. 한편, 가시문과 뒷전상은 집 문 밖에다 준비한다. 가시문은 소쿠리에 한지를 깔고 쌀을 얕게 쌓고서 동전 세 개를 망자돈으로 올려놓는다. 소쿠리 양쪽으로는 가시가 돋친 나무를 가로로 둥그렇게 세워 걸치고 그 위에 망자 옷 한 벌을 올린다. 그리고 그 위에 넋전을 올려둔다.

자리걷이의 핵심은 넋대내림과 방가심에 있다. 넋대는 무쟁이가 잡는다. 무쟁이는 신을 모시는 무당 입장에서 말하는 것으로써 신을 모시지 않는 일반인을 지칭하는 용어이다. 무쟁이라 할지라도 망자와 친인척 관계에 있는 사람이 잡는 것이 원칙이다. 주로 여자가 잡는 경우가 많지만 남자가 이 역할을 하기도 한다. 넋이 내리지 않을 시는 넋이 내릴 때 까지 반복하여 다른 사람이 돌아가며 잡는다. 만신은 넋대를 잡은 사람 옆에서 고리짝을 긁으면서 "넋이 왔으면 둘러보고 일가친척 만나보고 하고 싶은 말 있으시면 하세요!" 라고 하면서 넋대 내리기를 돕는다. 넋대가 실리기 시작하면 제금을 쳐서 넋대잡이의 행위를 보다 적극적으로 돕는다. 넋대잡이에게 본격적으로 넋이 실리게 되면 손에 잡은 넋대를 격하게 흔들면서 집안 곳곳을 돌아다니며 망자 혼이 지시 한 되로 행동하고 말한다. 이와 같은 넋대잡기 행위는 샤머니즘의 의례에서 쉽게 볼 수 있는 신내림 행위로써 대단히 주관적이면서 상징적이다.

이 후에 행해지는 것은 넋 건지는 과정이다. 넉넉한 양푼에 깨끗한 물을 채워놓고 넋전 끝 부분에 물을 적셔 넋자리 구멍에 올려둔 열두 조각의 종이를 차례로 붙여 올려서 물 양푼으로 옮긴다. 이 행위는 넋이 건져짐을 뜻한다. 건져진 넋은 물을 건너 저승으로 가게 된다. 넋을 건지고 나면 상주가 물 양푼을 문 밖으로 가져나가 집을 바라보며 양푼의 물과 넋종이를 함께 쏟아 부어서 넋이 집에서 떠남을 알린다. 이 후, 기다란 소창과 삼베를 갈라서 죽은자가 산자와의 분리를 통해 다른 세상으로 가도록 길을 열어준다. 그런 후, 가족 전체가 망자를 위한 상식올림을 하면서 곡을 한 후 의례를 마무리하는 뒷전을 한다. 자리걷이 의례에서 특이한 것은 고리버들로 만든 고리짝을 무녀 무릎에 올려놓고 나무 막대기로 긁으면서 버들소리를 내는 것이다. 고리짝 소리로써 죽은 망자의 넋을 불러내고 동시에 좋은 곳으로 갈 수 있도록 돕는 것이다. 이와 같은 샤머니즘 의례에서 고리버들 고리짝 긁는 전통은 여진족부터 있었던 풍속이라고 여기고 있으며[6] 전통사회에

6_ 서영대 역주, 『역사로 본 한국무속－조선무속고』(2008), 227~228쪽.

서 오랫동안 이어왔다.

2) 이승에서 저승으로의 공간 전환을 위한 진오귀굿과 씻김굿

죽은 망자를 저승으로 보내기 위해 치러지는 진오귀굿은 샤머니즘 고유의 의례이다. 앞서 서술한바와 같이, 샤머니즘에서는 죽은 망자가 무녀에게 혼이 실려 가족과 대면하여 대화를 나눈 후 송별을 마치면 한을 풀고 저승으로 돌아가는 가는데 그곳이 좋은 곳이다. 좋은 곳으로만 묘사되고 있는 저승세계는 샤머니즘에 지옥 관념이 존재하지 않기 때문이다. 살아생전 선악 행위에 의해 선한 일을 한사람만이 극락세계나 천당을 가게 되는 불교나 기독교와는 달리 샤머니즘에서는 죽은 망자가 살아생전 좋은 일을 했던 나쁜 일을 했던 누구나 죽게 되어 가는 곳이 좋은 곳인 것이다. 이곳은 파라다이스paradise와도 같은 곳이며, 영원히 아무런 걱정, 근심, 불안, 고뇌, 초조는 물론 어떠한 부족함도 없이 편안하고 즐겁게 살 수 있는 낙원樂園으로 묘사된다.

샤머니즘의 상징적 의례를 통해 다루어지는 진오귀굿에서의 핵심은 망자와 산자가 갖는 송별회이다. 망자는 산자의 삶에서 죽은 자의 주검으로의 전환 인식과정을 통해 산자와의 사회적 이별을 하게 되는데 이때의 전환과 이별은 산자들이 망자 죽음을 사회 문화적으로 확인하는 자리이기도 한다. 기왕 물리적으로는 죽음을 알고 있었지만 살아생전 맺었던 관계의 끈을 정리하지는 못했던 것이다. 진오귀굿을 통해 비로소 매듭을 짓는다.

죽음은 하늘로부터 주어진 운명에 의해 좌우된다고 믿는 것이 샤머니즘의 기본적 믿음이기 때문에 타살이든 자살이든 또는 자연사이든 사고사이든 어떠한 죽음일지라도 샤머니즘에서는 죽음 자체에 원한이 맺히는 것으로 인식하게 된다. 그래서 망자가 살아생전 맺혔던 원한을 진오귀굿이라는 상징의례를 통해 풀게 된다. 망자의 원한을 풀기 위해서는 산자와의 대면을 통해 살아생전의 과거를 들 추거 추억을 되살리고 죽음의 과정을 되새겨 그 과정에 대한 내용을 확인하여야 한다. 이때의 확인은 주검 인정을 의미한다. 그래야만 산자와의 이별식이 성립되는 것이고 맺힌 원한이 풀리게 되는 것이다. 이러한 의례의 상징성은 진혼의례의 핵심이 되곤 한다. 이를테면 죽음에서 또 다른 세상에서 새로운 삶으로 재생되기를 바라는 망자가 죽음의 인정과 동시에 이승과는 단절해야 함을 바리공주 서사무가를 통해 풀어낸다. 진오귀굿이 이와 같은 의례적 목적을 담고 있는 것이지만 또 한편으로는 산자를 탈 없이 해 달라는 하는 공리적 목적을 담고 있기도 하다.[7] 이는 진오귀굿이 명분상으로는 망자의 한을 풀기위한 것이지만 내면에서는 또 하나의 다른 목적인 산자의 현세적 길복 추구를 담고 있음을 뜻하는 것이다. 이러한 상황에서의 산자들 입장은 진오귀굿이 자신들의 맺힌 마음을 풀어주는 일종의 축제와도 같은 것이라 할 수 있다.[8] 이렇게 보았을 때 진오귀굿은 대단히 양면성을 내포하고 있는 의례임을 알게 한다.

진혼제를 호남 세습당골들이 행하는 의례에서는 씻김굿이라고 부른다. 죽은 이의 영혼을 씻기어 좋은 곳으로 보내는 의식인데 망자 뿐만 아니라 산자들 그리고 의례공간 등에 붙어 있을 부정하고 좋지 못한 해로운 것을 씻어 낸다는 뜻이 담겨 있다. 그러하지만 씻김굿의 우선적 목적에는 죽은 망자의 넋을 깨끗하게 씻어내는데 있다. 씻김의 실질적 행위는 시체 몸이나 뼈를 대상으로 하는 것이 아니라 망자를 상징하는 넋전의례를 대상으로 한다. 돗자리에 죽은 이의 옷을 말아 세워놓고 그 위에 한지로 오린 넋전을 놋주발에 넣어 뚜껑을 닫아 돗자리 위에 올려서 망자의 몸체를 만든다.

7_ 김덕묵, 「황해도 진오귀굿 연구」(한국정신문화연구원 대학원 석사논문, 1999), 93쪽.
8_ 홍태한, 『서울 진오귀굿』(민속원, 2004), 102쪽.

이것을 당골이 무가를 부르면서 향물 쑥물 맹물로 씻어내는 것이다. 그리고 하얀 한지로 종이돈을 상징화한 지전紙錢을 만들고 춤을 추어서 놋주발 속에 담긴 넋전을 망자의 가족 머리 위에 올려놓고 영혼을 끌어올리기도 한다.[9]

3) 죽음의 물에서 삶의 육지로 이양되는 넋건지기굿

넋건지기굿은 물에 빠져죽은 망자의 넋을 물에서 건져내어 육지로 안착시킨 후 좋은 곳으로 보내기 위한 것이다. 육지는 산자들의 공간이므로 물에 빠져죽은 망자가 좋은 곳으로 보내지기 위해서는 산자들의 활동 공간인 육지로의 이양이 전제되어야 한다. 그래야만 죽은자를 대하는 산자들의 활동과 역할이 가능하게 된다.

넋건지기 의례는 물속에 떠도는 무형적 존재의 영혼을 대상삼아 상징적 의례를 통해 행해지는 것이기 때문에 신앙성이 전제되지 않고서는 이루어질 수 없다. 이를테면 가시적 형체가 없는 비명횡사非命橫死한 수중고혼水中孤魂을 물에서 건져내는 것은 상징적 행위이기 때문에 종교적 의례를 통해서만 그 내용을 알아 볼 수가 있다는 것이다. 그리고 이 의례는 상징적 행위에 의해 건져지는 영혼을 반듯이 좋은 곳으로 보낸다는 목적 하에서만 행해질 수 있는 것이다. 바다를 지키는 용왕에게 수중고혼을 육지로 보내달라고 요청하여 물속에 떠도는 망자의 넋을 땅 위로 건져낸 후에는 좋은 곳으로 천도시켜야 된다는 것이다. 그러기 때문에 이 굿은 애초에 망자를 좋은 곳으로 천도시키고자 하는 목적이 전제되지 않고서는 성립되지 않는다. 따

---

9   나경수, 『진도씻김굿의 연구』(『호남문화연구』 17, 전남대 호남문화연구소, 1988); 이경엽, 『씻김굿』(한얼미디어, 2004).

라서 이 굿은 결국 죽은 망자를 좋은 곳으로 보내기 위해 치러지는 일종의 사령천도제의 한 면이다.[10] 이와 같은 넋건지기굿은 바다를 끼고 있는 해안지역의 어촌이나 항구도시 등에서 오래전부터 성행하여 왔다. 이들 지역에서는 아무래도 뱃일에 종사하는 사람들이 많이 거주하기 마련인데 뱃길에서 불의의 사고를 맞아 물어 빠져 죽게 되면 이러한 진혼제를 베풀어 죽은 넋을 위로하곤 하였다. 따라서 예로부터 호남의 해안지역 일대에서는 이러한 넋건지기굿이 상당히 보편화되어 있었던 상징의례이다.

넋건지기굿을 의뢰한 망자 가족의 집을 영가靈駕집이라 부른다. 영가집은 넋건지기굿이 진행되는 의례장소로 삼아지며, 이는 망자가 죽은 장소와 더불어 의례 공간의 핵심적 공간이 된다. 굿의 시작이 영가집이고 굿의 끝맺음도 영가집이다. 굿을 하는 도중 넋을 건져오기 위해 망자가 사망한 바닷가로 나가는데, 이때에는 사망한 바닷가와 가장 가까운 육지로 선정된다. 이러한 넋건지기굿은 가족 및 친인척들이 가족단위로 치르기 때문에 의례 진행상에 있어서 영가집의 역할이 중요하다. 영가 친구들이나 망자 살아생전 가깝게 지냈던 지인들이 굿판에 참석하기도 하지만 이들은 모두 보조적 역할만 할뿐 굿 진행은 전반적으로 영가 가족과 친인척들을 대상으로 치러진다. 그러기 때문에 의례 내용은 죽은 자와 그 가족을 위한 상징적 행위와 언어로 이루어지게 됨은 두 말할 나위 없다.

서술한바와 같이, 넋건지기굿은 의례 진행에 따라 의례 공간이 이동하게 된다. 첫 번째 공간은 영가집으로 설정되어 지는데 망자의 넋을 모셔올 수 있도록 집을 깨끗하게 정화시키고 집안에 계시는 신들에게 죽은 자의 넋을 모셔 올 거라고 알림장을 놓는다. 두 번째 공간은 망자가 물속에 빠져 죽은 곳에서부터 육지와 가장 가까운 바닷가이다. 이곳에서는 물가를 향해

10_ 김태곤, 『한국무속연구』(1981, 집문당), 395쪽.

용왕신에게 수중고혼의 넋을 건져 내겠다고 고하게 된다. 무녀가 춤을 추다가 기다랗게 느려뜨린 무명을 물속에 던져 넋이 육지로 나오도록 축원을 하게 되면 영가 가족들도 바다를 향해 넋이 건져지기를 애원하면서 큰 소리로 영가 이름을 부른다. 이렇게 하여 수중고혼의 넋을 건져 내게 된다. 마지막 세 번째 단계의 굿은 다시 영가집에서 이루어진다. 이때의 영가집은 망자가 좋은 곳으로 가기 위해 의례를 베푸는 안식처의 공간이며 또한 삼신과 성주신 앞에서 이루어지는 가족들과의 이별 공간이 된다. 영가 가족과 친지들은 바다에서 건져온 넋을 모셔놓고 그가 좋은 곳으로 가기를 축원한다. 넋이 오르면 넋이 잘 갈 수 있도록 저승길을 닦아 보낸다.

호남 넋건지기굿의 현장상황을 보면 다음과 같다. (1) 안택 – 영가靈駕, 즉 굿을 의뢰한 망자 가족의 집에서 이루어진다. 그 제차는 다음과 같다.

① 부정경 – 법사가 안방에서 모든 부정을 가시라고 경을 읊고 나면 무녀가 부정상을 들고 부정을 가신다. ② 조왕경 – 부엌에서 조왕경을 읊고 무녀가 선거리로 조왕고를 푼다. ③ 당산경 – 당산에서 당산상을 차려놓고 경문을 읊고 나면 무녀가 선거리로 당산고를 푼다. ④ 성주알림 – 법사가 집을 지키는 성주신에게 굿을 하게 됨을 알리는 성주경을 읊는다.

(2) 넋건지기 – 망자가 빠져죽은 바닷가에 임시 포장을 쳐서 굿청을 마련한다. 굿청 옆에 높다란 깃대를 꽂고 여기에 기다란 천을 느려 뜨려 바다 또는 강이 육지가 연결되도록 고리를 상징화한다. 그리고 다음과 같은 순서의 경이 읊어진다. ① 보신경 – 수중고혼의 영가가 나올 때 신장들이 보호해 달라고 축원하는 경문이다. ② 부정경 – 물에 빠져죽은 망자를 육지로 건져 올려내기 위해 주의의 공간을 정화시키는 경문이다. ③ 신명축원 – 신명을 축원을 하는 경문이다. 경문을 읽고 나면 무녀가 춤을 추면서 고풀이[11]를

11_ 기다란 천을 느려 뜨려 매듭으로 고리를 매었다가 푸는 행위이다.

하고 화답을 한다. ④ 천신축원 – 천신을 불러 드리는 경문이다. 이를 위해 무녀가 열두 번[12]의 고를 풀고 화답을 한다. ⑤ 칠성축원 – 칠성님을 불러 모시기 위한 경문이다. 이를 위해 무녀가 일곱 번[13]의 고를 풀고 화답을 한다. ⑥ 산신축원 – 산신을 불러 모시기 위한 경문이다. 이때에 무녀가 오대 명산의 신령님들을 위해 다섯 번의 고를 풀고, '전라도는 지리산이 명산이고 전주는 모악산이 명산이고 군산은 오성산이 명산이요' 등의 내용으로 팔 도명산을 찾으며 산신에게 화답한다. ⑦ 용궁축원 – 사해용왕님을 모시기 위한 경문이다. 이를 무녀가 위해 네 번의 고를 풀고 화답을 한다. ⑧ 지신 축원 – 사방지신을 불러 모시기 위한 경문이다. 이때에 무녀가 네 번의 고를 풀고 화답을 한다. ⑨ 신장축원 – 오방신장을 불러 모시기 위한 경문이다. 이때에 무녀가 칼로 춤을 추고 다섯 번의 고를 푼다. ⑩ 넋건지기 – 영가靈駕 가 남자일 경우에는 '삼혼칠백三魂七魄'이라 쓰고 영가靈駕가 여자일 경우에 는 삼혼구백三魂九魄이라 써서 종이 위패를 만들어 쌀을 수북이 담은 놋그릇 속에 넣는다. 뚜껑을 닫고 반죽된 밀가루를 그릇과 뚜껑 사이에 붙여서 물 이 들어가지 않도록 한다. 놋밥그릇을 소지종이로 감싸는데 영가가 남자일 경우에는 일곱 번을, 여자일 경우에는 아홉 번을 싼다. 무명 한필을 길게 늘 여 뜨려 끝부분에 주머니처럼 둥그렇게 묶은 후, 그 속에 밥그릇을 넣고 무 게가 나가도록 돌을 매달고 넋이 건져질 수 있도록 조리를 함께 매단다. 그 리고 길게 느려뜨린 무명을 물속으로 멀리 던진다. 이때에 영가가 남자일 경우에는 암탉을, 여자일 경우에는 수탉을 물에 함께 던져 넋을 건져내는

12_ '12'라는 숫자는 문화적으로 '모두' 또는 '전체' 등을 뜻한다. 무속신앙에서 봉신되는 신령을 통칭하여 '열두 신령'이라고 말하는데 일반적으로 이를 천신(天神)이라고도 부른다. 이때의 천신은 '하늘의 신' 또는 '하늘에 계시는 신' 등의 의미로 통용되는 것인데, 이러한 신들이 하늘의 신이거나 또는 하늘에 계신다고 믿는데서 비롯된 것이다. 열두 번의 고를 푸는 것은 모든 신령의 고를 푸는 것으로 이해된다.
13_ 무속에서의 '일곱' 숫자는 칠성님을 뜻한다. 무병장수를 담당하는 칠성님을 모시기 위한 것이다.

대신으로 닭으로 하여금 대수대명代數代命이 되도록 한다. 법사가 영가 이름을 부르면서 넋이 건져지기를 애원하면서 경을 읊는다. 무녀는 쌀말에 꽂아둔 넋대를 내려서 잡고 영가가 건져지기를 축원하면서 춤을 춘다. 이때에 무녀가 화답을 하면서 무명으로 용왕고를 푼다. 영가 가족들이 무명줄을 잡아당기며 영가가 빨리 나와 함께 집으로 가기를 애원하면서 영가 이름을 소리쳐 부른다. 이때에 무녀가 무명 줄을 잡고 흔들며 영가 넋이 건져지기를 애원한다. 줄을 잡아당기어 밥그릇 뚜껑을 열어 영가 머리카락이 있으면 넋이 건져졌다고 믿는다. 가족들 중 영가와 가장 가까운 사람으로 하여금 밥그릇을 들게 하고 집으로 간다. 무녀가 용떡, 북어, 미역 등을 이고 춤을 추다가 바다로 던져 용궁님을 먹여 놀린다. ⑪ 사자달램 – 망자를 저승길로 데려갈 사자를 놀린 후, 사자상에 차려 놓은 된장, 고춧가루, 소금을 주의에 뿌린다. 짚신은 태우고 북어는 바다에 던져 용왕을 달랜다.

(3) 넋맞이 – 영가집 마당 한 가운데 덕석을 깔고 넋맞이상을 차려놓는다. 그 옆에다 바다에서 모셔온 영가를 모셔 놓는다. 그 순서는 다음과 같다. ① 조왕경 – 부엌을 관장하는 조왕을 위한 경문을 읊는다. ② 당산경 – 당산(장광)을 지키는 당산신을 위한 경문을 읊는다. ③ 성주경 – 성주를 모시기 위한 경문을 읊는다. 방안에 성주상을 차려놓고 상위에다 대주 밥그릇에 쌀을 담아 촛불을 켜서 올린다. 법사가 성주경을 읊으면 무녀가 선거리로 성주고를 푼다. ④ 성주대잡기 – 무녀가 성주대를 잡아서 성주가 뜨면(또는 내리면) 성주가 계시는 곳(대문 밖이나 집안의 특정한 공간)으로 가서 성주를 모시고 집안으로 들어온다.14_ 성주를 집안으로 모시고 오기 전에 바깥 이곳저곳

14_ 전북 지역의 성주 모시기는 세 가지 형식에 의해 이루어진다. 첫째, '꽃성주' 모시기인데 이는 성주를 종이꽃으로 만들어 모시는 것이다. 둘째, '뜬 성주' 모시기인데 이는 성주를 모시는데 있어서 특정 공간을 정하지 않고 허공에 모시는 것을 말한다. 이를테면 성주 자리를 잡지 않고 무형적으로 모시는 것을 말하는 것이다. 셋째, '독성주' 모시기인데 이는 독에다 쌀을 넣어 모시는 것이다.

을 들른다. 그리고 성주 화답을 한다. ⑤ 삼신경 - 법사가 안방에서 삼신경을 독송하여 자손들에게 축원덕담을 한다. 무녀가 삼신 바가지에 쌀과 실을 넣어 잡고서 삼신을 점지할 곳을 정하여 모신다. 자손이 귀한 집은 삼신을 모실 때 고추와 호두를 넣는다. ⑥ 씻끔 - 쌀이 담긴 동이(질그릇)에 영가혼백(영가 위패)이 담긴 밥그릇을 쌀 위에다 놓고 솥뚜껑을 덮는다. 한편에서는 종이에 물을 들여 만든 영가옷(옷, 속옷, 양말, 신발) 한 벌을 돗자리에 말아 왼쪽으로 꼬아 놓은 새끼줄로 일곱 번을 묶는다. 이것을 담은 동이에 세우고 윗부분은 창호지로 고깔을 만들어 씌운다. 동이에 쌀을 담고 그 위에 쌀을 담은 밥그릇에 촛불을 켜 얹어놓는다. 질그릇으로 만든 시루 밑 구멍 가운데 중앙 구멍으로 넣어 실 끝 부분을 놋수저에 감아 시루위에 놓는다. 무녀가 쑥물로 씻는 듯이 향물로 닦는 듯이 진옷벗고 마른옷으로 갈아입고 좋은 곳으로 가기를 축원하면서 화답을 하며 솥뚜껑 위에 밀가루 뿌린다. 이때에 영가 가족 친지들이 주의를 돌며 솥뚜껑을 쑥물과 향물로 닦아 내면서 놋수저에 실을 감아준다. 이렇게 하여 무녀가 영가를 씻기고 나서 열두 고를 풀어 영가를 방에 모셔놓는다. ⑦ 넋올림 - 하얀 한지에 사람 문양을 오려 넋종이를 만든다. 넋종이를 '령靈(연)' 또는 '영 발'이라고도 부른다. 망자 가족들을 차례로 앉게 하고 머리 위에다 넋종이를 올려놓고 무녀가 소리를 하면서 지전으로 넋종이를 끌어 올린다. 이 때 지전을 겉 영(연)이라고 하고 지전 속으로 들어가게 되는 넋종이(영)를 속 영(연)이라고 부른다. 넋종이가 잘 따라 올라오면 망자가 좋은 곳으로 갈 것이라고 믿고 그렇지 못하면 망자의 원한이 남아 있다고 믿는다. ⑧ 조상해원경 - 조상상을 차려놓고 미리 준비해둔 영가옷을 말아놓은 돗자리를 갖추어 놓는다. 법사가 조상해원경을 독송하고 무녀는 조상의 맺힌 한을 푸는 조상고를 푼다. 이때 영가가 무녀의 몸에 실리면 영가 가족 친지들에게 울면서 화답하면서 동시에 영가 생전의 모습을 보여준다. 그리고 가족 친지들의 재앙도 걷어가고 아픔도 낳아준다는 내용으로 화답을 한다. ⑨ 길닦음－대소쿠리에 영가옷을 담고(또는 상위에 옷을 놓고) 길을 갈라 나간다. 이때 벼슬을 하였던 영가는 횐가마(횐등)를 연등처럼 만들어서 영가 위패를 가마 속에 넣고 길을 갈라 나간다. 그러나 일반적인 영가들은 옷을 대소쿠리에 넣거나 상 위에 올려놓고 길을 갈라 나간다. 이 때 무녀가 영가가 몸에 실려 사설을 한다. ⑩넋보냄－무명을 길게 늘어뜨려 넋을 좋은 곳으로 보낸다. ⑪ 내전－법사가 내전경을 읊어서 밖에 나도는 잡귀 잡신들을 먹여 보낸다. ⑫ 사자풀이－법사는 사자풀이를 하고 무녀는 짚신 세 켤레와 북어 세 마리 동전 세 개를 가지고 삼사자고를 푼다. 무녀가 신장칼(또는 부엌칼)로 집안을 다 둘러 다니면서 모든 사자를 쳐낸다. 그리고 영가의 좋은 곳으로 가기를 기원하는 뜻으로 영가가 소지하였던 일체의 물건을 불에 태운다. 그리고 무녀가 '원앙생'이라고 불러준다. 물건이 탈 때 냄새가 나지 않으면 영가가 좋은 곳으로 간 것이라고 믿고, 타는 냄새가 나면 영가가 좋은 곳으로 가지 못했다고 믿는다. ⑬ 문간굿－대감, 지신대감, 숨은신장대감 등이 굿을 잘 받았는지 알아 보기위해 법사가 경문을 읊고 무녀가 선거리 굿을 하여 화답을 한다. ⑭안심경－모든 굿을 끝내고 신령들과 영가집 터신을 안정시키기 위한 경문을 읊는다.

4. 샤머니즘 사생관에 나타난 전승, 이승, 저승의 삼생적 구도와 원리

샤머니즘에서는 인간 탄생을 비롯한 삶의 활동, 죽음 및 사후세계에 대한 사생관을 주요하게 다룬다. 이 논제들에 대한 해답은 샤머니즘 신앙체계 속에서 발전되어진 저승관과 관련하여 행해지는 상징의례를 통해 확인케 된다. 상징적 죽음의례 속에는 샤머니즘이 설명하고 있는 저승관이 존재하고 있으며 이는 한민족 고유의 신앙으로 이어져 온 것이다.[15] 저승은 사람이 태어나 죽어 가는 곳으로써 누구나가 이승에서 삶을 영위하다 때가 되어 죽어 가는 곳이다. 그리고 저승은 이승의 삶으로부터 죽음으로까지 이루어진 시간적 흐름 속에 존재되는 무형적 공간이다. 즉 저승은 현실로부터 이어져 생성된 이상의 공간이라는 것이다. 이와 같은 구도는 저승의 상황이 이승에서의 과정을 그대로 연속되고 있음을 뜻하는 것이며,[16] 저승의 삶이 이승의 삶과 연계되고 이승의 삶은 또한 전승의 삶으로부터 이어져 왔다고 믿는 신앙구조에 기인하는 것이다. 다시 말하면, 저승이라는 사후의 세계는 이승이라는 현실의 세계가 대비되어 논의되며, 이승은 전승으로부터의 연장선상에서 전개되었음을 뜻하는 것이다. 그러므로 인간의 생은 전승(전세)과 이승(현세) 그리고 저승(내세)의 삼생三生의 연관선상 위에서 풀이되며 이것이 우리가 오랫동안 유지해온 샤머니즘 사생관이다.[17]

사람이 죽으면 "저승을 가셨다", "저 세상으로 가셨다", "떠나 셨다", "돌아 가셨다"라고 한다. 그런데 떠나 돌아간 저승은 어디며 그곳은 어떠한 곳인가 하는 것은 인간들의 오랜 의문이었다. 아마도 저승에 대한 의문은 미래에도 영원히 풀리지 않을 수도 있는 인간사의 최대 관심 중 하나일 것이다. 사람들은 흔히 "전승에 선한일로 이승에서 복 받았다", "전승에 무슨 죄로 이승에서 이 고생을 하는가" "저승에 가 한없이 잘 살아 보자", 저승에 가 무슨 죄를 받으려고 이 나쁜 짓을 하는가" 등의 일상생활 언어에서부터 뚜렷한 삼승관의 관계를 표현한다. 뿐만 아니라 "금생이 나그네 길이요", "저승이 본향이다", "빈손으로 왔다가 빈손으로 가는 것이 인생이다" 등에

15_ 이수자, 「저승, 이승의 투사물로서의 공간」, 『죽음이란 무엇인가』(도서출판 창, 1990), 24쪽.
16_ 최길성, 『한국무속론』(형설출판사, 1981), 179쪽.
17_ 양종승, 「샤머니즘의 본질과 내세관 및 샤먼 유산들」, 『하늘과 땅을 잇는 사람들, 샤먼-국제샤머니즘특별전』(국립민속박물관, 2011), 306~327쪽.

서도 보여 지듯이 이승의 삶은 잠깐 왔다 거쳐 가는 짧은 공간일 뿐이며, 인간은 전승과 이승 그리고 저승의 삼생구도의 연관 선상에서 순회자의 과정을 밟고 있음을 알게 한다. 고로 이승은 현실세계이고 저승은 사후세계이며 전승은 생전세계인 것이다. 그런데 이와 같은 삼생 구도는 각기 독립되어 있는 것이 아니고 서로가 연속선상에 있다는 것이다. 즉 인간은 태어나기 전과 인간으로 태어나 삶을 영위하는 것 그리고 죽은 후 사후세계의 과정이 서로 연결되어 있다는 사고 구조인 것이다. 한국인에 있어서의 이와 같은 사생관은 이 땅에 특정 종교가 유입되어진 후 이야기되고 있는 그것과는 다른 차원의 것으로써 외래로부터 유입되기 이전 애초에 한민족에게 존재되어온 세계관을 말하는 것이다.

한민족 샤머니즘에서는 오래전부터 죽음을 넋(영혼)과 몸(육신)의 분리 현상으로 보았다. 넋은 혼魂이요 몸은 백魄이다. 그래서 인간이 죽으면 몸은 땅에 묻히지만 그 넋은 또 다른 공간으로 가게 되고 그곳에서 지속적인 활동을 유지하는 것으로 인식하여 왔다. 고로 죽은 영혼이지만 이들이 어떠한 방법으로드든 인간의 삶에 영향력을 행사하게 된다고 믿었던 것이다. 그러므로 사람들은 영혼에 대한 각별한 대우를 하여야 한다고 믿어 온 것이다. 이와 같은 한국인들의 사후세계관에는 살아생전의 삶이 저승으로 이어지는 일원적一元的 내세관來世觀에 기반하고 있음을 알게 한다. 일원적 내세관 성립은 혼백魂魄 분리에 의해 육체는 땅에 묻혀 소멸하여도 그 영혼은 영원히 존재한다는 이른바 혼백사상魂魄思想에 기인한다. 이와 같은 사상은 궁극적으로 영혼이 저승세계에서도 지속적 활동이 유지되어짐을 뜻하는 것이다. 혼과 백의 분리에 의한 영혼관 성립은 한민족 고대사회로부터 오늘날까지 지속적으로 전승 발달되어온 이른바 샤머니즘 세계관에 뿌리를 두고 있다. 따라서 고대사회에서의 샤머니즘적 세계관은 고대인들을 움직이는 절대적 가치관이었으며, 이는 근현대 한국인 사고방식에도 폭넓게 지배해 왔다.

샤머니즘의 상징의례인 진오귀굿에서는 죽은 망자가 무엇으로 환생하였는가 하는 것을 알아보기 위해 쌀이나 밀가루 등을 그릇에 담아 하얀 천이나 종이로 덮어 두었다가 굿을 마무리 하면서 살펴본다. 이때 죽은 자는 인간으로 환생하는 경우가 없고 새나 짐승 등 자연 생물로 환생하게 되는데 이를 의례 마무리 부분에서 쌀이나 밀가루에 나타난 자국을 통해 확인하게 되는 것이다. 이러한 샤머니즘의 상징의례를 통해 인간은 또 다시 인간으로는 환생되지 않는다는 법칙이 존재함을 알게 한다. 이러한 믿음은 인간 삶이 죽은 후에도 저승에서 지속적 활동을 유지하고 있음을 전제로 한다.

한국인에 있어서의 내세관은 현세적 길복을 추구하는 샤머니즘 본질 속에서 구체적 내용을 가늠할 수 있다. 샤머니즘에서는 죽은 자의 원한 또는 도움으로 인해 산자가 해를 입거나 또는 재복을 얻는다는 믿음이 있다. 이를테면, 사람들은 탈이 나는 그 원인이 죽은 자와 관계가 있다고 믿고 죽은 자의 영혼이 산자를 지배한다고 생각한다. 그렇기 때문에 죽은 자를 잘 위하고 대접하지 않으면 해를 입는다고 믿는다. 이러한 믿음은 산자에게 지배권을 갖는 죽은자의 영혼들이 불멸하여 영생한다는 것을 전제로 하고 있다. 진혼제의 궁극적 목적으로 볼 때, 죽은 자와 산자의 관계는 더욱 구체적으로 드러난다. 이를테면, 죽은 자에게는 굿을 하기 전까지 좋지 못한 부정한 액운이 끼쳐있고 이러한 액운이 산자를 괴롭힌다고 믿는다. 그래서 굿을 통해 죽은 영혼의 원한을 풀어 좋은 곳으로 보내야만 비로소 산자의 삶에 탈이 끼치지 않는다는 것이다. 진혼제가 죽은 자를 위한다고 하지만 궁극적으로는 산자들의 길복을 추구하고자 함을 알 수 있게 하는 대목이 아닐 수 없다. 이는 죽은 자의 영혼이 산 자에게 영향력을 행사하고 있다는 것을 반증하는 것이다. 결국 진혼제가 겉으로는 죽은 자의 영혼을 위해서 치른다고 하지만 그 내면에는 현세에 남아 삶을 살아가는 산자들의 길복을 위해 행해진다는 것을 알 수 있다. 이렇게 볼 때, 샤머니즘 내세관은 인간들의 현실적 행복 조건을 증진 시키고 수명장수를 추구하려는 인간의 근본적 욕망을 기반으로 하고 있는 것이다.

일원적 내세관으로 논의되는 샤머니즘의 저승관은 불교나 개신교의 것과는 확연히 다르다. 이를테면, 이승 삶의 결과에 따라 저승 삶이 결정되는 이른바 불교 또는 개신교의 인과응보因果應報 내지는 종과득과種瓜得瓜는 다르다는 것이다. 예컨대, 불교의 저승관은 권선징악勸善懲惡의 이분법 구조로 되어 있어서 선인은 극락세계로 악인은 지옥으로 가게 된다. 극락세계로 가기 위해서는 살아 있는 동안 자비를 베풀어야 한다고 강조한다. 개신교 저승관 역시도 천국과 지옥이라는 이분법적 구도로 전개된다. 그래서 죽음이란 하느님의 부름을 받는 것이며 현세에서 많은 사랑을 베풀고 선한 일을한 사람만이 천국으로 들어가 부귀영화의 삶을 이룩한다고 말한다. 하지만 현세에서 나쁜 짓을 하거나 사랑을 베풀지 못한 사람은 지옥으로 가게 된다는 것이다. 이러한 구조를 기반으로 불교나 개신교가 추구하는 현세적 삶의 올바른 방향은 자비와 사랑을 베푸는 것이다. 이와 같이 각각의 종교들은 자신들이 내세운 경전 규율에 따라 사후 심판을 받고 저승의 공간으로 가는 것이 정해짐을 알 수 있는데 이는 현세의 공간과 내세의 공간이 분리되어 있는 이른바 이원적二元的 내세관來世觀을 말하고 있음이다. 그리고 이와 같은 이원적 내세관을 구조화하고 있는 불교나 기독교 등의 신앙적 규율은 인간들의 진선미적 인간세상을 이룩하기 위한 수단과 포교의 방편으로 더욱 구체화 되어 왔다. 그러면서 동시에 이와 같은 신앙적 규율들은 현세계의 불가해한 현상을 합리적으로 설명하려는 방편으로도 설명되어 온 것이다. 어떻든 이러한 불교 또는 기독교의 신앙구도는 샤머니즘과는 완연히 다른 것이다. 특이한 것은 샤머니즘에는 선악善惡개념을 설명하려는 어떠한 합리적 논리도 존재하지 않는 다는 점이다.[18] 이는 저승세계 향방이 이승 행적에 따라 갈라지는 것이 아니라는 것을 의미하는 것이기도 하다. 이승에서의 삶이 죽은 후 새로운 삶으로 전개되는 것이 아님을 뜻하는 것이기 때문에 이승과 저승이 연결고리를 갖고서 생전의 삶과 사후의 삶이 연결선상에서 이루어진다고 믿는다. 그렇다고 해서 이승에서 저승으로 선악에 대한 업보를 짊어지고 간다는 것은 결코 아니다.

인류의 다양한 문화적 정서와 감성을 키어준 영적 에너지는 인류문화 속에 삶의 기둥으로 군림하여온 샤머니즘으로부터 분출되었다. 샤머니즘 구조 속에는 신의 영적 힘이 인간에게 연계되어 응용될 수 있도록 만드는 하나의 신앙적 논리체계가 존재한다. 삶과 죽음은 신들이 정한 운명이기 때문에 인간들은 이상적 삶의 극대화를 위한 삶의 지혜로써 여러 가지 상징의 례를 발전시켜온 것이다. 즉 수많은 영적 존재를 접하면서 천지의 무형적 만물을 사고하고 이에 대한 경외심의 표현으로 삶과 죽음을 위한 다양한 샤머니즘 의례를 발전시켜 온 것이다. 이것들은 언어로 구사되고 예술로 미화되어 정형화된 유무형적 형적으로 굳어져 오랜 시간 인류의 정신세계를 다스리는 윤활유 역할을 해 왔다.

18_ 최길성, 앞의 책, 180쪽.

시베리아 샤먼 무구의 상징과 의미

이건욱

국립민속박물관 학예연구사

오감으로 느껴지는 모든 것을 상징화하고 그것을 다양한 수단으로 표현하는 것은 인간의 본능인 것 같다. 그래서 이 세상은 상징으로 채워져 있고, 사람들 간의 상징해석 상황을 우리는 소통이라고 부른다. 필자는 많은 상징 중에 신앙과 관련된 상징과 기호에 관심이 많다. 관념의 집대성인 신앙은 인간이 만든 최고의 상징체계인 언어를 수단으로 해서는 해석이 어렵다. 아마 그래서 신앙은 다양한 종파를 낳고, 생멸을 반복하고 있는지도 모른다. 기성 종교들의 상징체계가 다양한 상황에 따라 정치·사회적으로 해석되면서 이 세상은 전쟁 및 각종 폭력에 시달리고 있는 것이 필자가 종교 상징 또는 종교 해석에 관심을 두게 된 이유이다.

이 글에서는 샤머니즘이라는 신앙체계와 함께 하는 도구인 각종 물건들, 일명 무구들이 갖는 상징과 그 의미를 찾아본다. 시베리아 샤먼들이 사용하는 무구에 대한 많은 이야기들은 파편적으로 많이 알려져 있기는 하다. 그

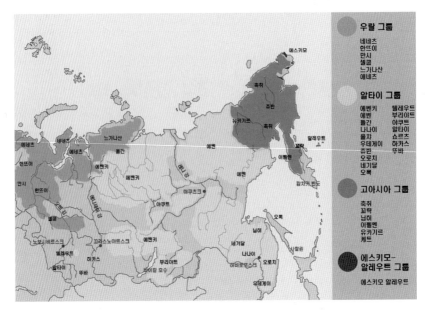

우랄 그룹
네네츠
한뜨이
만시
셀쿱
느가나산
에네츠

알타이 그룹
에벤키   텔레우트
에벤   부리아트
돌간   야쿠트
나나이   알타이
울차   쇼르츠
우테게이   하카스
쥬반   뚜바
오로치
네기달
오룩

고아시아 그룹
축취
꼬략
닙이
이뗄멘
유카기르
케트

에스키모-
알레우트 그룹
에스키모 알레우트

시베리아 지역 민족 분포지도
지난 샤머니즘 사상연구회 학술총서 1권에서도 수록한 시베리아 민족 분포 지도이다. 원고에 워낙 많은 민족들을 언급하기 때문에 참고용으로 또 수록한다. 앞으로도 필자의 일련의 글들에서 이 지도를 계속 보게 될 것이다.

러나 대부분 19세기 말 현지를 방문했던 연구자들의 노작을 그대로 번역하고 돌려본 것일 뿐이다. 당시 상황에 대한 검증 및 현대 샤먼들에 대해서는 그리 많은 연구가 되어 있지 않다. 이 분야에 관심 있는 많은 이들이 어느 정도 알고 있는 내용들이겠지만, 그동안 필자가 직접 경험한 내용과 독해가 가능한 외국어 자료를 바탕삼아 작성해본다.

1. 북의 상징과 의미

시베리아 샤머니즘에 대해 설명을 따로 하지 않겠다. 요즘 인터넷 검색이 웬만한 개론서보다 훨씬 낫다. 대신 인터넷에서 찾기 어려운 이야기부터 시작해야겠다. 먼저 시베리아 샤먼들에게 가장 중요한 무구인 북이다.

북은 샤먼에게 의례적 도구일 뿐만 아니라 자신의 세계관을 상징한다. 북을 통해 샤먼은 정령들을 불러 모으고, 빙의된 상태에서 여러 층위로 구성된 세계로 이동을 한다. 또한 북의 유무와 형태를 통해 샤먼의 계급을 나타내기도 한다. 샤먼들은 북 자체가 하나의 세계를 상징한다고 말한다. 에벤키 족 샤먼 북의 경우 쇠로 된 손잡이가 중앙에 구멍이 있는데, 이는 다른 차원의 세계를 오고가는 길을 상징한다. 또한 북의 윗 부분은 천상세계이며, 아랫부분은 지하세계를 의미하는 경우도 있다. 북은 샤먼을 태우고 다니는 동물을 상징하기도 한다. 만시 족 샤먼에게 북은 천상계를 안내하는 말이나 순록이다. 한티 족, 네네츠, 유카기르 등 동서 시베리아의 많은 샤먼들에게 북은 순록을 상징한다. 순록을 기르지 않는 민족들에게는 말을 상징한다. 투바 족과 부랴트 족 샤먼의 경우 북은 말을 상징하는데, 의례 전에 불에다 북을 말린 후 여행을 갈 준비가 되어 있는지 묻기도 한다. 그리고 마치 말에 하는 것처럼 가볍게 두드려주기도 하고, 북 표면에 차, 우유, 술을 뿌려 대접한다.[1] 반면 특이한 경우도 있는데, 알타이 지역에 사는 텔레우트 샤먼은 북을 '악 아다음' 부른다. 이는 '성스러운 나의 낙타'라는 뜻이다. 이 성스러운 낙타를 타고 범인들의 눈에 보이지 않는 세계로 여행을 가는 것이다.[2] 또한 에벤키 족 샤먼은 북을 다른 세계를 여행할 때 타는 보트

1_ 이건욱 등, 『중앙아시아의 유목민, 투바인의 삶과 문화』(국립민속박물관, 2005), 283쪽.

로 여긴다. 그래서 북의 각 부분을 배의 각 명칭을 붙여서 부른다. 예를 들어 북의 테두리는 뱃전, 북의 표면은 갑판, 북채는 노 등이 그것이다.

북이 세상을 표현하기 때문에 북을 넣어두는 케이스(가방이나 상자) 또한 중요하다. 세상을 담는 케이스이기 때문이다. 에벤키 족 샤먼 북 케이스의 경우 우주목(Cosmic tree)을 상징하는 문양을 장식하거나 새겨 넣는다.

부랴트 샤먼의 북과 에벤키 샤먼의 북 케이스이다.
오른쪽 북집을 보면 우주수를 상징하는 문양이 아주 작은 구슬과 색실로 만들어져 있다. 왼쪽 샤먼 북을 보면 양 옆에 쇠 조각이 달려있는데, 이것은 북의 귀를 상징하며, 정령의 소리를 듣는 역할을 한다.
러시아연방 민족지학박물관 소장

2_ Функ(푼크). Д.А., *Телеутское шаманство(텔레우트 샤머니즘)*, Москва, 1997, p.92.

북 뒷면에도 이렇게 다양한 장식 등을 하 북은 의례에만 사용하는 것이 아니다. 현대 샤먼의 경우 자신의
는데, 장식물마다 고유의 상징이 있다. 사무실(굿당) 앞에 북을 걸어 놓기도 한다. 사진은 투바 공화국 키질
러시아연방 민족지학박물관 소장 시내 한 샤먼센터 앞이다.

　　북이 이렇게 중요한 상징을 가지고 있으니 당연히 북의 틀을 갖추는 나
무의 선택은 보통 일이 아니다. 그래서 일찍이 엘리아데는 이를 인지하고
'샤먼의 북을 만드는 북통의 재료는 바로 우주의 주인이 이 우주수宇宙樹에
떨어 뜨려준 가지이다.'라고 했을 것이다.[3] 샤먼의 북 뿐만 아니라 많은 무
구들은 샤먼이 만들지 않고 친척이나 추종자들이 만든다. 특히 북을 만들
나무의 선정과 제작은 남자의 역할이다. 재료로는 낙엽송, 자작나무, 삼나
무 등 시베리아에 널리 분포되어 있는 침엽수를 활용한다. 만시 족의 경우
낙엽송으로 만드는 데, 성스럽다고 여겨지는 곳에서 자라는 나무를 선택한
다. 나무를 베어낸 그루터기에는 반드시 약간의 동전을 올려놓아 나무에 대
한 값을 치른다. 야쿠트 족은 샤먼이 직접 나무를 선정한다. 샤먼의 '느낌'
에 의해 나무를 구하는데, 적당한 나무가 보이면 샤먼이 입고 있던 윗도리
를 나무 가지에 걸쳐놓고 가축과 술 등을 제물로 바친 후 베어낸다. 케트

3_　미르치아 엘리아데, 이윤기 역, 『샤머니즘』(까치, 1996), 166쪽.

족 샤먼은 눈을 가리고 숲으로 가서 자신이 모시는 정령의 인도 하에 나무를 고른다.

북의 형태가 완성되면 북에 그림을 그려 넣거나 쇳조각, 방울 등을 매단다. 여자들의 역할도 있는데, 북에 쓸 동물 가죽 등을 다듬어서 북통에 끈으로 묶거나 붙여서 고정시킨다. 북의 소리 나는 부분의 가죽은 관련 민족이 기르는 가축과 관련이 있다. 순록 유목을 하는 한티, 만시, 네네츠 족 등은 순록 가죽으로 북을 만들며, 말을 기르는 텔레우트 족은 말가죽을 활용한다. 야쿠트 족 샤먼의 경우는 소나 산양의 가죽을 이용하기도 한다. 한티 족 샤먼 북 손잡이에는 적당한 간격을 두고 칼집을 내는 데, 이는 북 정령의 눈, 코, 잎을 상징하며, 정령에게 옷을 입힌다하여 손잡이에 천을 매달기도 한다. 느가나산 족 샤먼 북의 손잡이는 십자형으로 되어 있는데, 이렇게 만들어진 네 개의 축선은 사계절을 상징한다.

민족마다 저마다의 방식으로 샤먼 북에 그림을 그리기도 한다. 이 그림들 모두 다양한 것을 상징한다. 텔레우트 족 샤먼의 북에 그려진 보기에도 난해한 추상화 같은 그림들의 그려져 있는데, 이는 우주와 삼라만상을 상징한다. 에벤키 족 샤먼의 북에는 동물과 사람, 태양과 달 등이 그려져 있는데 이는 세 개의 층위로 되어 있는 우주를 표현하는 것이다.

샤먼 북은 북 자체만 있는 것이 아니다. 북에 여러 가지 쇳조각들을 달기도 하는데, 이 또한 나름의 상징을 가지고 있다. 텔레우트 족 샤먼은 연필같이 생긴 쇳조각들을 매다는 데, 이는 화살을 상징하고 반달 모양의 쇳조각도 매다는 데, 이는 샤먼의 무기를 상징한다고 한다. 부랴트 족 샤먼의 북 바깥 테두리에 달려있는 쇳조각은 '북의 귀'를 상징하며, 이 귀를 통해 샤먼은 다른 세계의 이야기를 들을 수 있다.

북을 치며 의례를 행하는 투바 족 샤먼.
서헌강 촬영

북 앞 면에 천상계, 지상계, 지하계 등 이 세상에 존재하는
세계들의 층위를 상징한 그림이 그려져 있다.
러시아연방 인류학 · 민족지학박물관 소장

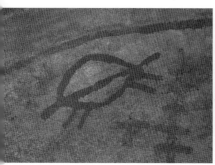

이 샤먼 북에 있는 그림 일부. 마치 UFO를 연상시킨
곗 사람들은 도대체 무엇을 본 것일까?
이공화국 역사박물관 소장

부랴트 샤먼의 북 뒷면이다. 북은 순록 등 운송 동물을 상징
하기도 하지만 새를 상징하기도 한다.

북을 치는 북채도 모양새에 따라 다양한 상징을 가지고 있다. 셀쿱 족 샤먼의 북채는 '캅쉿'이라고 부르는데, 이는 '의례의 도구'라는 뜻이다. 길이는 50cm 가량 되며 얼핏 보면 국자와 같이 생겼다. 손잡이 끝에 북채 정령의 얼굴이 조각되어 있다. 북채의 두드리는 면에는 순록, 곰, 수달 등의 털을 덮는다. 샤먼의 의례 내용에 따라 다른 종류의 털을 붙인 북채를 사용한다. 예를 들어, 삼나무로 만들고 곰 털을 붙인 것은 샤먼이 지하세계를 여행할 때 사용하며, 자작나무에 순록 털 조합은 천상계를 여행할 때 사용한다. 도한 삼나무로 만들고 수달 털을 입힌 것은 물 속을 여행할 때 사용한다. 에네츠 족 샤먼의 북채는 손잡이 끝을 사람 얼굴과 같은 형태로 조각한다. 샤먼들은 이를 '자작나무 인간(북채의 정령)'의 얼굴이라고 한다. 또한 7개 정도의 홈이 파여 있는데, 이는 자작나무 인간이 숨 쉬는 목구멍을 상징한다. 에벤키 족 샤먼의 경우 간단한 점복행위 등을 할 때 북 없이 북채만을 가지고 의례를 행하기도 한다. 이때는 북채가 샤먼의 순록 역할을 한다. 알타이 지역의 투발라르 족 샤먼에게 북은 말이 되는데, 북채는 이때 채찍을 상징한다. 또는 물 위를 여행하는 경우에는 북은 보트, 북채는 보트를 젓는 노가된다.

정리를 하면 대체로 북은 크게 두 가지의 상징성을 지닌다. 하나는 샤머니즘과 샤먼의 세계관을 상징하는 경우가 있으며, 다른 경우는 샤먼이 다른 세계로 가는데 필요한 운송수단 또는 동물이 되는 것이다. 물론 이 두 상징이 따로 따로가 아닌 같이 표현된다.

2. 샤먼 옷의 상징과 의미

샤먼의 옷은 일단 무겁다. 필자는 전시를 위해 준비했던 부랴트 무복의 무게로 인해 마네킹이 휘어지는 것을 직접 목격하기도 했다. 그 무복도 장정 3명이 겨우 들었던 기억이 생생하다. 달려있는 모든 장식물들을 합하면 70kg이 넘는 다는 것도 있다니, 이 옷을 입고 밤새 춤을 췄을 샤먼을 생각하면 정말로 샤먼에게는 정령이 함께하는구나하는 생각이 든다.

무복은 샤먼뿐만 아니라 시베리아 인들의 세계관을 집약시켜 놓은 무구라고 볼 수 있다. 세계에 대한 인간의 상상을 종합적으로 표현하고 있다. 땅의 생성, 낮과 밤의 변화, 태양의 움직임 등에 대한 고대 신화와 관련된 순록과 새의 모습을 형상화 했다고 여겨진다. 우주를 여행하는 데 필요한 도우미들, 악령 퇴치를 위한 정령들, 의례에 도움을 주는 조상신격들 등 무복에는 수없이 많은 상징성을 지닌 액세서리들이 달려있기도 하다. 그래서 무복을 정령들의 집이라고 표현하기도 한다.[4] 프로코피예바는 시베리아 샤먼 무복이 가지는 상징성을 크게 4가지로 분류를 하였다. 1) 새[鳥]를 상징하거나, 2) 샤먼의 뼈대나 각종 금수[禽獸]의 형상을 상징하거나, 3) 우주전체를 형상화하는 무복이 있으며, 4) 샤먼의 무기를 상징한다고 분류하였다.[5] 또한 무복의 형태별로 짐승형과 새형이 있는데, 곰이나 순록을 상징하는 무복이 더 오래되었을 것이라고 프로코피예바는 주장했다. 이것이 섞여서 무복과 무구를 구성하기도 하는데, 극동지역의 오로치 족 샤먼의 경우 무복은 새의 모양이나 북과 북채, 지팡이는 곰이나 사슴의 형태 또는 이들 동물의 신체 일부로 구성되어 있다. 셈이라는 학자도 여러 박물관에 소장되어 있는 무복들을 면밀히 조사하여 다음과 같이 무복들이 가지고 있는 의미를 서술

4_ *Шаманский костюм из коллекции иркутского областного краеведческого музея*(샤먼의 복식-이르쿠츠크 향토 박물관 소장품 도록, Иркутск, 2004, p.13

5_ Прокофьева(프로코피예바) Е.Д., *Шаманские костюмы народов Сибири*(시베리아의 샤먼 복식들. Сб. МАЭ. Т. X X VI. Л. 1974, p.25

하였다. 1) 우주적인 상징을 가진 것으로 범우주적인 형상, 정령들의 형상 등을 가진 무복, 2) 해부학적인 상징을 지닌 것으로 조상 샤먼의 뼈의 형상을 새겨 넣은 무복, 3) 주변 자연을 형상화한 무복으로 세계수世界樹, 세계의 강, 세계의 산, 하늘, 땅, 동물들을 표현한 무복, 4) 철저하게 샤먼의 방어용 무복으로 톨리(샤먼의 거울, 지역에 따라 다르게 부르지만 일단 인용한 책의 원문에 있는 데로 톨리라고 표현하겠다.) 등으로 치장한 무복으로 나누었다.[6]

20세기 초반 현지 조사를 했던 러시아 학자들은 무복은 항상 입어야 하는 것은 아니었다고 보고한다. 예를 들어 프로코피예바는 샤먼들이 무복을 입게 될 때는 천상계와 소통할 때만 입는다고 말하기도 했다.[7] 포타포프는 무복 없이 의례를 할 수 있어도 북 없이는 의례를 할 수 없다고 하며 무복은 반드시 필요한 무구는 아니라고 했다.[8] 20세기 말과 21세기 초에 현지 조사를 한 필자의 경험으로 봐도 전통 무복을 안 입고 무업을 하는 샤먼을 자주 보았다. 체육복을 입기도 하고, 민족 전통복장을 입은 샤먼들도 적지 않다. 사회주의 체제로 인해 샤머니즘의 무구 전승은 단절되고, 오직 정신만이 남아있어서 그럴 것이라는 생각을 한다. 하지만 이는 예외적인 경우일 뿐 정통 그리고 전통 샤먼의 경우 격식에 맞는 무복을 입거나 최소한 노력한다는 것은 명백한 사실이다.

자 그럼 좀 더 자세한 이야기를 해보겠다.

샤먼의 옷은 외투, 모자, 신발 등 몇 개 부분으로 나눌 수 있다. 위에 썼듯이 무복 자체가 우주를 상징한다. 2011년 국립민속박물관 샤머니즘 특별전에 소개되었던 에벤키 족 샤먼의 외투를 보면, 무복 자체가 세 층위의

6_ Сем(셈) Т.Ю., *Герменевтика сакральных предметов у народов Сибири(시베리아 민족들의 성스러운 물건들에 대한 해석*, Якутск, 2001 г, p.98

7_ Прокофьева Е.Д., op. cit., p.71.

8_ Потапов(포타포프) Л.П., *Алтайский шаманизм(알타이 샤머니즘)*, Ленинград, 1991, p.207

세계, 즉 천상계, 지상계, 지하계와 우주강宇宙江을 상징하고 있다. 여기서 모자는 천상계와 새를, 외투는 지상계와 순록을, 외투의 밑 부분은 지하계와 수달을 상징한다. 또한 등 쪽에는 세 줄의 쇠 조각이 달려있는데, 이 또한 우주의 세계의 세상을 상징한다. 외투의 각 부분에는 조상 및 수호 정령을 의미하는 각종 동물 모양의 쇠 장식이 달려있다. 외투을 입고 그 위에 흉갑胸甲을 걸치기도 하는데, 흉갑 또한 우주의 세 층위 세계를 뜻한다. 이 외에도 여러 쇠 장식이 달려 있는데, 일반적으로 마름모형 사슬은 의례 시 샤먼의 목소리와 호흡을 보호해 준다.

외투는 또한 악한 정령들의 침입을 막아주는 방탄복을 의미하기도 한다. 여러 가지 액세서리로 좀 더 강력한 방탄 기능을 갖게 되는데, 위에서 언급했던 우리 무당의 명두와 같이 생긴 원형 쇠접시(톨리, 투바에서는 '쿠중구'라고 부른다.)는 샤먼의 심장을 보호하고, 과거와 미래를 보여주는 역할을 한다. 투바에서는 이것이 악한 정령의 시선을 굴절시켜 샤먼을 보호한다고 한다. 또한 에벤키 족 샤먼은 외투에 방울과 거울을 매단다. 이는 갑옷과 투구를 상징하며 샤먼을 보호하는 기능을 한다. 반면 아무르 강 유역의 샤먼들에게 무복의 방울은 다른 세상을 여행할 때 도우미 역할을 하는 새라고 한다.[9] 부랴트 족 샤먼 무복의 경우 독수리나 매의 깃털로 모자를 만들어 샤먼의 가장 중요한 수호 정령인 새를 형상화 했고, 외투는 까마귀 모양으로 만든다. 외투에는 천으로 길게 끈을 만들어 다는데, 샤먼의 보호 정령인 뱀을 상징한다. 금속으로 된 다양한 장식물도 다는데 짤랑 거리는 소리는 신의 음성을 상징한다. 줄줄이 달린 끈들이 뱀이라고 했는데, 뱀은 조상 정령을 상징한다. 조상 정령이 변하여 뱀이 된 것이다. 이 뱀들을 외

9_ Мороз(마로즈) Е.Л., *Следы шаманских представлений в эпической традиции Древней Руси(고대 러시아 서사전통에서 샤먼 관념의 잔재)*, Сб. Фольклор и этнография. Обряды и обрядовой фольклор. Л. 1974г, p.71

투에 그냥 다는 것이 아니다. 필자가 조사한 부랴트 샤먼 갈리나는 머리가 15개인 뱀은 왼쪽 어깨에 매달고, 검은 색 뱀은 오른쪽 어깨에 매단다고 설명해주며, 이 뱀들이 자신을 보호해준다고 덧 붙였다. 방금 언급한 것처럼 뱀이 조상 정령의 변신이라는 이야기도 있지만, 오로치 족 등 아무르 강 유역에 사는 민족들에게 뱀은 신화 속 땅과 물의 힘에 대한 관념과 태초의 여성에 대한 상징과 밀접한 관계가 있다. 또한 뱀은 강력한 힘을 가진 물의 정령으로 여겨졌으며, 뱀이 가진 지하세계의 힘을 통해 샤먼을 도와준다고 믿는다.

샤먼 외투의 뒷 모습. 앞 모습은 그동안 많이 공개되었기에 뒷 모습을 소개한다. 오른쪽 사진은 외투에 달려있는 끈들로 일명 '뱀'이다.
러시아연방 민족지학박물관 소장

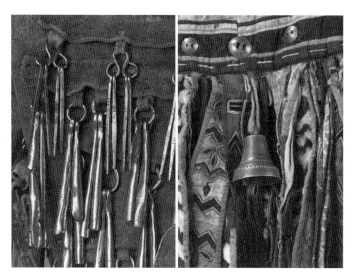

샤먼 외투에 매다는 각종 쇠 장신구들이다.
러시아연방 민족지학박물관 소장

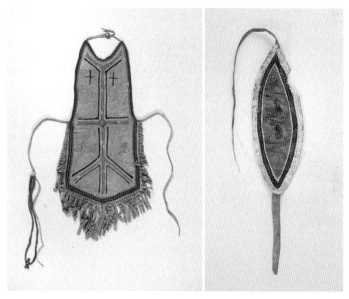

샤먼 외투 위에 다시 덧 입는 흉갑. 샤먼을 지키는 방탄조끼이다. 오른쪽 사진은 샤먼이 의례 때 쓰는
안대이다.[러시아연방 표트르대제 인류학 · 민족지학박물관 소장]

최근 현대 샤먼들 중 일부는 의례 시 전통 무복이 아닌 체육복을 입는다든가, 머리에 스카프만 쓴
것으로 '성과 속'의 차별을 두기도 한다. 사진은 알타이공화국 샤먼들의 의례이다.
최호식 촬영

샤먼의 머리 관이다.
러시아연방 표트르대제 인류학·민족지학박물관 소장

左 **투바 샤먼의 신발. 독수리의 발을 상징한다.**
투바공화국 역사박물관 소장

右 시베리아에서는 사진에 보이는 조개의 가치가 매우 높아 무복 등을 만들 때 활용하곤 한다. 조개는 현지어로 '카오리'라고 한다. 어렸을 적 가오리 장사가 동네에 방문하여 삼대에 걸친 여성과 성관계를 맺는 '앗싸 가오리'라는 우리네 음담패설은 시베리아의 카오리와 관련이 있는 것 아닌가 하는 필자의 단견도 소개해본다.
러시아연방 민족지학박물관 소장

머리에 쓰는 관과 모자에 대해 좀 더 알아보자.

에벤키 족 샤먼 머리에 쓰는 관은 순록의 뿔을 형상화 했으며, 장식된 방울은 샤먼의 조력자인 개를 상징한다. 부랴트 족 등 많은 시베리아 샤먼들은 쇠로 된 관을 쓴다. 이 관은 대체로 우주의 구조를 상징한다. 테두리는 지상세계를, 정수리에 쓰는 아치는 세상의 네 방위 또는 사계절을 나타내며, 순록의 뿔은 우주목을 상징한다. 순록 뿔 형상이 달린 관은 경험 많고 강력한 영적 힘을 가진 샤먼만이 쓸 수 있다. 위에서도 틈틈이 순록이 언급되는데, 순록의 뿔은 '하늘에서의 사냥'이라는 신화 속에서 이야기를 나타낸다는 견해가 있다. 신화에 보면 순록과 태양은 곰을 피해 넓은 하늘로 도망치지만, 결국 곰에게 잡아먹힌다. 그러나 아침이 되면 순록은 다시 살아나고 또 다시 곰에게 쫓긴다는 신화 속 이야기가 있다.

샤먼이 의례를 행하면서 안대를 착용하거나, 얼굴을 가릴 수 있는 술을 달린 모자를 쓰기 한다. 이때 안대는 정령으로 가득 찬 세계를 볼 수 있게 하는 '특수 안경'의 역할을 한다. 술이 달린 모자를 쓰기도 하는데, 샤먼의 얼굴이 하나도 보이지 않는다. 이는 악한 정령들이 샤먼을 몰라보게 하기 위해서이다. 새 깃털로 장식한 머리띠를 쓰기도 한다. 머리띠에는 사람얼굴을 만들어 붙이거나 쇠 조각으로 만들기도 하는데, 악령을 접주는 역할을 한다. 에벤키 족 샤먼의 경우 치병 의례 시 가면을 쓰기도 한다. 가면은 조상 정령을 상징하며, 조상의 힘을 받을 수 있다고 믿는다. 부랴트 족 샤먼들도 가면을 쓰는 경우가 있다. 가면은 '아브갈다이'라는 신격을 표현하는 것이다. 흥미로운 것은 이 아브갈다이는 한국에서 온 신격이라고 한다. 부랴트 샤먼들에 의하면 아브갈다이는 '고올리(고구려의 옛말)' 칸의 아들이라고 한다. 그는 아편쟁이였는데, 부인이 항상 아편을 못하게 다그쳤다고 한다. 어느날 아들을 맡긴 채 그의 부인이 잠시 외출을 했는데, 아브갈다이가 아편에 취해 아들이 놀다가 물에 빠져 죽는 것도 보지 못했다. 아내는 이 사실을 알고 분노하여 아브갈다이의 목을 베어 죽였다고 한다. 아브갈다이는 죽어 신이 되었는데, 사람이 아프거나, 장소를 정화할 필요가 있을 때 아브갈다이 가면을 쓰고 의례를 한다. 신격이 되어서도 생전의 부인이 무서운지, 접신이 된 순간 대뜸 "난 술도 못하고, 담배도 못하오…"라고 말하며, 막상 술을 대접하면 북에 얼굴을 가리고 주변을 두리번거리며 마신다고 한다.

전통적인 무복에 있어서 신발은 가죽이나 양모로 만들었다. 신발에는 직선 형태의 문양이 있는데 이것은 독수리의 발을 상징한다. 독수리는 샤먼의 시조로 여긴다. 그래서 독수리 깃털과 모양이 무복 곳곳에서 보이는 것이다. 외투와 더불어 하의로 치마를 입는 오로치 족 샤먼은 각반을 차고 신발을 신는다. 각반에는 박쥐와 지렁이, 뱀의 형상이 그려져 있고, 신발에는 도마뱀, 뱀, 물고기, 개구리 등의 형상이 그려져 있다. 이는 샤먼의 보조 정령을 상징한다. [10] 그러나 필자가 현대 샤먼들을 조사하는데 신발은 그리 큰 의미를 가지지 못하는지, 현대 샤먼들은 그리 신발에 대해 큰 관심을 기울이지 않아 이 이상의 조사는 할 수가 없었다. 심지어 필자가 아는 샤먼은 전통 무복을 걸쳤으나 신발만은 운동화를 신고 의례를 하는 것도 보았다.

3. 기타 무구들의 상징

옷에 달거나 목에 거는 명두, 즉 톨리에 대해 소개해보고자 한다. 샤먼의 도구 중 가장 기본적인 것 중 하나로 샤먼마다 몇 개씩 가지고 있다. 다른 도구와 달리 항시 목에 걸기 때문에 샤먼의 신분증이라고 할 수 있다. 동이나 연옥으로 만들며 은색과 금색 두 가지 종류가 있다. 은색 톨리는 천상계 하늘 중 55개의 하얀 텡게리(하늘)를, 황색 톨리는 44개의 검은 텡게리(하늘)를 상징한다. 앞면에는 아무 문양이나 장식이 없고, 뒷면에는 독수리, 12간지 동물, 태극 문양 등이 있다. 톨리는 샤먼의 '공격형' 도구가 아닌 '수비형' 도구라고 할 수 있다. 자신을 나쁜 정령으로부터 지켜주는 역할을 하기 때문이다. 오로치 족 샤먼은 허리띠에 톨리를 단다. 다른 민족 샤먼들처럼 악령을 지켜주기도 하지만, 태양을 상징하며 지하세계 여행 시 샤먼에게 길을 비쳐주는 역할을 한다. 때때로 오로치 족 샤먼의 톨

10_ Ларькин(라리킨) В.Г., *Орочи : историко-этнографический очерк с середины 19 века до наших дней (오로치 : 19세기 중반부터 오늘날까지 역사 – 민족지학적 특징)*, Москва, 1964, p.102.

리에는 구멍이 뚫려 있을 때가 있는데, 이는 그동안 샤먼이 악한 정령과 싸운 횟수이다.

필자가 직접 본 무구들 중 독특했던 것은 대장간에서 쓰는 모루이다. 의례를 할 때 옆에 모셔놓고 한다. 모루에게 우유 등 제물을 바치는 것으로 봐서는 의례용 도구라기보다 신체神體이다. 모루의 상징은 샤먼의 뿌리를 상징한다. 시베리아 샤먼들을 만나면 자신이 대장장이 샤먼에 뿌리를 두고 있다는 말을 자주 들을 수 있는데, 이는 최고 중의 최고 샤먼, 강력한 샤먼이라는 의미이다. 이 모루는 그래서 자신이 대장장이 샤먼임을 상징하는 신체이자, 신분증이 되는 것이다.

의례 시 옆에 두는 모루와 망치. 이 샤먼의 뿌리는 대장장이 샤먼이라는 것을 상징한다. 의례 전에 여기에 우유와 차 등을 뿌린다.

물을 뿌리는 도구인 '9개의 눈'.
9개의 홈이 파져 있고, 이것을 눈이라고 부른다.

필자는 투바에서만 봤는데, 다른 곳에도 있다고 한다. 바로 정화의례를
할 때 물을 뿌리는 '9개의 눈(투바어로 토스갈라)'이라는 의례용 수저이다. 하늘
과 땅, 지역 정령에게 성수聖水를 대접하는 의미를 가진다. 우리의 고수레
풍습과 비슷하다고 보면 된다. 9라는 숫자는 전통적으로 북방 민족에게 신
성한 숫자이다. 샤먼들은 3개의 각 층위 세계도 그 안에 각자 9개의 층으로
나누어져 있다고 믿는다.

덧붙여 무구는 아니지만, 색이 가지는 상징도 있다. 흔히 백샤먼, 흑샤
먼 이야기를 들었을 것이다. 하얀 색은 천상계의 색이다. 그래서 백샤먼은
천상계의 정령과 소통하는 샤먼인 것이고, 검은 색은 지하계의 색이기 때문
에 흑샤먼은 지하계의 힘을 빌어 의례를 한다. 물론 이 색깔들이 옳고 그름,

좋고 나쁘고를 상징하는 것이 아니다. 알타이에서는 샤머니즘을 흑신앙, 천신신앙인 부르하니즘을 백신앙으로 지칭하기도 한다. 붉은색과 푸른색도 나름의 상징을 가지고 있다. 붉은색은 '밝음', '아름다움' 등을 상징한다. 그래서 주요 도시나 지역 명칭에 붉다 라는 어원을 가진 곳이 많다. 예를 들면, 투바공화국의 수도 '크즐', 몽골의 수도 '울란바토르', 부랴트 공화국의 수도 '울란우데'는 다 '붉다' 라는 단어를 어근으로 한 조합어 이거나 '붉다' 그 자체인 단어들이다. 어디서 읽은 것인지 기억은 안 나지만, 우리 민족을 지칭하는 배달은 북방의 붉다 또는 '밝다'에서 기원한 것이라고 한다. 푸른색은 신성한 의미를 가지고 있다. 부랴트 인들은 '후혜 문혜 텡게리'라 하여 '영원히 푸른 하늘'을 숭배한다. 푸른색은 하얀색과 더불어 하늘의 색을 상징한다.

샤먼의 의례를 관찰하다보면 거의 모든 경우 앞에 불을 피워놓고 행하는 것을 볼 수 있다. 기능적으로만 본다면, 밤 의례의 조명, 겨울 의례의 난방, 북 데우기 등과 연관이 있을 것이다. 그러나 불과 불을 놓는 화덕 등을 바라보는 시베리아 샤먼들의 눈은 다른 이야기가 있음을 암시한다. 불과 관련된 투바의 사례를 대표로 소개한다.

투바 인들은 불을 '작은 태양'이라고 여기기도 하고 인간을 창조한 것은 불이라고 여긴다. 그래서 샤먼이 의례를 할 때 마치 창조주에게 하는 것처럼 최고의 정성을 다한다. 또한 불의 정령은 굉장히 민감하기 때문에 절대 삐치게 하거나 화를 내게 해서는 안 된다. 만약 불의 정령이 화가 나면 먼저 집안의 가장이 아프고, 가장보다 어린 가족 구성원이 아프기 시작하여 결국 전 가족이 병에 걸리게 된다.

투바 사람들에게 불 옆에서 싸움을 하는 것은 금지되어 있다. 불에 대고 침을 뱉는 행위도 결코 용납되지 않는다. 불에다 잡초가 탈 때 냄새나는 물건들을 던지는 것도 금기시한다. 뼈다귀나 먹다 남은 음식을 던지는 행위도 절대 안 된다. 만약 불가에 쓰레기를 놓아두면 아이들이 병에 걸리고 집안의 정령들이 도망간다고 생각한다. 또한 불길에 발을 대는 행위도 하면 안 된다. 다리가 붓고 아이들이 아프게 된다고 여기기 때문이다. 금기는 여기서 그치지 않는다. 머리카락 또한 불에다 던지면 안 되고 불 위를 뛰어 넘는 것도 안 된다. 그러면 영혼이 달아난다고 믿기 때문이다. 집 안에 있는 화덕도 함부로 넘어 다니면 절름발이가 된다고 생각한다. 만약 모르고 화덕이나 불 위를 넘었다면 반드시 샤먼에게 찾아가 자신의 죄를 씻는 정화의례를 받아야 한다.

유르타 내부에서 가장 성스러운 장소는 중앙에 위치한 화덕이다. 투바인들은 유르타 내부는 하나의 우주를 상징한다고 생각한다. 화덕은 우주의 중심이자 태양의 상징인 것이다. 여자들은 주로 하는 일의 특성상 불과 가까이 할 수밖에 없지만, 해가 지고 나면 절대 화덕 옆에 갈 수가 없다. 오직 해가 떠 있을 때만 화덕 곁으로 갈 수가 있다. 손님이 왔을 때 여자는 불과 손님 사이를 지나다닐 수도 없다. 손님의 뒤 쪽으로 돌아서 이동해야 한다. 또한 화덕에 불을 지필 때 이미 불에 타다 만 것을 다시 화덕에 넣는 행위는 무척 불경하다고 여긴다.

불은 입도 가지고 있다. 불의 입은 장작을 쌓아놓는 장소이다. 그래서 항상 이곳은 깨끗이 정리정돈이 되어 있어야 하는데, 만약 장작이 너저분하게 쌓여 있으면 결코 좋은 일이 생기지 않는다고 믿는다.

4. 글을 마치며

시베리아 샤먼들이 사용하는 무구와 관련된 상징과 의미, 기능 등을 간략히 알아보았다. 범 시베리아적인 관점에서 정리를 하여 수많은 제 민족들이 같은 상징과 의미를 가지고 있다고 생각할 수도 있을 것이다. 그러나 이 글은 되도록 보편적인 것을 추구하였다. 각 민족 샤먼들의 무구에 대한 세부적인 이야기들은 추후 소개할 생각이다.

서두에서도 밝혔지만, 인간관계의 삶은 상징의 해석이라고 생각한다. 표현하고 싶은 것을 상징화(또는 기호화라고도 한다.)하여 대중적 동의를 이끌어 내고, 이 상징물을 사용하며 해석하는 것은 태초의 인간이 두 명 이상이 되면서부터 시작되었다고 여긴다. 소통의 부재라는 요즘 시대. 타인과 내가 살고 있는 이 사회의 상징들에 대한 올바른 해석과 전달이 필요하다고 문득 생각이 든다.

서울새남굿의 바리공주와
조선후기 정재복식의 상징성 비교

이종숙
성균관대학교 강사

1. 들어가는 말

본 연구는 서울새남굿 중 바리공주의 복식과 조선 후기 정재 복식의 유사성 및 특징을 비교하여 그 의미적 상징적 연관성을 찾는데 목적이 있다. 서울새남굿은 조선시기 궁중문화적 요소가 많이 수용되어 있다고들 한다.

굿청의 제반 장식과 만신들의 복식, 음악과 춤이 화사하기 그지없다. 바리공주의 복식은 왕녀의 것 그대로 이고, 음악과 춤도 궁중계열의 것을 주로 받아드리고 있다. 모든 무복과 무구들이 조선왕조의 영향을 많이 받았으며, 무악 또한 궁중음악을 사용하는 관계로 삼현육각을 잡아서 행하여지기 때문에 규모가 크며 화려하고도 장중하게 보인다.[1]

이상의 인용문에서 조선시대 궁중의 영향을 받았다는 새남굿의 세부 요목은 무복, 무구, 음악, 상차림이다. 특히 바리공주의 복식은 바로 왕녀의 것이라는 점이 강조되고 있고, 그 결과로 새남굿의 규모가 크고 화려하며, 장중하다는 평이다. 이러한 평이 전통무용 문화와는 어떠한 연계가 있는지, 그 실제 관계에 대해 확인할 필요가 있다고 생각했다. 특히 바리공주 복식은 왕녀의 것이 아니라는 점이 제기되기 때문이다.

새남굿은 망자의 명복冥福을 빌고 천도遷度하는 지노귀굿 중 하나이다. 지노귀굿은 재가齋家의 위상에 따라 상류층에서 하는 것은 '새남굿', 중류층은 '얼새남', 하층민이나 일반인은 '평진오기'라고 불린다. 또 지노귀굿은 언제 굿을 하는가에 따라 진지노귀와 마른지노귀로 구분하는데, 진지노귀는 매장 후에 곧바로 하는 굿이고, 마른지노귀는 탈상 무렵 또는 몇 년 후에 날을 받아서 하는 굿이다.[2] 새남굿은 지노귀새남이라고도 하지만 보통 줄여서 새남굿이라고 한다.

'새남'의 한자 표기는 '새남賽南'이라고 하는데, "사자死者가 새로 다시 낳는다(탄생하다)"[3]와 연관시켜 연원을 이해하려는 경향도 있다. 하지만, 아직은 깊이 있는 연구가 더 필요한 부분이다. 1996년 5월 1일 중요무형문화재 제 104호로 지정된 서울새남굿은 안당사경맞이 17거리와 새남굿 14거리로 이루어져 있다. 본 연구는 새남굿 14거리 중에서 특히 말미거리, 밖도령, 문들음, 영실, 안도령[4] 등에서 바리공주 복식을 착용하는 점에 착안하였다. 바리공주는 무조신巫祖神인데, 그의 복식이 궁중문화 요소를 수용하였다면

1_ 국립문화재연구소, 『서울새남굿 : 중요무형문화재 제104호』(대전 : 국립문화재연구소, 1998), 200쪽.

2_ 위의 책, 7~9쪽.

3_ 위의 책, 10쪽.

4_ 말미거리, 밖도령, 문들음, 영실, 안도령의 용어는 국립문화재연구소, 위의 책의 것을 따랐다. 무속학자 양종승에 의하면, 도령은 본래 도량이라고 하는 것으로 들었다고 한다. 일정한 중심을 두고 주변을 도는 행위를 말한다.

어떤 모습이 그러한가, 실제로 그러한 점이 있는가 논의할 필요가 있다.

바리공주 연행 복식은 조선후기 정재여령의 복식과 유사하다. 정재呈才는 춤이나 노래 등의 재주를 윗분께 올린다는 뜻이다.[5] 조선후기의 정재는 『정재무도홀기呈才舞圖笏記』와 각종 진연進宴·진찬進饌·진작進爵 의궤儀軌에 춤 도설圖說 등에서 복식 및 개요를 볼 수 있다. 한국정신문화연구원 편,『정재무도홀기』에는 42편[6]의 정재가 있고,『악학궤범』으로부터 정리하면, 총 56종목을 헤아릴 수 있다.[7] 이들 조선 후기 정재를 연행할 때 주로 입었던 무용수(여령) 복식이 무조신을 나타내는 바리공주와 유사하다는 점에 의문을 갖고 주목하게 되었다.

바리공주 복식 연구를 위한 참고 자료는 국립문화재연구소에서 1998년 편찬한『서울새남굿 : 중요무형문화재 제104호』를 기초하였고, 복식의 실제 착용에 대해서는 한선모(작은소리학교장) 제공의 2008. 6. 26. 일자 국사당 새남

5_ 정재는 주로 잔치에서 가무악을 올리는 것을 말하는데, 현재의 기록이 주로 국가에서 제작한 의궤와 홀기에 남아 있어서 궁중정재라고 사람들은 말한다. 그러나 지방 교방에도 정재류가 계속 전승되었으므로 본고에서는 궁중이라는 장소 제한적 용어를 지양하고자 한다. 조선시대 전국의 지방 교방에서는 헌선도(獻仙桃), 포구락(抛毬樂), 연화대(蓮花臺), 육화대(六花隊), 학무(鶴舞), 아박(牙拍), 향발(響鈸), 무고(舞鼓), 광수무(廣袖舞), 처용무(處容舞), 검무(劍舞), 사자무(獅子舞), 선유락(船遊樂), 항장무(項莊舞), 황창무(黃昌舞), 승무(僧舞)가 연행되었다. 이중 2종목을 제외하고는 모두 궁중정재로 불리는 종목들이 연행되었다. 이종숙, 「조선시대 지방 교방 춤 종목 연구」, 『순천향 인문과학논총』 제31권1호(순천향인문과학연구소, 2012), 309~349쪽 참조.

6_ 한국정신문화연구원 편, 『呈才舞圖笏記』(경기성남 : 한국정신문화연구원, 1994), 색인4~6쪽.

7_ 이혜구 역주, 『신역 악학궤범』(서울 : 국립국악원, 2000), 233~354쪽; 위의 책, 색인4~6쪽.
당악정재 : 헌선도(獻仙桃), 수연장(壽延長), 오양선(五羊仙), 포구락(抛毬樂), 연화대(蓮花臺), 몽금척(夢金尺 : 금척), 수보록(受寶籙), 근천정(覲天庭), 수명명(受明命), 하성명(賀聖明), 하황은(荷皇恩), 성택(聖澤), 육화대(六花隊), 곡파(曲破), 연백복지무(演百福之舞), 장생보연지무(長生寶宴之舞), 제수창(帝壽昌), 최화무(催花舞) 이상 18종이다.
향악정재 : 무고(舞鼓), 아박(牙拍 : 동동動動), 향발(響鈸), 무애무(無㝵舞), 봉래의(鳳來儀), 정대업(定大業), 보태평(保太平), 발상(發祥), 학무(鶴舞), 문덕곡(文德曲), 교방가요(教坊歌謠), 처용무(處容舞), 검기무(劍器舞 : 검무), 선유락(船遊樂), 가인전목단(佳人剪牧丹), 헌천화(獻天花), 공막무(公莫舞), 첨수무(尖袖舞), 경풍도(慶豊圖), 고구려무(高句麗舞), 광수무(廣袖舞), 만수무(萬壽舞), 망선문(望仙門), 무산향(舞山香), 춘앵전(春鶯囀), 박접무(撲蝶舞), 첩승무(疊勝舞), 보상무(寶相舞), 사선무(四仙舞), 침향춘(沈香春), 영지무(影池舞), 초무(初舞), 춘광호(春光好), 춘대옥촉(春臺玉燭), 향령무(響鈴舞), 관동무(關東舞), 항장무(項莊舞), 사자무(獅子舞) 이상 38종이다.

굿 실연 영상을 참고했다. 바리공주 굿춤에 대한 기존 연구는 임학선의 「진오귀굿의 무당춤에 대對한 고찰考察 : 리지산씨李芝山氏를 중심中心으로」(1975)와 김성옥의 「서울새남굿 춤 연구 : 김유감을 중심으로」(1998) 이화여자대학교 석사학위논문이 있어서 참고했다. 서울새남굿의 바리공주 복식을 통해 궁중 무용 문화와의 연관성을 밝히고자 했다.

2. 바리공주와 정재 복식의 외형 비교

굿에서의 복식은 신위를 표현하는 매우 중요한 요소이다. 특히 서울새남굿의 바리공주는 그 외형으로써 공주이자, 무조巫祖로서의 역할을 나타낸다. 즉 바리공주는 그와 같은 외형으로써 망자천도를 주관하는 신격이다. 바리공주의 외형은 말미거리에서 무가를 읊조릴 때부터 시작하여 상식의 명두청배까지 계속된다. 바리공주의 외형은 무가 속에서 아래와 같이 묘사된다.

> 수치마 수저고리, 은아몽두리,
> 칠쇠방울, 쉰대부채
> 넓으나 대띠 좁으나 홍띠
> 치어달어 큰머리 단장 한삼받고[8]

수놓은 치마·저고리와 은아(은하)몽두리는 화려한 옷차림을 말하는 것으로 보인다. 실제로 다음과 같은 세대 간 전승 속에서도 변하지 않는 옷차림의 공통점을 정리해 볼 수 있다.

8_ 국립문화재연구소, 앞의 책, 293쪽.

〈그림 1〉 고 김유감 만신   〈그림 2〉 이상순 만신   〈그림 3〉 강민정 만신

'은아몽두리'라고 한 황색 삼黃衫을 겉에 입고 있다. 홍상紅裳이라고도 하는 홍색치마를 겉에 입고 속에는 남치마9-를 착용했다. 오채한삼과 넓고 좁은 홍띠를 가슴에 두른 점이 위 사진들의 공통점이다. 그러나 큰머리의 기본 양식에 그것을 꾸미는 정도는 각각 달라서 화관花冠의 모습에 차이가 있다. 요즘의 패치코트처럼 풍성한 치마 모습의 효과를 위해 바리공주 의상에서는 갈매막대[나무 가로막대]를 착용하고 있다. 황색 몽두리 안에는 일반 저고리가 아닌, 궁인宮人의 모습을 표현하는 당의唐衣를 착용하고 있다.10-

〈그림 4〉 공주·옹주의 원삼

9_　김유감 만신은 사진에서 남치마를 입지 않고, 옥색치마를 입고 있으며 그 위에 홍상(홍치마)을 착용했다. 이상순과 강민정 만신은 남치마를 착용했다.

10_　임학선, 「진오귀굿의 무당춤에 對한 考察 : 李芝山氏를 中心으로」(梨花女子大學校 석사학위논문,

이러한 차림으로 인해 바리공주의 모습은 "옛 왕녀의 화려한 복식"[11]을 착용한 무조巫祖라고 이해되고 있다.

즉 바리공주의 모습이 옛 왕녀인 공주의 모습일 것이라는 뜻이다. 말미거리에서 읊어지는 내용으로 본다면 그녀는 한 국가의 공주임에 틀림없다. 그런데, 공주나 옹주가 착용하는 예복 원삼은 〈그림 4〉와 같다고 한다.[12] 바리공주 복식과는 색감에서 다르다. 오히려 바리공주의 옷차림은 아래의 그림과 같이 조선 후기 여령인 무용수 옷차림과 유사하다.

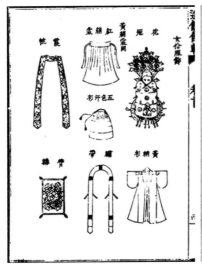

〈그림 5〉 기축(1829) 『진찬의궤』 여령복식   〈그림 6〉 무신(1848) 『진찬의궤』 춘앵전

1975)에 의하면 말미거리에서 바리공주가 착용하는 복식은 "무지견, 갈매막대, 무지견, 남치마, 홍치마, 연두당의, 노랑몽두리, 홍수대띠, 하피, 홍수띠, 큰머리, 양화관, 용머리, 용잠, 합댕기, 양댕기, 부채(右), 방울(左)"이라고 한다.

11_ 국립문화재연구소, 앞의 책, 17쪽.

12_ 이팔찬, 『리조복식도감』(서울 : 동문선, 2003), 활옷[闊衣] 제60도, "공주·옹주의 예복이요, 혼례 때 신부의 예복이었다. 원삼과 비슷하나 앞뒤와 두 소매에 수를 놓은 것이 특징이다."

〈그림 7〉 무신(1848) 『진찬의궤』 아박   〈그림 8〉 국립국악원 포구락

이상의 화보들로써 노란색 몽두리와 황초삼; 홍치마와 홍초상; 홍색의 허리띠, 큰머리와 화관, 오채한삼이 외형상의 공통점임을 확인할 수 있다.[13] 무조 바리공주의 복식이 어떤 경로로 공주의 복식이 아닌, 무용수 복식을 입게 되었을까? 그들의 역사적 관계 및 계통성이 자못 궁금하다. 무당과 여령 혹은 기녀의 신분적 교류성향이 밝혀진다면 춤의 역사도 보다 명확해 질 것이다. 그러나 이 부분은 차후의 연구과제로 미루어 둔다.

우선 〈그림 5〉의 화관花冠과 〈그림 1〉~〈그림 3〉의 화관을 비교하면 꽃으로 장식되어 높이 솟은 화관이 특히 김유감 만신의 것과 외형상 유사해 보인다. 1829(기축)년 『진찬의궤』에 의하면, 여령이 정재를 올릴 때, 아래와 같은 복식을 착용했다고 한다.

정재여령은 머리에 화관花冠을 쓰고, 초록단의草綠丹衣와 황초단삼 黃綃單衫을 착용한다. 안에는 남색치마[藍色裳]를 입고, 겉에는 홍초치마

13_ 김경실, 『조선시대 궁중진연 복식』(서울 : 경춘사, 2003), 186~187쪽의 정재여령 복식 재현도는 국립국악원 무용수의 복식과 같다.

〈그림 9〉 기축(1829) 『진찬의궤』 동기복식 중 단의

[紅綃裳]를 입는다. 홍단금루수대紅段金鏤繡帶를 착용하고, 오채한삼五彩汗衫을 맨다. 초록혜草綠鞋를 신는다.14_

다만 안에 입는 당의가 〈그림 5〉에는 보이지 않는데, 초록 단의와 황초단삼을 착용한다고 한 것을 보면, 단의가 지금의 당의가 아닐까 싶다. 기축(1829) 『진찬의궤』에서 볼 수 있는 단의는 〈그림 9〉와 같은 모습이다. 동기童妓(어린 기녀)의 복식이라고 도설圖說 되어 있다. 그리고 위의 인용문으로 볼 때, 단의 위에 황초삼을 착용했던 것으로 이해할 수 있다. 김유감 만신이 착용한 복색과 일치하는 모습이 된다. 한성준의 무속 계열로 탄생된 중요무형문화재 제92호 태평무에서도 당의와 원삼, 그리고 큰머리를 갖춰 입는 모습이 상통한다. 물론 태평무의 무대화된 모습을 감안하여 그 형태적 특성만을 제한해서 볼 때 그러하다.

〈그림 6〉과 〈그림 7〉에서 볼 수 있는 치마의 볼륨감은 자연스럽게 풍성하고 세련된데 비하여 새남굿 바리공주의 치마 속에 장치한 갈매막대의 모습은 좀 과장스럽고 우스꽝스러운 면이 없지 않다. 한편, 위 〈그림 1〉~〈그림 3〉의 화관은 상세한 모습에서 각각 달라 보인다. 매우 큰 가채와 가채를 고정하는 수대首帶, 비녀·머리꽂이 등 최대의 화려함을 추구한 모습은 공통점이다. 그러나 고 김유감 만신의 화관은 수없이 많은 꽃으로 장식된 것인데 비해, 이상순·강민정 만신의 화관은 머리꽂이와 비녀 및 수대首

14_ 국립국악원 편, 기축 『진찬의궤』, 『한국음악학자료총서』 3(서울 : 전통음악연구회, 1981), 235쪽.

冠花 司嚅服飾	冠花 女伶服飾	冠筚英 舞童服飾	冠花	童妓服飾	冠花 春帖腎服餙
1828년 사창 화관	1829년 여령 화관	1829년 무동 부용관	여령 화관	동기 화관	춘앵전 화관

〈그림 10〉 순조 조 화관과 부용관 〈그림 11〉 헌종과 고종조 1848년 · 1901년 화관

帶(머리 띠)를 주로 이용한 모습이다. 이와 같은 모습은 순조 때로부터 고종 때까지 사용된 진찬·진연의궤 화보 속 화관들과 비교하여 궁중문화의 영향 관계를 유추해 볼 수 있다.

화관의 이상과 같은 조선 후기 변천 과정을 참고할 때, 새남굿 바리공주의 화관은 순조조 화관에 가까운 것으로 여겨진다. 즉 순조 때의 무용수 화관과 복식에서 영향 받은 무속의 바리공주 외형이 된 것이 아닐까 생각된다.

춤추는 여령의 웃옷도 순조 기축년(1829)에는 황초삼이었는데 반해, 헌종 무신년(1848)에는 황초단삼黃綃單衫[15]-을 입었고, 고종신축『진연의궤』때에는 녹초단삼綠綃單衫[16]-을 입었다.

〈표 1〉 조선 순조조 여령 복식과 바리공주복식 비교

복식비교	새남굿 바리공주	기축(1829)『진찬의궤』여령복식
속치마	남색	남색[藍色裳]
겉치마	홍색	홍색[紅綃裳]
치마의 볼륨	갈매막대	패치코트 역할의 속옷
당의	연두색 당의	녹색단의(草綠丹衣)

15_ 국립국악원 편, 무신『진찬의궤』,『한국음악학자료총서』6(서울 : 은하출판사, 1989), 124쪽.
16_ 국립국악원 편, 신축『진연의궤』,『한국음악학자료총서』24(서울 : 은하출판사, 1989), 235쪽.

겉 옷	노랑 몽두리	황초단삼(황색 비단 단삼)
머리	큰머리(꽃장식)	화관(花冠)(큰머리)
띠	홍색	홍색(紅段金鏤繡帶)
한삼	오색	오색(五彩汗衫)
버선	흰색	흰색[白布襪]
신발	언급 없음	초록혜(草綠鞋)

정재에 등장하는 서왕모나 선녀, 진선과 같은 신위를 표시하는 역할 인물의 복식이 황초삼과 당의, 큰머리와 화관 등 외형적 유사성을 위의 표에서 확인할 수 있다.

이처럼 유사 복장을 입게 된 데에 어떤 연유가 있었는지는 현재 밝힐 수 없다. 다만, 결과적으로 서울새남굿 바리공주 복장의 외형은 순조 기축(1829)년의 여령무용수 복식과 가장 유사함을 알 수 있다. 크고 화려한 화관 및 황초삼, 초록 당의, 홍치마, 홍띠, 한삼을 갖추는 법 등이 일치한다.

3. 바리공주 복식과 정재 복식의 내재적 상징성 비교

말미거리에서 읊는 바리공주이야기는 문학가들의 지대한 관심으로 많은 연구가 이루어져 있다. 하지만, 본고에서의 관심은 바리공주가 왜 무용수 복식을 착용하게 되었는가에 대해서이다. 바리공주는 우여곡절 끝에 무장 승과 아이 일곱을 낳았으나, 육례六禮(→ 결혼)를 못 이루었으니, 문안 만신 몸주되어 죽은 사람의 고혼을 극락세계 연화대로 천도하는 역할을 담당하겠다고 서원한다.

"천생연분 배필이로구나. 나라의 반을 주랴? 사대문에 드는 천을 너를 주랴?"

아기가 아뢰옵는 말씀이,

"국도 지닐시 국이옵고, 천도 지녀야 천이로소이다.

여섯 성님은 부마를 맞이해 육례를 갖췄으니 원이 없고 한이 없지만

소신은 무장승을 만나 일곱 아기 산전을 받았어도

육례를 못 갖추어 원이 되고 한이 되니

문안 만신의 몸주가 되어

바리공주 인도 국왕에 보살되어서

만발공양 수륙재 큰머리 단장에 은하몽두리

넓으나 대띠 좁으나 홍띠

수치마 수저고리 수당혜 화하복색 백수한삼

칠쇠방울 쉰대부채 은월도 삼지창

앞으로 염불배설 뒤로돌아 시왕배설

사람죽어 고혼되면

극락세계 연화대로 천도나 보내겠습니다"

그도 그리해라. 하오시며…17_

바리공주가 큰머리 단장하고, 은하몽두리와 대띠 홍띠, 수놓은 치마저고
리와 혜鞋(신발)까지 화화畵花복색으로써 갖추고 백수한삼까지 지닌 이유는
국왕을 위한 보살되고 문안 만신의 몸주가 되겠다는 결과의 표현 모습이다.
그와 같은 모습으로써 사람의 고혼을 극락세계 연화대로 천도하는 역할을
자임한 것이다. 즉 바리공주의 외형은 인간 고혼을 인도하는 여신女神로써
의 복색을 갖춘 상징적 모습이라 할 수 있다.

17_ 이상순, 『서울새남굿 신가집 : 삶의 노래 죽음의 노래』(서울 : 민속원, 2011), 365쪽.

다음은 정재에서 여령들이 앞서 비교 했듯이 바리공주와 유사한 복식을 갖추는 이유와 의미를 알아볼 차례다. 이 점은 조선시대 무용수가 단순한 춤꾼이 아니라 일정한 극적劇的 역할을 담당한데서 이유를 찾을 수 있다. 즉 무용수가 여신女神의 역할을 담당한 것이 그 이유라고 생각한다.

정재 중에서도 특히 당악정재를 춤출 때는 죽간자가 춤을 인도하는 인도자가 되고, 무대로 나온 죽간자는 구호口號라는 형식을 통해 자신이 인도하여 온 무용수의 역할을 설명해 준다. 그리고 퇴장할 때도 무용수가 떠나야 함을 구호로써 보고하고 공연장을 떠나간다. 문학적인 서사문과 단문이라는 길고 짧은 큰 차이가 있지만, 행위 자체로는 말미거리와 구호는 같은 읊조림에 해당한다. 그 내용도 신격을 상징함이 같다. 정재의 몇 가지를 검토하여 공통점을 살펴보겠다.

헌선도 정재 진구호進口號[18]_

(저희들은) 멀리 오대鰲臺(신선이 산다는 전설의 장소)에 살다가 궁궐에 내려 왔습니다.

천년 만에 맺는 좋은 열매를 받들고서 만복이 깃든 상서로움을 바치려 합니다. 감히 임금님을 뵙고서 삼가며 말씀 올리옵니다.

[邈在鰲臺, 來朝鳳闕, 奉千年之美實, 呈萬祿之休祥, 敢冒宸顔, 謹進口號]

헌선도 정재 퇴구호退口號

노을 빛 옷자락을 여미고 살짝 물러나 구름길 가리키며 돌아가려

18_ 진구호(進口號) : 죽간자가 무대 앞으로 서왕모 등의 무용수를 인도하여 나와서 춤을 시작하는 말씀을 올린다. 그것을 구호라고 한다. 즉 들어가서 처음 시작하는 구호를 진구호라고 한다. 반대로 춤이 끝나고 물러나기 전에 올리는 말씀은 퇴구호라고 한다.

합니다. 섬돌 앞에서 재배하고
서로 이끌고 떠나가려 합니다.

[歛霞裾而小退,　指雲路而
言旋. 再拜階前, 相將好去.]

헌선도 정재에 등장하는 핵심
무용수는 3인이다. 이 중 특히 가
운데 1인은 서왕모西王母이고, 2인
은 양쪽에서 왕모 혹은 선모를 보
조하는 이들로 협무挾舞라고 한다.
이들 3인을 인도하여 함께 신선
세계로부터 내려 온 죽간자는 대
나무 열매가 달린 장대를 들고 있
다. 여기에서 알 수 있는 것은 무

〈그림 12〉 『원행을묘정리의궤』(1798년) 〈헌선도〉.
왕모가 앞으로 나아가 복숭아쟁반을 바치려 하고
있다

용수의 역할이 서왕모와 그의 시녀를 상징한다는 점인데, 선계인 오대에서
궁궐까지 내려온 자들이다. 즉 무용수는 선계의 신선神仙에 해당하는 서왕
모와 그 보조자로서 신神격 인물의 역할을 담당한 것이다.

오양선五羊仙 정재 진구호

구름은 화악에서 생겨나고 해는 오산을 구릅니다. 양 수레를 탄 진
선을 기꺼이 만났고, 아울러 난새 수레 탄 상려를 뵙옵니다. ……

[雲生華岳 日轉鼇山 悅逢羊駕之眞仙 並結鸞驂之上侶 ……]

오양선 정재 퇴구호

온나라의 먼지(나쁜 일) 깨끗이 가라앉으니 태평의 교화를 함께 느

껍니다. 요대의 길이 멀리 떨어져 있어서 급히 놀이를 거두고 돌아가렵니다. ……

[寰海塵淸 共感昇平之化 瑤臺路隔 遽回汗漫之遊 ……]

오양선 정재에는 5인의 무용수가 진선眞仙의 역할을 맡는다. 진선이 궁궐(현세)에 내려와서 궂은 일을 정리하여 깨끗이 하고 다시 요대로 떠나간다. 이 역시 진선이 곧 신격임은 물론이다.

다음은 조선 후기 창작된 연백복지무演百福之舞에 등장하는 구호를 보겠다.

연백복지무의 진구호

사는 곳, 대라천大羅天[19]- 위에 있는데, 성인의 궁중에 와서 조회하네.

무궁한 백복百福의 상서로움 펼치고, 태평만세의 춤 올리네.

감히 용안을 뵈옵고 이에 구호를 올립니다

[住在大羅天上, 來朝聖人宮中. 演無疆百福之祥, 呈太平萬歲之舞. 敢冒宸顔, 庸進口號.]

연백복지무의 퇴구호

아악 연주는 이미 마쳤고, 선녀들 돌아감을 말씀 올립니다.

섬돌 앞에서 재배하고 서로 이끌고 돌아가렵니다.

[雅奏旣闋, 仙侶言旋. 再拜階前, 相將好去.]

수명장수를 기원하는 여러 선녀들이 선계인 오대鰲臺 또는 대라천大羅天

19_ 대라천(大羅天) : 도교에서, 36천(天) 중 가장 높은 하늘.

등으로부터 내려와서 임금을 위해 또는 잔치의 주빈을 위해 수명장수를 기원하는 노래와 춤을 펼치는 역할이다. 무용수 자신들이 선녀임을 설명하고 있다.

끝으로 조선 후기 향악정재로 구분되는 향령무響鈴舞의 가사를 하나 더 살펴보겠다.

향령무 정재 가사

옥전玉殿 요궁瑤宮(전설 속 仙宮)에 관현이 연주되고 신선들 늘어섰네.

봉새의 적삼, 기린의 띠엔 향연香烟이 서리고 춤은 너울너울

원컨대 지금부터 임금님의 수壽하심, 길이 하늘과 나란하시길

봄바람은 백화百花 앞에서 설핏 부는데 만만년년하셔요.

玉殿瑤宮奏管絃,　　列神仙.

鳳衫麟帶拖香烟,　　舞翩翩.

惟願從今君王壽,　　永齊天.

春風澹蕩百花前,　　萬年年

향령무를 춤추는 사람들은 6인인데, 이들이 곧 선계에서 내려온 선녀이고, 줄지어 내려와서 방울을 울리며 춤추고 수명장수를 기원하는 노래를 헌정하는 내용이다. 정재는 잔치의 춤이자 노래이므로 대체로 잔치의 주인主人을 향해 수명장수와 갖가지 축복百福의 말씀을 올린다. 의궤나 홀기는 국가기록이라는 특성상 그 대상이 임금이나 대비마마, 또는 왕세자를 위한 노래들이다. 그럼에도 불구하고 임금 등을 향해 노래하고 춤추는 정재자의 역할이 신격이 되어 있음을 확인할 수 있다. 마치 신위를 빌린 무당이 재가에 공수를 내리는 모습처럼, 무용수의 춤과 노래는 축원과 축복의 덕담을 담고 있다. 물론 모든 정재가 선계의 선녀 역할을 담당했던 것은 아니다. 일부

정재에 그런 역할이 부여되어 있다.

하지만, 결과적으로 선계의 신선神仙 혹은 선녀와 같은 역할을 담당한 무용수가 그 신위에 적합한 의상 및 복식을 갖추었던 점이 바리공주 복식과의 유사함으로 나타났다고 할 수 있다. 여신女神의 복장을 표시한 것이 바로 화관, 황초삼, 녹초단의, 남색의 안치마와 홍색의 겉치마, 혜[비단신], 홍색 띠, 오채한삼 등으로 표현되었다. 서울새남굿 바리공주 역시 신녀가 되었음을 나타내는 역할 의상으로서 무용수 복식을 입게 된 관계성을 여기에서 찾을 수 있다. 조선 순조시대 신녀 혹은 선녀가 천계(선계)에서 착용하는 복식에 대한 인상이 바리공주와 궁중무용 무용수의 유사복식 형태로 표현되었다고 본다. 다만 문헌 등이 없이 구전전승하고 있는 무속에서 무용수와 동일한 의상을 어떤 경위로 처음 입게 되었는지에 대한 보다 세밀한 연구가 필요하다. 또 그 둘의 관계가 상통하게 된 시대적 배경도 의문이다.

4. 맺음 말

서울새남굿에서 바리공주 복식을 착용하고 연행하는 굿거리는 말미와 밖도령, 문들음, 영실, 안도령, 상식까지이다. 바리공주 복식은 노랑색 몽두리(은하몽두리), 홍색 수치마(갈매막대로 좌우로 부풀린), 홍색의 띠, 연두색 당의, 장식이 많은 큰머리, 오색 한삼을 착용한다. 기존의 연구자들은 바리공주의 복식을 궁중복식에 대한 실질적 고증 없이 조선시대 공주의 복식이라고 추정해 왔다.

본 연구는 바리공주의 복식이 조선 순조 기축(1829)년 정재 여령 복식과 유사함을 밝혔다. 즉 조선 후기 순조 연간 무용수(여령)의 복식을 새남굿의 무조신 바리공주가 착용한 것으로 보았다. 선계의 신선神仙 혹은 선녀와 같은 역할을 담당한 조선후기 무용수가 착용한 복식이 새남굿 바리공주 복식과 색상 및 모양 면에서 대체로 일치하기 때문이다.

노랑 몽두리인 황초삼과 홍치마, 홍색띠, 한삼, 꽃으로 장식한 높고 화려한 화관 등을 착용함으로써 바리공주 역의 무녀와 순조조 기축년 여자 무용수는 '신위를 상징'하는 의례복을 표현했다.

바리공주 복식은 궁중무용 문화의 영향을 받아 오늘에 전승되었음을 나타낸다. 또 바리공주 복식은 지체 높은 공주의 복식이 아니라 신위의 역할을 표현하는 무용수의 복식을 착용했다는 점이 관찰되었다. 이로써 조선시대 무용수와 무녀의 사회 계층적, 문화적 연관성 등에 대한 또 다른 연구가 필요하다.

이 글은 2012년 6월 15일에 발간된 『한국무용사학』 제13호에 실린 논문을 부분적으로 취하여 수정 보완한 것임을 밝힌다.

실천윤리적 측면에서 분석해 본 무속－황해도굿과 무속공동체를 중심으로－‖김덕묵

『論語』

『禮記』

금장태, 『유교의 사상과 의례』, 예문서원, 2000.

김덕묵, 「무속의례에서 놀이의 생성－굿의 구성원리로 본 신놀이－」, 『샤머니즘의 사상』, 민속
　　　원, 2013.

_____, 「무속의례의 물적 토대와 재화의 분배」, 『비교민속학』 제38집, 비교민속학회, 2009.

_____, 「황해도굿의 무속지적 연구」, 한국학대학원 박사논문, 2009.

_____, 『민속종교 연구방법론』, 한국민속기록보존소, 2011.

_____, 『전국의 기도터와 굿당』 경상·제주편, 한국민속기록보존소, 2004.

김용옥, 『도올논어』 1, 통나무, 2000.

김인회, 『韓國巫俗思想硏究』, 집문당, 1988.

김형석, 『倫理學』, 삼중당, 1994.

도성달, 『윤리학, 그 주제와 논점』, 한국학중앙연구원 출판부, 2011.

박일영, 「무교적 종교성의 구조와 특징－가톨릭 신앙심과의 관계를 중심으로－」, 『한국무속학』
　　　제2집, 한국무속학회, 2000.

터너, 빅터, 이기우·김익두 역, 『제의에서 연극으로』, 현대미학사, 1996.

유동식, 『韓國巫敎의 歷史와 構造』, 연세대학교 출판부, 1989.

이서행, 『한국윤리문화사』, 한국학중앙연구원 출판부, 2011.

이은봉, 『여러 종교에서 보는 죽음관』, 가톨릭출판사, 1995.

조흥윤, 『한국巫의 세계』, 민족사, 1997.

최문기, 「한국 무속신앙의 실천윤리적 조명」, 『전통사상의 실천윤리적 의미』, 한국윤리학회 학술
　　　대회 자료집, 2009. 6.27.

키스터, 다니엘A, 『삶의 드라마』, 서강대, 1997.

加地伸行, 김태준 역, 『유교란 무엇인가』, 지영사, 1999.

몽골 샤머니즘 속의 윤리의식(意識) 고찰 ∥ 박환영

게 아료르잔 저, 이안나 옮김, 『샤먼의 전설』, 자음과 모음, 2012.

김형준, 「문화현상으로서의 종교」, 한국문화인류학회 편, 『처음 만나는 문화인류학』, 일조각, 2003, 232~255쪽.

노길명 외 공저, 『문화인류학의 이해』, 일신사, 1998.

박원길, 『북방민족의 샤마니즘과 제사습속』, 국립민속박물관, 1998.

박환영, 「몽골 샤머니즘에 나타나는 색깔상징에 대한 일 고찰」, 『한국무속학』 제 5집, 한국무속학회, 2002, 57~76쪽.

_____, 「몽골 귀신에 대한 민속학적 고찰」, 『강원민속학』 제 20집, 강원도민속학회, 2006, 485~502쪽.

_____, 「민속문화 속에 반영된 몽골귀신」, 『귀신학』 창간호, 한국귀신학회, 2008, 190~214쪽.

_____, 「몽골 샤머니즘 속의 동물상징 고찰」, 『몽골학』 제 26호, 한국몽골학회, 2009, 221~245쪽.

서대석, 『한국무가의 연구』, 문학사상사, 1997.

엘리아데 마르치아 저, 이윤기 옮김, 『샤마니즘 : 고대적 접신술』, 까치, 2001.

유원수, 『몽골비사』, 사계절, 2004.

이광규, 『문화인류학의 세계』, 서울대학교출판부, 1990.

이부영, 『한국의 샤머니즘과 분석심리학』, 한길사, 2012.

이안나, 『몽골 민간신앙 연구』, 한국문화사, 2010.

장장식, 『몽골민속기행』, 자우, 2002.

_____, 『몽골유목민의 삶과 민속』, 민속원, 2007.

차플리카, M.A 저, 이필영 옮김, 『시베리아의 샤마니즘』, 탐구당, 1994.

체렌소드놈 지음, 이평래 옮김, 『몽골 민간 신화』, 대원사, 2001.

한국문화인류학회 편, 『처음 만나는 문화인류학』, 일조각, 2003.

하이시히 발터 저, 이평래 옮김, 『몽골의 종교』, 소나무, 2003.

험프리 케롤라인·우르궁게 오논 지음, 민윤기 옮김, 『샤머니즘 이야기』 2, 제이엠비인터내셔널, 2010.

Dioszegi, V, "The Origins of the Evenki "Shaman-Mask" of Transbaikalia", *Acta Orientalia* 20, 1967, pp.171~210.

Evans-Pritchard, E. E, *Witchcraft, Oracles, and Magic Among the Azande*, Oxford : Clarendon Press, 1976.

Humphrey, C and Onon, U, *Shamans and Elders : Experience, Knowledge and Power among Daur Mongols*, Oxford : Clarendon Press, 1996.

Purev, Otgony, *The Religion of Mongolian Shamanism*, Ulaanbaatar, 2002.

한국의 무속사상 ‖ 조정호－윤리적 의의를 중심으로－

『論語』

『孟子』

『三國史記』

金秀男 사진, 黃綬詩·金烈圭·李輔亨 글, 『평안도 다리굿 : 극락으로 갈 다리를 놓아주는 굿』, 서울 : 悅話堂, 1985.

金仁會, 『韓國巫俗思想硏究』, 서울 : 集文堂, 1993.

金仁會·丁淳睦, 『敎育이란 무엇인가 : 韓國敎育原理의 探索』, 서울 : 實學社, 1976.

金泰坤, 『韓國巫俗硏究』, 『韓國巫俗叢書』 Ⅳ, 서울 : 集文堂, 1991.

_____, 『巫俗과 靈의 세계』, 교양한국문화4, 서울 : 한울, 1993.

金炯孝, 『構造主義의 思惟體系와 思想 : 레비－스트로쓰, 라깡, 푸꼬, 알뛰쎄르에 관한 硏究』, 『현대프랑스철학총서』 3, 서울 : 도서출판 인간사랑, 1994.

金興浩, 『실존들의 모습』, 서울 : 도서출판 풍만, 1984.

老 子, 『道德經』, 盧台俊 譯解, 서울 : 弘新文化社, 1994.

徐廷範, 『우리사랑 이승에서 저승으로』, 무녀별곡 2, 서울 : 한나라, 1993.

_____, 『나비소녀의 사랑이야기』, 무녀별곡 1, 서울 : 한나라, 1996.

尙基淑, 「巫占의 實態」, 民俗學會 編, 『巫俗信仰』, 『韓國民俗學叢書』 ③, 서울 : 敎文社, 1989, 170~188쪽.

孫仁銖, 『韓國敎育文化의 理解』, 서울 : 培英社, 1988.

宋恒龍, 「道敎信仰의 展開樣相과 生活世界」, 韓國精神文化硏究院 哲學宗敎硏究室 編, 『韓國思想史大系』 2, 城南 : 韓國精神文化硏究院, 1991.

柳承國, 『韓國思想과 現代』, 서울 : 東方學術硏究院, 1988.

李啓鶴, 「人間發達의 最終狀態에 關한 考察」, 同德女子大學 編, 『同大論叢』, 第九集, 1979, 33~59쪽.

_____, 「檀君神話의 敎育學的 考察」, 『社會構造와 社會思想』, 『仁谷 黃性模 博士 華甲紀念論文集』, 서울 : 尋雪堂, 1985, 125~150쪽.

_____, 「현실요법의 道德敎育的 考察」, 한국정신문화연구원 편, 『정신문화연구』 통권 제38호, 성남 : 한국정신문화연구원, 1990, 189~212쪽.

_____, 『人格敎育論』, 서울 : 星苑社, 1991.

李啓鶴,「韓國人의 傳統家庭教育思想에 관한 考察」, 한국정신문화연구원·한국학술진흥재단·하와이대학 공동주최 제1회 환태평양한국학국제학술대회, 1992.

_____,「國際化·開放化에 즈음한 傳統文化의 이해와 계승」, 한국지역사회교육경기협의회 주최 제1회 지역사회심포지움, 1994, 9~23쪽.

李東植,『韓國人의 主體性과 道』, 서울 : 一志社, 1977.

李符永,「入巫過程의 몇 가지 特徵에 對한 分析心理學的考察」, 韓國文化人類學會 編,『韓國文化人類學』第2輯, 1969, 111~122쪽.

_____,「韓國的 人間關係에 나타난 巫俗的 要素」, 韓國文化人類學會 編,『韓國文化人類學』第11輯, 1979, 237~245쪽.

李符永·李哲奎·張煥一,「土俗信仰과 關聯된 精神障碍 三例의 分析」, 韓國文化人類學會 編,『文化人類學』第3輯, 1970, 5~32쪽.

이면우,『W이론을 만들자』, 서울 : 지식산업사, 1997.

李烘雨,『敎育의 目的과 觀點』, 서울 : 敎育科學社, 1992.

莊 子,『莊子禪解』, 송찬우 역, 서울 : 도서출판 세계사, 1991.

程敏政,『心經附註』, 石堂傳統文化研究院 譯,『國譯心經』, 부산 : 東亞大學校出判部, 1987.

鄭英姬,「花郎道에 관한 敎育學的 考察」, 韓國精神文化研究院 韓國學大學院 碩士學位論文, 1992.

정호완,『우리 말로 본 단군신화』, 서울 : 명문당, 1994.

조정호,『무속 현지조사방법과 연구사례 : 한국 문화와 교육의 원형을 찾아서』, 서울 : 민속원, 2002.

_____,「한국무속에 대한 인격교육적 해석」, 한국종교교육학회 편,『종교교육학연구』, 2003, 209~228쪽.

조정호 외,『지혜, 동서 패러다임의 협연』, 성남 : 청계, 2002.

崔吉城,『한국 무속의 이해』, 서울 : 예전사, 1994.

崔南善,「不咸文化論」,『六堂崔南善全集』第2卷, 서울 : 玄岩社, 1974.

崔英成 譯,『譯註 崔致遠全集』1 - 四山碑銘, 서울 : 亞細亞文化社, 1998.

한국정신문화연구원 편,『인격확립의 초월성』, 화성 : 청계출판사, 2001.

韓基彦,『敎育原理 - 敎育哲學槪說』, 서울 : 博英社, 1982.

Atkinson, R. L., Atkinson, R. C., and Hilgard, E. R., *Introduction to Psychology*, 1983, 李勳求 譯,『現代心理學槪論』, 서울 : 正民社, 1987.

Augustinus, A.,『고백록』, 김병호 역, 서울 : 집문당, 1991.

Barbu, Z., *Problems of Historical Psychology*, Grove press, 1960, 林喆規 譯,『歷史心理學』, 서울 : 創作과 批評社, 1983

Bateson, G. & Bateson, M. C., *Angels Fear*, 홍동선 역,『마음과 물질의 대화』, 서울 : 고려원미디어, 1993.

Bollow, O. F., *Existenzphilosophie und Pädagogik*, Stuttgart, 1959, 李奎浩 譯, 『實存哲學과 教育學』, 서울 : 培英社, 1967.

Capra, F., *Uncommon Wisdom*, New York : Simon and Schuster, Inc., 1988, 洪東善 譯, 『탁월한 智慧－비범한 인물들과의 대화』, 서울 : 汎洋社 出版部, 1989.

Cox, H., *The Seduction of the Spirit*, 馬慶― 譯, 『民衆의 宗敎』, 서울 : 展望社, 1980.

_____, *Fire from Heaven : The Rise of Pentecostal Spirituality and the Reshaping of Religion in the Twenty-first Century*, Massachusetts : Addison-Wesley Publishing Co., Inc., 1995, 유지황 역, 『영성・음악・여성 : 21세기 종교와 성령운동』, 서울 : 동연, 1998.

Eccles, J. C., *Evolution of the Brain : Creation of the Self*, Routledge, 1989, 박찬웅 역, 『뇌의 진화－자아의 창조』, 『대우학술총서』 번역113, 서울 : 민음사, 1998.

Fromm, E., *Psychoanalysis and Religion*, New Haven : Yale University Press, 1971, 朴根遠 譯, 『精神分析과 宗敎』, 서울 : 展望社, 1979.

_____, *The Heart of Man : Its Genius for Good & Evil*, 2nd ed. NY : Harper & Row, Publishers, 1980.

Guisso, R. W. I. and Yu, Chai-Shin eds., *Shamanism : The Spirit World of Korea*, Berkeley : Asian Humanities Press, 1988.

Hawkins, D. R., *Power Vs Force*, 이종수 역, 『의식혁명』, 서울 : 한문화, 1997.

Husserl, E., *Phänomenologische Psychologie*, vorlesungen sommersemester 1925, Martinus Nijhoff, 1968, 申午鉉 譯, 『현상학적 심리학 강의 : 후설의 현상학적 심리학』 I, 서울 : 民音社, 1992.

Jung, C. G. ed., *Man and His Symbols*, London : Aldus Books, 1964, 李符永 外譯, 『人間과 無意識의 象徵』, 서울 : 集文堂, 1993.

Kim, Young-Ae, Han : from brokenness to wholeness－a theoretical analysis of korean women's han and a contextualized healing methodology, In Partial Fulfillment of the Requirements for the Degree Doctor of Philosophy, A Dissertation Presented to the Faculty of the School of Theology at Claremont, 1991.

Kimball, S. T, 「반 헤넵의 ‘通過儀禮’論」, Van Gennep, A., *The Rites of Passage*, Vizedom, M. B. & Caffee, G. L. trans., the University of Chicago Press, 1960, 徐永大 譯, 『通過儀禮』, 仁川 : 仁荷大學校 出版部, 1986.

Prigogine, I. & Stengers, I., *Order out of Chaos*, 신국조 역, 『혼돈으로부터의 질서 : 인간과 자연의 새로운 대화』, 서울 : 고려원미디어, 1993.

Shweder, R. A., *Thinking through Cultures : Expeditions in Cultural Psychology*, Harvard University Press, 1991, 金義哲・朴榮信 譯, 『문화와 사고』, 『문화심리학 총서』 1, 서울 : 교육과학사, 1997.

샤머니즘에서 본 한국인의 영성(靈性)과 윤리 ∥ 박일영

박일영, 「무속의 대동잔치」, 『종교신학연구』 제3호, 서강대학교, 1990.

이능화, 「朝鮮巫俗考」, 『啓明』 제19호, 1927.

G. J. Ramstedt, *Korean Etymology*, Helsinki, 1949.

Frantz Fanon, *Les Damnés de la Terre*, 1961; 남경태 옮김, 『대지의 저주받은 사람들』, 그린
    비, 2005.

『홍루몽(紅樓夢)』에 나타난 중국 점복의 윤리사상 ∥ 상기숙

北大中文系 編, 『中國小說史』, 人民文學出版社, 1978.

曹雪芹・高鶚, 『紅樓夢』, 人民文學出版社, 1982.

고대민족문화연구소, 『한국민속대관』 3 민간신앙・종교, 1982.

조설근 지음, 안의운・김광렬 옮김, 完譯 『紅樓夢』 전7권, 청년사, 1990.

張紫晨, 『中國巫術』, 上海三聯書店, 1990.

허룽구 해설・정재서 편, 『홍루몽』 7・해설 및 연구자료집, 예하, 1991.

邸瑞平・王士超 著, 『紅樓夢大觀』, 內蒙古人民出版社, 1991.

尹飛舟 等著, 『中國古代鬼神文化大觀』, 百花洲文藝出版社, 1992.

李稚田, 『古代小說與民俗』, 遼寧敎育出版社, 1992.

胡文彬, 『紅樓夢在國外』, 中華書局, 1993.

趙杏根・華野, 『中國民間占卜』, 中國華橋出版社, 1993.

趙仲明, 『巫師・巫術・秘境』, 雲南大學出版社, 1993.

楊存田, 『中國風俗槪觀』, 北京大學出版社, 1994.

李路陽・畏冬, 『中國淸代習俗史』, 人民出版社, 1994.

胡曉明, 『紅樓夢與中國傳統文化』, 武漢測繪科技大學出版社, 1995.

邢莉 主編, 『中國女性民俗文化』, 中國檔案出版社, 1995.

高國藩, 『紅樓夢民俗趣語』, 里仁書局, 1996.

종 름 원저・상기숙 역저, 『형초세시기』, 집문당, 1996.

周汝昌, 『紅樓夢與中華文化』, 華藝出版社, 1998.

北京大學中國傳統文化研究中心編, 『北京大學百年國學文粹』 文學卷, 北京大學出版社, 1998.

塚本照和, 「『紅樓夢』にみえる年中行事・習俗に關するノート」, 『天理大學學報』 第78輯, 天理
    大學學術研究會, 1972.

秋田成明, 「中國文學に見える占卜の俗(上)」, 『甲南大學紀要』 文學編 7, 甲南大學, 1972.

_____, 「中國文學に見える占卜の俗(下)」, 『甲南大學紀要』 文學編 13, 甲南大學, 1973.

齋藤 喜代子, 「紅樓夢硏究 — 誰解其中味考」, 『二松學舍大學論集』, 二松學舍大學, 1978.

최용철, 「한국 역대『홍루몽』재검토」, 『중국소설논총』제5집, 한국중국소설학회, 1996.3.

상기숙, 「『홍루몽』에 나타난 중국세시풍속」, 『중국소설논총』제Ⅷ집, 한국중국소설학회, 1998. 8, 211~236쪽.

_____, 「『홍루몽』에 나타난 중국귀신신앙」, 『중국어문학』제34집, 영남중국어문학회, 1999. 12, 517~544쪽.

상기숙, 「『홍루몽』에 나타난 중국관혼상제」, 『동방학』제5집, 한서대학교 동양고전연구소, 1999.12, 347~386쪽.

홍   희, 「알타이 퉁구스 샤만의 점복-骨卜을 중심으로」, 『중국학논총』9, 한국중국문화학회, 2000, 1~13쪽.

상기숙, 「고대문헌을 통해 본 중국점복신앙」, 『한국무속학』제3집, 한국무속학회, 2001.11, 39~ 79쪽.

_____, 「대만 샤머니즘 연구의 흐름과 경향」, 『한국무속학』제22집, 한국무속학회, 2011, 2, 7~37쪽.

_____, 「대만 민간신앙의 제 양상 고찰」, 『동방학』제20집, 한서대학교 동양고전연구소, 2011. 4, 205~238쪽.

일제식민지기 무속조직의 변화에 따른 윤리관의 변화
-경성·경기 지역 무속단체를 중심으로 - ‖ 문혜진

『개벽』

『동아일보』

『每日申報』

『별건곤』

『朝鮮總督府官報』

김난주, 「'맹인 점복'으로 보는 한국 민간신앙의 지속과 변용」, 『한국 민속문화의 근대적 변용』, 단국대학교 동양학연구소, 민속원, 2009.

村山智順, 최석영 해제, 『朝鮮の類似宗教』, 민속원, 2008a.

_____, 『朝鮮の巫覡』, 민속, 2008b원.

赤松智城·秋葉 隆, 심우성 역, 『朝鮮巫俗의 研究』下, 동문선, 1991.

서영대, 「한말의 檀君運動과 大倧敎」, 『한국사연구』114, 2001, 217~264쪽.

이능화, 서영대 역주, 『朝鮮巫俗考』, 창비, 2008.

이방원, 「일제하 미신에 대한 통제와 일상 생활의 변화」, 『일제시기 근대적 일상과 식민지 문화』, 이화여대출판부, 2008.

조흥윤, 『巫-한국무의 역사와 현상』, 민족사, 1997.

최길성, 『일제시대 한 어촌의 문화변용』上, 아세아문화사, 1992.

최석영, 『일제의 동화이데올로기로서의 창출』, 서경문화사, 1997.

＿＿＿, 『일제하 무속론과 식민지권력』, 서경문화사, 1999.

文智炫, 「전시체지기 조선총독부의 신종교에 대한 정책과 신종교단체」, 『한국근현대사연구』 제 67집, 2013, 390쪽~416쪽.

박규태, 「국가신도란 무엇인가」, 『종교연구』 제29집, 한국종교학회, 2002.

임학성, 「조선시대의 무세제도와 그 실태」, 한국역사민속학회, 『역사민속학』 3, 1993, 90~126 쪽.

윤동환, 『동해안 무속의 지속과 창조적 계승』, 민속원, 2010.

최길성, 「미신타파에 관한 일 고찰」, 한국민속학회, 『한국민속학』 7, 1974, 39~54쪽.

최석영, 「日帝 植民地期 巫俗조사와 植民政策」, 일본연구학회, 『일본학년보』 7, 1996.12, 163~ 229쪽.

＿＿＿, 「1920년대 日帝의 巫俗통제책」, 한국일본사상사학회, 『일본사상』 제2호, 2000, 157~ 183쪽.

ROBERT MOES, *AUSPICIOUS SPIRITS : KOREAN FOLK PAINTINGS AND RELATED OBJECTS*, Washington, D.C. : International Exhibition Foundation, 1983.

村上重良, 『国家神道と民衆宗教』, 東京 : 吉川弘文館, 2006.

小笠原省三, 『海外神社史』, 東京 : ゆまに書房, 2004.

인터넷 사이트 :

국사편찬위원회 한국사데이터베이스 http://db.history.go.kr

구한말 무속의 윤리적 폐단과 무금(巫禁) 시행의 의미
－『독립신문』·『매일신문』·『황성신문』의 기사를 중심으로－ ‖ 목진호

『司法稟報(乙)』, 1898년 2월 3일자.

각사등록 근대편, 『公文編案』, 建陽二年二月一日, 『司法稟報(乙)』, 1898. 2. 3일자.

『세조실록』 권34, 12, 13일자.

『인조실록』 권24, 5, 26일자.

『명종실록』 권32, 1566. 1월 25일자.

『고종실록』 권22, 1885. 8.26일자; 권30, 1893. 8. 21일자; 권30, 1894.12.27일자; 권32, 1894.12. 27일자; 권33, 1895. 3.10일자; 권37, 1898. 3.30일자; 권45, 1905. 4.17일 자.

『독립신문』, 1896년 8월 4일자; 1896년 12월 1일자; 1896년 12월 8일자; 1897년 1월 7일자; 1897년 5월 27일자; 1897년 8월 19일자; 1897년 9월 14일자; 1898년 9월 7일자

『매일신문』, 1898년 8월 24일자; 1898년 9월 5일자; 1898년 9월 7일자; 1898년 10월 10일자; 1898년 10월 14일자; 1898년 10월 17일자; 1898년 11월 3일자; 1899년 1월 14일자; 1899년 1월 16일자; 1899년 1월 23일자; 1899년 2월 8일자

『황성신문』, 1899년 11월 17일자; 1900년 8월 9일자; 1902년 5월 19일자; 1905년 4월 25일자; 1907년 8월 20일자; 1909년 4월 13일자; 1909년 5월 4일자; 1809년 9월 8일자.

권지현, 「高麗末 巫俗排斥論 研究」, 이화여자대학교 석사학위논문, 2009.

김동규, 「한국의 미신담론 이해 : 타자(alterity)로서 무속의 창조과정」, 『한국문화연구』 23집, 이화여대 한국문화연구원, 2012, 283~322쪽.

남효권, 『추강집』 제5권, 「論. 鬼神論」.

이석주, 「조선전기 유교의 명분론과 무속의 역할론」, 『韓國思想과 文化』 55권, 한국사상문화학회, 2010, 401~437쪽.

노동은, 『한국근대음악사』 1, 서울 : 한길사, 1995.

王賢鍾, 「대한제국기 고종의 황제권 강화와 개혁 논리」, 『歷史學報』 제208집, 歷史學會, 2010, 1~34쪽.

이필영, 「조선 후기의 무당과 굿」, 『정신문화연구』 제53집, 한국학중앙연구원, 1993, 3~39쪽.

임학성, 「조선시대의 무세제도와 그 실태」, 『역사민속학』 제3집, 한국역사민속학회, 1993, 90~126쪽.

정호훈, 「朝鮮後期 '異端' 論爭과 그 政治思想的 意味 : 17세기 尹鑴의 經書解釋과 宋時烈의 批判」, 『한국사학보』 제10호, 고려사학회, 2001, 279~309쪽.

崔昌茂, 「朝鮮王朝時代의 醫療政策」, 『福祉行政論叢』 제11호, 韓國福祉行政學會, 2001, 1~29쪽.

『미디어가온』, http://www.mediagaon.or.kr.

국립국어원, 『표준국어대사전』, http://stdweb2.korean.go.kr.

『한국사데이터베이스』, http://sillok.history.go.kr.

『한국사데이터베이스』, http://db.history.go.kr.

『디지털양주문화대전』, http://yangju.grandculture.net.

『네이버용어사전 : 고신문』, http://terms.naver.com.

한국의 미신담론과 무속의 타자화 과정 - 상이한 세계관들의 경합, 그리고 결과 - ∥김동규

김동규, 「한국무속의 다양성 : 학적 담론과 무당의 정체성 형성 사이의 "고리효과"」, 『종교연구』 66, 2012, 193~220쪽.

김성례, 「무속전통의 담론분석 : 해체와 전망」, 『한국문화인류학』 22, 1990, 211~243쪽.

_____, 「일제시대 무속담론의 형성과 식민적 재현의 정치학」, 『한국 무속학』 24, 2012, 7~42쪽.

김요한, 「1920년대 미신타파운동 연구 : 동아일보 기사를 중심으로」, 한남대학교 석사학위 논문,

2007.

김우형 외, 「공자와 주자, 그리고 귀신」, 『우리에게 귀신은 무엇인가?』, 도서출판 모시는 사람들, 2010.

무라야마 지준, 김희경 역, 『조선의 점복과 예언』, 1990

신광철, 「개항기 한국사회의 그리스도교 이해 : 외세에 대한 민의 반응을 중심으로」, 『종교연구』 33, 2003, 71~91쪽.

이용범, 「무속에 대한 근대 한국사회의 부정적 시각에 대한 고찰」, 『한국 무속학』 9, 2005, 151~179쪽.

이 욱, 『조선시대 재난과 국가의례』, (주)창비, 2009

이진구, 「한국 근대 개신교의 과학담론」, 『근대 한국 종교 문화의 재구성』, 한국학중앙연구원, 2006.

장석만, 「개항기 한국사회의 "종교" 개념 형성에 관한 연구」, 서울대학교 박사학위논문, 1992

정병조 · 이석호, 『한국 종교 사상사』 I, 연세대학교출판부, 1992.

조흥윤, 「초기 개신교 선교사들의 샤머니즘 이해」, 『동방학지』 125, 2004, 79~120쪽.

지두환, 「조선시대 儀禮 개념의 변천」, 『동양예학』 1, 1998, 1~27쪽.

차옥숭, 『무교 : 한국인의 종교체험』, 서광사, 1997; 선순화, 「그리스도인으로서 무교를 어떻게 볼 것인가」, 김승혜 · 김성례 편 『그리스도교와 무교』, 1991.

최석영, 「일제의 대한제국 강점 전후 조선무속에 대한 시선 변화」, 『한국 무속학』 9, 2005, 111~130쪽.

Baker, Don, "The Religious Revolution in Modern Korean History : From Ethics to Theology and from Ritual Hegemony to Religious Freedom", *The Review of Korean Studies* 9, No. 3, 2006, pp.249~275.

Baker, Don, *Korean Spirituality*, Honolulu : University of Hawaii Press, 2008,

Capps, Walter, *Religious Studies : The Making of a Discipline*, Minneapolis : Fortress Press, 1995.

Certeau, Michel de, *The Practice of Everyday Life,* tranlated by Steven Rendall, California : University of California Press, 1984.

Clark, C. A., *Religions of Old Korea*, Seoul : The Christian Literature Society of Korea, 1961.

Fitzgerald, Timothy, *The Ideology of Religious Studies*, New York & Oxford : Oxford University Press, 2000.

Grayson, James. H., *Korea : A Religious History*, New York : ReoutledgeCurson, 2002.

Griffis, W. E., *Corea : The Hermit Nation*, New York : Charles Schribner's Sons, 1888.

Hacking, Ian, *Rewriting the Soul*, New Jersey : Princeton University Press, 1995.

_____, *The Social Construction of What*, Massachusetts : Harvard University Press,

1999.

_____, *Historical Ontology*, Cambridge & Mass : Harvard Press, 2002.

Hamayon, Roberte N., "Are 'Trance,' 'Ecstasy' and Similar Concepts Appropriate in the Study of Shamanism?" *Shaman* 1, No. 2, Autumn, 1993, pp. 3~25.

Hulbert, Homer B., *The Passing of Korea*, Yonsei University Press, 1969/1906

Kendall, Laurel, *Shamans, Nostalgias, and the IMF : South Korean Popular Religion in Motion*, Honolulu : University of Hawaii Press, 2009.

Kim, Andrew Eungi, "Christianity, Shamanism, and Modernization in South Korea", *Cross Currents*, Spring-Summer, 2000. 〈http://koreamosaic.net/articles/syncretism.pdf〉

Kim, Dong-kyu, "Reconfiguration of Korean Shamanic Ritual : Negotiating Practices among Shamans, Clients, and Multiple Ideologies", *Journal of Korean Religions* Vol. 3, No 2, October, 2012, pp.11~37.

King, Winston L., "Religion", M. Eliade (ed.), *The Encyclophedia of Religion* vol.12, New York : Macmillan Publishing Company, 1987.

Martin, Dale B., *Inventing Superstition : From the Hippocratics to the Christians*, Massachusetts : Harvard University, 2004.

Robinson, Michael E., *Cultural Nationalism in Colonial Korea, 1920~1925*, Seattle & London : University of Washington Press, 1988.

Smith, Wilfred. C., *The meaning and End of Religion*, 길희성 역, 『종교의 의미와 목적』, 분도출판사, 1991.

Styers, Randall, *Making Magic : Religion, Magic & Science in the Modern World*, Oxford & New York : Oxford University, 2004.

Tambiah, Stanley J., *Magic, Science, Religion, and the Scope of Rationality*, Cambridge : Cambridge University Press, 1995.

Walraven, Boudewijn C. A., "Confucians and Shamans", *Cahiers d'Extreme-Asie* 6, 1991, pp.21~44.

Walraven, Boudewijn C. A., "Popular Religion in a Confucianized Society", Jahyun Kim Haoush & Martina Deuchler (eds.), *Culture and the State in Late Choson Korea*, Cambridge : Harvard University Asian Center, 1999, pp.161~190.

Well, Kenneth M., *New God, New Nation : Protestants and Self-reconstruction Nationalism in Korea, 1896~1937*, Honolulu : University of Hawaii Press, 1990.

〈참고 사이트〉
신문기사 http://newslibrary.naver.com

『조선왕조실록』 http://sillok.history.go.kr

샤머니즘 상징의례를 통해 본 한국인의 삶과 죽음 ‖ 양종승

김덕묵, 「황해도 진오귀굿 연구」, 한국정신문화연구원 대학원 석사논문, 1999.

김승혜 외, 『죽음이란 무엇인가』, 도서출판 창, 1990.

김태곤, 『한국민간신앙연구』, 집문당, 1983.

_____, 「넋건지기굿」, 『한국민족문화대백과사전』.

나경수, 『진도씻김굿의 연구』, 『호남문화연구』 17, 전남대 호남문화연구소, 1988.

무라야마 지쥰, 노성환 역, 『조선의 귀신』, 믿음사, 1990.

서영대 역주, 『역사로 본 한국무속 - 조선무고』, 2008.

양종승, 「저승길을 인도하는 무당」, 『일반인들을 위한 민속문화 산책』, 한국민속박물관회, 2002
　　　49~74쪽

_____, 『무형문화재지정을 위한 호남 넋건지기굿 조사보고서』 전라북도, 2007.

_____, 「무속의 죽음의례 자리걷이」, 『민속소식』 166, 2009, 10~11쪽.

_____, 「샤머니즘의 본질과 내세관 및 샤먼 유산들」, 『하늘과 땅을 잇는 사람, 샤먼 - 국제샤머
　　　니즘특별전』, 국립민속박물관, 2011, 306~327쪽.

이경엽, 『씻김굿』, 한얼미디어, 2004.

이수자, 「저승, 이승의 투사물로서의 공간」, 『죽음이란 무엇인가』, 도서출판 창, 1990, 47~75쪽.

천진기, 「동물점(動物占)」, 『한국세시풍속사전』, 국립민속박물관, 2010.

최길성, 『한국무속의 연구』, 아세아문화사, 1978.

_____, 『한국무속론』, 형설출판사, 1981, 179쪽.

_____, 『한국의 조상숭배』, 예전사, 1986.

_____, 『한국민간신앙의 연구』, 계명대학교출판부, 1994.

허용호, 『전통연행예술과 인형오브제』, 민속원, 2004.

_____, 「영장치기」, 『한국민속신앙사전』, 국립민속박물관, 2010.

홍태한, 『서사무가 바리공주 연구』, 민속원, 1998.

_____, 『서울 진오귀굿』, 민속원, 2004.

시베리아 샤먼 무구의 상징과 의미 ‖ 이건욱

Шаманский костюм из колекции иркутского областного краеведческого
　　　музея(샤먼의 복식 - 이르쿠츠크 향토 박물관 소장품 도록, Иркутск, 2004.

『하늘과 땅을 잇는 사람들 - 샤먼, 샤머니즘 특별전 도록』, 국립민속박물관, 2011.

Ларькин(라리킨) В.Г., *Орочи : историко-этнографический очерк с середины 19*

века до наших дней (오로치 : 19세기 중반부터 오늘날까지 역사 – 민족지학적 특징,
Москва, 1964.

Мороз(마로즈) Е.Л., *Следы шаманских представлений в эпической традиции
Древней Руси*(고대 러시아 서사전통에서 샤먼 관념의 잔재), Сб. Фольклор и этно
графия. Обряды и обрядовой фольклор. Л. 1974.

Потапов(포타포프) Л.П., *Алтайский шаманизм*(알타이 샤머니즘), Ленинград. 1991.

Прокофьева(프로코피예바) Е.Д., *Шаманские костюмы народов Сибири*(시베리아의
샤먼 복식들, Сб. МАЭ. Т. Х Х Ⅵ. Л. 1974.

Сем(셈) Т.Ю., *Герменевтика сакральных предметов у народов Сибири*(시베리아
민족들의 성스러운 물건들에 대한 해석, Якутск. 2001.

Функ(푼크). Д.А., *Телеутское шаманство*(텔레우트 샤머니즘), Москва, 1997

미르치아 엘리아데, 이윤기 역, 『샤머니즘』, 까치, 1996.

이건욱, 「시베리아 샤먼의 북」, 『생활문물연구』 제10호, 국립민속박물관, 2003.

이건욱 등, 『부랴트 샤머니즘 – 어둠 속의 작은 등불』, 국립민속박물관, 2007.

_____, 『알타이 샤머니즘』, 국립민속박물관, 2006.

_____, 『중앙아시아의 유목민, 투바인의 삶과 문화』, 국립민속박물관, 2005.

서울새남굿의 바리공주와 조선후기 정재복식의 상징성 비교 ‖ 이종숙

국립국악원 편, 기축 『진찬의궤』, 『한국음악학자료총서』 3, 서울 : 전통음악연구회, 1981.

_____, 무신 『진찬의궤』, 『한국음악학자료총서』 6, 서울 : 은하출판사, 1989.

_____, 신축 『진연의궤』, 『한국음악학자료총서』 24, 서울 : 은하출판사, 1989.

_____, 『時用舞譜·呈才舞圖笏記』 서울 : 전통음악연구회, 1981

국립문화재연구소, 『서울새남굿 : 중요무형문화재 제104호』, 대전 : 국립문화재연구소, 1998.

김경실, 『조선시대 궁중진연 복식』, 서울 : 경춘사, 2003.

김성옥, 『서울 새남굿춤 연구 : 김유감을 중심으로』, 이화자대학교 석사학위논문, 1998.

이상순, 『서울새남굿 신가집 : 삶의 노래 죽음의 노래』, 서울 : 민속원, 2011.

이팔찬, 『리조복식도감』, 서울 : 동문선, 2003.

이혜구 역주, 『신역 악학궤범』, 서울 : 국립국악원, 2000.

임학선, 『진오귀굿의 무당춤에 對한 考察 : 李芝山氏를 中心으로』, 梨花女子大學校 석사학위논문,
1975.

한국정신문화연구원 편, 『呈才舞圖笏記』, 경기성남 : 한국정신문화연구원, 1994.

2008. 6.26.일자 국사당 새남굿영상 한선모(작은소리학교장) 제공.